U0720442

海外中国研究丛书

——

到中国之外发现中国

本书为中央民族大学国家安全研究院阶段性成果

游牧帝国与中国

危险的边疆

［美］托马斯·巴菲尔德 著　袁剑 译

Thomas Barfield

The Perilous Frontier

Nomadic Empires
and China,
221 BC to AD 1757

江苏人民出版社

图书在版编目(CIP)数据

　　危险的边疆：游牧帝国与中国 / (美) 托马斯·巴菲尔德著；袁剑译. -- 南京：江苏人民出版社,2023.4(2023.9重印)
　　(海外中国研究丛书 / 刘东主编)
　　书名原文：The Perilous Frontier：Nomadic Empires and China, 221 BC to AD 1757
　　ISBN 978 - 7 - 214 - 28043 - 5

　　Ⅰ. ①危… Ⅱ. ①托… ②袁… Ⅲ. ①边疆地区-少数民族-民族历史-研究-中国 Ⅳ. ①K28 - 53

中国国家版本馆 CIP 数据核字(2023)第 042786 号

The Perilous Frontier，*Nomadic Empires and China* by Thomas Barfield
Copyright © 1992 by Thomas Barfield
Translated and distributed by permission of Thomas Barfield
Simplified Chinese edition copyright © 2011 by Jiangsu People's Publishing House. All rights reserved.

江苏省版权局著作权合同登记号：图字 10 - 2010 - 452 号

书　　　名　危险的边疆：游牧帝国与中国
著　　　者　[美]托马斯·巴菲尔德
译　　　者　袁　剑
责 任 编 辑　汤丹磊
装 帧 设 计　周伟伟
责 任 监 制　王　娟
出 版 发 行　江苏人民出版社
地　　　址　南京市湖南路 1 号 A 楼,邮编:210009
照　　　排　江苏凤凰制版有限公司
印　　　刷　苏州市越洋印刷有限公司
开　　　本　652 毫米×960 毫米　1/16
印　　　张　29.5　插页 4
字　　　数　357 千字
版　　　次　2023 年 4 月第 3 版
印　　　次　2023 年 9 月第 2 次印刷
标 准 书 号　ISBN 978 - 7 - 214 - 28043 - 5
定　　　价　118.00 元

(江苏人民出版社图书凡印装错误可向承印厂调换)

序"海外中国研究丛书"

　　中国曾经遗忘过世界，但世界却并未因此而遗忘中国。令人嗟讶的是，20世纪60年代以后，就在中国越来越闭锁的同时，世界各国的中国研究却得到了越来越富于成果的发展。而到了中国门户重开的今天，这种发展就把国内学界逼到了如此的窘境：我们不仅必须放眼海外去认识世界，还必须放眼海外来重新认识中国；不仅必须向国内读者迻译海外的西学，还必须向他们系统地介绍海外的中学。

　　这个系列不可避免地会加深我们150年以来一直怀有的危机感和失落感，因为单是它的学术水准也足以提醒我们，中国文明在现时代所面对的绝不再是某个粗蛮不文的、很快就将被自己同化的、马背上的战胜者，而是一个高度发展了的、必将对自己的根本价值取向大大触动的文明。可正因为这样，借别人的眼光去获得自知之明，又正是摆在我们面前的紧迫历史使命，因为只要不跳出自家的文化圈子去透过强烈的反差反观自身，中华文明就找不到进入其现代形态的入口。

当然，既是本着这样的目的，我们就不能只从各家学说中筛选那些我们可以或者乐于接受的东西，否则我们的"筛子"本身就可能使读者失去选择、挑剔和批判的广阔天地。我们的译介毕竟还只是初步的尝试，而我们所努力去做的，毕竟也只是和读者一起去反复思索这些奉献给大家的东西。

刘　东

目　录

译者的话

中国的边疆属于中国,但中国的边疆研究越来越受到全世界的关注,这不仅在于中国自身的悠久历史与文明形塑了中国边疆璀璨多姿的风采,而且也在于中国在世界格局中所占据的日渐重要的地位,正因为如此,中国的边疆研究更应该受到国内学术界的关注。在历史长河中,在清代,曾出现了边疆史地研究的第一个高潮,正如梁启超先生所指出的:"边徼地理学之兴,盖缘满洲崛起东北,入主中原。康、乾两朝,用兵西陲,辟地万里,幅员式廓,既感周知之必需,交通频繁,复觉研求之有藉。故东自关外三省,北自内外蒙古,西自青海、新疆、卫藏,渐为学者兴味所集,域外地理学之兴,自晚明西士东来,始知'九州之外复有九州'。而竺古者犹疑其诞。海禁大开,交涉多故,渐感于知彼知己之不可以已,于是谈瀛之客,颇出于士大夫间矣。盖道光中叶以后,地理学之趋向一变,其重心盖由古而趋今,由内而趋外。"(梁启超:《中国近三百年学术史》)而到了20世纪,对边疆的研究更展现出新的光彩。

中国边疆研究,主要以两条路径展开,其一为本国学者的相关研究,这方面的成果璀若群星,此处无须赘言;其二则是国外学者的成果译介，在这方面，目前以对专门问题的针对性研究居多，而理论建构方面的著作则相对缺乏。拉铁摩尔（Owen Lattimore）的代表作《中国的亚洲内陆边疆》（*Inner Asian Frontiers of China*，1940）是西方学界对中国边疆史加以整体性解释的第一种主要模式，以"边疆形态"作为探究中国边疆史的切入点，指出："在中国历史上，可以看出一个显著的'边疆形态'：或者是一个王朝建立在边疆以外或边疆之上，然后向内地推进，建立其对中国的统治；或者是在中国以内建立王朝，然后向外推进，建立其对边疆及边疆以外的统治。"（拉铁摩尔著，唐晓峰译：《中国的亚洲内陆边疆》，南京：江苏人民出版社，2005 年，第 264 页）而在拉氏之后，托马斯·巴菲尔德的这部《危险的边疆：游牧帝国与中国》（1989）一书，实现了从拉氏"边疆形态"向"内部/外部边界战略"解释模式的转变，在学术史上具有重要的意义。

最近几年，边疆史研究在国内逐渐成为大家关注的焦点，这无疑会令研治边疆史的学者们感到欣慰，但是，在这种热潮涌动之下，有着诸多的浮光掠影、人云亦云，如何真正深入体验边疆的内在意义，并激发出更多的问题意识，这是摆在大家面前的一道难题。而怎样"进入"边疆，成为解决上述难题的关键所在。我们不仅要在材料发掘上有新的进展，同时也需要在视角和观念认识上加以转化与提升，正如王明珂先生所言："所谓边缘观点或边缘研究，不一定是将边缘视为核心，而是努力发掘被忽略的边缘声音及其意义，及造成其边缘地位的历史过程，并因此让研究者对自身的典范观点（学术的与文化的）产生反思性理解。"（王明珂：《羌在汉藏之间：川西羌族的历史人类学研究》，北京：中华书局，2008 年，新版自序，第 3 页）

秉持"从游牧社会发现历史"的观念，作为译者，我也希望，巴菲尔德教授这部名著的翻译和出版能够为我们思考边疆和民族问题提供一种参照,但更远的目的,则是让我们对自己的边疆观念有新的反思性理解,从而更好地认识并建设我们共同的祖国。

袁 剑

2011 年 4 月 11 日

于中国人民大学清史研究所

人类学视野下的中国边疆史——代中译本前言

中国作为一个有别于现代民族国家（nation-state）的传统多族群国家，其边疆史有着鲜明的"中国性"，这种"中国性"一方面体现为中国的文化主体性，表现为总是不自觉地在潜意识中以中原文化观观照中国边疆史，但在另一方面，正如社会人类学家施坚雅（G. W. Skinner）所指出的，"中国"不应被简单地理解为一个均质化的、"铁板一块"的单一实体；它是经由政治、经济和文化方面发展并不均衡的一系列区域之间的互动与整合而形成的一个系统。这反映到中国边疆史上则又表现出某种"复合性"。这种融汇"主体性"与"复合性"的"边疆记忆"在中国自身的文本表述中有着特有的记录方式与表述传统，而与西欧、美国甚至俄国的边疆历史发展史存在着结构性的区别。近代以来，出于"以史为鉴"与"经世致用"的考虑，中国学者对边疆史的研究日益深入，大批边疆研究著述问世，如葛绥成的《中国边疆沿革考》（1926），顾颉刚、史念海的《中国疆域沿革史》（1938），夏威的《中国疆域拓展史》（1941），蒋君章的《中国边疆史》（1944），童书业的《中国疆域沿革略》（1946）等著作分别从各个角度对中国古代的边疆政治军事行动与边疆政策加以论述，逐渐形成了对于中国边疆史的"历史/政治型"叙述模式,分别叙述各个朝代的政治、军事、族群政策并加以罗列,再形成整体性的边疆史。这种叙述模式从材料搜集与运用的角度而言,意义不言而喻,但是从整体角度概观,则会发现逻辑说明力显得较弱,"在阐述民族或族群的历史根源性时,我们过去采用的溯源式叙事范式,恰恰忽略了对于所研究对象的主观归属意识之状况及其历史变迁进行必要的考察;因此便可能很轻率地将某种经过极漫长的历史变化过程才最终形成的结果,非历史地倒追到该过程的开端之时。另外,中国自己的边疆史地学,多侧重于讨论历朝中央政府的治边策略与治边实践,而对边陲社会的回应还缺乏足够的注意"(姚大力:《西方中国研究的"边疆范式":一篇书目式述评》,载《文汇报》,2007 年 5 月 7 日)。在传统观念中,"地域的边界以一种可以想见的方式与社会的、民族的和文化的边界相对应。然而一个人对自己是'非'外国人的感觉常常建立在对自己领土'之外'的地方所形成的很不严格的概念的基础上。各种各样的假设、联想和虚构似乎一股脑儿地堆到了自己领土之外的不熟悉的地方"([美]萨义德:《东方学》,北京:生活·读书·新知三联书店 2007 年版,第 68 页)。而中原王朝的边疆行动机制是如何形成的? 中原王朝与游牧政权之间的边疆互动又是如何生发的? 如何量度这种边疆互动? 游牧政权是否有其习惯性的边疆政治思路? 这些都是边疆史研究的"中国性"中所经常缺失的"复合性"的问题,而这在"历史/政治型"叙述模式中无法做出清晰的解答,我们必须从其他角度寻找解答的工具,以另外的视野观照中国边疆问题。当史籍材料无法形成有效的解释体系时,田野调查的重要性就日渐突出。非历史视野下的中国边疆史研究,使我们对边疆问题的研究有了全新的视域。近年中国的对外学术交流日渐活跃,西文著述的中译亦如火如荼,但其间各专业的情况大不相同。作为目前整个人文学术界相对冷寂的边疆研究,由于受现实政治问题的困扰,西文著述的译介显得较为乏力,长远而言,这种状况对学科之发展实属不利。在事实上,当我们尚满足于对边疆史的"历史/政治"式观照时,彼岸的美国已有学者开始了人类学视域的探究,力图从游牧社会来发现历史,找寻边疆史研究的"中国性"中一度缺失的"复合性",其中巴菲尔德(Thomas J. Barfield)的《危险的边疆:游牧帝国与中国》(*The Perilous Frontier:Nomadic Empires and China*. Cambridge,Mass.:Blackwell,1989)一书受到关注。有国内学者认为此书是在中国边疆史研究领域内由"重新发现"拉铁摩尔(O. Lattimore)到新的"边疆范式"形成的过渡时期的代表性作品(姚大力:《西方中国研究的"边疆范式":一篇书目式述评》)。

托马斯·巴菲尔德出生于 1950 年,现为美国波士顿大学人类学系主任及人类学教授。他在哈佛大学接受了系统的社会文化人类学以及考古学训练,并于 1978 年获得博士学位,之后留校任教,1989 年成为波士顿大学人类学系主任。他已出版的著作主要着力于对欧亚大陆过去及当代的游牧民族进行研究。《危险的边疆》1989 年由 Blackwell 出版集团出版之后,因学术界评价甚高,Blackwell 遂于 1992 年再版发行。作者对游牧帝国与中国的关系做了全景式的探究,并以社会学和考古学的视角提出了新的看法,令人耳目一新,西方学界亦有多篇书评加以评述。

此书通过对两千多年历史时段内游牧帝国和中国的历史关系的人类学考察,提出了一个解释包括蒙古帝国在内的游牧大帝国兴盛和衰亡的政治和经济组织分析模式,并对中国与这些帝国的关系做了贯通性的研究。作者指出,作为一直居处于汉族中原王朝北方的游牧民族在大多数时段内都控制着北方草原,并建立起强大帝国与中原王朝对峙,在成吉思汗时期,这种北方游牧力量达到极盛,不仅征服了中原的大片土地,而且横扫欧亚大陆,对整个世界历史产生了转折性的影响。到了 18 世纪中叶，随着技术与贸易方式的革新，北方游牧地区在世界政治及贸易中的战略位置开始下降，而且游牧地区与中原政权之间久已维持的军事平衡也逐渐破坏，最终，这块区域在俄国与清朝的帝国扩张中被一体化。但是在对内陆亚洲的游牧民族加以研究时，学界却始终缺乏一种合适的分析框架对其历史发展做出清晰说明，即使是那些内陆亚洲问题的专门研究者们也经常对其历史发展中的基本问题茫然无措，他们往往忽视历史或社会科学的现代研究方法，而局限于对历史文献或碑铭的转述、语言问题、艺术史以及对历史上部落的位置的确定等。作者认为在对内陆亚洲的研究中有必要对历史上和人类学视角下的一些更突出的问题加以探究。在中原汉族与北方游牧民族漫长的交流史中，北方的马背民族不仅拒斥汉族的文化与思想意识，而且除汉族所提供的他们生存所必需的物质产品之外也抗拒汉族的其他产品，他们有着自己的游牧经济基础，对邻近政权的物质依赖性很小。从北方游牧民族与中原汉族各自的角度而言，他们都认为自己的文化与生活方式具有优越性，但是在内陆亚洲的两者边界上，这两个社会彼此相互接触并对对方都有着相当的影响。当前的人类学理论日益看重对作为社会间互动产物而非当地原发产物的社会与政治关系的结构性发展的变化进行分析。孤立地看，内陆亚洲的政治变迁似乎是很随机性的，但是一旦将其置于一个长时段的地区性背景中考虑时，就会发现它与中原王朝的集权化周期有着强烈的规则性关联。游牧民族与汉人在世界观念上的不同使它们之间的关系经常问题重重。草原社会的权力机制往往是英雄化并兼具卡理斯玛式的，而中原汉人社会的机制则更类似于体系化的官僚科层制，这些制度性差异使他们往往难以合理解释对方社会的兴盛变迁，双方经常处于彼此"误读"的状态之中。基于汉族既有的文化观念，中原王朝的学者们在与游牧民族的关系方面就更强调"华夷之辨"的问题而往往忽略了现实的北方军事压力。而处于南北对峙间的边疆民众则变得非常善于变通，他们往往接受汉族的外部形式而放弃其实质内容，正是这些边疆区的所谓"野蛮人"（barbarians）的存在，使中原王朝与北方游牧民族之间的界限大致得以固化。成吉思汗及其后代统治者的观念亦是从其北方民族意识出发的，他们所率的蒙古铁骑在横扫欧亚大陆并客观上打破了中原王朝与北方游牧民族的固化界限而加速了民族交融之时，又以其观念误解了中原内地的社会状况，差点将良田皆改作牧场。基于当时环境下的话语霸权，目前所遗留下的史料多为汉文史料，这些史料尤其是那些由儒家学者所编纂的中原王朝的官方叙述，总是以否定性的态度看待非汉族民众，故而，纯粹的中原视野不足以真实地发现两个社会之间的互动关系。基于以上的一些考虑，作者将内陆亚洲游牧社会与外部世界的关系史集中于五个基本问题并将之贯穿于全书的叙述分析之中：一、政治组织问题，即游牧社会是在怎样的基础上建立起联合的地方性的社会政治组织的；二、互动的范围，即内陆亚洲的游牧民族与邻居尤其是中原王朝之间的关系是怎样的，为什么游牧力量在某些历史时段中强盛而在有些时段中又萎靡不振；三、中国的征服王朝，即是否存在一个边疆关系周期能够解释那些发源于东北的民众所建立起的外族王朝在中国历史的一半时间中统治着中国北方；四、蒙古世界征服者，即蒙古帝国是草原政治发展的必然结局，还是对草原政治的一种偏离；五、游牧社会的发展问题，即是否存在不同时段游牧社会间的显著差别以对古代、中世纪及近代的游牧社会做出合理区分。

在本书中，作者还专门指出，外族王朝对中国北方地区统治的周期律在某种程度上表现为一种基于集权化与分权化之上的机制的更替过程。在大约公元前八百年，欧亚草原经历了一次意义深远的变革，在某种程度上形塑了之后两千五百年的世界历史。内陆亚洲的游牧民族随着骑兵技术的使用，开始逐步侵入紧邻的农业国家，并最终在成吉思汗及其继承者的领导下几乎征服了整个欧亚大陆。为什么他们能做到这一点？如何做到这一点的？作者认为，仅仅将这些族群看成野蛮人则大为低估了其社会组织的复杂性。作者认为这些游牧民族大多深知倚靠强大的中华帝国的必要性，故而往往确立一种"外部边界战略"（outer frontier strategy），其与汉族的关系更多地表现为一种共生而非寄生关系。北方游牧社会与中原王朝经常彼此交错进入混乱无序状态，当中央集权的中原王朝稳定而强大时，为了能够从中原社会的经济资源中获益，身处草原的游牧政权往往会摆脱分散状态而日趋联合，但这种联合程度不高且经常被强盛时期的中原王朝所压制，他们基于经济因素采取不同的边疆战略，但总是"避免对中原领土的征服"。当统一的中原王朝崩溃时，身居东北的部落民众往往就会进入中原建立政权，而不大会在草原地带建立强大的帝国秩序，他们也并不是简单地从中原王朝那里"借用"国家形式，而是倾向于发展出自己的一套国家体系，在这些政权中，像辽、金朝内部还继续存在着南（汉人型）、北（本土型）政治体系的划分。北方游牧社会与中原王朝的基本互动类型由秦汉一直持续到清朝，其间只有成吉思汗领导下的蒙古人打破了这种长久维持的中原与北方边地政权之间的关系，而到了清朝中叶攻灭准噶尔政权之后，传统的边疆关系开始向全球性的经贸关系转变。作者认为，蒙古草原上的游牧部落们（不包括成吉思汗时期的蒙古族）在边疆政治中扮演了重要角色，却并未成为中国的征服者，而来自中国东北地区的部族们由于其自身的政治与生态原因在中原王朝因内部叛乱而垮台之际得以在中原建立起国家政权。这也成为作者贯穿于全书的核心观念之一。

当然，作者作为人类学教授，并非关于内陆亚洲历史研究的专门家，也并不熟悉中文和其他内陆亚洲语言，这种研究领域及语言工具上的欠缺无疑会对研究产生障碍,并可能影响其论据及论证过程的准确程度。但是,作为历史学界之外的观察者,他对关于游牧帝国问题的某些基准性的传统看法提出了挑战。他大量阅读杰出的研究著作,充分利用了人类学学者对游牧社会所特有的田野调查经验,较之专研某一问题的专门学者,展示了一个更为宽广的视野,并对中国边疆史的研究贡献了一种不同于专门史学家的新思路。从专业历史学家的批判性眼光看来,他的此部著作缺少对于原始材料的运用,所附地图偏少,且在文末注释中也缺少某些必不可少的经典性书籍,如格鲁塞(Rene Grousset)的《草原帝国》等书,且其观念依旧保留着些许"中原中心"与经济决定论的色彩。但就从作者提供的新的观察分析视角而言,本书试图避开中国边疆史中的"历史/政治型"叙述模式并找寻"复合性"的尝试,对于我们依旧有所助益。或许,只有从最纯粹专业的角度加以探究,才能在这一层面加以最大限度地发掘。当我们在新的矿井中找到最璀璨的明钻时,或许会对周围矿井中遗漏的些许宝石抱宽容的态度。

(本文原载《读书》2009 年第 4 期)

袁　剑

序　言

直到近代为止,欧亚草原上的游牧民族周期性地建立起强大的帝国并侵入紧邻的定居文明。尽管他们人数不多,经济并不发达,文化也甚粗陋,但这些游牧民族对世界历史有着不可否认的影响。在他们邻居的眼中,这些人是典型的野蛮人和陌生人,却充满力量、咄咄逼人。古往今来的历史学家们都试图解释这些社会的本质及其与外部世界的关系,但是令人满意的答案就像游牧民族一样在眼前一闪而过,难以捉摸。

总的说来,这是内陆亚洲的游牧民众与他们的定居邻居在生活方式上大不相同所致。部落的政治结构以及以畜牧为生、草原游牧文化的机制并不像他们"非我族类,其心必异"的邻居那样清晰可寻。虽然定居文明的历史学家(特别是汉人)留下了数量惊人的文献记载,但他们很少用游牧民族自己的术语进行描述。当然,这些游牧民族有自己的风俗。部落民众自身形成的一些铭文与文献使阅读者得以更清晰地了解草原生活及观念。

本书力图通过将部落与国家发展的人类学模式运用到那些紧邻中原北部边界的部落民众当中,对其可资利用的历史数据加以分析，以揭示内陆亚洲的某些历史概况。这里所选取的是中国边疆，因为这里有着最大和最复杂的游牧政权，诸如匈奴、突厥以及蒙古等。汉人对其北方邻居的历史记录也无比丰富。尽管本书着重利用了这些原始资料，却力图以此确定在草原视角下的内陆亚洲与中原之间互动的范围。那些认为汉文史料对事件与政策的描述过于粗略的历史学家们应该意识到，只有采取与那些将内陆亚洲寥寥几笔带过的中国研究的通常路径非常不同的方式，才能理解内陆亚洲人所面临的问题。与此类似，关于政治与经济组织的人类学模式也被运用到历史资料的分析中，以表现他们是如何使那些看似无休止的战争、帝国以及入侵变得清晰可解的，而这也避免了通常将内陆亚洲史作为主题的传统研究路径。

人类学家乐于提出总体模式，却忽略了细节。在本书中我试图证明互动模式能够被历史数据所检验，并以之解释特定时段中的主要变化。人类学关注事件，因为事件更为清晰地确定了这些互动规则是如何在真实世界中生效的。这些规则的运作构成了在超过两千年的历程中东亚草原部落边疆的总体历史，但这只是分析的副产品，绝不是一段完整的历史。例如，在可利用的二手文献中，对于内陆亚洲只是几笔带过，而较之在正史中经常可见的时期，一些更少为人知晓的时期受到了更多的关注。对专家而言，问题在于，所提出的假说能否经受更多细节性的检验。对于一般读者而言，主要的问题则是，在他们掩卷之际，能否清楚地认识到内陆亚洲是世界历史的一个动态板块，有着自己独特的文化模式。

我对游牧与定居民众之间关系的兴趣生发于对中亚的民族志研究。我在阿富汗北部的中亚阿拉伯游牧民中做了两年的实地调查。他们每年从阿姆河的低地沼泽迁徙至巴达赫尚的高山牧场。为了专门为城市肉类市场饲养绵羊，他们放弃其游牧方式而完全融入了当地经济之中。他们的社会组织维持着一种修正了的锥形氏族世系模式,更多地具有中亚而非中东的特性。在对他们的历史进行研究时,我发现中亚的游牧部落发展出与其定居邻居截然不同的关系。虽然家庭生活与家畜繁育的类型非常相似(其不同之处在很大程度上要归因于生态条件),但每个部落的政治组织、与外部世界的经济联系以及集中化程度区别很大。较之外部关系,这些不同之处显得与内部发展关系不大。自从如今的游牧民完全被定居国家封闭之后,较之民族志,历史学更能在曾经统治内陆亚洲的游牧社会的广阔范围内探究这一问题。

在进行人类学实地调查之后,我进而发现,中华帝国的官修正史通常会包含对其边疆地区的外族民众的广泛叙述。由于北部边疆的游牧民族通常会成为中原王朝对外政策方面的一大问题,因此在具体措施方面会更为慎重。我不是一位汉学家,但是由于超过一个世纪的将这些外族民众的历史翻译为西方语言的传统,诸多研究著作有时候被嘲讽为"翻译出野蛮人"(translating the barbarians)。在几乎所有这些著作中,作者们的固有意图是要使这些记载能为那些并不直接从事中国研究的人们所利用,尽管在实践中只有很少的非汉学家意识到了其中所蕴含的深意。对一位关注边疆关系的人类学家来说,它们相当清晰地提供了较之世界任何其他地方发现的关于部落政治与经济的更为长时段的历史信息。然而,这些翻译质量参差不齐,而且对于一些更为复杂的语言学或地理学问题的探究也不够充分。为了避免轻易做出结论,书中所引用的译文已经被更多胜任的学者在基本准确度与变化上重新与原始资料做过比对,他们对名称与地点采用了统一转写体系。这里采用了双重引文,以使汉学家能更容易地核对原文。

我从事的这项研究得到了已故的傅礼初教授(Joseph Fletcher)的鼓励,他是内陆亚洲史研究的泰斗,他自己的著作包含了众多跨文化方法。他对将人类学的深厚民族志传统运用到对那些文化、经济与社会组织尚未熟知的人群的历史研究中深有兴趣。作为一位更了解游牧迁徙而非历史资料的人类学家,我表现出些许恐慌,但是他指导我越过了众多致命的学术陷阱,并使我不再夸夸其谈。他在中亚史方面学识渊博,不管是原始资料还是二手文献,都能信手拈来。而当我们一起讨论草稿章节时,我如沐春风,再也找不到比他更好的批评者与鼓励者了。他的不幸去世给这一学科留下了巨大空白,并使我失去了一位良友。谨以此书纪念他。

我要向哈佛大学费正清东亚研究中心表达我的感激之情,它使我能够在传统的东亚史框架之外进行这一研究。在那里,我既能接触到必要的图书资料,也有机会向那些中亚史及语言学知识远甚于我的学者们咨询。在那些直接对文稿加以评述的学者中,我要特别感谢柯立夫(Francis Cleaves)、蒂娜(Elizabeth Endicott-West)、洪金富(Chin-fu Hung)、阿纳托利·哈赞诺夫(Anatoly Khazanov)、米哈伊尔·霍达尔科夫斯基(Michael Khodarkovsky)、金浩东(Ho-dong Kim)、比阿特丽斯·曼茨(Beatrice Manz)、朴兰诗(Nancy Park)、奥梅尔扬·普里察克(Omeljan Pritsak)以及罗泰(Lothar von Faulkenhausen),感谢他们对我数版文稿所提的修改建议。当然,我对本书中不可避免的事实与解释错误负全部责任。

我还要深深地感谢那些我拜读文章后方知其名的学者们,而本书正建基于他们的关键性基础之上。有人说,如今的书籍与文章在几年或十几年之后就完全过时了。这对极少数内陆亚洲著作来说是不准确的。人们时常在翻检深藏于庞大图书馆幽深之处的这些著作的泛黄书页时,共享新发现的兴奋之情,并发起热烈的争辩。这些著作经常久置一旁(假如图书馆的流通卡片是一个可利用的指标的话)的学者们,是我在一个相当长期的国际研讨班中的同行。跟他们中的一些人一样,我对这一主题的兴趣与其说是实用性的,毋宁说是个人性的。对于书中的结论,相信诸位自会做出判断。

托马斯·巴菲尔德

致　谢

作者要感谢下面这些书的作者与出版者允准从中复制材料：

The History of the Mongol Conquests，by J. J. Saunders
(Routledge)；

History of Chinese Society：Liao，by Karl Wittfogel and Feng
Chia-sheng(American Philosophical Society，Philadelphia)；

Records of the Grand Historian of China，by Burton Watson
(© 1961 Columbia University Press，New York)；

The Successors of Genghis Khan，by John Boyle (© 1971 Co-
lumbia University Press，New York)；

The Mongols，by David Morgan(© 1986 Blackwell，Oxford
and Cambridge，MA)。

导论　草原游牧世界

在公元前 800 年前后,欧亚草原经历了一次深刻的文化转型,而这形塑了之后 2500 年的世界历史。南方的文字文明第一次开始遭遇那些随其畜群穿越内陆亚洲草原的游牧骑马民族。将这些民族与其祖先相区别的是其所发明的骑兵:骑马而行、机动灵活的牧民们运用各种弓箭在远处就能轻易地将箭排山倒海般地直接射向他们的敌人。他们尽管人数很少,但是在几个世纪中统治着草原,建立起周期性威胁其定居邻居的强大帝国。游牧力量的顶点是 13 世纪,此时,成吉思汗及其后裔的军队征服了欧亚的大部分地区。到 18 世纪中叶,随着技术与运输革命的到来,双方力量间的军事均衡开始决定性地有利于周边的定居文明,而游牧力量被统一进俄国与中国那日益拓展的帝国之中。

进入近代,内陆亚洲的游牧民族依然令人着迷并时时引起争议:野蛮人的刻板形象既令人害怕又让人轻视,或者被那些仰慕他们的人看成纯朴而自由的浪漫形象。然而,大多数的历史记载都未能清楚解释这一地域及其民众的情况。这些记载由那些按年代顺序编排的、各个不起眼的部落所发生的看似偶然的事件构成。当游牧民族攻击其邻居，进而在世界历史舞台上展现身影时，这些事件经常被视作自然史的一种形式，就像蝗灾一样。例如，一些汉朝的学者认为中国从不能与那些如禽兽般游移不定的民族建立起适当的关系。后来的基督教与穆斯林评论者认为诸如匈奴或蒙古人的游牧民族的入侵仅仅只是神对犯有过错的社会所进行的惩罚。到了更近的时代，人们则认为游牧民族对定居文明所在区域的入侵是对干旱气候的一种反应。可以说，形成一部贯通性的内陆亚洲历史的主要障碍总在于缺乏一种适当的分析性框架以解释那里发生的事件。就算是那些将内陆亚洲作为其研究重心（而不仅仅是作为伊朗、俄国或中国史的附属品）的学者们，也经常在论述历史发展的基础性问题时手足无措。专家们对内陆亚洲文献加以狭隘地理解，几乎从未用现代历史或社会科学方法加以探究，而将其局限于对历史文本或叙述的解释、语言学问题、艺术史以及历史上部落方位的确定等方面。

这种狭隘理解是不应该的，内陆亚洲研究本有可能阐明历史学以及人类学观念上的一些更重要的问题。内陆亚洲是一块有着强烈彼我观念的两个相互对抗的文化之间长期互动的区域。两千多年来，草原上的游牧民族一直面对着世界上最大的农耕国家而免于其政治上的吞并或文化同化。其中的一方是中华帝国，它有着深厚的文化传统，这种传统将自己视作其他民众与国家的历史优胜者。它的真正名称"中国"（中央王国）表明这是所有文明的中心。在历史上，当中国将其边疆南推至东南亚之时，它直接将一些紧邻的外族吸收到其文化统治之中。在整个东亚，甚至诸如朝鲜、日本和越南这样高度独立的邻国也全都采纳了中国的国家机构与对外关系、表意文字、饮食、服饰与历法模式。在整个东亚，中国最大的对手位于北方的草原地带。在那里，骑马的游牧民族不仅拒斥中原文化与意识观念，更糟糕的是，除了汉人所能提供的物质产品，他们顽固地无视其中的任何价值。其经济建基于游移不定的游牧生活之上,这种经济特征在于这些民族散布于广阔区域之中,在苍茫蓝天下搭帐而居,以奶、肉为主食,崇尚军事冒险与英雄般的个人成就,可以说,这些骑马民族与其汉人邻居截然相反。

当然,不管是游牧民族还是汉人都保持着自身文化价值与生活方式的优势,这对那些将种族中心主义视作一种生活的历史事实的人类学家而言几乎习以为常。然而,在内陆亚洲的中国边疆沿线,两个社会经常接触并在彼此间产生了不小的影响。新近的人类学理论强调了对社会与政治关系中时刻发生变化的结构性问题加以分析的重要性,这些结构性问题是社会互动的产物,而不是完全由当地因素所导致的。最早出现的各种"世界体系"直接影响到那些看似偏远的民众。① 假如我们还不甚了解的话,内陆亚洲与中国之间的关系就提供了一个运用这种广阔视角的经典事例。孤立地看,内陆亚洲政治的兴衰几乎是随机性的,但是当将之放到区域背景下在一个长时段中加以检视时,它们就揭示出一些令人印象深刻的规律性,而这规律性与中原政权的集权化周期有关。

互动的问题也产生了更难解的文化交流问题。不同的文化彼此碰撞时所导致的事件的意义经常以不同方式被予以解释。两个陌生社会出于何种原因而相遇? 在何种程度上他们能意识到彼此的强弱? 游牧民族与汉人之间世界观的不同使他们的关系尤其成为问题。在一个部落社会机制中,其理想领袖是一位受到天佑且兼具幸运与神性魅力的英雄勇士,他给他的随从们礼物,这与汉人的观念截然不同,在汉人的观念中,天底下所有的皇帝都应在深宫中通过批阅奏章管理复杂的官僚体制。虽然对于发生在边疆的事件有细致的记述,但是中国的官员们更多的是定居的可替换的组织代

---

① 沃尔夫:《欧洲与没有历史的人》(Wolf, *Europe and the People without History*)。

表，他们不具有对草原政治而言最关键的卡理斯玛人格。他们经常难以解释某位特殊首领及其集团的旋起旋灭，因为他们无法理解在游牧民族中产生变化的政治机制。正如萨林斯（Sahlins）在分析有着类似结构的波利尼西亚王国时所指出的："对特定类型的社会而言，国王与战斗的故事有很好的理由用于历史编纂。原因在于这种结构将国王的行动归结为社会的形式与命运。"①

长久以来，文化联系的问题较之游牧民族的军事进攻可能更令朝廷的学者们感到困惑，因为游牧民族拒绝接受中原文化，这对于中国将其自身定义为世界秩序的中心来说是一大打击。这甚至在汉人成功地运用他们自己对外关系的意识框架的时候还是如此。边疆民族在操控这一体制上变得技巧十足，他们经常接受汉人的外在组织形式而拒绝其内涵，因此就逐渐获得了粗野或不真诚的"蛮夷"之名。当然，反过来也是对的，或许没有更大的文化误传事例会比成吉思汗及其直接继承者们对欧亚大部分地区的摧毁更甚了，他们轻视农业与城市的价值，认为它们在毡包与马匹的世界中毫无地位。

对中原及其北方邻居之间的长期关系作一项研究是可行的，因为可利用的原始文献材料可以追溯到游牧民族首次出现之时。它主要包括大量汉文的官方记载，辅以6世纪之后游牧民族自己留下的叙述与历史文献。汉文材料的独一无二之处在于，它是对整个帝国阶段绵延事件的记述，就像通常每一个新王朝都会为其前朝编修一部正史一样。其中经常会有一卷对位于中原北部边疆的外族加以详尽叙述，他们所造成的军事与政治问题受到每一个王朝的密切关注。这些记载因为编纂历史的儒家学者们对非汉民众的否定态度而显出偏见。然而，因为历史被看作指导当前统治者的一种工

---

① 萨林斯：《历史之岛》（Sahlins, *Islands of History*, p. xi）。

具,故而边疆政治就无法被忽略,历史学家也通过对早期政策争论的大量征引而表明其自身立场。在中国,外族王朝的历史经常提供他们在边疆地区的起源之外的更多信息。

这些记载的价值尚未被全面发掘,因为它们对汉地文明的学者而言只体现为内在价值很小的边缘历史。此外,边疆关系的真实本质经常被将部落民众视作中原的长期附庸的意图所遮掩。因此,我们经常听到游牧民族"纳贡""归附"或者"入质",而事实上这常常是一种外交烟幕:定居文明通过给边疆部落民众钱物以安抚他们。当文献中的这些偏见相当清晰地表现出来时,它们经常被现代学术通过一种继发的种族中心论而不加批评地予以保存。例如,那些致力于探究中国古代史的学者们是如此沉醉于这一文化的经典文献,以至于他们经常无意识地吸收并接纳了其价值与世界观。当他们述及那些其他民族,即威胁他们文明的"蛮夷"时,在中国文化领域内解释的严谨与关键之处经常取自汉人的视角,而朝廷学者的报告都一致认为,对于接待一个臭烘烘的草原使者前来并以无理要求侮辱天朝之事要慎重考虑。

不过,对于定居社会的历史学家而言,就算怀着最好的心愿,也总是难以理解那些与其自身社会有着完全不同生活方式的部落游牧民族的文化价值与社会结构。然而,通过将人类学与历史学结合起来,我们有可能揭示出这些不同文化之间的关系,并展现出这种在欧亚文化与政治历史发展中扮演了关键角色的两千年之久对立局面的完整画面。

内陆亚洲游牧社会的历史及其与外部世界中心的关系在五个基本问题上将在本书中再次呈现。

(1)政治组织:游牧方式与维系的国家在何种基础上联合为地方性的社会——政治组织?

（2）互动的范围：内陆亚洲游牧民族与其定居邻居，尤其是中原的关系是怎样的？为什么游牧民族在某些历史时期强盛一时，而在其他历史时期又萎靡不振？

（3）中国的征服王朝：是否存在一种边疆关系的周期律能够解释发源于东北的民众所建立起的外族王朝在中国历史的一半时间中统治着华北地区？

（4）蒙古世界征服者：蒙古帝国是草原政治发展的必然结局，还是对草原政治的一种偏离？

（5）游牧社会的发展问题：随着时间的推移，在游牧社会之间是否存在明显的差异？而这种差异又能够对古代、中世纪与近代的游牧社会做出合理区分？

历史资料虽然经常包含偏见，但内容宏富，足以回答这些问题，并让我们用它们自身的术语来解释内陆亚洲社会。但是，对任何假说的检验都必须在具体运用的过程中进行。这里对相关资料加以系统化解释，使非专门研究者能够理解事情的来龙去脉以及社会结构的变迁，而且能让专门研究者对特定时期的总体历史状态作进一步探究。

草原政治组织与边疆关系

内陆亚洲游牧国家的出现是一个值得探讨的问题，因为它表现为术语上的一种矛盾关系。游牧帝国最初是由一位独裁者领导的有组织国家，但在游牧政体中的大多数部落成员似乎保留着他们传统的政治组织，这些组织建立在不同规模的血缘集团——直系、氏族、部落——之上。在经济范围内存在着一种类似的悖论——建立在同一种经济基础上的国家既为数众多，其结构又相当一致。为了解决这一困境，理论家们通常都试图要么说明整体性的国家确实存在而其部落次级结构早已名存实亡,要么表明部落结构确实存在而它从未形成一个真正的国家。

在对 19 世纪哈萨克与吉尔吉斯进行广泛调查的基础上,俄国民族学家拉德洛夫(Radloff)将游牧民族中的政治组织视为地方性政治在更高联合层面上的复制。基本的畜牧单位既是游牧生产单位,也是游牧政治的核心。这些小集团之间的财富与权力的差异使某些人获得领导地位;他们调停集团间的冲突,并将各集团组织起来以抵御或攻击外部敌人。拉德洛夫将更大单位的发展视作野心勃勃的强人将更多的游牧民众纳入其控制之下的尝试。这一过程最终导致了游牧帝国的形成,而草原独裁者的权力却是完全个人化的,这源于独裁者自身对一个复杂部落网络中的力量与财富的灵活运用。这样的统治者是一个权力篡夺者,而当他死去时,他的个人帝国也随之分崩离析。① 巴托尔德(Barthold)这位伟大的中古突厥史学家修正了拉德洛夫的模式,他认为游牧首领也能在游牧社会中成为在政治运动中被大众所推选出的人物,就像 7 世纪在突厥第二帝国崛起期间所发生的那样。他指出,推选(Choice)在任何游牧帝国中都与强迫互为补充,因为崛起中的首领们通过在战争与突袭中的胜利而吸引自愿追随者。② 这两种理论都强调了游牧国家是生来短命的,国家组织随着其建立者的死亡而消失。因此,游牧国家只是暂时性占统治地位的一种部落政治组织,它维持着草原社会与经济生活的基础。

有一种理论假定部落组织在国家创建中被摧毁,甚至这种新的关系被旧有的部落名称所假托,从而解决了建基于部落政治组织之上的国家的矛盾。在对匈奴人的一项研究中,匈牙利历史学家哈尔

---

① 拉德洛夫:《西伯利亚札记》(Radloff, *Aus Siberien*, vol. 1, pp. 513 - 517)。
② 巴托尔德:《中亚突厥史十二讲》(Barthold, *Zwölf Vorlesungen über die Geschichte der Türken Mittelasiens*, pp. 11 - 13)。

马塔(Harmatta)认为,游牧国家只有在游牧社会的部落基础首先被摧毁并随之被阶级关系替代的过程中才能出现。他的分析所关注的并不是著名的首领,而是像阿提拉(Attila)这样的独裁者得以崛起的社会-经济秩序中的深刻变迁。[①] 尽管这一过程的证据难以展现,但是克拉德(Krader)这位撰述游牧民族与国家形成的人类学家认为,由于国家离开了阶级关系就无法存在——直接的生产者支撑着非生产者——游牧国家的历史性存在以这种关系为先决条件。[②] 假如这些国家缺乏稳定性,则是因为建立在草原基础上的资源不足以维持任何程度的稳定。

对于一些马克思主义解释者而言,游牧国家的存在是一个更复杂的问题,这既是因为游牧民众并不能很好地归入线性发展的历史阶段中,也在于当这些国家崩溃时,游牧民族又回归到他们传统的部落组织中,而假如这些组织在国家创设过程中真的被摧毁的话,实际上这是不可能的。苏联的研究尤其关注这一问题,学者们一般都会讨论符拉基米尔佐夫(Vladimirtsov)在对蒙古人的分析中首次提出的"游牧封建主义"(nomadic feudalism)的观点,这一术语被广泛使用,而他却从未对此加以明确定义。[③] 这种"封建主义"的形式建立在这样的假设之上,即游牧共同体中存在的阶级是以对牧场的所有权为基础建立起来的。对这一看法的支持源于18世纪与19世纪之间在清朝统治下的蒙古盟旗组织,在这种组织安排中,各旗王公与普通部落民众相分隔,而他们未经允许不准越出其地域的界线。与此类似的则是在蒙古故都哈拉和林(Karakorum)进行的考古

---

① 哈尔马塔:《匈奴帝国的瓦解》(Harmatta, "The dissolution of the Hun Empire")。

② 克拉德:《游牧国家的起源》(Krader, "The origin of the state among nomads")。

③ 符拉基米尔佐夫:《蒙古社会制度史》(Vladimirtsov, *Le régime social des Mongols : le féodalisme nomade*);另可参见哈赞诺夫:《游牧民族与外部世界》(Khazanov, *Nomads and the Outside World*, p. 228,及其后几页有一个苏联式解释的概要)。

学发掘,发掘结果揭示了在周边地域内农耕社群的广泛发展,表现为标志着支撑封建贵族的定居游牧阶级的发展。然而,其他苏联理论家则认为,恰恰是动物而非土地本身的所有权才是决定性的因素,动物的所有权依旧在一般部落民的控制之下,而且手工业生产与农业的发展能够被非常轻易地纳入既存的血缘机构中,从而使这些经济专长者未能形成独立的民众阶层。① 此外,所列举的在清朝统治下的蒙古或者沙皇管理下的哈萨克的例子对理解早期的游牧政治作用不大。通过间接统治的政策,这些定居帝国保护了当地统治者的精英阶级,而他们的经济与政治权力则是殖民体系的产物。

不管是将游牧社会的政治领导看作以阶级为基础,还是将之视作卡理斯玛型领袖权力积累的产物,两种理论都假定游牧国家的创设是内部发展的结果。但是,从历史上看,游牧国家是在一个远越于简单游牧社会需求的复杂性层面上组织起来的。拉德洛夫和巴托尔德强调了游牧国家的短暂性,但是一些游牧帝国在其创建者身后长期存在,尤其是匈奴人、突厥人、回纥人以及蒙古人的国家,而且在王朝稳定性方面与其定居邻国不相上下。除了蒙古人,所有草原帝国都采用了国家政治结构而没有征服任何明显的定居区域。像哈尔马塔和克拉德那些理论家接受了国家存在的观点,但是否认部落社会组织的连续性,并认为草原阶级结构的必要性无法构成一种在相当一致和广泛的游牧经济中如何使它出现的证据。当游牧贵族在草原社会中出现时,这种社会等级分化并不建立在对生产方式的控制之上,而对这些关键游牧资源的获取则以部落附属关系为基础。阶级关系在内陆亚洲的影响很小,直到在过去几百年中,游牧民族并入定居国家或者当他们离开草原而成为先前既已存在的

---

① 汉弗莱:《编者导言》,收于魏因施泰因:《南西伯利亚的游牧民族:图瓦的游牧经济》(Humphrey, "Editor's introduction," in Vainshtein, *Nomads of South Siberia*, pp. 13 – 31)。

阶级结构的一部分时，情况方才有所改观。

对这一困境的一种潜在的解决之道，出自近期对非洲与西南亚的游牧社会所作的人类学比较研究。这种比较研究对游牧国家是某种内部进化的结果的假设提出了质疑。通过对非洲游牧制度的比较研究，伯纳姆（Burnham）认为低人口密度与轻易的地理流动性使这种社会中任何组织等级制度的地方性发展变得不再合适。在这些条件下，分散化的对立局面反而能为政治组织提供最有效与可行的模式。游牧国家的发展因此就不是一种内部需求的反应，而是在他们被迫持续性地与具有更高组织程度的定居国家社会接触时所造成的结果。① 通过研究西南亚的情况，艾恩斯（Irons）也得出了相同的结论，并将之概括为一种假说："在游牧社会中，等级政治组织只有在国家社会的内部关联中才能产生，而且从未仅仅成为这个社会内部机制的一个结果。"②

这种争论对于理解内陆亚洲的游牧国家具有深远的意义。它不是一种扩散论式的解释。游牧民族并未"借用"既已存在的国家躯壳，而是被迫发展出其自身的国家组织特性以有效应对更为庞大而具有更高组织性的定居邻居。较之处理游牧社会内部的家畜问题或政治争端，这些联系更需要一种高度发展的组织。最不具组织性的游牧民族出现在撒哈拉非洲，因为直到殖民时代之前，他们很少与外部的国家社会发生接触。而最具组织性的游牧社会在面对中国这个世界上最大且最集中化的传统定居国家时产生，这一点也不偶然。

哈赞诺夫（Khazanov）在对游牧政治组织的广泛的人类学探究

---

① 伯纳姆：《游牧社会的社会流动性与政治集权》（Burnham, "Spatial mobility and political centralization in pastoral societies"）。

② 艾恩斯：《草原游牧部落内部的政治分层》（Irons, "Political stratification among pastoral nomads," p. 362）。

中认为,游牧国家是游牧社会与对游牧民族有利的定居社会之间不对等关系的产物。对于内陆亚洲,他主要关注那些通过征服定居区域而成为某个混合社会中统治精英的游牧民族所形成的关系问题。[①] 然而,一些游牧国家在那些没有征服定居区域的不对等关系中建立起来并得以维持下去。凭借着军事力量,这些游牧国家向邻国勒索钱财,控制跨国贸易并从中征税,且让专长于"直接占有"(掳掠)的那些组织松散的劫掠者们全都离不开草原的庇护。

在亚洲北部,中原与草原之间的关系支撑了游牧民族之间的国家等级制度。游牧国家通过剥削中原的经济而得以维持,而不是依靠对羊群的有序繁育发展壮大。因此,这就既没有必要用草原上阶级关系的发展去解释游牧民族国家的存在,也没有必要说游牧国家只是一位游牧独裁者的个人创造,而这种国家在他死后注定会四分五裂。但是,由于草原上的国家的形成与外部关系密切相关,它与定居国家有明显的不同,在这种草原国家中,同时包含着部落与国家等级制度,两者各自具有独立的功能。

内陆亚洲游牧国家以"帝国联盟"的方式组织起来,它们在对外事务上是像国家那样独裁的,但内部组织则是协商与联盟化的。它们至少由三层行政等级制度组成:帝国首领及其朝廷,受命去监督帝国内部各组成部落的帝国官员,以及当地的部落首领。在地方层面上,部落结构依旧维持自身形式,在权力来自自身民众支持而非帝国任命的部落酋长的统治之下。故而,在地方层面上国家结构变化甚小,无法最终确保将草原上掳掠成性的当地人联合起来。各部落则由于其下属被任命为通常是由皇族成员所担任的地方长官而被纳入帝国之中。帝国官员处理地方事务,组织征发军队并镇压当地部落首领的反抗。帝国政府垄断了对外及战争事务,使帝国在相

---

① 哈赞诺夫:《游牧民族与外部世界》(Khazanov, *Nomads and the Outside World*)。

关问题上作为一个整体而与其他力量讨价还价。

这种结构的稳定通过从草原之外榨取资源以支撑国家的方式而得以维持。通过帝国政府，游牧民族获得了掳掠品、贸易权以及奉金。尽管地方部落首领们丧失了独立性，但作为回报，他们获得了来自帝国体系的物质利益，而单个部落是没有足够力量获得这些收益的。地方层面上的部落组织从未消失过，但其角色在集权化时期被局限在内部事务上。一旦制度崩溃及地方部落首领得以自由行事，草原就重回混乱之中。

权力周期

帝国联盟是游牧国家最稳固的形式。这种模式最初被公元前200年至公元150年间的匈奴人采用，后来被柔然（5世纪），突厥人与回纥人（6世纪—9世纪），卫拉特人、东蒙古人以及准噶尔人（15世纪—18世纪）所采用。成吉思汗的蒙古帝国（13世纪及14世纪）建立在一种更为集中化的组织之上，这种组织摧毁了既存的部落联系，并使所有首领都要由帝国任命。2世纪后半期的短命的鲜卑帝国就是一个领袖死后随即崩溃的松散联盟。在其他时期，尤其是200—400年以及900—1200年之间，草原部落并不处在中央权威的统治之下。

游牧帝国联盟只是在有可能将其自身与中原经济相联系时方能存在。游牧民族采用一种敲诈战略以从中原获取贸易权与奉金。他们对边疆地区大肆掳掠并最终与中原朝廷签订和约。中原本土王朝宁愿给游牧民族金钱以让他们走，因为这较之与来去无踪的民族交战更合算。在这些时期，整个北方边疆处在两大力量之间的夹缝中。

敲诈所需要的是一种与征服相当不同的战略。通常认为蒙古草原上的游牧民族像狼群一样越过长城,坐等中原走向衰弱并进而将其征服,但实际情况是,来自中央草原的游牧民族会避免征服中原领土。从中原的贸易与奉金中得到的财富稳定了草原上的帝国政府,而他们并不期望去破坏这种资源。例如,回纥人是如此依赖这种收益,以至于还派军队镇压中原的内部反叛以维持一个摇摇欲坠的中原王朝。除了蒙古人,"游牧征服"只发生在中原的中央政权崩溃之后没有政府可以加以敲诈之时。强大的游牧帝国与中国的本土王朝同时兴亡。汉朝与匈奴帝国在数十年间相继出现,而突厥帝国刚好出现在隋唐重新统一中国之时。与此类似的是,草原与中原都在数十年的时间内进入混乱时期。当中原陷入严重无序与经济衰退时,它就无法再维持这种关系,而草原权力也转移至其组成部落手中,直到在华北地区重新建立起秩序之前草原一直无法再获统一。

外族王朝对中原的征服是东北民族的事业,他们要么是辽河流域的游牧民族,要么是当地的森林部落。中原与蒙古地区的中央统治在同一时期的瓦解,使这些边疆民族从各自强大力量的统治中解脱出来。与草原中心地带的部落不同的是,他们具有一种平等的政治结构,并与东北的定居区域有着密切的联系。在分裂时期,他们沿着边界建立一些小王国,这些王国将中原与部落的传统整合到一种简单的行政管理体系之中。作为偏安一隅之地,他们躲到那些汉人军阀或草原游牧首领在华北地区相继建立起来的短命王朝的羽翼之下。一旦这些王朝崩溃,东北民族就会首先征服一小部分华北地域,随后经常在第二个东北王朝之下征服整个华北地区。尽管外族对华北的统一为蒙古地区游牧国家的兴起创造了有利的经济条件,但像蒙古帝国这样的国家绝少会出现,因为较之本土的汉人统治者,外族王朝采用了一种严厉而又异样的边疆政策。东北民族采取一种从政治与经济上加以瓦解的政策,而且他们主动与阻止其统一的游牧民族交战。除了成吉思汗领导下的蒙古人,中部草原上的游牧民族在其东北远亲统治中原之时从未能建立起强大的帝国。只有当外族王朝放弃其应对中原内乱的进攻性的边疆防御政策时，游牧民族方能统一起来。当汉人反叛者们驱逐了外族人并建立起一个新的本土王朝时，草原也联合在一起并试图开始进行敲诈行动。

关于这一关系，存在着一种周期性类型，这种周期性类型在两千年中周而复始了三次。雷德雅（Ledyard）在对东北、朝鲜与中原之间关系的研究中，从一个不同的角度注意到了国际关系中的一种简单的三周期类型，他依据中原是扩张（阳）还是防御（阴）而划分为"阴"与"阳"的阶段。"阳"阶段对应于统治整个中国的本土王朝，"阴"阶段对应于征服王朝的统治。有意思的是，他发现蒙元王朝十分异常，尽管他的分析不包括其他位于蒙古地区的游牧帝国。[1] 然而，他的论述并未解释这些关系是怎样的以及为何会发展起来。

要理解这种周期类型是如何出现的，就必须将我们的分析集中到长期以来边疆政治环境的变迁特征之上。由于这种特殊的社会-政治组织较之那些其结构建基于不同原则之上的对手们显示出明显的优势，外族王朝遂以一种可预期的趋势相互兴替，而政治生态只在这样的情况下方能显效。那些不断变化中的使王朝取胜的关键优势成为其自身兴替的根基。这一过程可以看作在一片古老的顶级森林（climax forest）被大火焚毁后随之而来的生态演变。在一片顶级森林中，少数大树支配着整个景观，将那些无法在天然除草剂与树荫下生存的其他物种排除在外。一旦这些大树被大火或其他灾难摧毁，这些死亡的树木就会迅速被侵入这片过火区域的更为多样却不结实的物种所取代。生长迅速而短命的杂草及灌木通过大量繁殖最先成长起来，形成一片新的植被，直到它们重新被那些

---

[1] 雷德雅：《中原—满洲—朝鲜三角关系当中的阴阳之道》（Ledyard,"Yin and Yang in the China-Manchuria-Korea Triangle"）。

生长缓慢却更为结实的树种所取代。最终,这些树木形成了一片混合森林并延续数十年之久,直至一两种树木重新成为完全占统治性的树木,将其他树种从这片区域中排除出去,并使森林回复到稳定的顶级状态,由此形成一个完整的周期。

划分统一中原与统一草原的两极世界之间边界的是一种稳定的顶级状态。当它们存在时,无法出现可供选择的政治结构。中原与草原内部秩序的双重崩塌形成了一种高度不稳定的环境。在这一时期兴起的朝代众多,但组织松散、混乱不堪且国祚短暂,成为拥兵自重的反叛军阀或部落首领的攻击目标。它们被更具组织性的朝代所取代,这些朝代重建了秩序,并成功地管理着广大的区域。南部的本土王朝以及东北与西北的外族王朝分割了中国的领土。在那些摧毁外族王朝并在本族统治下形成大一统的统一战争期间,草原也顺畅地再次联合起来,构成一个完整的周期。一个主要的本土王朝的覆亡与在稳固的外族统治下的秩序重建之间的滞后时间在每一周期中日渐减少:汉朝崩溃后的数世纪混乱局面,唐朝覆亡后的数十年,以及明朝被推翻后的几乎同时。外族王朝的持久性表现出类似的特征——在第一个周期中是最短的,在第三个周期中是最长的。

概而言之,我的观点就是,蒙古地区的草原部落在边疆政治中的作用至关重要,却没有成为中原的征服者;而东北地区,由于其政治与生态因素,成为当本土王朝因为内乱而崩溃时外族王朝的滋生地。这一与众多先前理论明显不同的结构得以解释中原及其北方邻居之间的关系。

魏特夫(Wittfogel)对中国史中"征服王朝"(conquest dynasties)所进行的深具影响的研究,忽略了像匈奴、突厥以及回纥之类的草原帝国的重要性,他将外族王朝划分为游牧部落与农耕部落的亚类,两者都与典型的汉人王朝相对立。这种看法更强调经济而非政治组织,从而掩盖了显而易见的事实,即除了蒙元,魏特夫所研究的征服王朝全都发端于东北。对于那些与中原一起在几个世纪中成功地统治边疆的草原帝国的身处蒙古地区的游牧民族,以及那些在中原建立起朝代而从未在草原上建立强大帝国的来自东北的游牧民族,他也未能加以明确的区分。①

关于中原与北方部落民族关系的最著名的著作或许是拉铁摩尔的名作《中国的亚洲内陆边疆》(*Inner Asian Frontiers of China*)。他个人对蒙古、东北及西域地区的熟知为他的研究提供了无比坚实的基础,而且在五十年之后这依旧被视作里程碑式的贡献。特别有影响的是他的"地理学研究方法"(geographical approach,如今我们更可能将之归为文化生态学),这种方法将内陆亚洲划分为几个关键地区,每个地区有其自身文化发展的机制。拉铁摩尔所关注的基本上是中国边疆草原游牧制度的出现问题,他对帝国时期边疆关系的发展只作了简单概述。而当前的分析尽管也深植于拉铁摩尔的传统,但也对他关于游牧统治的周期以及征服王朝的建立所作的众多假说提出了异议。

拉铁摩尔论述了游牧统治的周期,他以匈奴为例,认为游牧国家都只有三代或四代的寿命。最初的政体中只包括游牧民族,在第二个阶段则有所拓展,在这个阶段中,游牧勇士们维持着一种混合国家,这种国家从他们的非游牧民众那里获得贡品。这种混合国家进入第三个阶段后,发端于游牧社会的守备军在抛弃了那些依旧居处于草原的缺少经验的同胞之后,最终获得了大部分的赋税。这些条件形成了第四个亦即最后的阶段,并因为"一方的真正财富及名义权力与另一方的真正或潜在权力及相对贫困之间的差别变得无法忍受,遂(开始)使混合国家逐渐瓦解并使边远的游牧民众在政治

---

① 魏特夫、冯家昇:《中国社会史——辽》(Wittfogel and Feng, *History of Chinese Society : Liao*, pp. 1 - 26)。

上'回复到游牧制度'"①。事实上,匈奴帝国并不表现为此种类型。匈奴领袖们确立起对其他游牧民族的统治,但他们并不去征服那些需要常驻军队的定居区域,而是居住在草原之上。这是一个统治历经四代而不曾瓦解的国家,国祚绵延四百年之久。但随着汉朝的覆亡,有一位匈奴首领确实在中原边地建立起了一个短命的王朝。而一旦那些边远的游牧民众尝到了榨取赋税的甜头,他们就不再返回草原了。他们会控制这个国家而不是取而代之。

对于征服王朝,拉铁摩尔认为空旷草原上的游牧民族与混合文化的民众占据的少数边疆地区之间存在着明显差别。他注意到,正是这些边缘地区而非空旷的草原,才是征服王朝的发源地。② 然而,跟魏特夫一样,他未能注意到绝大多数成功的征服王朝源自东北边地而非其他地区这一事实。而且,通过将成吉思汗囊括进这种边疆首领的主要例子中,他混淆了对松散的草原社会与文化上混杂的边地社会之间的区分,对于成吉思汗而言,他像更早进入蒙古地区的任何匈奴或突厥首领一样远离边界。出现这种看似是地理矛盾的原因在于,发生根本性转变的边疆的真正定义取决于统治华北的是一个本土王朝还是外族王朝。蒙古北部地区只有在外族王朝执行破坏草原政治组织的政策时,方才成为"混合边疆区域"(mixed frontier zone)的一部分。当本土王朝与草原帝国分割它们之间的边疆时,是不存在政治上独立自主的混合社会的。

上述这些论断都指出了内陆亚洲发展的复杂性以及将之作为历时性变化关系的产物加以研究的必要性。蒙古草原、华北以及东北必须作为一个单一的历史体系加以分析。对主要的本土及征服王朝与草原帝国的比较性概述(图表 1.1)提供了一个模式化的开

---

① 拉铁摩尔:《中国的亚洲内陆边疆》(Lattimore, *Inner Asian Frontiers of China*, pp. 521 - 523)。

② 拉铁摩尔:《中国的亚洲内陆边疆》(Lattimore, *Inner Asian Frontiers*, pp. 542 - 552)。

图表 1.1 统治周期:中原的主要朝代及蒙古地区的草原帝国

	中原王朝		草原帝国
	本土	外族	
周期 1	(1) 秦与汉 (前 221—220)		**匈奴** (前 209—155)
	(2) 混乱时期的中原王朝 (220—581)		鲜卑 (130—180)
		(3) 拓跋魏(386—556) 以及前后兴替的 其他外族王朝	柔然
周期 2	(4) 隋与唐 (581—907)		**突厥第一帝国** (552—630) **突厥第二帝国** (683—734) **回纥** (745—840)
	(5) 宋 (960—1279)	(6) 辽(契丹) (907—1125) (7) 金(女真) (1115—1234) (8) 元(蒙古)⋯⋯⋯**蒙古** (1206—1368)	
周期 3	(9) 明 (1368—1644)		卫拉特 东蒙古
		(10) 清(满洲) (1616—1912)	准噶尔

注:通常指称的各个朝代兴亡的官方年代经常具有误导性。对本土王朝而言,其建立的年代通常是准确的,但是其结束的年代会被拉长,因为所建立的中原王朝的威望是如此之大,以至于在其正式废止之前仍然被统治军阀们在表面上维持数十年之久。对于大多数外族王朝而言,反过来是对的。其建立的年代会前推到后来变得强盛的边疆小国的建立,而其终结的年代则是准确的。

改编自魏特夫、冯家昇:《中国社会史——辽》(Wittfogel and Feng, *Liao*, pp. 24 - 25)。

加黑字体表示强大的草原帝国。

端。它通过对边疆关系特征的分析对王朝更替的三个周期(只有蒙古帝国在周期之外)作了粗略的表述。这一描述只是粗略地叙述边疆关系的基本流变,而每一时期所发生的情况将会在以后的章节中加以展开叙述。

汉朝与匈奴帝国作为公元前 3 世纪左右发展起来的两极化边疆的部分而紧密相连。当匈奴帝国于公元 150 年左右失去在草原的统治地位时,维持松散结构的鲜卑帝国取而代之,一直到匈奴首领于 180 年死去为止,匈奴人经常劫掠中原,正是在同一年中原爆发了一次大内乱。东汉王朝在之后二十年中名存实亡,其人口与经济都陡降。值得注意的是,摧毁汉朝的并非游牧民族而是汉人的反叛。在接下去的一个半世纪中,当各路军阀逐鹿中原之际,鲜卑的东北后裔建立了诸多小国。在这些国家中,慕容燕国是最强盛的,在 4 世纪中叶对东北确立起统治。他们创造了被另一鲜卑部落拓跋魏所大规模采纳的组织结构,拓跋魏国(北魏)推翻了燕国并统一了华北地区。随着华北地区统一,蒙古地区的游牧民族才在柔然部族的领导下再次建立起一个集权化的国家。然而,柔然从未真正控制过草原,因为拓跋部沿边界维持了庞大的守备军,并以尽可能多地获取人丁与牲畜为目的侵入蒙古地区。他们做得非常成功,以至于柔然直到政权灭亡为止,一直无法威胁中原,而拓跋部则已经汉化并开始采取与汉朝类似的缓和政策。

内部叛乱摧垮了北魏,并在接近 6 世纪时开启了在西魏与隋朝主导下对中原的重新统一阶段。柔然被其突厥附庸推翻,中原的首领们对这些突厥人非常惧怕,因此他们花费巨额丝贡以维持和平。边疆再次变得两极化,而突厥人也开始采取与匈奴类似的敲诈政策。在隋亡唐兴之际,突厥并不打算征服中原,而代之以支持汉人竞争者争逐王位。随着唐朝衰落,朝廷开始依靠游牧民族控制内乱,8 世纪中叶寻求回纥人的支援以镇压安禄山叛乱则至关重要,使这个王朝的命运又延续了百年之久。在回纥于 840 年成为黠戛斯攻击的牺牲品之后，中部草原就进入了一个混乱时期。唐朝在中原爆发的又一次大起义中土崩瓦解。

唐朝的覆亡为东北地区混合国家的发展提供了契机。其中最重要的是游牧的契丹人所建立的辽朝。他们在 10 世纪中叶继唐朝而起的一系列短命王朝消亡之后重整旗鼓。当中原其他地区被本土化的宋朝掌控时，甘肃成为一个唐古忒王国（西夏）。与此前几世纪的慕容燕国类似，辽朝采用了一种双重管理制度以兼容汉地与部落组织。与燕国一样，辽朝也败给了另一东北民族集团——女真人，他们是辽朝边地的森林部落，于 12 世纪早期建立金朝，进而征服了整个华北地区，并使宋朝退缩至南方。从这点来看，最初的两个周期在结构上非常相似，但是蒙古人的崛起形成了一种大断裂，这不仅对中国，更对世界有着深远的影响。

当华北随着一个国祚绵长的本土王朝土崩瓦解而为军阀混战所撕裂之时，蒙古地区出现了游牧国家。来自东北的外族王朝重建秩序，固化了边疆，进而在草原上创建了集权化国家。这些外族王朝意识到了来自蒙古地区的危险，于是就玩弄部落政策以扰乱蒙古地区的分散部落，对其采取分而治之的策略，进行大肆入侵以从草原卷掠大量人畜，并通过运用联姻纽带维系某些部落的方式维持一种联合体系。这一战略很见成效：柔然从未能有效地对付拓跋魏，而在辽朝与金朝期间，蒙古地区的部落在成吉思汗之前一直无法联合起来。成吉思汗后来的成功不应使我们无视他在统一整个草原及反抗女真人的压迫时所遇到的困难，这花去了他大半辈子的精力，而且在很多时候差点就功亏一篑。他的国家与任何其他国家都不一样。高度集权并有一支纪律严明的军队，这确实经常与部落首领的自主权有关。然而，与来自蒙古地区的先前的统一者一样，成吉思汗的目标最初只是敲诈而不是征服中原。尽管金朝在文化上高度汉化,但女真朝廷还是拒绝对蒙古人采取安抚行动,并拒绝与之往来。绵延不断的战争持续了三十年之久,摧毁了华北大部分地区并使蒙古人获得了统治权,但他们缺乏进行统治的兴趣和准备,而更宁愿掳掠,这从他们无法立国建元或建立有序管理制度上反映出来,蒙古的最终立国建政,直到成吉思汗的孙子忽必烈汗在位时期方才完成。

成吉思汗的胜利表明我们所讨论的模式是可能性的,而非决定性的。尽管在混乱时期经常有像成吉思汗那样的部落首领,但是他们很少有机会统一草原并反抗来自用中原财富建立起来的东北外族国家的镇压。因此,当柔然大败之后,突厥人随之而起,建立了一个比匈奴更大的帝国,这并不是因为突厥人更有智慧,而是因为他们能敲诈那些新的中原国家,这些国家愿意为免受骚扰而付出更多。成吉思汗克服了巨大的困难——强大的女真,而蒙古地区早在三个多世纪之前回纥覆灭之后就未曾统一过,蒙古人只是草原上的弱小部落之一。一个强盛的游牧国家与一个强大的外族王朝之间的对抗是独一无二且具有高度毁灭性的。蒙古人采用野蛮攻击的传统战略,其目标是造成一种有利的和平局面,但女真人拒绝达成和约,他们随后的防御又失败了,这使得蒙古人日益进逼,直至将金朝摧毁。

蒙古人是来自中部草原而征服中原的唯一游牧民族,但是从这时起,这种经历也影响了汉人对待游牧民族的态度。先前所提到的政治延续性的次序也已经预言了当女真处于内乱以及中原在像诸如明朝这样的朝代之下统一时,会出现一个草原帝国。在明代,确实出现了这样的帝国,它最初由卫拉特(瓦剌)人领导,之后则由东蒙古统领,但是这种帝国并不稳固,因为直到16世纪中叶,游牧民族仍然无法与中原进行定期贸易并获取奉供。因为蒙古人入侵的记忆依旧历历在目,明朝遂无视汉朝与唐朝的先例,转而采取了一种不交往政策，惧怕游牧民族取而代之。作为报复，游牧民族经常扰边，使明朝较之其他中原王朝受到了更多的攻击。当明朝最终改变其政策以迎合游牧民族时，蒙古的攻击就大为减少，而边疆地区也维持了和平局面。在明朝于 17 世纪中叶被汉人起义推翻之后，是满洲人而非蒙古人征服了中原并建立起清朝。与早期的东北来的统治者一样，清朝采用了一种双重行政结构并通过指派蒙古首领及将其部落划分为在满洲人控制之下的更小单位的方式，成功地实现了草原的政治统一。随着摧毁中国中心的东亚世界秩序的近代武器、运输系统以及国际政治关系新格局的出现，中原与内陆亚洲之间的传统关系周期宣告终结。

文化生态

内陆亚洲与中原之间的关系在广阔的边疆地区展现出来，这些边疆地区可以划分为四个关键的生态与文化区域：蒙古地区（Mongolia）、华北地区（north China）、东北地区（Manchuria）以及西域地区（Turkestan）。①② 蒙古地区是在草原与内陆亚洲山岭中牧养畜群的游牧民族的家园。他们季节性的迁徙，游牧民族的粗放经济、低人口密度以及部落政治组织等特征，几乎在各个方面都与汉人社

---

① 本书作者在注释中已经明确了地名与族群间并不存在持续性的对应关系。这里还需强调一下，在翻译过程中，译者最初准备将之直译，即 Mongolia——蒙古地区、north China——中国北部、Manchuria——满洲地区、Turkestan——突厥斯坦，但考虑到在当前族群政治环境下可能会引起误解甚至不良反应，故而几经斟酌，遂决定采用正文中的译法（后文一并如此，若有疑义，则另加译者注），而 China 则更多地译为"中原"，只在必需时才译为"中国"，望读者在阅读时加以注意。——译者注

② 这些术语被用来确定地理区域，而并不暗示如今居住于此地的族类或语言集团的持续性占据。例如，尚不明了的是，中古及近代的蒙古人以及在一千年前占据相同地区的匈奴人之间的历史关系如何。与此类似，在历史的上半叶，西域地区（Turkestan）在文化和语言上是波斯化的，而满洲（Manchuria，即指中国东北——译者注）这一术语是西方地理学家所创。

会大相径庭,汉人社会则是通过在一个集权化的官僚政府统治下有着较高人口密度的集中灌溉农业而组织起来的。两个社会之间的泾渭之分在地理上也很明显,它们之间的边界是线性的,而中间横亘着长城——这是最初由秦朝于公元前 3 世纪末完成的一项雄心勃勃的工程,它是地理上的分界,并将中原与游牧世界分隔开来。蒙古地区与中原很容易加以区分,而东西部的地理区域则要复杂得多。东北与西域地区都包容了居住于此的不同民族的大量不同的生态区域,其中既有游牧民族,又有定居民族。当中原与蒙古地区的政权强大时,两大力量就会争夺对这些地区的控制权,而当中原与草原周期性地陷入混乱时,边疆地区就形成自己的国家,这些国家融合了中原与游牧社会的文化因素。

蒙古这一地理区域占据着欧亚中部 270 万平方公里的一片高原,在气候上总是严冬刺骨、夏日炎炎,且降雨稀少。这块地区大部分是草原,蒙古地区占据了欧亚大草原的东半部,绵延不断的草原与丛林点缀于崇山峻岭之间,从东北边地一直西延至黑海及匈牙利平原。蒙古草原的海拔平均达 1500 米甚至更高,较之西边接近于海平面的突厥草原要高出许多。这种高度变化标示出了蒙古地区的西部生态边界,也在传统上标识出其政治与文化影响的最大范围。

戈壁沙漠占了蒙古地区的三分之二。正如一些地理学家所指出的,戈壁并不是真正的沙漠,而毋宁是一片干旱的草原。它主要分为北部与南部牧区,依据其与中原的地理位置而在传统上称为外蒙古与内蒙古。戈壁是中部最贫瘠的地方,尽管这里只有相当少的民众与牲畜,但是他们向高原仓促迁徙,这片高原养育着大部分蒙古游牧人口。最好的放牧地域位于北部边地,贝加尔湖及黑龙江支流流经此地,并顺着阿尔泰山脉绵延而下。这一片草原紧邻中原,特别是鄂尔多斯平原、燕山山脉以及东北地区西部在传统上都养育着大量游牧民族，尽管如今汉地的农业移民已经基本取代了他们。①

　　蒙古高原紧挨着迥异的生态区域，在北部与东北部毗邻西伯利亚森林，这片领地上居住着狩猎与驯养鹿群的小部落。较之森林部落，那些组织更完备并在军事上更强大的游牧民族试图控制西伯利亚，以获取毛皮及其他森林制品。互动并不是单向的，对于那些已对游牧制度见怪不怪的部落来说，他们通过移居南部而进入草原世界，进而接纳了一种新的生活方式。然而，西伯利亚森林并不适合繁育大量羊马，而驯鹿又不吃草，故而这一地区依旧保持着文化上的不同。由于缺少文字记录与考古研究，沿蒙古—西伯利亚分界线的民族与文化之间的历史关系依然渺然难寻。②

　　从蒙古高原的边缘向南俯瞰中原，则以长城为界。很难确定这里的边界线，因为它横跨着一个过渡区域，这一区域既生活着游牧民，也生活着农民。尽管这里没有牧地以吸引游牧民，但是中原的富庶使得这块边地成为将草原各处的部落吸引过来的一块磁石。对游牧民族来说，中原是财富的宝库，这是一块边地市场欣欣向荣而粮食、衣物以及俘虏源源不绝的地区。它还是能从中原王朝那里当作礼物勒索到的诸如丝酒之类奢侈品的来源。在整个中国历史中，这一边界线始终令人惊异，而中原则试图将边地民众从那些北方的独立游牧民族中孤立起来。

　　中原与蒙古高原交界地区占据了其北部边地的中心。尽管对蒙古地区而言，农业化的中原地区呈现为占据巨大的黄河流域的单一体，而从中原的观点看，这里至少有四块不同区域。东部是地势低平的黄河冲积平原，大多数的都城坐落于此，诸如洛阳、开封以及北京等。燕山山脉将其与蒙古地区分隔开来，在东北则通过一条狭

---

① 穆尔扎耶夫：《蒙古人民共和国自然地理描述》(Murzaev, *Die mongolische Volksrepublik : physisch-geographische Beschreibung*)。

② 魏因施泰因：《南西伯利亚的游牧民族》(Vainshtein, *Nomads of South Siberia*)。

窄的通道与辽河流域下游的东北平原联系起来。东部平原是如此之平坦，一旦敌军突破边境防御，则很少有自然障碍能阻止其向整个地区的行动。向西远至黄土高原，这是一块有着复杂排水系统并遭受严重侵蚀的地区，然而物产富饶，坐落着西汉与唐朝的帝都——长安城(今西安)。在黄土高原正北，黄河呈马蹄形弯曲贯穿鄂尔多斯草原与沙漠，这是一片不同寻常、频生事端的边地，对中原而言，要保卫黄河河曲这一"天然的"政治边界，尽管它直接横穿了游牧民族占据的草原地域。贫瘠的甘肃(河西)走廊是中原的西北延伸部分。这里的人口与文化大部分是汉化的，尽管西域对此地有着强大的文化影响。这一西北延伸之地在北方被来自蒙古地区的游牧民族、在西南则被青海(Koko-nor)的游牧民族所包围，在东南山地则与藏民毗邻。[①]

对北部边界具有间接重要影响的另一个关键性的汉地生态区域，是作为华南开端的长江下游流域。华北地区是出产麦黍的旱地，严寒酷暑，这是一块步兵与骑兵可以鱼贯而入的地方。随着泗河南端汇入长江流域，中国变成一个不同的国家，进入了一块适宜发展水稻农业，气候温湿，满是湖泊、河流及沼泽的地区。外族王朝发现南方难以征服，因为马匹在泥泞中步履维艰，而且他们也不熟悉对于控制当地战略水道至关重要的水战技艺。在汉朝，长江流域是帝国的极边处，经常被当作流放之地。而随着东汉的崩溃，这一地区逐渐体现出经济与政治上的重要性。到唐朝时期，南方已经成为中国人口最密集和最丰饶的地区，而因为北方是中原文明的发源地，就算这一地区不再能自给自足，人们也还是不愿放弃。北方边疆的防御经常是帝国而非地方的职责。当后来的朝代在北方定都并在蒙古边界一线维持大量驻军时，所需的食物与税收的大部分取

---

① 参见拉铁摩尔：《中国的亚洲内陆边疆》(Lattimore, *Inner Asian Frontiers*, pp. 21 - 25)。

自南方。

将华北与蒙古地区从东到西围括起来的是东北与西域，由于各自的混合经济，这两个地区无法明晰地归入任何阵营之中。当中原与草原联合形成强大的帝国时，这些地域就成为边疆大争斗的中心，而当集权统治瓦解时，就形成各自为政的国家。这些王国在历史上影响巨大，因为大多数成功的外族统治者并不来自蒙古草原，而来自东北边地。

蒙古草原被北方的兴安岭和南方的燕山山脉与东北地区分割开来。东北的游牧民族占据着兴安岭的西坡，这是草原生态区域的延伸部分，但是他们很少利用东边一侧的陡坡进入东北盆地。在兴安岭与燕山山脉之间横亘着一道巨大的缺口，在这里，绵延起伏的草地越出高原延伸至东北，形成辽西草原。这是游牧民族的主要家园之一，其民众在文化上与蒙古草原上的部众相类似，却有着不同的政治历史与传统。

东北分为四块主要区域。第一块区域由辽河下游平原及辽东半岛组成，这块地区适于耕作，至少从战国时代起就有了中原文化。它经由山海关这一狭窄关口而与华北平原相连。辽东半岛与其隔海相望的山东半岛很相似。东北平原—辽东由于与中原相隔绝，就很容易遭到游牧或森林部落的攻击；而在中原陷于分裂期间，此地就处于他们的控制之下。东北的第二块生态区域是辽西草原与燕山山脉，这是游牧民族的家园。在与东北平原的农民的密切交往中，当游牧民族获得了较之边疆其他地区更为丰饶同时也更容易剥削的定居经济基础时，那些由蒙古本部地区迁移而来的民众却依旧保持着他们的政治独立。东北最大的生态区域由紧邻朝鲜与西伯利亚的茂密森林构成。这些森林中居住着畜牧与农耕混合经济的村民。与西部草原部落不同的是，他们养猪，这在游牧民族中从未见过。太平洋海流形塑了北部四分之一的海岸地区。这里栖息着猎人及渔民,他们与其他地区的人相隔绝,在历史上没什么影响。作为一块富饶却寒冬凛冽的土地,东北地区在一块相当小的区域内滋养着众多不同的文化。

西域包括一大块由沙漠、绿洲以及从河西走廊一直延伸至咸海的干燥草原组成的干旱地区,南接西藏、帕米尔以及兴都库什山脉,北依天山山脉与欧亚大草原。西域与蒙古地区的东界并不明显,因为蒙古平原逐渐汇入干燥草原地区,这些地区变得日渐干旱,直至不再适宜游牧生活。西域自身分为由帕米尔山脉隔开的东西两部分。西域东部的居民集中于绿洲,这些绿洲像项链上的珠子般环绕着塔里木盆地。每处都依赖一条靠近山脉的融雪河流而得以灌溉,但往往自给有余,丰饶无望。盆地内部的广阔地区实际上人烟稀罕。西域西部是阿姆河以及锡尔河流域,即传统意义上的河中地区(Transoxiana)。这些河流较之西域东部的河流流量大得多,而且气候也不那么糟糕。因此,较之东部,西部有更密集的人口,坐落着诸如布哈拉和撒马尔罕这样重要的国际大都市。西域在地域上很大,却人烟稀少,作为奢侈品贸易的商路而在传统上将东亚与西亚维系在一起。西域东西两部以阿尔泰山、天山以及帕米尔山脉一线分界,这也将庞大的欧亚文化划分为东至中原的游牧民族以及西至伊朗和欧洲的游牧民族。

内陆亚洲的游牧生活

游牧生活是历史上大部分时期内陆亚洲草原的主导性生活方式。外部观察者经常将其贬低为原始性的生活方式,但在事实上,它是一种开发草原资源的颇有成效的经济专门化方式。由于这种生活方式与周围的定居文明非常不同,故而两者之间的误解也就不可避免。游牧民族的历史及其与周边地区的关系被游牧民族理所当然地认定为:他们的活动周期、畜牧的需求、经济约束以及基本的政治组织。

游牧生活方式是一个经常使用的术语,指家族每年与其畜群从一处牧地迁徙至另一处牧地的游牧方式。这种经济活动最突出的文化特征在于游牧社会适应了其移动性以及牲畜的需要。然而,有必要指出的是,要对游牧方式与放牧方式及其文化加以必要的区分。有并非游牧民族的牧民(诸如近代的奶农),也有并不放牧的游牧民族(比如狩猎民族)。还存在着这样的社会,在这种社会中,放牧的移动方式只是一种经济的专门化,在这之中,单个的羊倌或牛仔受雇看管畜群(在西欧或澳大利亚养羊,而在美国则养牛)。当牲畜的饲养成为一种深深嵌入周边定居文化的专门职业时,隔绝化的放牧社会将无处可寻。

内陆亚洲的放牧方式在传统上依靠对广阔而有季节性的草原与山脉中草地的开发利用。由于人类无法消化牧草,饲养牲畜就成为开发草原生态系统资源的一种有效途径。畜群由混杂的食草动物组成,其中包括绵羊、山羊、马、牛、骆驼,有时候也包括牦牛。它们在单一物种的繁育上并没有专门化,这种繁育的专门化是在近东的骆驼以及西伯利亚的驯鹿养殖中发展起来的。内陆亚洲是一块能满足所有动物生存与迁徙需求的理想之地,一个家族或部落通过游牧生产可以自给自足。畜群中动物最主要的贡献既反映了生态变迁,又反映了其文化偏好,但不管游牧民族利用的是开阔的草原还是山间牧场,其结构基本上是相似的。畜群组成上的变化在那些开发更为边缘区域的牧民中最常出现,例如,在此地,山羊较之绵羊更宜生存,而较之马匹,此地的干旱更利于骆驼的繁殖。

绵羊是内陆亚洲饲养的最重要的动物,也是游牧生活的支柱。它提供肉奶以供食用,毛皮以供穿着,而粪便在风干后可用作燃料。绵羊繁殖迅速,并且啃食草原上的大多数植被。在蒙古高原,绵羊占所牧养动物的 50％—60％,尽管它们的数量在那些诸如干旱的沙漠、高纬度或者森林边缘的牧地草料贫瘠的蒙古一些地区有所减少。在那些饲养绵羊以供羊皮贸易或向城市市场出售肉类的游牧部落中,绵羊所占份额最高。例如,在 19 世纪伊犁地区相同的生态条件下,在从事羊皮贸易的突厥化的哈萨克人中绵羊占到了76％,而与之相比,在东蒙古卡尔梅克人中则只有 54％。①

尽管绵羊在经济上更重要,但马在草原游牧民族中成为当地的骄傲。从一开始,传统的内陆亚洲游牧生活就确认了骑马的重要性。马对于内陆亚洲游牧社会的成功至关重要,因为它们可以长距离快速行动,使必须高度散居的民众与部落之间的通信与合作得以实现。草原马个头矮小,却很有耐力,能够整个冬天在户外生存,经常不需要饲料。它们是肉类的第二大来源,马奶酒(kumiss)则是广受欢迎的草原饮品。马匹在游牧民族的军事宏业中表现最突出,使他们具备了移动性和力量,从而在战争中击败庞大得多的对手。内陆亚洲的口述历史唱出了对其赞颂之情,而马的献祭在传统宗教中也是一种重要仪式。马背上的勇士成为草原游牧生活的最佳标志,并成为进入紧邻的定居社会文化的力量的一种喻示。一些人类学家将之定义为马文化,但马匹饲养从未成为任何草原部落的唯一中心,尽管这种动物具有文化及经济上的重要性。虽然并没有伟大的绵羊史诗,这种小牲畜却是草原经济的基础,而马匹饲养则作为一种重要的附属以应对更为潜在的任务。②

像马和牛这样的大牲畜需要居处于湿润地区才能长得健壮。

---

① 克拉德:《中亚的游牧生态》(Krader,"Ecology of Central Asian pastoralism,"p. 313)。
② 培根:《中亚与西南亚游牧生活诸类型》(Bacon,"Types of pastoral nomadism in Central and Southwest Asia")。关于文化区域,艾伯华(Eberhard)在《征服者与统治者》(*Conquerors and Rulers*)中提出了一个基于一些民族志研究的少量事例勾勒出的类型学例证。

正因如此，在那些有着溪流及优质牧场的草原地区，它们的数量会更多。由于其饮食习性，它们也必须与小牲畜分开放牧。绵羊与山羊啃食牧草时过于拥挤，以至于大牲畜只能跟在它们之后啃食，因此必须为大牲畜开辟专门牧地，或者在利用同一地块时大牲畜必须在绵羊与山羊之前放牧。在那些马和牛最难生长的干旱地区，骆驼的数量大大增多。内陆亚洲的骆驼一般是被称为双峰骆驼（Bactrian）的类型。跟它们的近东亲缘类别不同的是，双峰骆驼有一层厚实的毛衣能确保它们在严冬中生存。它们是两千多年来跨国商路的支柱，其毛发始终是制作衣物的高价值出口品。牦牛在内陆亚洲相当少见，大多数生活在靠近西藏的边境地区。它们只有在高海拔才生活得好，牦牛与母牛杂交繁育出一种杂交品种（藏语称 dzo，蒙语称 khainak），对低海拔具有更强的耐受力，更温顺，并能产出更好的奶。

游牧生活建基于民众与其动物季节性迁徙的能力之上。家用物品必须是便于携带的，没有什么能比欧亚草原到处使用的毡包更令人印象深刻的了。它由一系列可折叠的木制格子结构组成，沿着门框围成一圈。弯曲的或笔直的辐条与格框顶部相连，并连到一个圆形的木盖上，形成一个半球形或圆锥形的屋顶，这要视其弯曲的角度而定。最终的框架既轻便又非常结实，不大容易被吹倒。在冬季，毡包上覆盖着厚厚的毛垫，以抵御严寒。到了夏天，一边盖着的地方被移走了，代之以芦垫以使空气循环。在古代，毡包建造在大车上并成队移动，但是到了中世纪，这种做法变得相当罕见了。然而，使用牛车或马车运输货物一直是内陆亚洲游牧生活的特征，而在近东的游牧民族中则使用不带轮子的交通工具。①

---

① 安德鲁斯：《呼罗珊的白房子：伊朗约穆特和戈克兰的毡房》（Andrews, "The white house of Kuhransan: the felt tents of the Iranian Yomut and Goklen"）。布利特《骆驼与车轮》（Bulliet, *The Camel and the Wheel*）有详尽叙述。

在大多数游牧社会中,牧场通常为一个扩大化了的血族集团所使用,而动物则是其私有财产。到这些牧场的游牧迁徙并不是随意的,而是局限在一个集团有权进入的某个确定的牧场范围内。在那些可以依靠的牧场上,游牧民每年只能回到很少的营地上。如果边缘的牧场可以利用的话,迁徙周期就会更频繁,而露营地也会更为多样化。在外部权力消失的情况下,一个牧民的活动范围是由他所在的血族集团的权力所确定的。最强的部落与氏族会在一年最好的时节去最好的牧场,而弱小的集团只能在他们到达后方能使用这些牧场。对游牧民而言,时间与空间是相关联的部分:它们与在一个特别的时段使用一块牧场有关,或者与对诸如水井投资的财产权的保持密切相关;独有的土地所有权很少有其内在价值。①

内陆亚洲游牧民的迁徙周期有四个季节性的组成部分,各有特点。当地的大陆性气候以极端温度为特征,冬季是一年中最严酷的季节。冬季营地的位置对于生存而言至关重要,必须既能避风又有充足的牧场。一旦选定之后,冬季营地就在整个季节中固定下来。中意的地点包括低平的山谷、河水灌溉的平原以及大草原的洼地。毡包的保暖毛毡以及平滑圆整的外形为抵御大风甚至相当低的气温提供了足够的防护,冬季牧场的利用能力限制了牧养动物的总数量。无雪的有风地区在可利用时很受欢迎,但是假如地上已被雪覆盖,马匹就会放养,以便扒开冰面找到下面的牧草。这一地区随后也能被那些不能透过雪层吃草的其他动物利用。冬季牧场刚好只够维生,在放养的条件下,牲畜们掉了很多膘。

拜春雨所赐,新的牧场在冬雪消融后生机勃勃。尽管在一年的其他季节中大多数草原枯黄而缺草,但在春天,大片区域变成了镶

---

① 巴斯:《波斯南部迁徙部落的土地使用模式》(Barth, "The land use patterns of migratory tribes of South Persia")。

嵌着红罂粟花的嫩绿绒毯。四处遍布着利用充足牧场的露营群体。深入这些草原的游牧民们赶到低洼地区的那些融雪汇成的季节性水塘给其牛马饮水。在这些牧场中，绵羊完全不需要饮水，它们从草和露水中获取所需的水分。因冬季的寒冷与饥饿而瘦弱不堪的动物们开始重新长膘并再现生机。成年动物被剪去毛绒。虽然通常这被认为是最好的时节之一，但经常会发生灾难，如果不期而至的暴风雪袭击草原并使寒冰覆盖的话，很多牲畜尤其是刚出生的幼仔会很快死去。这种事情尽管一代只可能发生一次，但是会对之后数年的游牧经济造成严重损害。

当春草枯萎、水塘干涸之际，人们就开始向夏季牧场转移了。利用平坦草原的游牧民族会移到北部的高纬度地区，而那些靠近山脉的人们会移到高海拔地区，在那里牧民们找到了"第二春"。在夏季营地的动物迅速长膘。母马被挤出奶汁以制造马奶酒，这是一种深受内陆亚洲游牧民喜爱的略微发酵过的饮品（高度酒则通过与定居社会的交换而获得）。从其他动物（大多数为绵羊）得到的剩余奶汁，被制成酸奶并随后风干成像石头一样的球状以供冬季之需。绵羊的毛绒以及山羊或骆驼的毛发清洗后制成用作绳索的毛线，或者染织成毯子、鞍袋，或者编成地毯。很多羊毛保存下来以供制作毛毡，要造这种毛毡，首先要敲打毛绒，在上面浇上滚水，之后再三碾平，直至纤维紧凑而变成布匹。毛毡可在碾平前于表面混入一层染色毛绒而加以装饰。由粗毛制成的厚毡匹被用来覆盖毡包，而从羔羊身上剪下的更纤细的毛绒则用来制成外套、冬靴或者鞍毯。

夏季营地在寒冷气候袭来之时会被遗弃，这时候，游牧民族还得返回冬季住处。秋季是绵羊繁育的时节，小羊如果不是这个季节出生，死亡率会很高。那些要储存草料的游牧民这时候可以收割了，但是更常见的策略是不让动物在冬季营地吃草，以保护那些供最艰难时刻之需的附近牧场。在那些游牧民无法将其动物卖给定居市场的地方,这些动物被屠宰并熏制起来,作为冬季肉食,尤其是当冬季牧场有限时。在一般情况下,游牧民尽可能保全活的牲口,因为在灾难降临时,半数的畜群会冻死、渴死或病死,而在这之后拥有 100 只牲口的主人会让它们以超过 20% 的速度繁育幼仔,以尽快恢复元气。秋季在传统上也是游牧民族乐于劫掠中原以及其他定居区域的时期,因为马匹彪悍,畜牧周期工作已经大体完成,而农民已经完成了收割。这些劫掠提供了粮食,帮助游牧民族度过严冬。

年复一年的迁徙周期需要移动性,但这是在一个确定的范围内运动的。然而,运输畜群及家庭的灵活性有其政治上的重要性。游牧民族在受到定居社会军队袭击的威胁时,就会消失得无影无踪,因此入侵者会发现,除了天际扬起尘土的一片空旷平原,别无他物。入侵者一离开,游牧民们就立马回来。在更为极端的情况下,游牧民族会运用其移动能力从一个地区整体性地迁移出去,而不是仍然设法去控制其他的游牧部落。这些人全都在百里甚至千里之外的地方立足,他们在此确立起了新的迁徙范围。这类全民运动在其他部落中也必定会体现出来,这导致了草原边缘的那些游牧民族对定居区域的入侵。这些大范围的迁徙不同寻常,然而,部落政治决定的后果与其说是为了其故居而战,毋宁说是为了寻找一片新的家园。

部落组织

在整个内陆亚洲历史中,游牧社会被认为共享着那些不同于定居社会的组织的相似原则。尽管在细节上各有不同,但是通过这些原则,依旧能够粗略地检视草原社会,并解释游牧民族在其日常生活中一些习以为常的观念。

草原上的基本社会单位是户(household,落),通常以帐篷的数量来衡量。在可能的情况下,家族亲属们共享共同牧场并在一起露营。阿伯利(Aberle)对卡尔梅克类型的描述是内陆亚洲理想化的典型:

> 一个大家庭由数代有着血缘关系的男性亲属组成,或多或少地由父系后代加以维系,其中包括着妻子以及未成年子女,并由资深家庭的资深男性所领导。某个儿子在结婚后就会索要其牲口并搬走,但是在理想状态下,他仍然会伴随着他的父亲与兄弟一起生活。搬走是血亲之间出现问题的一个标志。在大家庭那里存在着尽可能长地共同保有畜群的趋势。①

由大家庭组成的宿营团体很适合游牧生产。单个人要是没有协助的话无法看管众多的大小畜群。因为牧场是共用的,而且一个牧民有能力看管数百头牲口,那些各人所有的牲畜合在一起形成一个大畜群。与此类似,大家庭也使妇女更容易进行诸如牛奶加工或毛毡制作这样的联合工作。但是一个男人通常要为其牲畜负责,而且一旦他不满意大家庭的管理,就能理直气壮地离开他们并迁到别的地方去。大的血缘集团也为防止偷盗提供了保障,以便在与其他团体发生争议时联合起来。

宿营团体的组成反映了户的发展阶段。一个独立的户只有在一个通常拥有畜群的男人与一个有自己帐篷的女人的婚姻中方能存在,但是缺少必要的牲畜与劳力以完全独立自主。在订婚阶段,年轻人有时候会为娘家办事并与他们的姻亲生活在一起,但习惯上,夫妇结婚后会住在丈夫父亲的营地。当孩子出世以及家庭的畜群增加以后,夫妻俩会变得越来越自给自足,但当孩子们准备结婚

---

① 阿伯利:《卡尔梅克蒙古人的亲属制度》(Aberle, *The Kinship System of the Kalmuk Mongols*, p. 9)。

时,家中牲畜的一大部分作为嫁妆开销以及预想的遗产而消费掉。按弟兄总数,每个儿子都得到了畜群的一份,同时有一份要留给父母。最小的儿子在他自己的那份之外还最终继承了赡养父母一家的义务,这是一种针对父母的社会安全保障方式。资深家庭因此权威日增,因为一个人可以依靠他成年儿子及其家庭的支持与劳力。家庭周期的发展通常受到其兄弟与儿子的限制,兄弟的死亡导致了集团的分解。①

大家庭是一种文化理想形态,也具有一些经济优势,但并不容易维持,因为大集团内部是不稳固的。由于各人拥有自己的牲口,而且一不高兴就离开集团,故而联合是自愿的。虽然兄弟们经常保持足够的稳定性以保全畜群,他们的儿子、各位堂兄弟则极少能这样做。一旦他们拥有的牲口数量超出了当地牧场的承载力,则难以维持大家庭的完整。游牧方式的适应性所依靠的是活动的机动性,而在一地维持过多的民众或牲口的意图却弱化了生存的能力。一旦当地的牧场无法利用,一些家庭将会迁徙到其他地方,虽然维持着政治与社会关系,但是不再住一起了。

较之紧邻的定居社会的姐妹们,这里的妇女有着更大的权威与自主性。在政治贵族中,一夫多妻制很常见,但是每位妻子都有自己的毡房。在一些定居亚洲社会中常见的男女隔离形式在这里不可能出现。日复一日的生活需要妇女们在经济活动中扮演更为重要的公众角色。尽管具体细节无法在整个内陆亚洲历史中加以确认,但大多数访客都有着与 13 世纪教皇派往蒙古的使者柏朗嘉宾(Johann de Plano Carpini)相类似的评论:

> 男人们除玩弄弓箭以及在很小范围内照看畜群之外无所

---

① 史泰宁《草原游牧民族》(Stenning, *Savannah Nomads*)对富拉尼人(Fulani)畜牧社会中的发展周期有更为详尽的分析。

事事；在余下的时间里，他们出去打猎并练习射箭……男人和女人们长时间坐在鞍上……剩下来的所有工作都落到了女人们的肩上；她们制作皮袍、布衣、鞋子、靴腿以及皮制的其他各种东西。她们还驾驶并修理马车，为骆驼作装卸，而她们所有的工作都非常迅速而高效。女人们全都穿着裤子，而且她们中的一些人像男人一样百步穿杨。①

尽管正式的社会结构是很父系化的，但妇女还是能参与部落政治。氏族之间的互助联合类型（reciprocal alliance pattern）为妇女提供了一个维系部落的重要结构性角色。故而，女儿尽管离开了其出生的家庭，但是依旧将之与其他集团联系在一起。例如，成吉思汗妻子②氏族的弘吉剌（Unggirad）部众乐于声称他们的政治权力在于其婚姻联盟的强大，而非军事力量的强大："他们是我们的女儿以及我们女儿的后代，那些通过婚姻成为公主的人正是抵御我们敌人的盾牌，并且可以通过她们向其丈夫求情而获得对我们的好感。"③甚至在她的丈夫死后，这个女人还能通过她的儿子维持相当的影响力，而假如儿辈们尚年幼，她还经常成为管理家业的合法首领。从公元前2世纪的匈奴时代起，汉文的政治记载就时常对在领导继承权冲突中贵族妇女的关键性角色加以描述。其中最好的例子是早期的蒙古地区帝国在政权过渡时期，"大汗"（Great Khan）的长妻通常在大汗死后会称制监国。

家户与宿营集团是内陆亚洲游牧民日常生活中最重要的单位，但是在面对超出畜牧之外的世界时，就有必要组织为更大的单位。

---

① 施普勒：《蒙古史》（Spuler, *History of the Mongols*, pp. 80 - 81）。

② 孛儿帖（1161年—?），蒙古帝国皇后，姓孛思忽儿弘吉剌氏。——译者注

③ 田清波：《〈蒙古秘史〉中的若干章节研究》（Mostaert, *Sur quelques passages de l'Histoire secrete des Mongols*, p. 10），转引自柯立夫：《蒙古秘史》（Cleaves, *The Secret History of the Mongols*, p. 16, n. 48）。

部落的政治与社会组织建立在巢穴般的血缘集团模式之上,这是一种圆锥形氏族。这种锥形氏族是一种大规模的父系血缘组织,其中一般后代集团的成员会依据谱系而加以排列及划分。年老的世代排得比年轻的世代要高,就像兄长要比幼弟排得高一样。甚至血缘与氏族也以长幼为基础而分等排列。一些集团的政治领导权局限于其中的氏族高级成员,但是从最低等到最高等,部落的所有成员据称都有着共同的血统。这种谱系认可至关重要,因为它证明了使用牧场的权利、在血族集团之间形塑了社会与军事义务并建立起当地政治权威的合法性。当游牧民在定居政权统治下丧失其自主性后,这种大规模谱系体制的政治重要性就消失了,而血缘联系只是在当地才保持着重要性。①

然而,这种关于部落的理想化观念难以精确地定义更高水平上的组织。锥形氏族结构所依靠的是源于选取及实施的一系列原则。理想化的解释原则将领导权分配给高级成员,并强调抗拒外来者的父系血缘的稳固性,但是,在草原政治世界中,这些规则经常在获取权力的过程中被忽略或者滥用。部落酋长们招募个人随从,这些人只对其庇护者保持忠诚,而放弃了他们自己的血缘联系。年轻的世系通过杀死年长的竞争对手而得以提升,这在一些草原王朝中是常见的行为。与此类似,这些部落民众所宣称的原本来自一个共同祖先的父系性的基本原则经常被加以修改,以吸纳无血缘关系的人口。例如,一些群体证明他们的加入是合理的,因为他们的创建者被部落所收留,或由于母系纽带,他们的血族群体甚至跟某个主导世系形成了一种历史性的代理关系。父系血缘集团也通过婚姻纽带而交叉,从而形成了与其他氏族或部落的长期关系,有了这种纽

---

① 克拉德:《蒙古-突厥游牧民的社会组织》(Krader,*Social Organization of the Mongol-Turkic Pastoral Nomads*);林德霍姆:《亲属结构与政治权威:中东与中亚》(Lindholm,"Kinship structure and political authority: The Middle East and Central Asia")。

带,他们就能联合甚至反抗有着更直接关系的血族成员。由于这些原因,部落或部落联盟是否真正是谱系性的问题在历史学家之间引起了特别尖锐的争论。①

这个问题部分源于无法在一个部落(这是基于谱系模式的联合的最大单位)和一个部落联盟(它联合了一些部落而形成一个超部落的政治实体)之间加以区分。由于内陆亚洲部落制度利用了各地分散而建的组织,而随后联合的更大的单位有了更多的人口,这就会让人想当然地认为更高层次的组织无非就是更多的民众秉持相同原则。"实际上"的血缘关系(基于血统原则以及通过婚姻或收养而形成的关系)只有在部落的小单位中才是经验性的证据:核心家庭、扩大了的家户以及当地世系。在氏族与部落联合的更高水平上,维持着一种更具政治根源性的关系,在其中,谱系关系只扮演了一个次要的角色。在强大的游牧帝国中,组成部落集团的组织通常是重组的产物,这种重组通过自上而下的方式进行,而不是从底层开始联合的结果。

当然,这种基于血缘的政治结构可能只存在于参与者的心中。例如,在东非的努尔人(Nuer)中没有固定的首领。在部分对立基础上组织起来的派别中,单个人更倾向于支持近亲集团而非远亲集团。那些在家庭争端中反对他们堂兄弟的兄弟们会联合起来打击外来者。在面对其他部落的入侵时,长期争斗的世系和氏族会联合起来击退侵略者,只有当敌人被击退后,他们才重新开始内部争斗。部分对立尤其适用于游牧生产方式,因为它反抗外来者的直接扩

---

① 泰伯:《你的部落,还是我的部落? 人类学家、历史学家以及部落民众对于中东部落的不同观念》(Tapper, "Your tribe or mine? Anthropologist, historians and tribespeople on the concept of tribe in the Middle East"),收录于约瑟夫·科斯丁纳、菲利普·胡瑞编:《中东的部落与国家》(Joseph Kostiner and Phillip Khoury (eds), *Tribe and State in the Middle East*)。

张,从而能使整个部落受益。然而,在内陆亚洲游牧民中,分散化的结构要多于精神上的建构,它被那些为世系、氏族以及整个部落提供领导权以及内部秩序的固定首领所强化。这种领导状态的等级制度远超出简单游牧生活方式的需要。它是一种集中化的政治结构,尽管依旧建基于血缘观念之上,但是较之那些在其他地区的游牧民族中观察到的要复杂和强势得多。①

总的说来,血缘在家庭、世系以及氏族层面上扮演了最重要的角色。部落层面或者超部落层面上的组织单位更具政治性。通过联合或征服形成的部落联盟经常包含有非血缘部落。然而,血缘观念在已建立的游牧帝国统治贵族那里依然有效地决定着领导权的合法性,因为在中部草原的部落中有一个久远的文化传统,在那里,领导权来自单一的王族世系。通过操纵、曲解谱系甚至发明新谱系为这种变动进行辩护,原有的观念逐渐遭到背弃。军事强人通过贬损贵族,并采取"结构性遗忘"(structural amnesia)的方式削弱那些谱系高贵但政治上无力的世系,使之逐渐消亡,从而提升自己祖先的地位。这种传统塑造了几个不同时期的王朝。匈奴帝国创建者冒顿(Mao-tun)的直系后代以或强或弱的身份统治草原超过 600年,成吉思汗的直系后代则统治了 700 余年,而单一且未曾中断的(具有中亚传统的)突厥皇族统治奥斯曼帝国长达 600 年。然而,这种谱系传统并不是内陆亚洲所有游牧民族都具有的;那些位于东北的民族在传统上拒绝世袭继承,而是依据才能选举首领。就算在中部草原,征服部落们也可以在他们干掉对手或者将其发配到边地之后,亲自掌权并将候选人清除得一干二净。

---

① 萨林斯:《裂变宗族:一种掠夺性扩张的组织》(Sahlins,"The segmentary lineage:an organization for predatory expansion")。

草原游牧制度的兴起

我们可以这样假设,骑马由于显得如此自然,因此起源一定很早;但它是在有书面历史记载的时期才发展起来的。考古学证据表明,马匹于公元前 3200 年左右在南俄草原被驯化,但是直到公元前 1700 年,有着复杂挽具以及辐条车轮的敞篷双轮马车才在西亚出现。双轮马车给战争带来了革命性变化。在草原南部边缘兴起的赫梯(Hittite)以及亚述(Assyrian)王朝都依靠双轮马车打败了敌军的步兵。这种技术迅速传播,甚至传到了那些需要进口马匹的地区。尽管传播路线至今尚未完全弄清楚,但是双轮马车技术到公元前 1200 年已经被中原所采纳,并成为军事组织的必备部分。[①] 在所有这些社会中,双轮马车并不仅仅是战争武器,还是贵族的关键性权力标志。令人惊奇的是,双轮马车的使用似乎先于骑马,因为那时尚无诸如马鞍之类的骑马技艺证据,现存的图画所显示的双轮马车,骑马人骑在其尾部,就像骑着一头毛驴一样。[②]

骑马文化于公元前 900 年至前 800 年间在西部草原发展起来,并开始取代那里半游牧的河边农业居民。已知的最早的游牧民是辛梅里安人(Cimmerians)和斯基泰人(Scythians),他们来自公元前 8 世纪末的近东王国。斯基泰人最初与亚述人联合,在公元前 674 年与其联姻,但是他们后来摧毁了亚述人并在整个地区四处劫掠。米底人(Medes)于大约公元前 600 年最终将斯基泰人赶回了庞廷大草原(Pontic steppe)。公元前 514 年,斯基泰人摧毁了大流士一世

[①] 张光直:《古代中国考古学》(Chang, *Archaeology of Ancient China*, pp. 279 - 280);夏含夷:《车子传入中国的历史回顾》(Shaughnessy, "Historical perspectives on the introduction of the chariot in China")。

[②] 唐斯:《骑术在近东与中亚的兴起》(Downs, "The origin and spread of riding in the Near East and Central Asia")。

(Darius the Great)率领下的一支波斯远征军。

希罗多德(Herodotus)于公元前 5 世纪中叶探访了斯基泰人，并留下了一部关于其文化的经典叙述，这为后来对相关墓葬的考古学发掘所证实。他们是进口酒类的狂饮者，吸食大麻，崇拜万灵，并为他们的死亡精心建造贮藏有丰盛物品以及祭品(一些人)的陵墓。著名的"动物风格"(animal style)艺术是以跳跃的雄鹿以及争斗中的动物为对象，以黄金、木雕或醒目的颜色完成，表现出与其定居邻居截然不同的文化气质。① 但是让定居民众最害怕的是在战争中：

> 至于战争，他们的习惯是这样的。斯基泰人饮他在战场上杀死的第一个人的血。他把在战争中杀死的所有的人的首级带到他的国王那里去，因为如果他把首级带去，他便可以分到一份战利品，否则就不能得到……至于首级本身，他们并不是完全这样处理，而只是对他们所最痛恨的敌人才是这样的。每个人都把首级眉毛以下的各部锯去并把剩下的部分弄干净。如果这个人是一个穷人，那么他只是把外部包上生牛皮来使用；但如果他是个富人，则外面包上牛皮之后，里面还要镀上金，再把它当作杯子来使用。②

战争中的这些特征也被后来的汉文记载所特别关注，而希罗多德所描述的物质文化被在西伯利亚边疆地带所发掘的冻土墓葬所证实。③ 物质文化与其他风俗的一致性正是穿越欧亚草原的骑马技术迅速拓展的结果。拉铁摩尔已经指出，这种拓展并不是害怕新文明的民众迁徙的结果，而是在草原边缘的民众采纳一种新的技术以及生活方式的结果。来自中原的边地农民、来自西伯利亚的森林猎

---

① 参见耶特马尔：《草原艺术》(Jettmar, *The Art of the Steppes*)。
② 希罗多德：《历史》(Herodotus, *The History*, Book IV, ch. 64 - 65)。
③ 鲁登科：《西伯利亚冻土墓》(Rudenko, *Frozen Tombs of Siberia*)。

人以及草原上的古老居民，如今可以充分利用内陆亚洲的草原并完全接受游牧生活方式。① 这种深刻变化既能够如此迅捷地发生，在很久之后的历史中也能发现，那时，马匹被西班牙人引入北美平原。北美平原上，建立在骑马与猎取野牛之上的印第安文化，在马匹被引进之后的一个世纪中被各式各样的部落所占据，这些部落除其混杂的起源之外采取了相似的文化实践活动。②自然，对外部人而言，这种生活方式变成了大众想象中的整个北美印第安文化的类型，即使它在（与西班牙人）接触之前的时期并不存在。

　　骑马游牧民在公元前4世纪开始后不时沿中原边界出没。在这之前，《左传》中对边疆事务的汉文记载只提及了像戎和狄这样松散组织的部落，他们经常小股赤足而战。③《史记》认为这段时期的边疆民众虽然难以对付，却毫无组织。"各分散居谿谷，自有君长，往往而聚者百有余戎，然莫能相一。"④

　　孙子的经典著作《孙子兵法》出现于公元前4世纪中叶，书中专门说到了战斗中所使用的双轮马车，但没有提及骑兵。⑤ 第一个做出大转变的是胡人，这是在北方边界与中原国家相接触的骑马游牧部落。戎和狄这些"古老蛮夷"在汉文记载中迅速消失，被这些骑马的"新蛮夷"取代，他们可能是有着完全不同文化的相同部落。北部边疆沿线的中原国家首次在其军队中采用骑兵。"……赵武灵王

---

① 拉铁摩尔：《中国的亚洲内陆边疆》（Lattimore, *Inner Asian Frontiers*, pp. 58-66）。
② 荷尔德：《草原上的锄头与马》（Holder, *The Hoe and the Horse on the Plains*）。
③ 普鲁申科（Prušek）试图证明骑马在中原边界一带出现要早得多，但是当他发现了马匹存在的证据之后，无法就它们在戎与狄之间用作骑兵举出一个明确的例子，见《公元前1400年至前300年间的中原诸国与北部蛮夷》（*Chinese Statelets and the Northern Barbarians in the Period 1400-300 BC*）。
④《史记》110:5；华生：《中国伟大的史学著作》（Watson, *Records of the Grand Historian of China*, 2:158）。
⑤ 孙子：《孙子兵法》。

(公元前 325—前 299 年)亦变俗胡服,习骑射,北破林胡、楼烦。"[1]

　　这一革新通过改变战争规则而加速了中原的统一,并形成单一的国家。乘着双轮马车的贵族们使用庞大的步兵与骑兵军队,使那些君子式的治国策略成为明日黄花。[2] 草原与中原都进入了一个新的历史时期。

---

[1] 《史记》110:6;华生:《中国伟大的史学著作》(Watson, *Records*, 2:159)。

[2] 许倬云:《中国古代社会史论:春秋战国时期的社会流动》(Hsu, *Ancient China in Transition*, pp. 68 - 71);基尔曼:《中国早期战争的阶段与模式》(Kierman, "Phases and modes of combat in early China"),收录于基尔曼、费正清编:《中国的兵法》(Frank Kierman and John Fairbank (eds), *Chinese Ways in Warfare*, pp. 27 - 66)。

第一章 草原部落联盟:匈奴帝国

北方草原的山地游牧民族进入汉文历史记载是在公元前 4 世纪,他们被称为胡人。公元前 221 年,随着短命的秦朝的建立,胡人在汉文记载中开始出现分化,这表明北部边疆出现了一种新的、更为特别的关注对象。在这一时期,三大游牧集团沿中原边界各占其位:西部的月氏、鄂尔多斯地区的匈奴以及东侧的东胡。

秦朝第一位皇帝——始皇帝在消灭了六国并创建了一个统一帝国之后,将注意力与军队转向北方。秦朝政府通过使用劳役,将原来各国所筑的边墙连接为把中原与草原分隔开来的"长城"(Great Wall)。这一建筑工程尽管规模宏大,但并非游牧民族入侵的任何直接威胁所致,因为在这一时期,游牧民族正远远躲避着强大的秦军。与此相反,修筑长城的举动所体现的是各国用墙将自己围起来的古老传统的登峰造极,既沿着北部边界与游牧民族相隔绝,也在中原内部勾勒出与其他国家的边界。秦国的征服使内部的城墙变得多余,遂被废弃了。然而,沿着北部边界的城墙被加固,并连到一起,以标明帝国的边界。在这种情况下,长城的修建既是军事建设,也是政治建设。在之后所有的中原统治者眼中,长城标示着中原文化的边缘，也标志着野蛮地域的开端，其目的在于尽可能瓦解中原边地民众与草原的任何潜在联盟，也就是说，要将游牧民众从中原排除出去。长城只有在完工以及秦朝灭亡之后，才与游牧入侵的威胁联系起来。这令人想起秦朝边疆政策的进攻性，城墙的建设是其中的一部分，却被重新解释为一种纯粹的防御行为。①

秦朝力量向草原边缘的扩展，对那些厌倦成为汉人袭击新目标的匈奴人产生了直接影响。为了使边疆更具防御能力，秦始皇将匈奴人驱除出鄂尔多斯故土。匈奴人退居到北方，并在此流亡了十多年，直到秦朝的突然灭亡导致中原内战并放弃了边疆防御政策为止。趁着中原的混乱，匈奴人重新占据了鄂尔多斯地区。

在秦朝覆亡之际，匈奴是草原游牧联盟中最弱的。他们已经失去了在中原的土地，向月氏纳质（这是草原上臣服的一种确定标志），并被其东邻——东胡所轻视，但匈奴建立起一个帝国，并成为数世纪以来草原上的统治性力量，因此需要对此作一些解释。②

冒顿是匈奴头曼单于（T'ou-man）之子。头曼单于带领着匈奴人流亡在外，后来又带领他们回到鄂尔多斯。尽管冒顿是正式的继承人，但是头曼有了第二个妻子所生的儿子之后，就试图取消冒顿的继承权。头曼派冒顿去月氏为质，随后又袭击月氏，希望冒顿被他们杀死以作报复，但冒顿偷了一匹快马逃离月氏，并像英雄般回到匈奴的家园。冒顿的勇敢为人敬仰，他的父亲也被迫任命他统率一万骑兵，冒顿从此占据了匈奴的高位。

冒顿不久之后吸纳了一帮忠心的随从，训练他们无条件服从他

① 拉铁摩尔：《边疆史研究》(Lattimore, *Studies in Frontier History*, pp. 97-118)。
② 西汉时期的匈奴历史参见司马迁《史记》卷110以及班固《汉书》卷94A与B部分。与这一时期的游牧民族相关的其他材料或许可在关于西域的章节（《史记》卷123以及《汉书》卷96A与B)中找到。这一章的一部分最早见于巴菲尔德在《亚洲研究杂志》上发表的《匈奴帝国联盟》(Barfield, "The Hsiung-nu imperial condederacy," *The Journal of Asian Studies*, vol. 41, pp. 45-61)一文。

的任何命令。冒顿的办法包括使用严厉的测试来衡量属下的忠心，各个随从必须向冒顿鸣镝所指之处放箭，之后，冒顿以鸣镝自射其所爱之马，那些不敢射的人被处死；随后，他又将鸣镝对准他的一名爱妾，而那些又不敢射的人也被处死；最后，他将鸣镝对准他父亲的爱马并发现他的命令完全被执行了，这时冒顿对部下的忠心甚是满意。冒顿抓住了一次机会，将鸣镝对准了他的父亲头曼，头曼中数箭而亡。冒顿自立为单于，并将他敌对的同父异母弟、后母以及那些拒绝支持他的匈奴官员们尽行诛灭。[①]

当冒顿于公元前 209 年掌权之时，统治整个草原的雄心受到了来自外部的限制，即匈奴并没有足够的力量去赢得与它的游牧邻居进行的公开较量。因此，冒顿对草原的征服就必须既靠军事力量，又靠机智聪明。他甚至利用匈奴人的弱点来实现他的计划。

冒顿残暴夺权的消息很快传到了东胡。希冀从混乱中获益，东胡派了一名使节去索要一匹头曼最好的马、一件匈奴的宝贝。对匈奴来说，这种要求是一种侮辱，也是对其实力的窥探。冒顿必须做出选择，要么表示服从并承认匈奴的从属地位，要么拒绝并冒险开启会使匈奴遭受巨大打击的战争。冒顿不顾臣下的反对，屈从了东胡的要求。东胡将冒顿的行为看成由恐惧造成的懦弱表现，又派了另一名使者到冒顿身边，向他索要他的一名爱妃。冒顿再次不顾大臣们的反对，屈从了东胡的要求。东胡于是就不把匈奴放在眼里，开始劫掠其领土。他们还派了第三名使者去向匈奴索要一些边界附近的沙漠荒原之地。尽管一些人认为这种要求无关紧要，冒顿却没有答应，并声称"地者，国之本也"，还处决了那些赞同放弃这一地区的大臣。冒顿立即整军进攻东胡，而东胡由于过于自信，既未能察觉，又疏于防范，顿时乱作一团，被彻底击溃。整个东胡部众及其

---

①《史记》110:7b－8a；华生：《中国伟大的史学著作》(Watson, *Records*, 2:161)。

牲畜都落入冒顿之手，那位曾经羞辱冒顿的东胡首领被处死，他的脑壳被做成了酒杯。

对于一些匈奴大臣而言，较之索要人迹罕至的荒漠地区，索要马匹和女人的要求要苛刻许多；但是，冒顿对东胡的战争可以被看成对游牧民众之间重要地域的争夺，而正是对土地的要求引发了战争。然而，这种解释是不完全的，因为它忽视了这些需求得以形成的政治背景，将开战的借口与内在因素混淆了起来。

东胡的索要是为了试探匈奴的实力，而冒顿的反应则是他力图使军事上弱于东胡的匈奴通过运动战赢得胜利的宏图大略的一部分。冒顿采用了一种假装退却的典型的草原战术，攻击者于是就误以为所追击的是一支弱旅，却没料到会陷入埋伏。在东胡日甚一日的索求面前，冒顿假装外交退却。匈奴统治层中对于是否顺从东胡的不同意见，凸显出这位处于守势的新首领的统治无方。东胡最后向匈奴索求土地，表现得盛气凌人，由此引发了一场冒顿策划已久的战争，而这也是冒顿制服对手的唯一方式。为确保成功，攻击必须出奇制胜。游牧部族一旦有机会将其人畜迁徙至安全地带，就很难被击败。冒顿之所以能够出奇制胜，是因为草原游牧民经常准备作战，具有相当的灵活性。匈奴有一支在冒顿统率下当日就能上战场厮杀的军队。

在吞并了东胡之后，冒顿转而西向，并开始攻占之前统治匈奴的月氏。在这一行动中，他占据了秦军之前从匈奴手中夺取的黄河南部的剩余地区。他从这里劫掠中原，因为这一时期中原由于内乱而在很多地方毫无防备。在蒙古高原北部的战役中，他征服了五个部落。"于是匈奴贵人大臣皆服，以冒顿单于为贤。"①冒顿统领着一个有着强大军事实力的草原帝国，与南方重新统一的中原政权对峙而立。

在冒顿建立草原帝国的同时，中原在汉朝开国皇帝——高祖的

①《史记》110:8b；华生：《中国伟大的史学著作》(Watson, *Records*, 2:162)。

统治下也实现了重新统一。虽然草原游牧民族并未涉足秦朝瓦解后的中原内乱，但是汉朝的统治者们还是将匈奴视作中原的主要威胁，最明显的威胁是入侵。匈奴有能力摧毁边疆地带，在那里大肆蹂躏，并将所有能带走的东西席卷一空。对于汉朝而言，并不明显却更具潜在威胁的是，一旦身处边陲的首领们与匈奴联合起来反抗中央政府，整个帝国就会分裂。

汉朝与匈奴之间的第一次冲突发生在公元前 201 年至前 200 年。这次战争以匈奴对高祖在楚汉战争期间的合作者、后来被封为诸侯王的韩王信驻守的代郡边城马邑发动进攻为开端。韩王信败而降于匈奴。丧失一小块边地对于汉朝而言不足一提，诸侯王的叛逃却是一件更危险的事情。高祖当初为了犒赏同盟者，建立了许多自治性的诸侯国。由于皇帝的中央权威以及对全国军队的控制，这些诸侯王很少有机会脱离汉朝的控制。然而，一旦某位诸侯王甚至郡守能够与匈奴联合的话，这些人脱离中原而独立的机会就会多起来，而这正是匈奴求之不得的。当汉朝稳固之后，所有的诸侯王都唯恐失去其诸侯国，就想方设法弄垮整个王朝。

高祖不会容忍韩王信的叛离不受惩罚，他亲自率军到达边地。战役从一开始就陷入困境，当时酷寒大雪，士兵中被冻掉手指的十有二三。当大军最后与匈奴接战之时，匈奴假装成一支赢弱无能的军队，高祖遂列军而进。由于不熟悉草原战争，汉军前锋紧随着假装撤退的游牧军队进击，被引入平城之伏中。高祖被匈奴的假装撤退所欺骗，等他发觉时，已经与汉军主力分隔开了，而周围到处都是匈奴骑兵。

汉军主力无法冲破重围，皇帝被匈奴围了整整七天，最后他孤注一掷，派了一名使节到单于妻子阏氏处，跟她就让皇帝逃脱达成一项秘密协议。她说服单于，称抓获汉帝并不是匈奴的最佳利益所在，因为游牧民族从来未曾占领过中原。根据后来的一份报告称，高祖曾威胁这位阏氏:如果不设法让他突围,就会送给单于很多漂亮妃子,这样她就会失宠,为了免于失宠,她愿意协助汉帝。① 然而,冒顿也有实际理由以结束这次围攻:他的同盟者韩王信并没有按时与匈奴会合,而一旦他再次投向汉朝一方,匈奴就将陷于困境。最终,匈奴军队让出一条小道,高祖带着他的军队得以逃脱。

这是汉人在匈奴面前所遭受过的最可耻的失败。在几百年的时间里,只要一提及平城之围,朝廷就不得不对与匈奴交战犹豫再三。匈奴的军事力量如骨鲠在喉,而"匈奴问题"也成为汉朝最主要的对外政策问题。

汉文帝(公元前179—前157年在位)在位初期,冒顿的势力进一步壮大,匈奴再次追击迁徙至西方的月氏。这一胜利的结果也使匈奴控制了西域的众多绿洲小国。冒顿在给汉廷的报捷书中称:

> 诸引弓之民,并为一家。北州已定,愿寝兵休士卒养马,除前事,复故约,以安边民,以应始古,使少者得成其长,老者安其处,世世平乐。②

汉廷认为,匈奴所居遥远,无法发起强有力的袭击,遂同意重订条约并开放边市。公元前174年,冒顿死去,留给他的儿子一个巨大的帝国。

帝国联盟

内部组织

冒顿凭借其征服建立匈奴帝国。然而,与匈奴帝国的征服范围相比,更为重要的是他所建立的匈奴国家的结构与稳定性。较之历

---

① 参见德效骞:《前汉史》(Dubs, *History of the Former Han Dynasty*, 1:116 - 117)。
②《史记》110:14a;华生:《中国伟大的史学著作》(Watson, *Records*, 2:168)。

史上任何草原帝国，匈奴帝国延续的时间更为久远。匈奴帝国在最初 250 年中，彻底统治着草原，而匈奴单于在超过 500 年的时间内，一直是中原边疆事务中的主要政治参与者。单于间平稳继承了十次，直至公元前 57 年内战爆发为止，之后又经历了单于间的十次更迭，直至整个帝国于公元 48 年后再次在内乱中分崩离析。作为统一帝国的首领，单于掌权的时间比西汉诸帝更长久，而作为小国的首领，又比东汉持续时间更长。这种稳定性的根源可以通过匈奴国家的特性及其与中原所确立的关系来找寻。它是一种"帝国联盟"（imperial confederacy），在外交与军事事务方面独裁专断，跟一般的国家类似，但在处理内部问题上是协商及联盟结构。单于的权力来源于其作为战争首领以及中原与草原部落之间的单一调解人的双重角色。匈奴在外交与战争方面对汉朝所采取的战略，是以匈奴帝国政府从草原外部资源开发中所获得的财政与政治稳定性为基础建立起来的。匈奴国家结构与其说是自身进化的结果，不如说是游牧部众为了解决其自身组织的问题，以便能有效地掌控中原的一种结构性反应。匈奴国家的组织原则及其对外政策可以概括如下：

 1. 由于地方部落首领的存在，高居各部落之上的单于的权力受到内在限制，而且其继承也受到严格规制。

 2. 单于作为谈判者与战争首领，在汉朝政府与国内部族之间扮演了唯一调解人的角色，其目的是从中原获得犒赏与贸易利益。

 3. 匈奴国家在与中原的关系方面，确立了一种深思熟虑的敲诈政策，而且形成了暴戾之名，以便在与汉朝政府的讨价还价中获得最大的利益。

 4. 匈奴国家这样的组织原则，不大受汉朝对策的影响，而汉朝之所以执行这些对策，部分原因在于它无法体会匈奴国家与自身的不同之处。

汉人对匈奴国家的组织机构甚为熟悉，且在《史记》中有所记述：

> 置左右贤王，左右谷蠡王，左右大将，左右大都尉，左右大当户，左右骨都侯。匈奴谓贤曰"屠耆"，故常以太子为左屠耆王。自如左右贤王以下至当户，大者万骑，小者数千，凡二十四长，立号曰"万骑"。诸大臣皆世官。呼衍氏、兰氏，其后有须卜氏，此三姓其贵种也。诸左方王将居东方，直上谷以往者，东接秽貉、朝鲜；右方王将居西方，直上郡以西，接月氏、氐、羌；而单于之庭直代、云中。各有分地，逐水草移徙。而左右贤王、左右谷蠡王最为大，左右骨都侯辅政。诸二十四长亦各自置千长、百长、什长、裨小王、相封、都尉、当户、且渠之属。①

根据这一描述，匈奴的行政等级制度有三个层次。最高层，单于和骨都侯掌控帝国政府，处理帝国事务。第二层级是二十四长，皆有"万骑"之名号，分布于整个帝国的东西部。他们是帝国主要地区的守土之官，并且经常与单于或者匈奴贵族成员保持紧密关系。由于单于任命他选择的继承者为左贤王，因此一个人在一生中也许会拥有很多不同的头衔。这些职位都掌握着实权，而他们的权威又强化了匈奴国家。尤其值得关注的是（跟成吉思汗后来的蒙古帝国不同），单于的私人卫队在护卫冒顿获取权力的过程中表现尤为突出，这种私人卫队并没有被组织化，而在汉朝对匈奴历史的任何其他记载中也未曾提及过。

行政体系的第三层级是巨大的地方部落首领阶层（裨小王、相

---

① 《史记》110：9b－10b；华生：《中国伟大的史学著作》(Watson, *Records*, 2：163－164)。

封、都尉、当户、且渠之属），他们是二十四长之下的官员。然而，实际上他们得到自身部落集团的支持，每人都有自己的领地。帝国内这种部落集团的总数无法知晓。汉朝的记载罗列了至少十二个，但这只是一个低估的数值，因为汉人没有注意到那些未曾接触过的规模较大的部落集团。

那些诸如"万骑""千长""什长"之类名号的使用表明，匈奴有着比实际情况更为严格的行政等级制度。《史记》明确记载，只有那些拥有"万骑"头衔的重要人物才能真正统率万骑。有着同样职衔的不那么重要的人物，则只能统领几千骑。他们下面同等级指挥官实际上率领千、百、十人。此外，十进位的职衔表也对应着一系列平行的行政职衔（裨小王、相封、都尉等）。一旦二十四"万骑"获得了双重的行政职衔，就可能意味着他们的属下也获得了这些双重职衔。这就使匈奴帝国具有两种分级体系，各司其职。非十进制的职衔体系用于对那些包括大小各异的集团在内的部落与领地进行管理，而十进制的职衔体系则用于战时，当从草原各地而来的大量军队聚拢起来后，就能在一个单一的军事指挥体系下行动。

单于及其庭帐是匈奴核心部落的族长。虽然从其他方面来看，核心部落由不同部落民众组成，他们与单于形成双重的联系，单于能够仰赖他们的一贯支持。这些部落的族长通过征服或联合而被统合进帝国，在作为单于代理人的二十四个"万骑"的控制之下被纳入帝国行政体系之中。虽然被归并的部落首领在匈奴帝国等级制度中会得到一个职位，但他的权力还是来自其部众的支持。这些首领在地方上保留着巨大的自治权。帝国内部的问题经常在这一层级凸显出来，这些问题与授予这些归并部落首领的诸多独立性有关。单于统治的权力尽管在理论上是至高无上的，实际上还是会受到约束。

失意的部落首领有三种出路：退回西部、叛归南方的中原或者反叛。这些策略都得付出代价，而且只有在四面楚歌时，这些首领才会考虑使用。下面的这三种情况就表明了这些策略的作用，并使单于与匈奴国家不得不承认地方部落首领的权力。

帝国西部边缘的部落集团可以脱离单于的控制范围而获得独立。然而，这种选择经常需要在那块地区取代既存的部落，并会产生连锁反应，即每个部落都将其邻居推向更远的西部与南部。这种情况在匈奴击败月氏之后曾大规模发生过。为了避免成为扩张中的匈奴帝国的属部，月氏遂西迁至匈奴无法达到的紧邻阿姆河的新家园，取代了迁徙至阿富汗的大夏人（Sai）。

月氏的迁徙，使其领土与在公元前176年左右并入匈奴帝国的乌孙相连。据《史记》记载，乌孙王被杀，而他的儿子昆莫（实际上是一个名号）被养于匈奴宫廷中。

> 及壮，使将兵，数有功，单于复以其父之民予昆莫，令长守于西。昆莫收养其民，攻旁小邑，控弦数万，习攻战。单于死，昆莫乃率其众远徙，中立，不肯朝会匈奴。匈奴遣奇兵击，不胜，以为神而远之，因羁属之，不大攻。①

尽管他们取得了成功，但乌孙依然畏惧匈奴势力，而且在数年之后（约公元前121年），昆莫拒绝了一名汉使要他东归故地以成为汉朝在浑邪王弃置之地上的同盟者的建议。

匈奴帝国中的大多数部落集团并未西迁。在身处困境时，他们将南部的中原作为避难之地。汉朝采取了这样一种政策，即向那些被打败而归附中原的匈奴首领们提供大量封赏。虽然一位首领在

---

① 《史记》123：9b－10a；华生：《中国伟大的史学著作》（Watson, *Records*, 2：271－272）。更为乌孙所接受的这一故事的另一版本可见于《史记》61：4a－b。另外，确凿无疑的是昆莫是乌孙王的称号而不是一个人名。参见何四维：《中国在中亚：公元前125年至公元23年的早期阶段》（Hulsewé, *China in Central Asia, The Early Stage：125 B. C. - A. D. 23*, nn. 803－807）。

中原悠然自得，但归附汉朝意味着他丧失了在草原上的影响力，因此他不会轻易走到这一步。公元前121年，匈奴的两位王在一支汉朝远征军的奇袭中溃败，损失惨重，令单于大为恼怒。

> 单于怒浑邪王、休屠王居西方为汉所杀虏数万人，欲召诛之。浑邪王与休屠王恐，谋降汉，汉使骠骑将军（霍去病）往迎之。浑邪王杀休屠王，并将其众降汉。[1]

那些身处边地但反对投降的下级将领们试图逃跑，却在逃亡途中被迎接浑邪王的汉军处死了。总计有三万到四万人的匈奴军队穿过边界，重新定居于汉人控制的地域，在这里，他们被准予保持其自身习俗。这两个集团的投降使匈奴的边疆出现了一个大漏洞，因为脱离帝国的是整个部族，而不仅仅是一支军队。汉廷曾试图让乌孙重新占据这块地区，但最后未能成功。[2]

摆脱单于控制的行动是那些试图脱离帝国统治的游牧部族常用的策略。反叛相对而言甚少。意味深长的是，在匈奴帝国的第一次大反叛中，反叛部落的矛头直指那位试图通过建立一个更为集权的政府而对匈奴帝国加以重新整合的单于。这一事件发生于公元前60年，即虚闾权渠单于去世，其位被一名次要的贵族所霸占之时，代价则是将具有合法继承权的老单于的儿子牺牲掉，在激起一片反对声之后，新单于——握衍朐鞮迅速处死了老单于的亲信，并用自己的亲信替换了二十四"万骑"。这一血腥的继承权之争在匈奴中并不常见，先前的十次继任都没什么问题。在控制了帝国高层之后，握衍朐鞮单于将他的注意力转向联盟内的部落。

在奥鞬王死后，握衍朐鞮打破常规，任命他的儿子接替这个职位，而不是让死者的儿子行事。奥鞬贵族们大为气愤，拒绝单于的

---

[1]《史记》110:25；华生：《中国伟大的史学著作》(Watson, *Records*, 2:181)。

[2]《史记》111:10b-11b；华生：《中国伟大的史学著作》(Watson, *Records*, 2:204-205)。

决定,并立死者之子为王。他们随后击败了单于派来镇压的一支军队。

作为新单于的儿子及既定继承人的左贤王,强化了自己作为东部部落总管的权威。他独断专行,将东部部落整合起来,并"数谴左地贵人,左地贵人皆怨"。东部的部落奋起反抗,并以五万之众与单于交战,击败了握衍朐鞮,握衍朐鞮被迫派遣一名信使向他的兄弟右贤王求援,却遭到冷言相对:"若不爱人,杀昆弟诸贵人。各自死若处,无来污我。"大势已去的握衍朐鞮被迫自杀。他在位不足三年。①

这些事例表明,一个部落集团首先会忠于自己的部落首领,其次才会忠于单于及其朝廷。浑邪王即使在被赶出贵族大会后,还能获得其民众的忠心,尽管他的妻子身处险境,但浑邪王并未只身叛归中原,而是带着他的整个部落退居中原。乌孙也同样追随自己的首领脱离了匈奴的控制。统治游牧帝国的难处之一,就是其组成部分经常会全然离去,一旦部落离开其领地,单于惩罚部落的能力就会非常有限。

从理论上讲,单于可以要求帝国中的部落全然遵从他的命令,并对之任意处置,但在实际上,他受到了这种观念的限制:部落首领直接掌握政治权力,而不仅仅受命于单于,因此这些部落与帝国政府之间的关系,更多的是一种联合,而不是单于自己的独裁。握衍朐鞮试图建立一个更为中央集权化的帝国,在这一过程中,作为单于族人的部落首领的反叛比逃离更常见,因为在地方层面上,所有部落首领都感受到了威胁。从长远来看,单于所拥有的超部落的权力只有在他受到某些限制时方能被接受。较之任何其他游牧民族,

---

① 《汉书》94A:35a - 38b;伟烈亚力:《匈奴与汉朝关系史》(Wylie, "History of the Heungnoo in their relations with China," 3:450 - 451)。

匈奴人维持了对草原更长时期的控制，这归功于其政治体系的灵活性。完全独裁或中央集权的草原帝国天生就是脆弱的，因为地方首领除绝对的遵从或反叛之外别无他途。一旦衰势初显，他们就会反叛。从另一方面来说，如果部落之间的关系是完全自愿的，那么每位首领就会在所有领域为己牟利，拒绝遵从他不喜欢的规则。匈奴帝国型构了处于这两个极端之间的一种体制。部落首领有着处理当地事务的自治权，但被迫在对外关系与部落间事务中接受帝国的规定。就像我们将要见到的，除了在他们违背诺言时施加军事惩罚，匈奴帝国还可以为那些联合的部落首领带来巨大的物质利益。

领导权的继承

匈奴帝国在几个世纪中展现出突出的政治稳定性。这种稳定性部分归因于避免了内乱的继承制度，后者是后来突厥-蒙古草原帝国的关键特征。尽管冒顿谋害其父并处死反对者而成为单于，但匈奴的领导权在此后大致顺利地延续下去。在一百五十年中，经过了十次平稳的继承，直到公元前 59 年，这种和平方式才遭到破坏，导致匈奴进入之后十五年分裂的内战时期。而一旦秩序得以重建，古老王朝遂继续生存下去，而单于头衔也继续延续了一个世纪，直到公元 48 年的第二次内战将匈奴彻底撕裂，终结了他们在草原上的支配权。在这两个事件中，经济灾难与内部争斗双管齐下，使传统的继承制度走向破产。在后期，匈奴单于作为小国统治者曾声称，从冒顿到 5 世纪，其血统未曾断过。

匈奴政治结构的两个最重要特征是，存在着一种明确的贵族制度（二十四"万骑"与骨都侯）、一种被广泛接受的任命新单于的方式。

单于的儿子与兄弟掌控着最重要的等级，而三个贵族集团——

须卜氏、呼衍氏、兰氏则在帝国体系中占据着次要的等级。[1] 每位单于任命自己的继承者为左贤王,单于则控制着帝国的东部。在单于死后,左贤王可以利用其头衔的影响力增强他获取单于之位的权力,表明他已经够资历发号施令了。匈奴不喜欢幼主继承单于之位,一旦继承者太年幼,依照习俗,就会让单于的弟弟担任这个职位。在数百年的时间里,这种继承的类型发生了变化,最初是血缘上的,从父到子代代相传;后来的继承则经常是从长兄传给幼弟,继承中的政治分歧导致了第一次内乱,这一制度在后期明确转变为兄终弟及制,直至一整代人都死去。在两种制度中,单于必须是皇族成员。

在阻止冒顿后代因争斗导致冲突的过程中,皇族血统之外的匈奴贵族集团扮演了一个非常重要的角色。匈奴贵族集团传统上与皇族通婚,两者结成了紧密的姻亲与母系血缘联系。非皇族的匈奴氏族成员被禁止成为单于,却从帝国体系中获益不少,因此对保护这一制度有着很大的兴趣,而甚少考虑谁会成为单于。在单于死后,他们作为新单于的选举人,起到了很大的作用,在特殊情况下,他们会忽略左贤王的要求,而更喜欢其他的继承者。所有争夺单于之位的潜在继承人相互角逐以获取同一批匈奴贵族的支持,争夺者一旦没能获得单于之位,通常就再无立足之地了。匈奴贵族们很少允许皇族血统内部的争端引发内乱,这种情况只有在匈奴贵族自身严重分裂的情况下才有可能出现。

图表2.1中的匈奴单于世系图表明,大部分的继承依据前已述及的类型进行。三个特例为我们提供了中央政府层面上的政治与机制的一些细节。

---

[1] 参见《史记》110:9b-10b;华生:《中国伟大的史学著作》(Watson, *Records*, 2:163-164)。

图表 2.1 第一次内战前的匈奴单于继承表

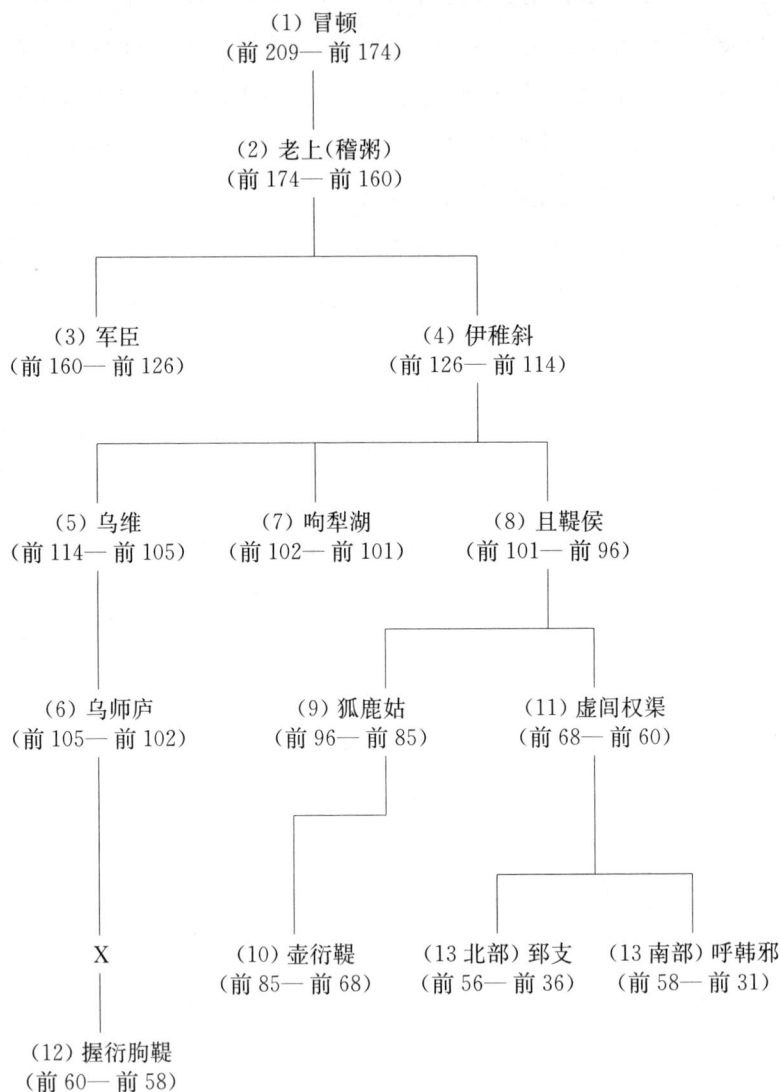

```
                        (1) 冒顿
                     (前 209— 前 174)
                          |
                     (2) 老上(稽粥)
                     (前 174— 前 160)
                          |
            ┌─────────────┴─────────────┐
        (3) 军臣                    (4) 伊稚斜
     (前 160— 前 126)             (前 126— 前 114)
                                      |
                    ┌─────────────────┼─────────────────┐
                (5) 乌维          (7) 呴犁湖          (8) 且鞮侯
             (前 114— 前 105)   (前 102— 前 101)   (前 101— 前 96)
                    |                             ┌──────┴──────┐
                (6) 乌师庐                    (9) 狐鹿姑      (11) 虚闾权渠
             (前 105— 前 102)              (前 96— 前 85)   (前 68— 前 60)
                    |                          |          ┌──────┴──────┐
                    X                     (10) 壶衍鞮  (13 北部) 郅支  (13 南部) 呼韩邪
                    |                     (前 85— 前 68) (前 56— 前 36) (前 58— 前 31)
              (12) 握衍朐鞮
             (前 60— 前 58)
```

注:汉文史料在对这一时期的记载中所罗列的单于列表更多提及的是其头衔而非个人姓名,只有冒顿及其子稽粥是个人名称,其他如军臣单于、乌维单于等皆是头衔。

　　第一次有记载的继位之争发生于公元前126年。当时，"匈奴军臣单于死。军臣单于弟左谷蠡王伊稚斜自立为单于，攻破军臣单于太子於单。於单亡降汉，汉封於单为涉安侯，数月而死"①。这一政变表明，一旦离开了部落贵族的支持，继承人就无法获得单于之位。由于於单及其叔父都想争取同一批人的支持，当这种支持转向伊稚斜时，於单就孤立无援，而不得不接受失败的结果，或者离开草原。在与那些保卫自己部众的部落首领发生尖锐冲突后，於单孤身流亡中原。这一争端的原因在汉朝的记载中并没有加以说明，但很不巧的是，这次继位刚好发生在中原开始对匈奴发动大规模进攻之时。在这种情况下，游牧贵族很可能倾向于选一位强有力的军事领袖而非涉世未深的年轻人继位，而且在战争时期，也存在着转向后期继承体系的趋势。

　　公元前96年爆发的第二次争端得以和平解决，这里体现出了匈奴政治的细节情况，并表明了匈奴贵族在决定继承时所扮演的积极角色。

　　　　且鞮侯单于死，立五年，长子左贤王立为狐鹿姑单于。……病且死，言立左贤王。左贤王未至，贵人以为有病，更立左大将为单于。左贤王闻之，不敢进。左大将使人召左贤王而让位焉。左贤王辞以病，左大将不听，谓曰："即不幸死，传之于我。"左贤王许之，遂立为狐鹿姑单于。狐鹿姑单于立，以左大将为左贤王，数年病死……（新）单于自以其子为左贤王。②

　　两兄弟之间彼此继承的约定在获得全面支持时，是一种常见的政治妥协。这种政治妥协使单于之子（或者其子之母）经常与他的兄弟相对抗。公元前85年，狐鹿姑之死就引起了这种争端。

---

① 《史记》110：22b；华生：《中国伟大的史学著作》（Watson, *Records*, 2：179）。
② 《汉书》94A：27b；伟烈亚力：《匈奴与汉朝关系史》（Wylie, "History," 3：438）。

初，单于有异母弟为左大都尉，贤，国人乡之，母阏氏恐单
于不立子而立左大都尉也，乃私使杀之。左大都尉同母兄怨，
遂不肯复会单于庭。又单于病且死，谓诸贵人："我子少，不能
治国，立弟右谷蠡王。"及单于死，卫律等与颛渠阏氏谋，匿单于
死，诈矫单于令，与贵人饮盟，更立子左谷蠡王为壶衍鞮单于。①

右谷蠡王与左贤王对此事很不高兴，他们开始率部归附中原。
当此事败露之后，他们放弃了这一战略，也再未回到单于的朝廷之
中。然而，他们的不满不大会在新单于刚选出时就引起一场内战，
部分原因在于，单于有一批拥有独立经济与政治基础的真正意义上
的官员。单于并不只是一个松散联盟的卡理斯玛型首领，而是维系
中原与草原之间关系的一个关键人物。争端集中于谁将成为单于，
而不是是否应该有位单于。

外部事务——与汉朝的关系

较之那些建基于集约农业的国家，内陆亚洲由游牧方式所形成
的国家在巩固自身的过程中要面对不同的问题。在一个农业社会
中，统治者的权力最终建立在对日渐积累的剩余粮食的控制之上。
通过每年征收的赋税，定居国家将所有粮食中的一部分以很少的花
费囤积于战略要地，并以较低的损失风险将其用于不同目的。

草原统治者则处于不稳定的状况之中，因为草原经济建立在粗放
且高度流动性的游牧生活方式这一基础之上。游牧财富无法有效地
加以集中或贮存。牲畜们不得不逐水草而居，需要经常加以照料，但
这些牲畜还是不时死亡。一位统治者即使养育了大量牲畜，对财富的
积累也是毫无保障的，这些财富可能会在一夜之间被疫病、暴风雪或

---

① 《汉书》94A：30b－31a；伟烈亚力：《匈奴与汉朝关系史》(Wylie，"History，" 3：442)。

者偷窃一扫而光。[1] 如果动物无法变为某种更为固定的和多样化的产品，游牧首领就无法有效地获得年赋，他就被迫依赖于不规律的苛税以满足不时之需，但就连这种权力也被游牧政治的内在流动性所限：一旦赋税过重，游牧民就会选择带着他们的牲畜离开首领。[2]

这些内部的脆弱局面迫使那些成功的游牧国家统治者建立一种更为安全的经济基础。在内陆亚洲，通过从草原外部获取资源并为游牧国家提供资金的方式而实现。匈奴帝国政府将游牧部落组织为一个统一的力量，被单于用来从中原攫取商品与贸易利益。单于保持着处理外交事务的最高权力，并用这种权力控制了中原物资向不同匈奴部落的分配。在战时，单于发动突袭，为他的追随者和匈奴国家提供战利品。在和平时期，单于扮演了中原与草原之间的中介者角色，进行贸易，并通过贵族制度对汉地物资加以再分配。通过从草原外部攫取资源，匈奴国家获得了其他政权所未曾获得过的稳定性。

汉朝与匈奴之间正式关系的建立，要追溯到公元前200年汉高祖在平城逃离匈奴包围之时。皇帝派使节到单于那边去议和，并确立起和亲政策，以此作为两国之间关系的基本框架。和亲政策有四项主要条款：

1. 中原每年向匈奴提供确定的丝、酒、谷以及其他食物。
2. 汉朝将一位公主嫁给单于。
3. 匈奴与汉朝是平等国家。
4. 长城是两国间的官方边界。

这些条款表明，和约是建立在绥靖战略基础上的，因此对匈奴

---

[1] 拉铁摩尔：《中国的亚洲内陆边疆》(Lattimore, *Inner Asian Frontiers*, pp. 523 - 540)。
[2] 史密斯：《蒙古人与游牧税收》(Smith, "Mongol and nomadic taxation")。

非常有利。作为这些利益的交换条件，匈奴答应保持和平。①

单于用这一和约以及汉朝的奉金捍卫了他在草原上的地位。汉朝的奉金重新分发给匈奴帝国的政治精英，以获取他们的支持。除了物质收益，和约还通过将汉朝公主许配给单于的方式，使单于具有了与汉朝皇帝同样的威望。从草原的角度来看，单于从中原获得了奉供。然而，尽管和约的规定看似非常慷慨，但匈奴并不满足，不久之后就再次劫掠边地。劫掠过后，紧随而来的就是匈奴使者要求得到更好待遇的和平建议，其中包括增加奉供数量与类型，并开放边境贸易。关于边境贸易的新要求在汉文帝(公元前179—前157年在位)时期的和平协议中也被囊括进去了。

汉朝在对和亲政策的记述中，将匈奴人描绘成贪得无厌的夷狄，而且这些人也不准备遵守条约的义务。但通过细致观察，我们可以发现一种更为复杂的情况。在谈判中，单于有两个目的，首先也是最迫切的目的，是获得用于回馈帝国政治精英们的直接奉供。一旦汉朝提供了这些物品，单于就转而开始要求汉朝朝廷允许普通游牧民在边市交易，以满足这些普通部众的需求。

匈奴需求的先后次序是单于战略的一部分，其目的是通过操控跟中原的战与和，保持他在草原上的独特地位。他要将新近征服的部落整合进帝国之中，就必须回报那些政治精英，并向那些一般部落民众提供离开帝国政府就无法获得的利益。匈奴的每一次侵袭或索求都是为了满足这些需求。

对中原的劫掠，为那些就近通过征服或联合而被纳入帝国的部落民众，以及那些需要在政治上获益的人们，提供战利品。匈奴人允许所有杀死或俘获敌人的武士们占有战利品，"故其战，人人自为趣

---

① 余英时：《汉代贸易与扩张》(Yü, *Trade and Expansion in Han China*, pp. 41 – 42)。

利"①。对中原的劫掠是一本万利的事业,它将匈奴统合为一个整体。

单于同意以停止劫掠换取中原的奉供。然而,奉供的数量与种类对于游牧化的匈奴的基本自给经济而言影响甚微。在和亲政策之下,汉朝每年的奉供数量最多不超过 5000 斛谷米、1 万石酒以及 1 万匹丝缎。② 汉朝向在边地服役的每名成年男性每年提供的谷物平均为 36 斛(大约 720 升)。③ 按照这种比例,汉朝给匈奴的谷米奉供只相当于 140 人一年的支出;假如使每名男丁得到的谷物降低到原先的 1/5,并满足匈奴的索求的话,则相当于 700 人一年的支出。这些数字清楚地表明,食物奉供既未能使单于满足其朝廷的需要,也无法支撑大量的人口。

对单于来说,汉朝奉供的主要价值表现为一种在草原上无甚用途的奢侈品资源。每年 1 万石(约 20 万升)的酒使单于能够大力款待豪饮无度的追随者。1 万匹(合 92 400 米)丝缎奉供成为草原上需求旺盛的汉朝产品,而且在西部,单于也能将其再次分配给帝国中的部落首领们,或者换取别的东西。汉朝将丝缎作为一种通货,在草原发掘的墓葬中有鲜明例证。在诺彦乌拉发掘出的早期墓葬中,展现了汉地的缯帛财富。④ 除了丝缎,汉朝朝廷还为单于提供黄金、衣装以及其他大量值钱的物资。这些礼物与奉供是单于提供给部

---

① 《史记》110:11a;华生:《中国伟大的史学著作》(Watson, *Records*, 2:165)。
② 《汉书》94A:29b;伟烈亚力:《匈奴与汉朝关系史》(Wylie, "History, "3:440)。汉朝度量衡(参照鲁惟一:《汉代行政记录》,Loewe, *Records of Han Administration*, vol. 1, p. 161)转换为现代度量如下:
  长度:1 匹=9.24 米;
  容积:1 斛或石=19.986 升;
  重量:1 斤=244 克。
③ 鲁惟一:《汉代行政记录》(Loewe, *Records of Han Administration*, vol. 2, pp. 65 - 75)。
④ 鲁登科:《匈奴文化与诺彦乌拉墓葬》(Rudenko, *Die Kultur der Hsiung-nu und die Hügelgräber von Noin Ula*)。

落首领们的经济收益,而这也与强大的军事威胁相结合,用以保证游牧帝国的完整。

来自汉朝朝廷的直接奉供或许能够让单于取悦匈奴贵族,但是无法满足匈奴头人们的无尽索求,满足他们需求的最简便方式则是掳掠汉地。然而,持续不断的掳掠也使得作为和平协定一部分的奢侈品供应受到了威胁。因此,单于一旦获得了来自汉地的奉供,就要求开放边市,以便游牧民能用游牧产品换取汉地物资。假如单于要与中原维持和平共处局面,边贸活动必须进行。游牧经济生产了大量剩余物资,一旦汉朝政府允许与游牧民交易,就很容易换取汉地物资。

由于中原基于政治原因的反对,边贸被心有不甘的汉朝朝廷切断了。对于谷类剩余物资以及北部地区的手工艺品而言,虽然匈奴是汉朝北部地区剩余粮食及手工业商品的天然市场,但贸易也会使民众脱离汉廷控制,从而损害汉人利益。汉朝朝廷试图维系边地与中央的关系,尽管这将使当地民众生活艰难。汉朝的政策是要在草原与中原之间产生尽可能多的鸿沟,长城就是抗拒与草原接触的一道屏障。单于被迫通过掳掠或者威胁掳掠中原的方式获取贸易权,这种方式与其要求奉供的方式相同,其中有着双重目的。从掳掠中获得的战利品确保了匈奴部落首领们的需要,直到中原最终同意满足他们的要求并开放边市为止。而边市一旦建立起来,就迅速成为匈奴民众用游牧物资换取汉地商品的贸易中心。按照汉朝法律,这些市场仅向匈奴出售没有军事价值的物资。尽管违背这一禁令有性命之虞,但边市还是成为那些为匈奴提供诸如铁之类的违禁物品的走私者的基地。[1]

与中原确立例行商贸活动巩固了单于的地位。他可以避免与中原的持续性战争,从而维护其经济基础。单于作为汉朝朝廷与草

---

[1] 余英时:《汉代贸易与扩张》(Yü, *Trade and Expansion*, pp. 101, 117 - 122)。

原之间的中介者,与他作为匈奴最高军事统帅的角色同样重要。中原与游牧民族的总体关系也更为稳固了。到汉景帝时期(公元前156—前141年),北部边疆一派宁谧,边地只受零星抢掠,而旧日的战争也逐渐成为历史记忆。"匈奴自单于以下皆亲汉,往来长城下。"①这种情况一直持续到公元前133年,当时,为了在军事上击败匈奴,汉廷通过对游牧民众的一次突袭,使和亲政策戛然而止,双方开始了长达半个世纪的边境战争。

另一个经济资源则是汉地农民和手艺人生产的产品,这些人在匈奴的掳掠中被俘,并被带回草原。我们对这些汉人俘虏或其后代的情况所知甚少。然而,有证据表明,游牧的匈奴民众有大量的谷物可供支配,这很可能是由被俘的农民生产的。例如,在公元前119年,当汉朝军队突入蒙古地区并直逼单于庭帐之际,汉军将领卫青及其五万士兵用缴获的匈奴粮食大摆盛宴,并在南返之际,将剩余的粮食付之一炬。② 在之后的壶衍鞮(公元前85—前68年在位)时期,在一个汉人叛逃者的建议下,匈奴开始建造保护谷物供应的围栏及为汉人俘虏提供保障的一系列要塞。③ 在计划开始后不久,匈奴就决定停止建设,因为作为游牧民族,他们不希望影响自己的流动性。④ 除了在蒙古地区的谷物供应,或者经由与中原边地的贸易获取,匈奴还在西伯利亚南部以及西域地区获得了可供选择的资源。基于此,很可能在与中原进行了一段时期的战争之后,匈奴于公元前105年将其庭帐进一步向西转移,以便更好地开发匈奴帝国的第二块资源宝地。

---

①《史记》110:21a;华生:《中国伟大的史学著作》(Watson, *Records*, 2:176)。

②《史记》111:12b - 13a;华生:《中国伟大的史学著作》(Watson, *Records*, 2:207)。

③《汉书·匈奴传》:"卫律为单于谋'穿井筑城,治楼以藏谷,与秦人守之'。"作者的解读与原文略有出入 。——译者注

④《汉书》94A:31b - 32a;庄延龄:《突厥-斯基泰部落》(Parker, "The Turko-Scythian Tribes," 20:118 - 119)。

在中原成为最主要的奉供和贸易来源时，匈奴还开发了其他地区的资源。西域地区的绿洲国家在匈奴的压力之下尤其不堪一击，它们国小兵弱，无力抗拒匈奴的索求。这些国家通过提供农产品和手工制品，得以在匈奴帝国重压下苟延残喘，直至匈奴的第一次内乱（约公元前 60 年），这些地区被汉朝控制为止。匈奴并不直接统治这一地区，而是通过当地统治者代为收税，这是一种非常适合游牧生活方式的统治手段。

> 西域诸国大率土著，有城郭田畜，与匈奴、乌孙异俗，故皆役属匈奴。匈奴西边日逐王置僮仆都尉，使领西域，常居焉耆、危须、尉黎间，赋税诸国，取富给焉。①

沿着北部边境，匈奴控制着西伯利亚的大量生产地区。从考古发掘中间接知道的是，最初遭受游牧袭击而生灵涂炭的地区，一旦处于像匈奴和乌孙对贸易及税收对象加以保护的游牧帝国的控制之下，就会恢复和兴盛起来。例如，在鄂毕河流域，青铜时代的卡拉苏克（Karasuk）文明（公元前 13 世纪—前 8 世纪）的墓葬中有很多随葬品，但从来没有武器。然而，随着游牧民到达邻近的阿尔泰地区，之后的大列奇卡（Bolshaya Rechka）文化（公元前 7 世纪—前 6 世纪）的第一个阶段开始出现衰落的征兆，他们的随葬品在数量和质量上较早期都要差很多，而且半数墓葬中发现了武器，发掘的村落地点也表现出突然遗弃的迹象。在公元前 200 年左右，情况开始有所改善。墓葬中有了更多的精致随葬品、殉葬的马匹以及铁质兵器。苏联考古学家格利亚兹诺夫（Gryaznov）将这一变化视作当地定居民众及其游牧邻居之间保持较为和平关系的反映。与以青铜制品而著称的米努辛斯克盆地（Minusinsk Basin）类似，匈奴时期的

---

① 《汉书》96B：5b；何四维：《中国在中亚》(Hulsewé, *China in Central Asia*, p. 73)。

墓葬尺寸以及随葬品的质量有了明显的增长与提高。[1]

外部边界战略

　　不管是在战争还是和平时期,匈奴国家在处理与中原的问题时,都会采取持续有效的措施。游牧民族的人数很少,或许只有大约 100 万人,而他们所面对的是治下有 5400 万民众的汉朝。[2] 因此,匈奴不得不以某种方式组织起来,使汉廷意识到他们的存在。单于必须对汉朝政府最高层的决策发挥影响,因为边疆政策是由朝廷而不是边地将领或边区官员制定的。最终,匈奴设计出一个敲诈性的掠夺战略,目的是以其力量压制汉朝朝廷。他们的"外部边界"战略充分利用了游牧民能力上的优势突袭中原,并在汉人实施报复之前撤退。它有三个主要部分:暴力突袭以震慑汉朝朝廷,时战时和以增加从汉人那里得到的奉供数量和贸易权,而且,即便是在大捷之后,也有意拒绝占领汉地。

　　匈奴利用暴力突袭或以此相威胁,作为与汉廷讨价还价的一种工具。这些故意的破坏性突袭有其政治目的。汉廷害怕北部边疆的动乱会导致帝国的分崩离析,来自边地的众多灾乱报告助长了这种恐惧,毁灭程度越大,对汉廷的影响就越大,如果组织得当的话,就连一小股游牧民也能使汉朝遭受巨大损失。边地附近的恐怖事件被单于当作一种武器,以从中原攫取利益。匈奴并不关心他们入侵所带来的后果,也不大会与边地农民和官员建立良好关系,他们对劫掠抱着这样的期望,即汉朝中央政府将会重建这些地区,因此他们就能再次实施劫掠。匈奴并不纯粹使用暴力,他们确实是将暴

---

[1] 格利亚兹诺夫:《西伯利亚南部的古代文明》(Gryaznov, *The Ancient Civilization of Southern Siberia*, pp. 199 - 219)。

[2] 鲁惟一:《汉武帝的征战》(Loewe, "The campaigns of Han Wu-ti," pp. 80 - 81)。中原人估计匈奴的人口要比汉朝一郡甚至一个大县要少。参见《汉书》48:13b,《史记》110:16a。

力作为与汉人讨价还价的一种策略。汉廷从来不会忽视匈奴及其需求，同时也被迫将单于视作与普天之下至高无上的汉朝皇帝平起平坐的统治者。

匈奴时战时和，以便从中原获取更多的利益。在劫掠性入侵之后，经常会迎来一名声称当前问题可以通过签订新和约而再次得到解决的单于使者。以每次违约作为新要求的基础，单于会要求获得更多的奉供以及贸易利益，以作为对和平承诺的回报。和平持续时间的长短，部分取决于对新订协议的满意程度。提供奉供但不开放贸易的最初协定仅持续数年时间，即使在最好的和平局面背后，也存在着匈奴的潜在威胁，一旦他们的要求得不到满足，就会对汉朝造成严重危害，而没有哪个和平协定能永久性地约束他们，这就算在匈奴以后防御汉人进攻时也是如此。他们不断地要求更多的利益，否则就不会结束战争，因为他们知道，对于汉朝政府而言，军事行动较之游牧民族的索求，代价要高昂得多，所造成的混乱也要大得多。汉廷将这种敌对关系与要求签署和平协定的变化，看作"蛮夷"厚颜无耻以及贪婪的明证。正如一名汉朝官员所称："今匈奴嫚侮侵扰，至不敬也，为天下患，至亡已也，而汉岁致金絮采缯以奉之。"①

在对游牧民族的防御方面，曾有人认为，他们通常是和平的，只是在汉朝拒绝和约时才劫掠中原。然而，这些解释中没有一个能够完全说清楚匈奴的政策。战和的转换不断地提醒汉朝政府，较之边境战争，和平协定的代价要小得多，混乱也会少得多。但就算在最为和平的关系背后也存在着暴力的威胁，这是由归降匈奴的汉人谋士中行说②所指出的。当汉朝使者抱怨匈奴索求的奉供和礼物的数

---

① 《汉书》48:12b；余英时：《汉代贸易与扩张》(Yü, *Trade and Expansion*, p. 11)。
② 《史记·匈奴列传》："使宦者燕人中行说傅公主。说不欲行，汉强使之。"《正义》："中行，姓，说，名也。"——译者注

量时,他不屑一顾地说:

> 汉使无多言,顾汉所输匈奴缯絮米蘖,令其量中,必善美而已矣,何以为言乎?且所给备善则已;不备,苦恶,则候秋孰,以骑驰蹂而稼穑耳。[1]

匈奴并不直接利用中原的资源,还会避免占据汉人的农业地区。由于无法对抗中原的庞大军队,匈奴在被攻击之前会撤退到一处:"利则进,不利则退,不羞遁走。苟利所在,不知礼义。"[2]在汉武帝发动一次持续性的进攻之时,匈奴就越过戈壁沙漠向后撤退,使汉军难以追击。在强盛时期,匈奴深入中原掳掠,甚至有一次进抵汉都长安的外围,但他们从未占据过汉地,因为这将使他们背上防卫的包袱。尽管匈奴是对西汉王朝最危险的外部威胁,但是朝中关于匈奴问题的争论从未提及匈奴会征服中原。匈奴采取一种审慎的政策,这种政策使他们自己不会离中原太近。通过这种方式,匈奴就能利用中原的资源,同时又不会暴露出人数上的劣势,或者丧失其机动性。

汉地的反应

在整个西汉时期,汉人试图摧毁匈奴国家的努力未能成功。汉廷在这一地区的失败令人羞愧,因为匈奴只被看作那些通过外交手段诈取或击溃中原可观军事力量的粗鲁蛮夷而已。然而,匈奴对来自中原的压力应对自如,它对抗甚至利用汉朝制定的应对战略。

从一开始,汉朝政府就将对匈奴给予奉供并予以安抚的和亲政策视为避免北部边疆高昂损失的一种方式。他们也希望,这些礼物和奉供能作为一种经济武器以削弱甚至彻底摧毁匈奴。这种战略

---

[1]《史记》110:17b;华生:《中国伟大的史学著作》(Watson, *Records*, 2:172)。
[2]《史记》110:2a;华生:《中国伟大的史学著作》(Watson, *Records*, 2:155)。

归结为"五饵"：

> 1. 赐之盛服车乘以坏其目。
>
> 2. 赐之盛食珍味以坏其口。
>
> 3. 赐之音乐、妇人以坏其耳。
>
> 4. 赐之高堂、邃宇、府库、奴婢以坏其腹。
>
> 5. 于来降者，上以召幸之，相娱乐，亲酌而手食之，以坏其心。①

"五饵"战略会使匈奴作为一个整体变得依附于中原，从而逐渐变弱。中行说向匈奴警告了这种危险：

> 匈奴人众不能当汉之一郡，然所以强者，以衣食异，无仰于汉也。今单于变俗好汉物，汉物不过什二，则匈奴尽归于汉矣。其得汉缯絮，以驰草棘中，衣袴皆裂敝，以示不如旃裘之完善也。得汉食物皆去之，以示不如湩酪之便美也。②

在理论上，"五饵"战略看似对匈奴形成了威胁，但由于他们的自给经济从未受到过威胁，因此汉朝的这种战略失败了。尽管贸易对于普通游牧民众而言相当有用，他们可以用游牧剩余物资换取诸如衣服和金属之类的汉朝制品，或者谷物和酒类，但他们并不只靠这些贸易活命。事实上，从汉廷获得的大多数物品是单于分发给政治精英们的奢侈品。对匈奴来说，汉朝的礼品、奉供、贸易以及战利品成为财富的一个主要来源，而且正如拉铁摩尔所称"纯粹的游牧民是贫穷的游牧民"③。因此，每位单于都仔细维护着他与中原打交道时作为草原部落代言人的独断权力，目的是保护他自身的政治权

---

① 余英时：《汉代贸易与扩张》(Yü, *Trade and Expansion*, pp. 36-37)。

② 《史记》110:16a；华生：《中国伟大的史学著作》(Watson, *Records*, 2:170)。

③ 拉铁摩尔：《中国的亚洲内陆边疆》(Lattimore, *Inner Asian Frontiers*, p. 522)。

力。当部落首领准备叛归中原时，就像汉人叛归匈奴一样，当地的匈奴首领都不准为自己讨价还价并留在帝国中。边疆关系从来不由地方处理，而是通过单于派到汉廷的使者执行，反之亦然。汉朝政府有时候设法以高官厚禄利诱大群游牧民归附中原，但由于匈奴国家结构，他们发现不可能与草原上的匈奴首领结成联盟，也从来无法回避单于的独断权力。

公元前 133 年，汉武帝试图一劳永逸地解决中原的匈奴问题，他废止和亲政策，转而发动进攻性战争。在武帝时期，汉朝外交政策的急剧转变是对和亲政策长期抱怨的一种回应，而在朝廷大臣中也弥漫着一种更为积极进取的哲学氛围。

朝廷的言官一直认为，这些协议迫使中原向匈奴纳贡，因此，也使单于、匈奴国家与汉朝皇帝、中原平起平坐。这两个特征违背了中原是世界秩序中心的本质，在这种秩序安排中，人类的所有关系被视作一个道德秩序的等级制度中相互关联的组成部分。皇帝尤其不与普天之下的统治者处于同等地位。在理论上，对外关系只是在中原与那些正式接受这种中原中心观的国家或首领之间才会产生。自从汉朝大臣认为宇宙的标志性秩序是一种对世俗秩序的必然需要与反映以后，正式接受中原中心观的世界秩序就成为实质所在。在他们的心目中，对中原标志性秩序的违背，不管是表现为灾异，还是体现在人类行为的规范方面，都有着直接的政治意义。他们敏锐地意识到抗拒这种标志性秩序所带来的威胁。

中原中心观的世界秩序最明显与最具威胁的违背者是匈奴，因为他们要求并获得了与中原相等的地位。最初，未受教化的匈奴并未意识到这种状况是对汉廷的最大威胁之一。直到汉人叛逃者中行说对他们解释了这一情况之后，匈奴才理所当然地与汉廷确立了关系。然而，在中行说的帮助下，匈奴开始通过一种复杂的方式，对中原力量与权威的标志加以控制，进而愚弄汉廷，这种方式完全是这名汉朝前任官员的复仇行为。

> 汉遗单于书，牍以尺一寸，辞曰"皇帝敬问匈奴大单于无
> 恙"，所遗物及言语云云。中行说令单于遗汉书以尺二寸牍，及
> 印封皆令广大长，倨傲其辞曰"天地所生日月所置匈奴大单于
> 敬问汉皇帝无恙"，所以遗物言语亦云云。①

这些信件激怒了汉文帝时期的官员贾谊。他长期反对和亲政
策，坚持认为它直接违背了基本的儒家原则。

> 天下之势方倒悬。凡天子者，天下之首，何也？上也。蛮夷者，
> 天下之足，何也？下也。……夷狄征令，是主上之操也；天子共贡，
> 是臣下之礼也。足反居上，首顾居下，倒悬如此，莫之能解。②

贾谊随后提议，应该举兵进攻匈奴，并迫使他们认识到自己的真实地
位。但出于对游牧民族的恐惧，他的这一建议未被汉廷付诸实施。

在对和亲政策的批评中，争论中心更多在于标志性秩序，而非
现实情况。最初的这些反对意见并无多大影响。建立这项政策的
汉高祖并不关心这种标志性秩序。他在秦朝灭亡与汉朝建立之初
的内战余波中有众多的问题需要解决，而这会巩固现实的秩序。作
为与匈奴战争中的劣势一方，汉高祖取得了部分的胜利，因为他的
意图是一种变通，而不像是一种吃亏的交易。在几乎被冒顿俘获之
后，汉高祖对匈奴的力量深有感触。礼物、联姻以及承认匈奴是平
等国家，是汉朝在中原站稳脚跟时安抚匈奴的最简便方式。确实，
汉高祖当初准备将他自己的女儿送给冒顿为妻，最后被愤怒的吕后
阻止。那些儒生在内战时期对这一关系不合时宜的吹毛求疵对他
没起什么作用，每当儒生对他提建议时，他都在儒生的帽子中撒上

---

① 《史记》110：16a-16b；华生：《中国伟大的史学著作》(Watson, *Records*, 2：170-171)。
② 《汉书》48：12b-13a；余英时：《汉代贸易与扩张》(Yü, *Trade and Expansion*, p. 11)。

一泡尿作为羞辱。①

尽管匈奴不时地袭击或羞辱，但在吕后及文、景当政期间，和亲政策得以延续。在此过程中，冒顿给吕后的粗俗无礼的求婚要求让吕后一怒之下差点宣战，但是朝中大臣认为汉军在她夫君在位时期还无法对抗匈奴，因此还是婉拒了冒顿的要求。容忍匈奴的要求是与汉朝的"与民休息"政策相一致的，在这样的政策下，政府对汉地民众轻徭薄赋，文帝尤其以节衣缩食著称。尽管有这样那样的问题，和亲政策还是实现了避免边境久战的基本目标，这种战争会使汉朝背上沉重的负担。

到汉武帝（公元前140—前87年在位）之时，中原已从汉朝建立之初的内战创伤中恢复过来。处理匈奴问题重新成为一项政治任务，而这当初被批评为大国的失策。在激烈的争论中，沿袭贾谊老腔调的官员们认为，此时是一劳永逸地解决匈奴问题的时候了。而和亲体系的捍卫者则针锋相对地认为，战争的代价将会相当高昂，而最终收获甚小，因为汉军无法占领草原，匈奴也会远遁而去。旧政策的捍卫者最终胜出，但在公元前133年，汉武帝站到了主战派一边。在汉武帝之后的四十年统治期中，中原费尽心力想要摧毁匈奴。②

汉朝对匈奴战争的战略有四个主要目标。其一，将汉朝的边界推进到之前秦朝的边界，而且在一些地方已经越出了原来的边界。整个边界由服徭役者防卫，这些人通常是囚徒，他们筑造墙状防御工事，并通过屯田达到部分的自给自足。其二，汉廷希望与匈奴的游牧邻居——月氏和乌孙建立联盟。月氏定居于阿姆河地区，不想与匈奴交战，因此拒绝与中原结盟。在昆莫与汉室公主联姻后，乌

---

① 参见《史记》97：1b；华生：《中国伟大的史学著作》（Watson, *Records*, 1：270）。
② 根据《汉书》的数字，鲁惟一的《汉武帝的征战》一文在下面的概要叙述中提供了对这场战争的一个细节性的描述与分析，尤可参见其附录 A"对主要军事行动（公元前138—前90年）的概述"（"Summary of principal military events（138 - 90 BC）"）。

孙同意与汉朝结成松散联盟，他们从西边袭击匈奴，并不时为汉朝提供支援。其三，汉军进入塔里木盆地，并征服了那里的城邦。这一行动试图阻止他们与藏边的羌族头人的联系，并使匈奴停止从西域的城邦征税，从而"斩匈奴右臂"①。最后，汉军历经千辛万苦，长途跋涉，设法去摧毁草原上的匈奴力量。

汉朝的战略低估了匈奴联盟的恢复能力以及在草原上取胜的难度。汉人只能设法掌控他们位于匈奴边疆的边缘地带。他们既不能占领整个草原，又不能像他们在南部与西部的征服地区那样，将中原体系化的农业经济引入其中。而且，草原上的战争也是一个沉重的负担，需要足够的后勤以保证汉军的供给，因为匈奴并没有富裕的城市可供征服或者农田以供占领。不论汉军赢得多少次胜利，最终还是不得不从匈奴本土撤军，从而将草原拱手让给游牧民族。

与此同时，匈奴修正了其外部边界战略，以应对中原的进攻性新政策。跟先前一样，它利用了游牧民族胜人一筹的迅速机动能力以及汉军的非机动性，在草原上纠缠数月之久，直至汉军供给不继。

双方反目成仇是由于汉军在马邑边市为匈奴设下了陷阱。单于带着他的军队抵达这一地区，但是他发现此地的牲畜无人牧养，遂陡生疑惑，怀疑中了汉朝的阴谋，即命匈奴军队全线撤退。匈奴随后劫掠边境，迫使汉廷花费巨大的军事代价经营沿草原一带的长城防御线。由于固守这些防御对于中原的防卫来说至关重要，汉军就无法分出兵力去攻击匈奴。在与中原的战争中，匈奴有地理上的优势。从位于草原的中心方位出发，匈奴迫使汉军沿着整个边界艰难寻敌作战，而匈奴却能集中全力攻击汉军最薄弱之处。当汉人在定点防御的战斗中占据上风后，他们发现既难以强化边疆优势，也无法派远征军进抵草原。维持边疆防御的任务大多重重压在那些

---

① 《汉书》61：4b；何四维：《中国在中亚》(Hulsewé, *China in Central Asia*, p. 217)。

厌烦匈奴掳掠的边地民众身上。汉廷因此背上新的心理负担,担心匈奴会教唆这些边地民众胡作非为,这些边地民众经常被认为在政治上是不可靠的。

当汉朝开始对匈奴形成军事压力时,单于就将他的民众与庭帐从靠近边界的区域移至蒙古地区北部的新领地。要到达戈壁沙漠另一侧的匈奴那里,汉朝远征军就必须在草原跋涉数万里。匈奴通常可以从容知晓汉军的行动,并经常能够轻易避开其进军路线而免受打击。作为整个匈奴帝国的组成部分,那些受到进攻威胁的部落可以临时性地进入毗邻部落占据的地域而不受抵抗。这就使得一些汉朝军队无法找到敌人,而且在追击匈奴时被拖得精疲力竭,在他们试图返归中原时,又饱受打击。持续性撤退以避免战斗的战术,是古老游牧战略的一部分,目的是使敌人自败。就像匈奴拒绝占领必须防御更具优势的汉军的汉地一样,在草原上,他们会避免战斗,直到稳操胜券为止。由于没有城市或村庄需要防御,游牧民族就安于利用草原上的艰难旅程与恶劣条件去击败汉军。汉军只有在采取匈奴的战斗方式,以轻骑兵和突袭方式战斗时,方能获得对游牧民族的大捷。大多数汉军与将领既不熟悉也不适应这种战斗方式。熟悉草原战争的是出身于边疆的那些人,他们通常并不受汉廷赏识,在与匈奴作战时,经常选择投降,以免因失败而受汉朝的军法处置。

匈奴继续执行猛烈袭击与和平方式相交替的政策。他们已经意识到,与游牧民族相比,持久战对于汉朝政府而言更难维持。匈奴的和平建议总是要求重新采取和亲政策,并获得较战前更多的礼物。即使没有这些奉供,单于在草原上依然不会遇到什么危险。如果说在和平时期,单于通过与中原商议为游牧民族获取利益来维持其地位,那么在战时,他就成为将整体联合起来抵御汉朝攻击的草原上的军事领袖,而这有助于将各部落统合在单于的领导之下。从另一方面来说,对匈奴的旷日持久的战争耗尽了中原的财富,损害了政府的日常工作,并使民众陷于贫困之中。如果单于不再使用劫掠这种直接损害方式索求奉供,战争这种对汉朝政府和经济造成间接损害的方式,就成为恢复游牧民族从中原获得互市与礼物的一种工具。

通过对汉军主要战役及其损失情况的探究,可以发现,这些战事给中原造成了沉重的负担。汉廷花费十年的时间,勉强对匈奴取得了些许胜利。公元前124年,汉军在鄂尔多斯通过突袭取得了第一次大捷。公元前121年,浑邪王带其四万部众归附汉朝。公元前119年,汉军在对漠北的一次远征中大败匈奴。这些损失使匈奴在大约十年的时间内无力行动,但是到公元前110年,汉军开始从其所到达的最远边界撤退。在西部,汉朝的扩张要晚于这一期限。直到公元前102年汉朝将军李广利征服大宛的尝试失败为止,西域的大部分地区都置于汉朝统治之下。三年后,当这位名将转而将兵锋指向匈奴时,他在草原战役中损失了六七成的兵力。在公元前90年的另一次灾难性远征中,李广利本人被匈奴俘获。因此,在最初与匈奴交战时的一些胜战之后,汉朝遭受了重大挫折,遂不得不在武帝末年转为防御。

胜利与失败一样,都使汉朝花费甚巨。在公元前125—前124年间的战事中,据称有一万九千名匈奴人和一百万只绵羊被俘,汉廷耗费了二十万斤金①作为将领与军队的粮饷,还损失了十万匹马。浑邪王之所以投降,部分原因在于,汉朝会以百亿钱的礼物和食物来犒劳那些投降的首领及其部众(一斤金重244克,官价值一万钱)。公元前119年的汉军大捷付出了数万士兵死亡、损失十万马匹以及五十万斤金的代价,这些数字还不包括在草原上军需的庞大

①汉朝的"金"指黄铜。——译者注

开销。李广利在公元前 108 年[①]对大宛的第一次流产的袭击中,损失了八成兵力,大多数是供给不继所致。在他成功的第二次军事行动中,最初十八万人的军队中,只有三万人到达大宛。[②]

我们有必要了解这些数字在汉朝财政术语中的意义,据估计,汉朝的年度税收有一百亿钱用于政府行政,而八十三亿钱为皇帝所用。[③] 仅公元前 119 年的战事开销就吞噬了财政年收入的一半。用于接济浑邪王降众的百亿钱迫使皇室与政府部门的开支大为削减。这些数字被反对战争政策的宫廷史官司马迁记录进大捷文献之中。这些情况表明,汉武帝后来被批评为好大喜功而使中原破产的说法并非无中生有。历次战役中大量马匹的损失以及军队后勤保障的必要性,也意味着汉廷无法延续其胜利局面。因此,匈奴就经常有机会在汉军发起下一次攻击之前恢复实力。即使在处于防御局面时,匈奴也通过迫使中原搜刮更多的收入以应付绵延不断的战争的方式,同样对汉朝经济造成重创。

战争政策在一开始就使汉廷陷于分裂境地。那些义愤填膺的大臣声称,他们的行动对于将匈奴纳入以儒家道德原则为基础的中原中心观的世界秩序来说,是必不可少的。但是,要执行这一政策,就需要预先采取很多行动,比如组建军队、建立以国家垄断为基础的经济集中化、征收重税以及发动广泛的徭役等等,而这些行动是曾经作为秦朝指导方针的严苛的法家哲学的特征。[④]

汉武帝的政策与秦朝亡国行径之间的相似性,在朝议中成为老生常谈。权臣主父偃有一份长篇奏议,这种论调在其中可见一斑:

---

① 《史记·大宛列传》,事在太初元年(公元前 104 年)。——译者注
② 鲁惟一:《汉武帝的征战》(Loewe, "Campaigns," pp. 96 – 101)。
③ 余英时:《汉代贸易与扩张》(Yü, *Trade and Expansion*, pp. 61 – 64)。
④ 参见杨联陞:《从历史看中国的世界秩序》(Yang, "Historical notes on the Chinese world order")。

　　夫匈奴难得而制，非一世也。行盗侵驱，所以为业也，天性
固然。上及虞夏殷周，固弗程督，禽兽畜之，不属为人。夫上不
观虞夏殷周之统，而下循近世之失，此臣之所大忧，百姓之所疾
苦也。且夫兵久则变生，事苦则虑易。乃使边境之民弊靡愁苦
而有离心，将吏相疑而外市。①

　　持续不断的战争在汉朝政府中也产生了影响，因为这触及了那
些控制着国家行政的官员的利益。战争既增强了军事建设，也增强
了对政府官员的职位垄断形成最大威胁的商人阶层的重要性。在
和平时期，以文化阶层德才为准绳的考试和荐举制度，可以限制商
人从政，也阻止了他们进入文化阶层。商人在法律上被排除在考试
制度之外，他们的职业被视为不体面的，而士兵则通常缺少美德。
在战时，国内官僚将这些集团排除在外的能力弱化了，而军事指挥
官一旦在战争中取胜，就可以获得金钱、贵族等级与政府职位。当
皇帝发动的战争使国库空虚时，商人就可以购买官衔或爵位。由于
执行对外政策及指挥战争的需要，皇帝不会接受对其权力的限制，
而更可能直接干预政府运作。与温良的前辈（尤其是文帝）相反，汉
武帝落下了暴政的恶名。基于这些原因，在朝廷中总是有一派强大
的势力想方设法结束在草原上的军事冒险。在以李广利被俘为结
局的一系列失败之后，通过密谋，这些大臣成功地阻止了进一步的
进攻性战役，而武帝的继承者则全然废止了这一政策。

　　由于匈奴帝国政府异常稳固，匈奴抵挡住了汉朝的压力。由此
看来，匈奴在鄂尔多斯地区的失手、浑邪王的投降以及公元前 119
年单于的大败，并未减弱匈奴对草原的控制。在汉朝的攻势开始失
败及其激进政策被废止之前，匈奴并没有遇到严重困难。

---

① 《史记》112：7a；华生：《中国伟大的史学著作》（Watson, *Records*, 2：228 – 229）。

汉朝政府将政策转向完全防御,就是说,在未能实现和平时,也不采取进攻性行动。这一政策出人意料地对匈奴造成了最大的伤害。他们可以在草原上击败汉军,但无法轻易地穿越坚固的防御线,在这些地方,汉人具有军事优势。这使得单于左右为难。在汉军入侵草原之时,单于作为游牧民族捍卫者的位置是确定无疑的,就算在失败之后,草原部落集结在单于的麾下以求自保,或者离开他而投归中原,因为中原地区没有匈奴的政治力量。当汉人从先前位置撤退,匈奴变得咄咄逼人之后,游牧民族希望再次马上得到相应回报。单于要么必须用从中原掳掠到的战利品安抚他们,要么迫使汉廷签订提供贸易与奉供的有利可图的和平协定。结果,毫无疑问的是,匈奴在且鞮侯单于(公元前 101—前 96 年在位)时期开始走向衰落,这正是匈奴将中原力量挤出草原的时期。[1] 且鞮侯之后的四位继承者全都陷入更为巨大而残酷的争端之中,匈奴贵族第一次分裂为数个派别。那些过去被和平解决了的继承权矛盾,此时导致了匈奴的分裂。草原上的其他部落不久之后开始发现,匈奴原来也并不是无懈可击的。

匈奴对汉朝进攻的防御经常停留在对汉军无法永久性地占领草原这一认识之上,这对于草原上的其他游牧部落却不在话下。他们有着迫使匈奴离开这一地区或者对其加以统治的潜力,就像匈奴曾经驱赶月氏、吞并东胡从而建立他们在草原上的霸权一样。其他游牧民族对匈奴的袭击因此在性质上不同于汉朝的攻击。基于这一原因,匈奴小心谨慎地监视着臣服的部落。正是帝国失序的局面使得继位之争成为那些先前力避对抗匈奴的部落有了攻击的机会。

---

① 《汉书》94B:3a-3b;伟烈亚力:《匈奴与汉朝关系史》(Wylie,"History,"3:450)。

对匈奴的第一次来自游牧部落的攻击是乌桓在公元前 87 年左右进行的,他们劫掠了单于的陵寝。这一亵渎和侮辱行为激怒了匈奴,他们以惩罚性的劫掠作为报复,轻而易举击败了乌桓。数年之后,在草原西部又爆发了冲突,匈奴占领了西域的边缘地区并威胁乌孙。乌孙于是求助于汉廷盟友,这种情况此前很少发生,作为回应,汉朝于公元前 71 年对匈奴发动了进攻。虽然这次攻击只取得了部分胜利,却使匈奴陷入三大灾难之中。首先,为了避免中原的进攻,他们被迫在一年中多次转移民众与牲畜,蒙受了巨大损失。其次,在对乌孙的一次成功的冬季反击之后,匈奴军队遭遇了暴风雪袭击,几乎全军覆没。最后,这种灾难传闻招致了来自四面八方的攻击:丁令从北面,乌孙从西面,而乌桓从东面发起攻击。公元前 68 年,匈奴既遭受饥荒,又死了单于。尽管遭受这些灾难,匈奴仍然维持着对草原的掌控。直到公元前 60 年的另一次继位危机时,匈奴帝国才爆发了内战。正是这次内战迫使匈奴与中原缔结了和约。汉廷坚持认为和亲政策无法恢复,而匈奴必须加入作为任何新协议组成部分的朝贡体系之中,此时的匈奴已经有很长一段时间拒绝接受与中原的任何和约了。

新的和平

汉武帝军事政策的主要目标之一,就是要建立作为中原对外关系核心框架的朝贡体系。在这一框架下,各个外国或外族都被要求接受从属地位。在公元前 119 年的大败之后,匈奴要求恢复建立在和亲政策基础之上的旧和约。汉廷告知他们,单于只有在同意向中原附送一名人质、向皇帝输诚及纳贡的情况下方才可能实现和平。伊稚斜单于愤而拒绝了这些要求。公元前 107 年,他的继承者也拒绝了一份类似的提议:

单于曰:"非故约。故约,汉常遣翁主,给缯絮食物有品,以和亲,而匈奴亦不扰边。今乃欲反古,令吾太子为质,无几矣。"①

匈奴在半个世纪中一直拒绝接受汉朝的这些新要求。随后,到了公元前54年,在汉武帝驾崩以及他的进攻性政策被废止很长时间后,匈奴方才接受中原的要求。从那时起,草原上的游牧力量再未强烈反对过朝贡体系。这一突然转变的原因在于,匈奴发现朝贡体系是一种仅需象征性的归顺就能换取巨大收益的徒有虚名之事。一旦匈奴知晓了其运作过程,就很积极地支持朝贡体系,这使他们得以重建在草原上的力量。

单于一开始对朝贡体系的拒绝,是基于对草原上的自身政治地位的考量。单于与匈奴国家依靠剥削中原经济而使草原整体受益。匈奴的政治结构无法容忍其角色的转变:一旦单于向中原纳贡,就破坏了维持其自身权力的一个关键性支柱。匈奴并不将朝贡体系看成处理对外关系的理想结构。从作为草原统治者的自身经验出发,他们将中原的呼吁理解为一种迫使他们归顺的意图。匈奴向近邻部落索要人质和贡品,以确保一种直接对匈奴有利的剥削关系。他们无法想象中原所需要的仅仅是象征性的正式归顺,而这没有什么实际意义。对于注重实效的匈奴来说,象征性世界大体上仅局限于作为敌对标志的火光冲天的村镇以及所猎取的人头。中原只需要象征性的归顺,并以数目大增的礼物、定期奉供以及贸易相交换,引用贾谊在相当不同的背景下的一句话就是"实难理喻,上下倒置"。匈奴因此继续要求恢复和亲政策以作为获取和平的唯一基础。正是以匈奴内战以及失去首领的危险举动为代价,他们才发现了汉朝朝贡体系的真正本质。

---

① 《史记》110:28b;华生:《中国伟大的史学著作》(Watson, *Records*, 2:186)。

匈奴内战

匈奴的第一次内战是因前述的对单于地位的进一步争夺而诱发的。公元前 60 年虚闾权渠的去世导致了一场内战，起因是匈奴贵族就两个世系中哪一方应该继位的问题发生了分裂。

> 后数日，单于死。郝宿王刑未央使人召诸王，未至，颛渠阏氏与其弟左大且渠都隆奇谋，立右贤王屠耆堂为握衍朐鞮单于。握衍朐鞮单者，代父为右贤王，乌维单于耳孙也。[①]

先前的争论所涉及的只是单个大家族中的争夺者，问题经常在于究竟是兄弟还是儿子应该继承。这回的情况则是皇室中两支强大宗系间你死我活的争斗。作为乌维的大孙子，握衍朐鞮实际上代表冒顿的长子一系，这一支失去了对单于之位的控制，而单于头衔落入乌维的幼弟手中。握衍朐鞮的政变不仅从被指定的继承人那里，而且从他的整个世系中争取单于之位。为了确保自身的权力，握衍朐鞮处死了他前任的亲信，并将虚闾权渠的兄弟子孙全都从万户的行列中清除出去，代以自己的亲信。这一行动使匈奴贵族分裂为对立的世系，而为了消除他不受贵族支持所造成的不安全感，握衍朐鞮设法将他的个人网络拓展到地方部落组织的层面，力图扩大他的权力基础。

正是这一行动（正如我们之前所指出的）激起了联盟内各部落的反叛，因为它威胁到地方部落贵族们的传统自治权。奥鞬贵人拒绝接受单的儿子被任命为部落之主，这一位置本应合法地属于他们自己的世系。在那些未能继位的皇室成员的支持之下，联盟内部的部落开始反叛，使握衍朐鞮于公元前 58 年自杀。然而，一旦年长

---

① 《汉书》94A：37a‐37b；伟烈亚力：《匈奴与汉朝关系史》(Wylie, "History," 3：450)。

者的地位以及过去十分敏感的继承问题被提出来之后，就不可能直接恢复统一局面。只要有人惦念单于之位，他就会设法举兵起事。曾经有五位自封的单于互相争斗。最后的冲突集中到两位兄弟（或堂兄弟）——郅支与呼韩邪之间，他们都是虚闾权渠的儿子。

在《史记》中，叛离匈奴庭帐的郅支被视作北单于，而迁至汉朝边境的呼韩邪则是南单于。两者都无法完全控制草原上的部落，其中郅支更为强大，故而在战斗中重创南单于。在危急关头，呼韩邪的一名谋士建议他们归附中原以获得保护，免受郅支的攻击。

他们集会讨论这一提议，大部分人反对归附中原，并声称：

> 不可。匈奴之俗，本上气力而下服役，以马上战斗为国，故有威名于百蛮。战死，壮士所有也。今兄弟争国，不在兄则在弟，虽死犹有威名，子孙常长诸国。汉虽强，犹不能兼并匈奴，奈何乱先古之制，臣事于汉，卑辱先单于，为诸国所笑！虽如是而安，何以复长百蛮![1]

支持归附的一名大臣则认为：

> 自且鞮侯单于以来，匈奴日削，不能取复，虽屈强于此，未尝一日安也。今事汉则安存，不事则危亡，计何以过此！[2]

呼韩邪的困境在于：假如按照大多数匈奴人所认为的，归附中原意味着投降与被吞并的话，他只能以放弃任何返回草原的希望为代价方能保命。他的同盟者在会中提醒他说，这场内战是兄弟间的争斗，他们的意思是说，匈奴的命运并不取决于呼韩邪的个人命运。他们中的一些人宁愿毫不犹豫地叛归郅支，也不愿被中原所吞并。呼韩邪也知道叛逃匈奴的前车之鉴，当时，浑邪王投降汉朝并获得了大量的赏

---

[1]《汉书》94A：37a - 37b；伟烈亚力：《匈奴与汉朝关系史》(Wylie, "History," 3：450)。
[2]《汉书》94B：3a - 3b；伟烈亚力：《匈奴与汉朝关系史》(Wylie, "History," 5：44)。

赐与头衔，但是他的部众被分割并置于汉朝的监视之下。更为直接的例子是公元前 59 年左右，日逐王携大批部众投降。他个人也受到汉朝善待，并被加官晋爵，但他作为草原政策执行者的角色一去不复返了。郅支相信，一旦呼韩邪归附中原，他的兄弟将失去此前在草原上所获得的全部权力与影响力。但是，考虑到郅支的军事优势，呼韩邪觉得他除了归附中原别无选择，遂于公元前 53 年入质。

朝贡体系的要求是相当仪式化的。由于呼韩邪是一位单于，因此他就被以特礼相待，位列所有汉朝贵族之上，并赠予礼物，但汉朝并无意吞并其部众。在得知这一消息之后，郅支改变了政策，也派了一名人质到汉廷争夺朝贡收益。匈奴意识到，汉人主要关心的是象征性的归附，只要匈奴能够归附，汉廷就算为之破费也在所不惜。此后，朝贡体系同"归附""敬颂"与"纳贡"之类的词语联在一起。一旦这些特征了然于世之后，草原上的部落就再也不会强烈反对了。与之相反，他们将朝贡体系视作先前那样用来对中原施加影响的一种新体系。汉人经常对这一真实情形加以批评，认为游牧民族作为朝贡者，心术不正，抱有虎狼之心。对于草原部落而言，说什么话并不重要，而假如中原愿意为他们的恭维话有所破费的话，他们就很乐意将这些恭维话与马匹及羊群一起奉送出去。汉廷和匈奴都清楚，在这种新诚意的背后，隐藏的是游牧民族通过劫掠或勒索侵扰中原的能力。

内部边界战略

对汉朝朝贡体系本质的认识，使呼韩邪得以实施一种草原政治中的新战略。在本质上，南单于利用汉朝的巨额财富和军事保护去赢得草原上的内战。这种战略被屡加运用，使部落内战中的一派（通常是弱者一方）获得中原的支援，以摧毁草原上的敌人。与完全投降中原从而使部落首领获得汉地官职并进入汉朝行政体系的举动相比，这一战略有所不同。"内部边界"战略要求首领保持其自治性,并避免汉人的直接控制。这种情况只有当统一的草原联盟瓦解时方有可能出现,因为在草原联盟保持完整之时,边界上没有其他国家政权生存的空间。汉人期望能支持内战中的对手,以图"以夷制夷",这是汉廷十分常见的政策。① 他们也认为对胜利一方的支援会为未来的友好关系打下基础。尽管在短期内这两个目标都能实现,但从长远来看,汉人的援助使游牧民族得以重建帝国。

从游牧民族的角度来看,中原过去一直在为重建这个破碎的联盟提供资金。正如之前所说的,单于由于具备回馈结盟的帝国各部落的能力,故而获得了大部分的影响力。不管是哪位争夺者,都把获得中原的支持视作一笔巨大的财富,靠着这些就可以吸引新的追随者,并建立一支军队。通过与中原结盟,游牧首领除了重建他的联盟,也获得了免受对手打击的军事保护。在获得这种地位之后,这些游牧首领就可以通过公开拒绝对手从汉廷获得贸易权与贡礼的方式,围堵草原上的对手。最有利的情况是,结盟的首领可以说服中原资助他的部落军队,最好就是直接派遣汉人军队打击其对手。一旦汉人卷入草原的内战冲突,将会经常被迫处理更多的事务,而不甚防备他们的"结盟者"可能会变成敌人并开始劫掠。利用这些手段,与中原结盟的一方几乎毫无悬念地会赢得内战,这时,其首领就有两种可能的选择。他可以返归草原,将之统一起来,并在处理与中原关系时,回归到外部边界战略;他也可以使草原依旧处于四分五裂的状态,而仅仅对紧邻的边界地区(经常作为中原"保护者"的角色)保持控制,以垄断货物向草原的流入,并使那些组织性更弱的游牧民族无法进入这一体系之中。在呼韩邪领导之下,匈奴重新统一,表明内部边界战略确实有效。十年之内,他通过使用汉

---

① 余英时:《汉代贸易与扩张》(Yü, *Trade and Expansion*, pp. 14 - 16)。

人的资源,使匈奴帝国一直保持强大。

公元前 51 年,南单于朝觐汉都,这是汉朝历史上的一件大事。它直接导致了这样的问题:要在不疏远单于的情况下确立起汉人的优越性,采取何种类型的外交礼节更合适?一些汉朝的大臣坚持认为,南单于应该被列于所有汉朝大臣之后,以昭告天下,他只是一个已经归顺了的蛮夷,但皇帝否决了这一观点。在长达八十年的时间里,由于多位单于拒绝接受朝贡的原则,汉朝与匈奴遂兵戎相见,而汉朝早期的军事行动都未能迫使匈奴改变态度。[①] 宣帝并不在意匈奴的恐吓,因为匈奴实际上很乐意接受朝贡关系的安排,"宠际殊礼,位在诸侯王上"。作为一位合法的单于,哪怕是敌手,也几乎与汉地皇帝平起平坐,这是和约中在双方相处方面所出现的重大转变。他竟不需要在皇位面前磕头,也不必接受任何汉朝头衔,这表明,单于并非汉朝行政结构的一部分。作为对其朝觐汉廷的回报,呼韩邪获得了黄金二十斤、钱二十万、衣被七十七袭、锦绣绮縠杂帛八千匹、絮六千斤;他的随从受赠谷米三万四千斛。第二年他和郅支派遣使者收受贡礼,但是呼韩邪从汉朝得到的更多。公元前 49 年,呼韩邪第二次入朝,并获得更多礼赐——包括锦帛九千匹、絮八千斤。第二年,呼韩邪声称其部众困乏无助,汉廷遂派发谷米二万斛赈济,尽管这时中原部分地区也正遭受着饥荒。这些贡礼、谷物以及与中原的贸易有助于呼韩邪统一匈奴。[②]

郅支在这次对朝贡利益的争夺中落败了。公元前 45 年,他请求汉廷归还人质。由于不知道如何处理这一问题,汉廷在近两年之后方才在官方护送下将人质送回。郅支杀死了汉朝使节,随后放弃

---

① 德效骞:《前汉史》(Dubs, *History of the Former Han Dynasty*, 1: 305)。
②《汉书》94B:3b-5a;伟烈亚力:《匈奴与汉朝关系史》(Wylie, "History," 5: 44-47)。

了旧有的匈奴领地,向西迁徙,并与乌孙交战,进而控制了费尔干纳地区。呼韩邪凭借优越的经济资源地位,不曾与其兄弟交战,就已经取得了内战的胜利。随后,在公元前 35 年,郅支在西域西部的战斗中死于汉军之手。①

南单于继续朝觐汉廷,并请求给予谷物,表面上看,匈奴似乎非常衰弱,但实际上正迅速发展壮大。派出去调查郅支损失情况的两名使者惊异地发现匈奴已经从内战损失中恢复了过来:

> 见单于民众益盛,塞下禽兽尽,单于足以自卫,不畏郅支。闻其大臣多劝单于北归者。②

公元前 43 年,呼韩邪北返故地,"人众稍稍归之,国中遂定"③。

回到草原之后,呼韩邪就能自由地采取一种略加变动的外部边界战略。匈奴对中原的威胁则一如既往。匈奴不再希望控制汉朝政府,而是期望必要时劫掠边疆。这一时期的显著不同在于,在朝贡体系下,匈奴更常运用的是隐性的威胁,而非一个世纪之前的直接军事行动。在与汉廷的接触中,他们语气委婉,但相信汉廷可以明白,要是拒绝匈奴请求的话,他们将会付出怎样的代价。

在通过将援助与贸易作为朝贡体系一部分的方式与匈奴订立和约之后,汉廷经常担心触怒匈奴,从而引发一场代价高昂而又猝不及防的边境战争。通过观察汉朝官方对匈奴源源不绝的朝贡使团所馈赠的丝缎,就可以清楚地知道,和平持续得越久,耗资就越多,而给每位入觐单于的赏礼也节节攀升:④

---

① 参见鲁惟一:《汉代中国的危机与冲突》(Loewe, *Crisis and Conflict in Han China*, pp. 211 - 243);何四维:《中国在中亚》(Hulsewé, *China in Central Asia*)。
② 《汉书》94B:6a - 6b;伟烈亚力:《匈奴与汉朝关系史》(Wylie, "History," 5:47 - 48)。
③ 《汉书》94B:6a - 6b;伟烈亚力:《匈奴与汉朝关系史》(Wylie, "History," 5:47 - 48)。
④ 余英时:《汉代贸易与扩张》(Yü, *Trade and Expansion*, p. 47)。

朝觐年限	丝絮	丝缎
公元前 51 年	6 000 尺	8 000 匹
公元前 49 年	8 000 尺	9 000 匹
公元前 33 年	16 000 尺	16 000 匹
公元前 25 年	20 000 尺	20 000 匹
公元前 1 年	30 000 尺	30 000 匹

最初的三次朝觐是呼韩邪率领的,他用前两次的所得为匈奴联盟的重建提供了资金。他在公元前 33 年的最后一次朝觐中所获得的更多馈礼表明匈奴已经恢复了力量。在呼韩邪死后,每位单于在任内朝觐一次汉廷遂成惯例,这通常在即位后的数年之中进行。这一时期唯一未能朝觐汉廷的单于于公元前 12 年死于途中。要求进行这些朝觐活动的是匈奴而非汉朝,汉廷对此很不乐意,汉朝害怕他们,因为他们使国家耗费巨大,而且会带来厄运。对巫术的恐惧在汉廷弥漫开来,认为匈奴巫师在给皇帝的礼物上施了咒语。[1] 在单于于公元前 49 年和公元前 33 年的两次朝觐之后,汉朝皇帝随即驾崩了。公元前 3 年,由于耗资巨大且出现了疫病迹象,汉廷最初打算拒绝拟议中的朝觐,但一名大臣指出了这样做的危险,汉廷由于害怕匈奴不满,而不得不重新考虑。

> 今单于归义,怀款诚之心,欲离其庭,陈见于前,此乃上世之遗策,神灵之所想望,国家虽费,不得已者也。奈何拒以来厌之辞,疏以无日之期,消往昔之恩,开将来之隙!夫款而隙之,使有恨心,负前言,缘往辞,归怨于汉,因以自绝,终无北面之

---

[1] 鲁惟一:《汉代中国的危机与冲突》(Loewe, *Crisis and Conflict in Han China*, p. 90)。

心,威之不可,谕之不能,焉得不为大忧乎! ……夫百年劳之,一日失之,费十而爱一,臣窃为国不安也。唯陛下少留意于未乱未战,以遏边萌之祸。①

单于于公元前 1 年前来朝觐,并获得了丰厚馈赠。同一年,汉帝驾崩。

通过对西汉最后五十年的朝贡体系的细致研究可以发现,尽管有着纳贡语言上的虚饰,这种朝贡体系还是深深植根于旧有的和亲传统之中。入质、颂表以及纳贡是主要的标志性要求。朝廷的人质数量很少,因为汉朝害怕万一伤害了哪一位,就会引起战争风险。在大多数情况下,汉廷希望可以借此对匈奴施加影响,但是不会强迫这些人。从游牧民族的角度来看,朝贡体系是一种荒唐可笑、自欺欺人的伪装。

汉朝的文献并没有记录呼韩邪与宣帝、元帝签署和约的细节,也许是因为这类和约与和亲协定太相似了。直到王莽时期,在双方重开谈判之时,这些协定在结构上看起来并无二样。和亲协议有四项条款:

1. 每年向单于提供丝缎、谷物以及酒类。

2. 汉廷将一位公主嫁给单于。

3. 汉朝与匈奴平等相待,各领其国。

4. 双方都接受将长城作为两国间的边界。

朝贡体系对这些条款改动甚少。班固在批评边疆政策时认为"和亲赂遗,不过千金",表明单于继续得到了一年一次的奉供,尽管这与朝贡体系中朝觐得到的赏赐相比,并不是主要的。② 汉廷也将

---

① 《汉书》94B:17a - 18b;伟烈亚力:《匈奴与汉朝关系史》(Wylie, "History," 5:62 - 63)。
② 《汉书》94B:32b;伟烈亚力:《匈奴与汉朝关系史》(Wylie, "History," 5:79)。如果单位是黄金的斤的话,则相当于 15 公斤或者价值 20 万美元。

一名宫女嫁给呼韩邪为妻，在呼韩邪死后，依照匈奴习俗，她又嫁给了继位的单于。除了朝贡仪式，在所有方面，匈奴都与中原平起平坐，单于是一位统治着长城以北所有民众的合法统治者。单于保留了从这一地区获取人质与征收供奉（这是匈奴的真正税收）的明确权力。后来，当王莽对匈奴在西部的行为耿耿于怀时，单于辩称是依据由呼韩邪所签订的协定条款行事的。特制铃印确保单于不至于沦为一个从属性角色，因为它不同于汉廷任何其他铃印，而与汉朝皇帝自己的印玺相似。呼韩邪和他的继位者都没有接受汉朝的封授。最终，长城依旧是两个政权之间的边界，中原意识到自己缺乏在草原上的主权。

实际上，朝贡体系只是旧有的和亲协定的补充，不可能取而代之。作为接受新的仪礼的回报，匈奴得到了新的利益。汉廷与匈奴的关注点都集中在这一新的但同时代价也更为高昂的体系上面，这使得例行奉供的价值黯然失色。在接受了朝贡体系之后，匈奴马上设法从中攫取资源，他们在利用汉朝资源为其自身服务方面，表现得老谋深算。单于控制着入贡朝觐的时间与频率，由此获得专门的粮食保障，并在每次朝觐之后从汉廷获得巨额馈赠，却只让他自己的使者给汉廷带些象征性的礼物。在呼韩邪在位的最后岁月中，匈奴经常声称要帮助中原保卫边疆，以表明一直履行着义务。这一建议最后被拒绝了，因为有名汉朝官员认为，它将使匈奴获得更多的权力，在未来还会将中原当成人质。

朝贡体系带来了边疆六十年的和平局面。就像在和亲协定之下的早期和平阶段一样，这种和平之所以可能，是因为匈奴得到了馈礼资助。单于获得了定量的丝绸与其他物品供应，他可以在帝国内部出售或重新分配。由于没有像单于那样强有力的对手，匈奴在草原上的支配地位遂得以恢复。普通部落民众再次进入边市，换取汉地货物。对匈奴将会挑起战争的恐惧，使得汉廷馈礼的数量节节攀升。这一长期和平局面最终在王莽时期被破坏了，跟汉武帝一样，王莽试图转变这一局面，从而激怒了匈奴。然而，根据在朝贡体系的实践中得到的经验，匈奴的反应已成为一种更为复杂的外部边界战略——他们劫掠中原边境，同时又用卑谦的语气以尽可能多地从中原攫取馈礼。

王莽：中原的新尝试

王莽是一位重要的皇室外戚，他在西汉末年成为最具权势的大臣，进而控制刘汉政权，并继之建立起短命的新朝（公元 9—23 年）。作为一位最重要的儒者，王莽决定创造一个可以指导内外政策的单一的、理想化的秩序。他不满允许匈奴成为不需承认中原权威的入贡者的妥协做法，要求修订和约，并重新定义汉朝与匈奴的关系，以顾及中原的利益。为了推行他的政策，王莽采取了两个策略。他首先要求在给匈奴大量礼物时，从他们那里得到交换，但是匈奴对此不屑一顾，只接受礼物而不理睬其要求，王莽进而出兵，采取另外任命单于这样的进攻性政策来破坏匈奴联盟。尤其令人感到反复无常的是，王莽几乎每五年就会转变策略，直到他最后在公元 23 年丧命于汉地起义军之手为止。[①]

匈奴对王莽政策的反应表明，自从进入朝贡体系之后，匈奴在处理对外关系方面已经变得更为老到娴熟了。在三位单于统治时期，匈奴给王莽施加压力，要求继续维持这一有利可图的朝贡体系。在这一时期，破坏这种朝贡关系的是中原而非匈奴。通过对王莽主导之下边疆地区的四个战和转换时期的考察，可以清楚地

---

① 尽管王莽建立了"新朝"，但其历史只在《汉书》中作为西汉王朝终结的尾声而相当简要地一带而过。

发现这种情况。

公元 5 年,单于接受了一股脱离汉朝控制的西域难民,这引发了双方的第一次争端。王莽要求他们将这些人退还。单于向王莽指出,根据呼韩邪签订的协定,他们有权接受长城之外所有地区的臣民,除了那些只来自中原的难民。然而,作为一种善意的姿态,单于还是退还了这些人,并要求他们免受惩处,但王莽将这些人全部斩首,并派使者到单于那里,要求将协定修改为不包括来自乌孙和乌桓部落以及西域东部紧邻中原地区的流民与人质。在大致同时,王莽还让单于采用汉姓,以取代他自己"蛮夷"的多音节姓名,以此作为对大量赠礼的回报。单于采用了汉姓,获得了馈礼并正式同意修改协定。

事实上,单于既不关心他与中原的关系特征的变化,也并不在意新协定条款的限制。匈奴的征税官一如既往地对乌桓敲诈勒索。乌桓奋起反抗,力图摆脱匈奴的控制,却受到匈奴的攻击,匈奴将一些乌桓人掠为人质,并以此要求乌桓偿付赎金。单于的政策是表面上同意王莽的一些要求,以保证中原方面继续提供馈礼,暗地里却为所欲为。单于在公元 9 年就曾以此行事,当时王莽给他一枚新朝的钤印以代替汉朝所赐之印。与旧的钤印不同的是,新钤印表明单于是新朝的一位官员,而且还是低级官员。不幸的是,单于在汉朝的钤印被销毁之后才发现这一变化。单于要求更换钤印,但王莽予以拒绝,而是额外给了单于一大批礼物。单于没有对中原发动战争,但在暗地里组织对边疆地区的劫掠活动。

在用这枚钤印进行贸易后不久,单于接纳了来自西域的第二批流民,并袭击了这一地区中原政权的军事哨所。作为回应,王莽试图分化瓦解匈奴帝国。当时王莽试图任命十五位新单于统治草原,他派使于公元 11 年到边疆地区,以黄金赐礼引诱呼韩邪的后裔。

登和助两兄弟为王莽所动,之后追随他的父亲咸(呼韩邪的一个儿子、在位单于的堂兄)而来。咸获得了一千斤金(1000斤合244千克,现值350万美元)以及"孝单于"的封号。助被封为"顺单于",并获得了五百斤金,而他的兄弟则封为汉朝的公爵与将军。两兄弟都被送往长安,助病死后,他的头衔传给了登。对这种直接干涉匈奴政治的行为,单于大发雷霆,令部下劫掠边疆,而中原边界也第一次受到了匈奴的大范围攻击。咸马上抛弃王莽,把他的儿子登留在中原,孤身回到单于庭为自己的举动开脱。单于将这位堂兄贬为匈奴的低官,并将他从继承人行列中清除出去。王莽同样要求咸为边疆的一些劫掠承担罪责,并将登公开处决。王莽还集合起了三十万大军,要求在三百天之内将匈奴从草原赶出去。这支军队确实到了边疆,却从未离开防御工事主动出击过。

王莽分裂匈奴的计划是基于这样的预期:像呼韩邪一样,中原的支持将为候选人赢得内战助一臂之力。然而,这种历史类推是不成立的。只有当匈奴自身发生分裂时,汉人的支持方才显得至关重要。当匈奴统一时,汉人所指定的单于在草原上并没有支持的基础。咸在双方敌对行动一开始就返回草原的举动,表明他实际上已经意识到了这一点。王莽的不幸在于,他不了解汉武帝采取行动时的社会背景,在当时的环境下,汉武帝的行动是相当有效的,而王莽自己的宏大计划也已经出了岔子,并将中原拖入了一场与匈奴消耗巨大而又毫无胜算的战争之中。

在这一时期,囊知牙斯单于发动的劫掠并不多,这毋宁是向王莽表明:一场边疆战争的开销要大于与匈奴保持和平的开支。匈奴的政策并不在于持续性的全面敌对,而在于重新获取朝贡收益。公元13年囊知牙斯死后,匈奴选择之前失宠的咸取代其他对手而登上单于之位,因为他最有可能说服王莽恢复原先的赐礼外交。咸的首次行动就是将从西域来的流民归还给王莽(他将这些人活活烧死)以换取黄金、丝缎与衣物,但这种良好关系在咸知道儿子的死讯后马上就恶化了。

> 单于贪莽赂遗,故外不失汉故事,然内利寇掠。又使还,知子登前死,怨恨,寇虏从左地入,不绝。使者问单于,辄曰:"乌桓与匈奴无状黠民共为寇入塞,譬如中国有盗贼耳!咸初立持国,威信尚浅,尽力禁止,不敢有二心。"①

咸死于公元18年,他的继承者舆试图继续执行和平政策,然而王莽再次决定拥立一位傀儡单于以扰乱匈奴内政,这迫使匈奴对边疆发动了公开进攻。王莽试图将匈奴纳入中原真正的朝贡序列的意图导致了一系列毫无成效的战争,也正是他不得人心的国内政策使他一朝败亡。叛军包围了国都,王莽于公元23年死于其手。中原的新统治者为安抚单于,将旧钤印归还给了他,并放回匈奴囚徒。单于发现了汉人的弱势:

> 今汉亦大乱,为王莽所篡,匈奴亦出兵击莽,空其边境,令天下骚动思汉,莽卒以败而汉复兴,亦我力也,当复尊我!②

混乱时代的外部边界战略

王莽死后,中原陷入一场持久的内战之中。在这一时期,匈奴的军事实力正处于顶峰,而且在一位与中原敌对的单于统治下,政权也统一而稳定。然而,尽管有机会去决定中原的未来走向,但匈奴并没有在中原的这场内战中起到主导性作用。像在秦汉之交(以

---

① 《汉书》94B:27a;伟烈亚力:《匈奴与汉朝关系史》(Wylie, "History," 5:74)。
② 《汉书》94B:28b;伟烈亚力:《匈奴与汉朝关系史》(Wylie, "History," 5:76)。

及后来的隋唐混乱时期)一样,游牧民族保持着中立。游牧力量的这种克制态度也就无法证明这样的常识:中原的混乱总是由草原民族直接征服的野心造成的。

通过重新探究中原与匈奴之间的关系,可以找出匈奴保持克制态度的原因。匈奴国家很大程度上通过获取中原的资源而生存,造成的结果就是,匈奴需要在中原有一个稳定的政府可以敲诈。从理论上来说,匈奴能够征服中原,并加以统治,但是游牧民族并不具备完成这一任务的行政结构,也不想将有限的军队派去进行一系列阵地战,他们更宁愿劫掠中原。匈奴所成功采用的长达二百年的外部边界战略经验要求单于避免占领汉地。劫掠可以为匈奴提供必要的收入,直到中原内战结束,而原先的敲诈关系则可以与一个新的中原王朝重新建立起来。从单于方面来说,他乐于看到中原的重新统一。中原分裂为诸多彼此征伐的小国将会破坏资源与政治结构,而这些资源与政治结构正是匈奴寄生的基础。从这个角度来看,匈奴在东汉开始之初所执行的政策就变得清晰得多。

王莽死后,边地的汉人反叛者们寻求匈奴的支援,但是游牧民族更愿意与中原的核心政治力量打交道,而不愿意另立代理人。他们似乎很少支持边疆的反叛者去增加中原的负担。例如,当彭宠于公元 26 年反叛时,他将女儿嫁给单于,并奉送了很多丝缎礼品,但只得到匈奴方面的少量支援,在两年内就被击败了。与此同时,西北的卢芳在匈奴拥立下称帝,获得了当地小军阀的支持,还得到匈奴的少量援助,但最终也投降了东汉王朝。[1]

---

[1] 东汉时期的匈奴历史可见于《后汉书》卷 89(或在"传"之后的卷 119)。毕汉思《汉朝的复兴》(Bielenstein, "The restoration of the Han dynasty")第 92 页及其后几页涉及了在其形成时期的王朝对外政策。

东汉的第一位皇帝光武帝（公元 25—57 年在位）发现这些对手不堪一击，但匈奴的劫掠迫使他放弃一些边疆地区，随后组织起一系列新的防御工事。从他的角度来看，匈奴只是在边地抢劫并向南拓展到汉人在内战中遗弃的地域而已。早在公元 30 年，光武帝就派遣使者带着礼物去见匈奴了，但是单于依然保持敌对态度，这与匈奴使用血腥劫掠以使新王朝不得不恢复朝贡体系的战略是一致的。由于光武帝采取了全面的边疆防御政策，在秉政期间并不打算对匈奴发动直接攻击，因此双方就不得不签订一项新的协定。在汉高祖时期，匈奴非常强大，因此有信心在与西汉签订的和亲协定中恢复两国正式的外交平等局面，这种局面也受到了西汉的承认。但是，就在匈奴势力如日中天而中原处于防御局面之时，匈奴突然陷入了一场导致永久分裂的内战之中。

第二次匈奴内战

从中原的角度来看，第二次匈奴内战完全出乎意料。王莽两次试图干涉匈奴政治结构的尝试皆告失败。在保持了超过一个世纪的稳定以及七次和平继承之后，匈奴帝国在单于继位问题上发生分裂。然而，这次战争是可以预见的，也是第一次内战之后使匈奴实现稳定的政治妥协的必然后果。在呼韩邪之后，匈奴已经从有所变动的直系继承转变为横向继承。

直到匈奴第一次内战结束为止，由父及子的直系继承已经成为匈奴传统的继承方式。这一原则的主要变动之处是，在继承人过于年幼之时，以从长兄到幼弟的横向继承作为替代选择，而之后则再次使用直系继承方式，从幼弟将单于之位传给他自己的儿子而不是返还给他的长兄之子。在战争期间，横向继承日渐增多，这是因为匈奴更器重作为军事统帅的成年首领,然而,这种年龄优势被多元继承方式所抵消。前任单于的每个儿子都能对政治施加部分影响,但在传统上,作为继承者的左贤王职位通常会给那位候选人以更大的政治优势。在混乱时期,比如在第一次内战中,那些没有单于继承资格的对手往往是反叛的中心力量。

直系与横向原则并不那么容易并行不悖。在大多数直系继承体系中,当老单于的某个儿子仍然活着的时候,老单于的幼弟是被禁止获得单于之位的。年幼的继承者通常会由几位摄政大臣辅佐,这些大臣中通常以老单于的某个幼弟为首。有时候,这些叔叔会谋杀那些阻碍他们夺取单于之位的侄儿,因为这一原则使老单于之子成为旁系继承人的绝对威胁。这种类型的直系继承方式避免了继承人的多元化,却在统治者和被排除在权力之外的兄弟们之间造成了紧张局面。纯粹的横向体系可以在兄弟之间造成和谐局面,他们中的每一个都有机会继承,却在下一代中形成了继承人的多元化。在一个一夫多妻制社会中,最高统治者儿子的数量是巨大的。在理想的情况下,这一问题的解决方式是将幼弟们的后代排除在未来继承者之外。继承将从长兄传给幼弟,直到这一代全都离世,之后则由下一代的最年长兄弟的长子继承。

这两个体系相继发挥作用,就造成了这样的情况,即幼弟们坚持依照横向原则获得单于之位,并依据直系原则将其传给自己的子孙,导致在一长串的兄弟们轮番掌权后,当权力从这一代传给下一代时,往往会出现大问题。这些侄儿们都不想被排除在单于继承者位子之外,再加上所受的压制,于是就发动暴力反叛,直到反对的世系最终被彻底清除为止。这导致了在大规模内战结束之后,兄弟之间数年和平共处、轮流统治这一看似彼此矛盾的现实情况。

在公元前 31 年呼韩邪死后，其二嬖乃呼衍王女二人。长女颛渠阏氏，生二子，长曰且莫车，次曰囊知牙斯。少女为大阏氏，生四子，长曰雕陶莫皋，次曰且糜胥，皆长于且莫车，少子咸、乐二人，皆小于囊知牙斯。又它阏氏子十余人。颛渠阏氏贵，且莫车爱。呼韩邪病且死，欲立且莫车，其母颛渠阏氏曰：

> 匈奴乱十余年，不绝如发，赖蒙汉力，故得复安。今平定未久，人民创艾战斗，且莫车年少，百姓未附，恐复危国。我与大阏氏一家共子，不如立雕陶莫皋。[1]

继承问题取决于年长的直系儿子是否应该将单于之位让给其成年的同父异母兄弟以确保单于之位的权威。根据就此达成的妥协，这两姐妹的儿子将根据年龄次序横向性地继承皇位。妻子之间的这种合作是相当少的，在之前的争端中，配偶间经常为排他性继承权问题斗得你死我活。然而，在这种情况下，配偶是姐妹，从血缘角度来看，他们的儿子被视为真正的兄弟，因为他们有相同的母系与父系关系。这种妥协使得在这一代的最后一人离世之前，呼韩邪的儿子们维持了一段长达七十七年的稳固统治时期。这种情况还永久性地改变了匈奴继承的原则，使横向继承成为首要继承方式，而直系继承则成为次要的继承方式。但是，这种方式使一种长久稳定的传统遭到逆转，在呼韩邪的儿子们死去之后，权力如何传承的问题还是没有弄清楚。

每位单于任命他的幼弟为左贤王，从而对横向继承原则加以必要的保障，这通过被称为"四六角"的职衔体系加以实施：

> 其大臣贵者左贤王，次左谷蠡王，次右贤王，次右谷蠡王，谓之四角；次左右日逐王，次左右温禺鞮王，次左右渐将王，是

---

[1]《汉书》94B：10b－11a；伟烈亚力：《匈奴与汉朝关系史》（Wylie，"History，" 5：55）。

为六角;皆单于子弟,次第当为单于者也。①

这一体系在三位单于在位期间运作顺畅,当囊知牙斯于公元前8年即位时,立其年幼的同父异母弟乐为左贤王。乐不久之后病卒,囊知牙斯随即任命自己的儿子苏屠胡取而代之,而并没有选择咸或者他活着的同母异母兄弟中的任何一人填补此职。在呼韩邪去世四十年之后,这一变故使得囊知牙斯利用他在长期统治中所获得的权力,试图对单于继承权问题加以规制,因此就将他年幼的同父异母兄弟从直系继承中剔除了出去。这种排斥性政策无疑迫使咸决定暂时投降王莽,因为按照长幼原则,他本应先于他的兄弟乐当上左贤王。颇有讽刺意味的是,在公元13年囊知牙斯死后,匈奴贵族没有拥立他的儿子苏屠胡,而选择咸为单于,因为他们相信咸是恢复有利可图的朝贡体系的最佳人选。

咸任命他年幼的同父异母弟舆为左贤王,从而强化了横向继承体系。苏屠胡被降职,并从继承序列中剔除了出去。在公元18年咸死时,呼韩邪的儿子中只有两人活着:舆,当时五十多岁,被推举为单于,而他的同父异母弟知牙师则是一名汉妻之子。将权力传给新一代的问题变得迫在眉睫。舆暗杀了知牙师,清除了争夺单于之位的最后对手,随后任命自己的儿子为左贤王。随着兄弟们一个个年老死去,下一辈中谁将开始掌权的问题日益紧迫,甚至在一位单于在兄弟间继承的基础上捍卫他自己的单于之权时,他也谋划着如

① 《后汉书》89:7b;庄延龄:《突厥-斯基泰部落》(Parker,"The Turko-Scythian Tribes"),21:257 - 258。这里对于匈奴官员以及在《史记》中的叙述的不同意义尚有争议。普里察克在《二十四大臣》(Pritsak,"Die 24 Ta-ch'en")一文中认为在东汉,中原人开始对匈奴有了更深入的了解,并因此对其最初的叙述加以修正。护雅夫的《重新思考匈奴国家》(Mori,"Reconsideration of the Hsiung-nu state")一文在另一方面认为东汉的记载是匈奴政府变革的一个明证。大量争论集中于对众多汉文与匈奴头衔意义的探究。除了对头衔的论证,我赞同护雅夫的观点,因为从对"四六角"体系的叙述中明确地表明了这种安排适应了在呼韩邪死后发展出的明确化的后起继承制度(见图表2.2)。

何确保他的子孙能够继承单于之位。但由于舆在呼韩邪的儿子辈中在位最久，直到公元46年，在将近八十岁时方才死去，所以期待中的代际权力转移被大大推迟了。

匈奴第一次内战后的一个世纪中，匈奴帝国在呼韩邪及其儿子们的统领下保持了稳定，甚至在中原分崩离析时也没有出现混乱局面。

但这种稳定是要付出代价的。横向继承原则强化了兄弟间的联合以及统治的持续性，却为侄辈的敌对举动埋下了伏笔。每位单于的儿子都觊觎单于之位，如果没有在下一代中将这些继承者排除在外的严格规定，局面就不可收拾。关于继承问题的争端早在公元13年就爆发了，当时苏屠胡被撤职，并被证明有谋杀知牙师的动机，但是这些事件都并未严重到足以在匈奴精英层中造成分裂的程度。然而，这种不满情绪所在多有，像囊知牙斯最年长的、当时还活着的儿子比，就代表继承者中年长一支在涉及舆以及谋害知牙师问题上的态度：

> "以兄弟言之，右谷蠡王次当立；以子言之，我前单于长子，我当立。"遂内怀猜惧，庭会稀阔。[1]

两个派系最终形成了。第一派以比为代表，支持年长一支的单于继承权应该在呼韩邪最后一个儿子死后复归。第二派以舆的继承人为代表，认为单于之位应该由最后一位单于的儿子继承。这一争端使看似稳固的匈奴国家发生了分裂，然而，如果不理解部落政治以及横向继承的机制，就无法理解为何在一个世纪的稳定之后，匈奴国家会在舆死后发生分裂，并陷入长期内战之中。汉人对这些原则很陌生，他们认为匈奴帝国的分崩离析是值得欢欣鼓舞的事情，但他们对具体情况不得而知，正如对通常的"蛮夷"事务懵懵懂懂一样。

---

[1]《后汉书》89：3b－4a；庄延龄：《突厥－斯基泰部落》（Parker，"The Turko-Scythian Tribes，"21：255）。

图表 2.2 至公元 140 年为止的匈奴单于世系

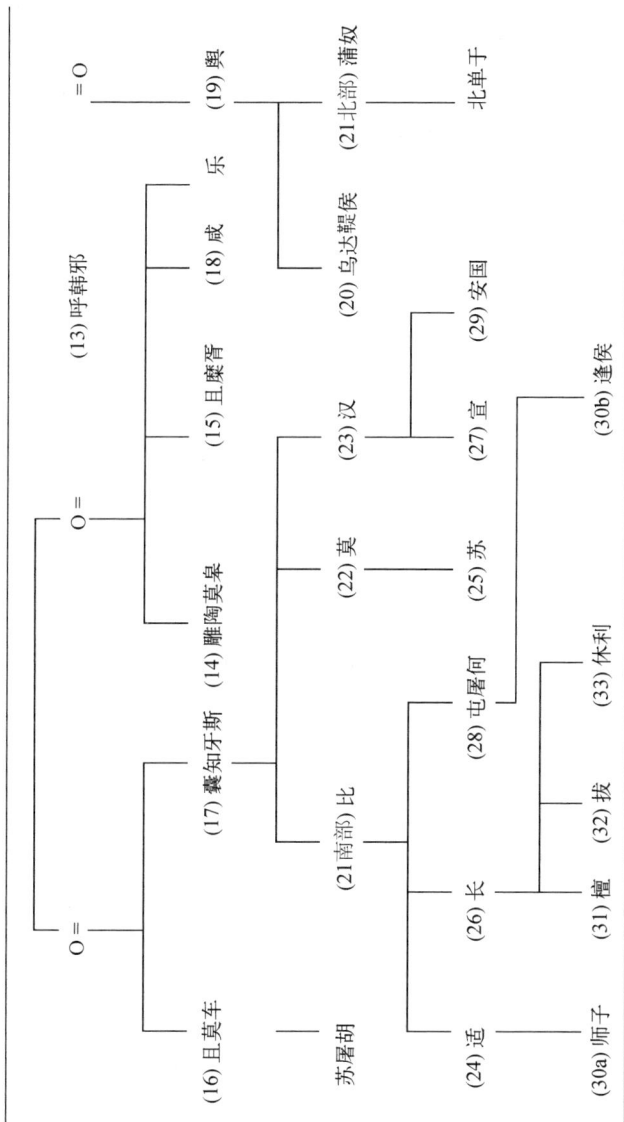

图表 2.3　公元前 58 年至公元 140 年单于名号与在位时间

(13) 呼韩邪单于(公元前 58—前 31 年)。
(14) 复株累若鞮单于(公元前 31—前 20 年),呼韩邪子雕陶莫皋。
(15) 搜谐若鞮单于(公元前 20—前 12 年),复株累且麋胥。
(16) 车牙若鞮单于(公元前 12—前 8 年),搜谐弟且莫车。
(17) 乌珠留若鞮单于(公元前 8—公元 13 年),车牙弟囊知牙斯。
(18) 乌累若鞮单于(公元 13—18 年),乌珠留弟咸。
(19) 呼都而尸道皋若鞮单于(公元 18—46 年),乌累弟舆。
(20) ? 单于(公元 46 年),呼都子乌达鞮侯。
(21N) ? 单于(公元 46—83? 年),呼都弟蒲奴。
(21S) 醢落尸逐鞮南单于(公元 48—56 年),乌珠留子比。
(22) 丘浮尤鞮单于(公元 56—57 年),单于比弟莫。
(23) 伊伐於虑鞮单于(公元 57—59 年),单于莫弟汉。
(24) 醢童尸逐侯鞮单于(公元 59—63 年),单于比子适。
(25) 丘除车林鞮单于(公元 63 年),单于莫子苏。
(26) 湖斜尸逐侯鞮单于(公元 63—85 年),单于适弟长。
(27) 伊屠於闾鞮单于(公元 85—88 年),单于汗宣。
(28) 休兰尸逐侯鞮单于(公元 88—93 年),单于长弟屯屠何。
(29) ? 单于(公元 93—94 年),单于宣弟安国。
(30a) 亭独尸逐侯鞮单于(公元 94—98 年),适子师子。
(30b) ? 单于(公元 94—118 年),单于屯屠何子逢侯。
(31) 万氏尸逐侯鞮单于(公元 98—124 年),单于长子檀。
(32) 乌稽侯尸逐鞮单于(公元 124—128 年),单于檀弟拔。
(33) 去特若尸逐就单于(公元 128—140 年),单于拔弟休利。

? 单于＝名号未知
资料来源:艾伯华《突厥史学会通讯》(Eberhard, *Türk Tarih Kurumu Belleten*, 1940: 387 - 435)。

　　两次匈奴内战的起因与结果都非常相似。两者都是由横向继承方面的政治问题导致的,两次内战都随着草原的经济困境而加剧。政治的稳定性经常通过任命左贤王这位储贰而得以保证,尽管其他继承者也可以被选为单于。在匈奴贵族统统站到新单于一方之后,失败了的单于之位竞争者就没有什么政治资本了。如果单于之位是在兄弟、叔叔或儿子的扩大化家庭网络之内竞争,匈奴贵族就不大会为此事而分裂,而如果这种情况出现在两个或更多侄子中间时,问题就变得更复杂了,掌权者不可避免地会排除其他人,这就使某一世系及其支持者与另一派相对抗。在大致爆发于公元前60年的第一次内战中，正是被排除在外的世系篡夺单于之位而导致了战争。第二次内战则开始于舆的儿子以牺牲囊知牙斯后代为代价成为单于之时。在这两次事件中，严重干旱沉重打击了游牧经济，进一步加剧了政治上的争斗。

乌达鞮侯于公元46年继承了其父舆的单于之位，却在数月后病死了，他的兄弟蒲奴成为新单于。蒲奴的对手比立即开始与中原密谋，并于公元47年建立同盟，不久之后爆发了两位匈奴首领之间的战争。比带着拥立其为单于的部众进入长城以南的汉朝地域，这块地域在中原内战期间就大体上被汉人放弃了。比要求守卫边疆，与先前的政策相反，东汉王朝接受了他的请求。为了强调他与东汉的同盟关系，比宣称自己为呼韩邪二世。至此，匈奴分裂为南北两部。

跟第一次内战一样，南单于一开始处于劣势。由于环境的因素，草原斗争中的弱势一方会寻求与中原结盟。南单于因此就借助临近的中原军事援助，得以免受对手的攻击，而从长远来看，更重要的是南单于获得了中原的经济援助，单靠这一点，呼韩邪就统一了匈奴，并重新回到草原。南单于比和他的继任者运用了类似的"内部边界战略"。与郅支不同的是，蒲奴清楚地意识到这一政策的后果，而且他试图设法干预，掳掠中原，以保证他自己的民众可以获得战利品，之后，则与汉朝谈判，以建立贸易和朝贡关系。

南单于的战争战略由三个部分组成。首先，他建立一道封锁线，以阻止中原商人与其对手进行贸易，这样就可以削弱北单于，因为他只能依靠自己的力量提供这些物品。其次，南单于垄断了有利可图的朝贡体系，既阻止了汉廷向北单于提供朝贡利益，又使南单于能够用这些从汉朝获得的财富吸引更多的同盟者。最后，南单于引诱汉人提供军事援助，以帮助摧毁北方游牧民族。在东汉光武帝时期,汉军曾大力资助乌桓和鲜卑攻击北匈奴。在明帝(公元58—75年在位)和章帝(公元76—88年在位)时期,汉人增加了补给,为南匈奴提供军队和资金,使其能够向北匈奴发动战争。

匈奴的分裂使草原在二百五十年中第一次分崩离析。在之前,当匈奴统一并控制整个蒙古地区时,对外关系由单于独断。没有哪位部落首领可以自作主张,除非他离开草原或投降中原。第二次内战带来了新的变化。乌桓和随后的鲜卑摆脱了匈奴的控制,他们各自有一种未曾发育完善的超部落组织,自冒顿时代就成为匈奴国家的组成部分了。乌桓与鲜卑此时直接跟中原接触,并与那些自治小部落一样被纳入朝贡体系之中,尤其是东汉的朝贡体系向所有部落开放,允许任何一位头领,甚至只有百名部众的小头目自主行事,这种情况更助长了分裂局面。鲜卑利用这一情况,向汉廷缴纳匈奴首级而获得回馈。

中原无法轻易控制这一体系,这种朝贡体系耗资巨大,往往令南匈奴受益不少,而汉朝本身并未得到什么好处。在公元50—100年间,政府曾对这一体系中的奉供数额加以规制,其数额规定如下:[①]

鲜卑	270 000 000 钱
匈奴	100 900 000 钱
西域	74 800 000 钱
总计	445 700 000 钱

汉朝向乌桓和羌人也奉送了类似数额,但总数额并没有记录下来。据估计,每年的奉供要占到政府支出的1/3或者整个帝国收入的7%。[②] 如果按照1万钱等于1斤(244克)金这样的汉朝传统兑

---

① 余英时:《汉代贸易与扩张》(Yü, *Trade and Expansion*, p. 61)。

② 余英时:《汉代贸易与扩张》(Yü, *Trade and Expansion*, pp. 61 - 64)。

换率计算，就相当于如今的每年 1.3 亿美元。当然，这些金额大部分表示的是所提供的货物的价值，而不是支付现金。

北匈奴随即劫掠了南部地区，这是对自己被排除在这一体系之外所做的首次报复。公元 52 年（应为公元 51 年——译者注），蒲奴改弦易辙，转而进行外交攻势，愿意与汉朝达成和平，以获准加入朝贡体系。接受这一建议，确实会对汉朝有利，因为它将使分裂的草原无法再次统一，而只能依靠汉人的援助。但中原无法根据其自身利益自由决策，因为与北单于的任何联系都会激怒"保卫"中原边疆的南单于。汉太子，即后来的明帝表达了这种担心：

> 南单于新附，北虏惧于见伐，故倾耳而听，争欲归义耳。今未能出兵，而反交通北虏，臣恐南单于将有二心，北虏降者且不复来矣。[1]

次年，即公元 53 年（应为公元 52 年——译者注），蒲奴的另一项和平建议被拒绝了，在一封给北单于的信件中，汉人表达他们自己对被南单于操纵的担忧：

> 今南单于携众南向，款塞归命。自以呼韩嫡长，次第当立，而侵夺失职，猜疑相背，数请兵将，归扫北庭，策谋纷纭，无所不至。惟念斯言不可独听，又以北单于比年贡献，欲修和亲，故拒而未许，将以成单于忠孝之义。[2]

比死于公元 56 年，他的继承者继续执行他的政策。他们对单于头衔的继承是严格横向化的，因为汉人已经知晓匈奴是如何确定长者的了，故而可以支持最有资格获得这一位置的候选人。由于汉

---

[1]《后汉书》89:9a；庄延龄：《突厥-斯基泰部落》（Parker, "The Turko-Scythian Tribes," 21: 259）。

[2]《后汉书》89:10b；庄延龄：《突厥-斯基泰部落》（Parker, "The Turko-Scythian Tribes," 21: 259）。

人对南匈奴的支持至关重要,汉人的承认就相当于选出了新的单于。历经约八十年,经历三代人,进行十二次继承,皇位从长兄传到幼弟,并在各位侄子中传承,于是产生了图表 2.2 中非常复杂的世系,其中也出现了一些颇具讽刺性的事情,这是因为汉人自己并未意识到匈奴在没有儿子的情况下,横向继承也是合法的。在草原政治的传统情况下,除非发生阶段性战争,必须减少单于之位竞争者,否则这种横向继承的特例不大可能长期维持。

在蒲奴的领导下,北匈奴依旧保持强势,他们劫掠中原,以获取所需之物,并不时试图与汉廷建立起更为正常的关系。在公元 66 年(应为永平八年,公元 65 年——译者注)与中原谈妥了一项贸易协定之后,蒲奴眼看着快成功唆使一些南匈奴部落发动反叛,却受到了汉军的阻挠。公元 73 年,中原试图在草原对北匈奴发动攻击,但是等汉军一退出这一地区,胜利果实就不复存在了。在接下来的十年中,双方处于僵持状态,尽管南匈奴有着战略上的优势,但北匈奴还是保持了完整。

由于成功地劫掠了中原边界,蒲奴维持了长期统治,北匈奴保住了强大局面。尽管汉文记载中只称他为"北单于",但蒲奴还是比大多数南单于更为长寿,而且在他活着的时候,北方的部落首领们都效忠于他。我们可以从北匈奴直至公元 83 年(那时蒲奴可能死了)一直保持稳定的局面中,做出这种推测。在之前的十年中,随着一支汉朝远征军大败而归,当地处于相当不稳定的状态之中。在蒲奴死后的最初几年中,到处都是关于大量北匈奴归附南匈奴、被邻近部落大肆入侵以及争夺单于之位的关于匈奴内战的奏报。这些行动摧毁了北匈奴。

一旦没有了蒲奴的领导,一些部落马上就叛归南匈奴。公元 84 年,三万八千名部众带着他们的牲畜投奔南部。为了稳固统治地位,新的北单于立即开始与汉廷就开放边疆贸易进行谈判。这一建议被汉人接受,边市得以组织起来,而且在公元84年,北匈奴带来一万头绵羊出售,汉廷也馈赠礼品给北匈奴。这种大好局面不久就被南单于打破,他发动了一次突袭,俘虏并洗劫了参与互市者。作为回应,北单于威胁中原说,如果无法得到赔偿,他就会劫掠中原。汉朝作为这一争端的中心,试图使两方都满意。汉朝要求归还被南匈奴俘获的囚犯,但同意继续向南匈奴缴送北匈奴俘虏及首级提供奖赏。

与此同时,北匈奴遭受了来自四面八方的打击:鲜卑从东边进犯,丁令在北部出击,南匈奴在中原边界北进,而来自西域地区的部落则在西部发起攻势。最终,在公元87年,鲜卑人取了北单于首级。大量的北匈奴人投奔南方,据汉朝的报告称,总共有五十八个部落共计二十万民众南附。仍然留在当地的则分成两派,双方各支持已死单于的一位兄弟。部分北匈奴人则远遁西北,以躲避周邻部落的袭击。南单于给汉廷施加压力,要求为他提供一支远征军,以便彻底扫灭日渐没落的北匈奴部落。对此,一些汉朝大臣表示同意,并认为这种以夷制夷的方式,对中原有利,但在实际上,主要受益者是利用中原以对其部落手足下手的南单于。公元89年,鲜卑、匈奴以及汉军的力量联合进击北匈奴,据汉朝的报告,万余落部众宣称自己是鲜卑人,并且不承认北单于。尽管在汉朝的外交记载中,北匈奴单于庭直到公元155年还有所活动,但作为一支力量已经不复存在了。①

随着南匈奴战胜北匈奴,内部边界战略的效果再次得到验证。然而,与第一次内战不同的是,这次战争使草原分崩离析了。匈奴

---

① 《后汉书》89:11b - 18a;庄延龄:《突厥-斯基泰部落》(Parker, "The Turko-Scythian Tribes," 20:93, 21:264 - 267)。

和乌桓居住在边界附近,而鲜卑则松散地控制着北部草原。对中原而言,南匈奴在其帮助下所获得的胜利并没有真正的价值。在北匈奴溃败后不久,汉朝的旧盟友就开始了新的掳掠。

关键名称表

草原边疆地区的主要部落

羌

中原西部边地的原始藏地部落民众

与匈奴帝国关联甚少

鲜卑

受匈奴帝国统治、位于东北地区的早期东胡部落

在匈奴的第二次内战中获得自主权

匈奴

发源于鄂尔多斯地区

将蒙古地区所有的游牧民族统一为一个单一帝国(公元前 210
年—公元 48 年)

之后将草原分为北部与南部(公元 48—155 年)

丁令

生活于贝加尔湖地区的匈奴北部的游牧民族

东胡

东北草原东部的游牧民族

被匈奴吞并

乌桓

辽西草原的早期东胡部落

受到匈奴与中原的夹击

乌孙

在公元前 2 世纪从匈奴帝国分离出来

在月氏遗弃的地方建立起独立国家

月氏

阿尔泰地区的西部游牧民族

被匈奴取代

大月氏向西迁徙至妫水流域

小月氏向西南迁徙至藏边地区

关键性的部落人物

郅支

匈奴北单于（公元前 56—前 36 年在位）

第一次内战中的失败者

呼韩邪

匈奴南单于（公元前 58—前 31 年在位）

第一次内战的胜利者

重新统一了匈奴

加强了与中原"朝贡体系"的关系

昆莫

乌孙国的建立者（约公元前 150 年）

老上(稽粥)

冒顿之子

匈奴单于(公元前 174—前 160 年在位)

完成了匈奴帝国的扩张

冒顿

匈奴帝国的创建者

匈奴单于(公元前 209—前 174 年在位)

比

第二次内战中的首位匈奴南单于(公元 48—56 年在位),与中原建立了军事联盟

蒲奴

第二次内战中的首位匈奴北单于(公元 46—83? 年在位)

握衍朐鞮

匈奴单于(公元前 60—前 58 年在位)

引起了第一次内战

中 原 王 朝

秦(公元前 221—前 207 年)

建立首个大一统帝国

建成长城以抗拒游牧民族

将匈奴从边地驱除出去

西汉（公元前 206—公元 8 年）

在秦朝灭亡之后的内战中重新统一中原

匈奴游牧民族是最强有力的外部威胁

外交政策在攻抚之间摇摆不定

新（公元 9—23 年）

王莽的短命王朝

试图使匈奴成为真正的朝贡国却失败了

东汉（公元 25—220 年）

恢复了汉室

与边地游牧部落结成联盟

关键性的中原人物

宣帝

西汉皇帝（公元前 73—前 49 年在位）

建立起处理游牧民族问题的"朝贡体系"

高祖

西汉王朝创建者（公元前 206—前 195 年在位）

建立起与匈奴的条约与联姻关系

光武

东汉王朝的首位皇帝（公元 25—57 年在位）

与游牧民族重建朝贡关系

放弃对边地的控制而将之抛给游牧民族

实现了中原与南匈奴的联盟

武帝

西汉皇帝(公元前140—前87年在位)

发动了一系列战争试图摧垮匈奴,但未能成功

始皇帝

中国的第一位统一者

秦朝的建立者(公元前221—前210年在位)

王莽

新朝的建立者(公元9—23年在位)

与游牧民族重新进入敌对状态

第二章　中央秩序的崩塌：外族王朝的兴起

鲜卑"帝国"

在北匈奴溃败之后，鲜卑控制北部草原，但是与匈奴相比，这个帝国几乎在各个方面的发展程度都差了一截，自身没有什么创新。从中原的视角看，鲜卑与汉朝曾长期打交道的匈奴相类似。然而在一些方面，鲜卑则大不相同，而这些不同之处对于他们与中原的关系有着深远的影响。与匈奴不同的是，鲜卑是一个跨部落统治下的松散联盟。在鲜卑的政治结构中，权力被授予众多小头领，只是偶尔在一位具有神性魅力的领袖统领下才能联合起来。这种局面曾发生于檀石槐（156—180 年在位）时期，但是，就连他也未能将其权力加以组织化，因此他死之后，中央权威就荡然无存了。①

---

① 这里所引用的东汉时期乌桓及其周邻鲜卑的历史可参见《后汉书》卷 90（在某些版本中是卷 120）。其他细节描述则出自《三国志》之《魏书》卷 30，其中的材料大致相同。希莱伯尔的《汉时的鲜卑族》（Schreiber，"Das Volk der Hsien-pi zur Han-Zeit"）一文对这时期的鲜卑作了最详尽的叙述。

匈奴与鲜卑政治结构之所以存在突出不同之处，有两大根源。自从东胡瓦解之后，鲜卑就被匈奴统治。尽管鲜卑是乌桓这一汉朝所熟知部落的北部邻居，但西汉的历史学家对其一无所知。作为匈奴帝国的一部分，跨部落的领导权是单于及其二十四"万骑"的职责，鲜卑的领导权被限制在部落首领的层面。一些超部落的领导权在鲜卑被迫反抗匈奴霸权时才发展出来，但总体情况并非如此。鲜卑通过在匈奴第二次内战中的胜利而获得自治。一旦帝国化的匈奴统治恢复之后，鲜卑所存在的政治组织就是一种小头领们的松散联盟。据汉朝记载，在公元120年的朝贡体系之中，有一百二十个这样的鲜卑小部落，而相比之下，匈奴统治下的整个草原上只有一二十个部落集团的名称曾出现在汉朝的报告中。这并不意味着匈奴帝国崩溃后新的部落繁衍出来，毋宁说处理对外关系的权力掌握在小头领手中，而他们在先前只处理地方性事务。

即使在赢得了自由，且实力增强之后，鲜卑的政治结构仍然很松散。较之匈奴以及像乌孙和月氏这样西迁的其他草原部落，鲜卑在政治统治方面有着非常不同的观念。这种东部的或者说东北地区少数民族的类型建立在平均主义的政治体系之上，而没有世袭继承或等级制的氏族结构，这与匈奴的等级化氏族、严格的等级制领导以及中央权威形成了鲜明对比。尽管东胡的基本政治结构没能留下记载，但这一地区所有与东胡有渊源的部落都沿用了这种类型。汉朝对乌桓和鲜卑的记载表明他们有着共同的起源与语言，也有着类似的政治组织：

> 有勇健能理决斗讼者，推为大人，无世业相继。邑落各有小帅，数百千落自为一部。大人有所召呼，则刻木为信，虽无文字，而部众不敢违犯。氏姓无常，以大人健者名字为姓。大人以下，各自畜牧营产，不相徭役。……计谋从用妇人，唯斗战之

事乃自决之。①

　　鲜卑处在这种缺乏组织化的状态之中,由于没有像之前的匈奴那样采取行动,故而无法从中原获取巨大利益。对于那些单枪匹马的小头领,汉朝能够不予理睬,甚至索性将他们驱逐出去,因为这些人对中原利益来说无足轻重。正是匈奴在西汉时期所拥有的统一的军队与外交压力,使得和亲奉供制度得以建立起来,从而获得了贸易特权,并最终确立了获利众多的朝贡体系。在匈奴操控这一体系时期,鲜卑的小头领们只能通过匈奴政府而参与其中,这阻碍了他们直接从中原受益。馈礼与贸易都被单于牢牢控制着,之后又将其再分配给草原部落。匈奴帝国的崩溃使乌桓与鲜卑有机会为自己牟利。朝贡体系从一个由单于掌控利益分配的封闭体系转变为一种任何朝觐汉廷的头领都能获得回报的开放体系。由于鲜卑的政治组织与匈奴显著不同,对于中原而言,双方形成了一种更具敌意的新型关系。

　　东汉于公元 49 年与鲜卑建立起了联系。五年之后,两位头领代表鲜卑各部朝见汉廷,并获得了回赠。不久之后,这些人以及其他鲜卑小头领们同意向北匈奴发起进攻,并向汉朝边境缴送匈奴首级,以获得巨额回报,这成为一桩有利可图的生意,鲜卑部众涌向辽东的市场,交换首级、获取礼物并与汉地商品进行贸易。东汉每年给鲜卑的奉供是 2.7 亿钱,几乎是提供给南匈奴数量的三倍。但这并不意味着鲜卑是这时期最强大的部落。直到公元 87 年为止,北匈奴尽管不再是朝贡体系的一部分,但仍然是草原上的主要力量。一直到公元 130 年,一些鲜卑部落仍然为匈奴提供军事服务。正是

---

① 《后汉书》90:1b - 3a;庄延龄:《公元 1 世纪的乌桓或乌桓通古斯人,及后来的系属部族——鲜卑》(后文简称《乌桓史》)(Parker, "History of the Wu-wan or Wu-hwan Tunguses of the first century; followed by that of their kinsmen the Sien-pi," 20:73, 75)。

绵延不绝的内战,使鲜卑成为中原和南匈奴在对抗北匈奴时颇有价值的战略盟友。

鲜卑自身统治的一盘散沙使汉廷的帮助变得代价高昂。假如汉朝要雇用鲜卑部众参战,就必须向数百位小头领提供礼物与奉供。在与匈奴打交道时,朝贡利益是一桩批发式买卖,因为单于代表了整个草原;而对鲜卑的奉供则是零碎买卖。由于汉朝政府不仅想以金钱换取边境和平,而且还要资助鲜卑以抗击北匈奴,故而这一花费也很高昂。

开放的朝贡体系趋向于维持并鼓励鲜卑的持续性分裂局面。一旦汉廷想要直接与拥有成百上千部众的头领打交道,任何一位小头领都会想,他为何要永久性地屈从于另一位统治者呢? 鲜卑联盟通常是自愿结成的,并由一位选举出的首领加以领导,但这位首领并不垄断朝贡利益。这些头领们既缺乏在处理对外事务时对其名义上的属下的控制,也很少拥有内部权力,这种情况在这类事例中表现出来,即谋杀者通常会让血族加以裁决,这与将在和平时期决斗的任何人处以死刑的严格的匈奴法律相比,大相径庭。这种碎化的结构对于为战争所困扰的北匈奴部落首领来说,是很具吸引力的。在北匈奴失败之后,他们能轻易宣称自己是鲜卑人。由于鲜卑缺少任何强有力的跨部落政府组织,所以,这种自我宣示使北匈奴首领们从对南、北单于的义务中解放了出来,与此同时,也增强了其自身的独立性与权威。公元 89 年,大量部众从北匈奴叛归鲜卑,这阻碍了南单于对草原的统一。

> 明、章二世,保塞无事。和帝永元中……击破匈奴,北单于逃走,鲜卑因此转徙据其地。匈奴余种留者尚有十余万落,皆自号鲜卑,鲜卑由此渐盛。①

---

① 《后汉书》90:9b;庄延龄:《乌桓史》(Parker, "History of the Wu-wan," 20:93)。

北匈奴的覆亡并不是鲜卑帝国崛起的结果。恰恰相反,北匈奴的灭亡使鲜卑力量得以强盛起来。

外部边界战略的复归

"以夷伐夷,国家之利。"①东汉于公元 88 年准许发动一次摧毁北匈奴的战役后,一名军官曾对汉廷如此建言。这场战争在军事上取得了胜利,但之后不久,就给中原带来了麻烦,因为它完全改变了草原上的力量平衡,而这种力量平衡使得游牧民族彼此间虎视眈眈,从而分散了对中原的注意力。战争的主要受益者是南单于,他曾经希望重新统一草原,但未能实现。与之相反,北匈奴的大部分都加入了鲜卑,在游牧民族之间形成了一种新的、不稳定的状态。那些已经投降或被南匈奴俘获的北匈奴人并不容易控制。这些人马上开始干预南匈奴的继承政治,并在公元 93 年劫掠中原。南单于在内战中一直得到汉朝的帮助,他麾下的部落是和平而合作的。通过采取内部边界战略,他在与北部的四十年战争中,获得了来自中原的物质财富以及军事援助。南单于对中原的重新敌视,标志着通过劫掠中原以及时和时战方式以增加汉朝给匈奴利益的外部边界战略的复归。一旦内战结束,对于单于来说,与中原结盟的价值,就远逊于敲诈政策了。

鲜卑也公开与中原敌对。从汉朝朝贡体系中获得的巨大回报,为鲜卑在草原内战中确立起重要战略地位提供了条件。随着战争结束,鲜卑失去了获益甚多的猎取匈奴首级的机会。此外,击败匈奴又提高了他们的地位,并增加了对汉朝贸易与奉供的需求。在给汉朝对南匈奴的一次袭击施以援手之后,鲜卑开始进行劫掠,先是

---

① 《后汉书》89:18b;庄延龄:《突厥-斯基泰部落》(Parker, "The Turko-Scythian Tribes," 21:266)。

公元 97 年将辽东劫掠一番，之后则在整个边疆地区横行肆虐。公元 108 年，汉朝提出了和平倡议，并扩大朝贡利益，这带来了短暂的和平，但"是后或降或畔，与匈奴、乌桓更相攻击"①。

鲜卑采取了由匈奴发展出来的外部边界战略：暴力劫掠并夺取战利品以震慑汉廷，时战时和以增加奉供和贸易，并拒绝占领汉地。然而，在政策的执行方面，两者有着明显的不同。匈奴单于将劫掠作为达成获益更多的新条约的一种方式，在劫掠之后，单于会派出使者进行和平呼吁。在汉朝提供了和约规定的利益后，劫掠的频率就会显著下降，从而在中原与匈奴之间维持数年的和平局面，直至战争最终爆发为止。而一旦鲜卑获得了权力，较之获取和约规定的利益，他们更依赖于劫掠所得，而且他们与中原的战争时间常多于和平时间。在公元 167 年左右，他们甚至拒绝了汉朝提出的基本保持和平的建议，这是匈奴从来不会做的。对于鲜卑来说，劫掠是极为重要的。

鲜卑之所以对中原采取更为暴力的政策，原因在于鲜卑内部缺乏强有力的中央统治，而且其政治结构也是一盘散沙。他们的最大头领拥有一个没什么继承性权力的非世袭头衔，这种地位的强弱与否大都取决于其所具有的个性。获得权力的最便捷方式则是展示军事与政治才能，而一旦获得了最高权力，鲜卑统治者就会发现，保持统一的最好战略就是劫掠中原。这种劫掠行动为参与者提供了及时的物质回报，并有助于弥合内部分歧。鲜卑对中原的第一次袭击，就是由于需要将新近到来的匈奴人统一起来而发动的。除了采取军事行动，没有更好的办法。

对抗中原的战争也增强了那些组织并领导大规模袭击的首要头领的力量与重要性。在另一方面，和约似乎与其利益相冲突，这

①《后汉书》90：10b；庄延龄：《乌桓史》(Parker, "History of the Wu-wan," 20：94)。

一点跟匈奴单于不一样,鲜卑首领对于朝贡收益的再分配并没有垄断权。从鲜卑与汉廷相接触的那一刻开始,鲜卑的各个小头领就被准许与中原建立直接的联系,并在和平时期直接获得这些收益,这自然就削弱了大头领通过控制中原货物而强化权威的能力。然而,在战时,一位强有力的首领可以通过决定谁将参加最有利可图的劫掠,并用军事力量加以威胁,从而控制他的属下。因此,中原要求重开朝贡体系的倡议,被强有力的鲜卑首领拒绝了。朝贡收益增强了匈奴的中央权力,故而也对鲜卑产生了负面的影响。当鲜卑缺乏强有力的首领时,就最容易接受中原的和平倡议,而在檀石槐的二十年统治时期,他统一草原并成为鲜卑历史上最强有力的领袖,这一时期的鲜卑最具敌意。

檀石槐的崛起表明,在鲜卑的首领选举制度中,个人成就至关重要。檀石槐虽然是私生子,但在他年幼时,就在部众面前展现出强健体魄与非凡能力。公元156年,他在二十三岁时,被选为鲜卑的最高首领。在一年之内,他组织起对中原的一次大劫掠,而在这之后,他几乎每年都如法炮制,采取了一种有组织的深入抢劫并退回草原的战略。在公元177年的六个月中,檀石槐在整个汉朝边境发动了三十次劫掠,在对中原每次劫掠的间隙,他还对其他的游牧部落发动攻击,最终,鲜卑控制了之前被冒顿统治的整个草原地域。

檀石槐将帝国组织为东部、西部与中部。每一个部落或部落联盟有自己的首领,他们效忠于檀石槐。这些地区有着类似于匈奴的帝国国家结构,在这种匈奴的国家结构中,各级王、骨都侯以及各级官员都效忠单于,而不仅仅服从于他们当前的主人。

即使在权力达到顶峰时,檀石槐也从未试图去与中原商谈签订合约的事宜。他摧毁了所有派来进攻他的汉朝军队。

　　　朝廷积患之,而不能制,遂遣使持印绶封檀石槐为王,欲与和亲。檀石槐不肯受，而寇抄滋甚。①

有利可图的朝贡收益有力地促使匈奴与汉朝订立和约，但当施用于鲜卑时，这项政策失败了，因为汉朝并没有意识到，鲜卑的首领们只有仰赖战争方能维持自身权力。檀石槐以个人之力控制着鲜卑，胜战增强了他的卡理斯玛气质，并使试图挑战其至高无上地位的对手垂头丧气，毫无办法。在檀石槐于公元 180 年左右死去之后，这种政治体系的一盘散沙特征就凸显出来了。他的儿子直接宣称继承父亲的位置，却被一半的部落所抛弃。这些部落拒绝接受他儿子的领导，因此"自檀石槐死后，诸大人遂世相袭也"②。

在这一过程中，中原似乎已经从鲜卑政治中学到了一些东西。当另一位鲜卑首领轲比能获取权力之后，中原最终派出了一名刺客而不是军队或使节。轲比能于 235 年遇刺身亡，鲜卑也再次陷入分裂之中。

汉朝的覆亡——两个帝国传统的终结

游牧民族的统一与中原的统一几乎同时完成，这并不是一种巧合。同样，中原的经济衰败及其分裂本不会影响到草原，却对草原产生了直接影响。一位游牧首领或许会凭借军事才能统一草原，但要保持草原帝国的完整，所需的资源只有中原能够提供。匈奴的内战表明，当游牧民族被迫依靠他们自己的资源生存时，他们的大规模政治结构就会瓦解。即使是檀石槐的帝国，也需要通过对中原的持续劫掠以保持供给，而草原在他死后就四分五裂了。

在汉朝灭亡（约公元 190 年）之前的这一时期，游牧民族依靠一

①《后汉书》90：14b - 15a；庄延龄：《乌桓史》（Parker, "History of the Wu-wan," 20：97）。
②《后汉书》90：20a；庄延龄：《乌桓史》（Parker, "History of the Wu-wan," 20：88，引自《三国志》之《魏书》30：2a - 2b）。

种内部或外部边界战略以攫取中原的财富。然而自公元 190 年起,草原上就再没有实现统一,直到华北再次走向稳定为止。这是由于游牧战略要求特定的前提条件方能有效地发挥作用:

(1) 经济繁荣且人口众多的华北地区

(2) 中原内部一个行之有效的行政体系

(3) 汉人文官主导的政府决策

这些条件只有当中原统一、内部和平且在汉人统治之下时才达到最优状态。与中原历史中的分裂与统一相类似,草原上也有着这样的现象。

让我们考察这些前提条件,以使之更具确定性。

1. 经济繁荣且人口众多的华北地区

游牧民族与中原的联系发生于北部边疆。通过对这一地区的劫掠,或者通过朝贡体系,游牧力量获取了财富,以支持自身帝国的发展。他们获得的货物是由汉朝的农民与手工艺人生产的。一旦华北的经济基础遭到破坏,且民众大量减少的话,游牧力量就无法获取这些剩余财富。在经过尝试之后,游牧民族不久就发现从被遗弃的村庄或饥寒交迫的民众那里根本捞不到什么东西。

2. 中原内部一个行之有效的行政体系

外部边界战略要求游牧民族不去占领汉人地域,因为这将暴露出他们人口方面的劣势。在整个汉代,匈奴及随后的鲜卑依靠中原获取所需物资。整个外部边界战略通过威胁或寻求中原的支持,以获取当地的财富,并将之奉送给游牧民族。即使是鲜卑那样的游牧民族也会间接依靠汉朝政府——因为除非汉人政府为被入侵地区提供援助,否则就没有足够物质资源以吸引这些游牧力量每年发动袭击。当中原统一时,游牧部族自然而然就受其管理,对于游牧民来说,他们既没有将劳力投入生产其所需的大量物品的观念,也不理解汉朝政府财政收支的内在机制。一旦帝国瓦解，中原统治者们自顾不暇，使边疆的寄生者失去援奥，财富之路顿然枯竭，数不清的威胁与劫掠使形势发生巨变。

3. 汉人文官主导的政府

外部边界战略的成功，所依靠的是对游牧力量需求的可预见性的和适当的回应。中原政权与其向游牧民宣战，不如设法满足他们的需要。正像我们之前所注意到的，饱受儒家传统熏陶的文官们通常会反对进攻性的军事计划，因为这些军事行动会使国家陷于混乱，并且会导致商人与军人势力的发展。这些谋臣们宁愿采取守势，并对游牧力量施以恩惠，以避免草原上的战争。他们举出秦始皇和汉武帝发动战争的例子，认为这些糟糕的政策使中原难以真正统一或保持基本的和平。那些要求采取更具进攻性的军事政策的支持者们，经常被批评压制了人口数量的增长，浪费了中原的财富，并使粗鄙之人肆意妄为。要维持一个稳定的政府，就必须避免所有这些事情，而假如稳定可以通过一种在朝贡体系包装之下的姑息政策加以维持的话，那么较之与其交战，给游牧力量金钱的战略要便宜且可行得多。因此，当游牧民向汉廷索求时，他们就能获得预期的结果，而那些汉朝之后建立的外族王朝，其政策与之截然不同，正如我们所见的，外族王朝的这些政策给游牧民造成了很大的困难。然而，由儒家学者书写的传统汉文史籍为我们展示了正统的管理模式，对于这些学者来说，外族王朝的历史仅仅提供了应该如何施政并执行对外政策的反面例子。

汉朝的灭亡经常被假想为像罗马帝国的灭亡一样，是野蛮人入侵的结果。两者相同之处是在之前统一帝国的废墟上，外族王朝建立起来了。然而，对于中原而言，这一假设并不充分。草原上的游牧民并没有扮演关键性角色，而且在随着秦朝崩溃、王莽覆灭或者东汉瓦解而来的中原内战中关涉甚少。叛乱本身是内部矛盾爆发的结果,但这些反叛发生在中原内部,而不是边疆地带。随着汉朝的崩溃,外族王朝直到公元 300 年左右才出现,而这已经是在中原各路军阀撕裂了中原统一局面百余年之后的事情了。只有在这些军阀政权崩溃之后,"蛮夷"才进入了华北的部分区域。①

东汉王朝的覆亡始于公元 184 年爆发的黄巾起义,这是一起内部事件,主要集中于中原东部,并在那里得到了广泛的支持。② 东汉政府应对不力,较之在边疆地区,这种情况对中原核心州郡的影响更大,因为东汉通常以奉供和贸易的形式向边疆地区提供资源,以阻止战乱的发生。官军镇压了反叛,但更多的反叛又爆发出来。不久之后,一些军事将领意识到这个王朝大势已去,而他们掌握了关键性的权力。他们对于皇室任命的职责漫不经心,逐渐变成了地方军阀。在汉灵帝于公元 188 年驾崩之后,东汉统治者只是军阀所拥立的傀儡。东汉名存实亡,最终于公元 220 年正式结束,开始了被称为三国的时期。

中原秩序的崩溃并没有为游牧民族带来利益。中原的内战摧毁了农业经济,留给这些游牧民的东西已经所剩无几。由黄巾起义所导致的混战使中原人口锐减。从东汉时期 5600 万人口的高点,到战后,仅有1/10的人生存下来。尽管这一叙述无疑有所夸张,但毫无疑问,在一代人的时间之内,中原遭受了一次巨大的经济与人口灾难。有着稳定政治秩序和繁荣局面的中原地区坠入政治混乱与贫困之中。像长安这样的昔日繁华都市如今一片荒芜。饥荒、疫病伴随着流寇席卷这块土地,甚至皇帝自己的宫廷有时候也要收集野生食粮以弥补食物的不足。这确实是一个黑暗时代,但造成这种

---

① 下面的记述大多来自司马光《资治通鉴》。参见张磊夫:《后汉史》(Crespigny, *The Last of the Han*);方志彤:《三国志》(Fang, *The Chronicle of the Three Kingdoms*)。

② 米查德:《黄巾起义》(Michaud, "The Yellow Turbans")。

局面的是汉人自己，而非蛮类。①

在黄巾起义爆发之后，鲜卑占据了草原地区，尽管在公元 180 年檀石槐死后不久，鲜卑就分裂为一些小的集团，彼此间争斗不息。南匈奴和乌桓都与汉朝政府有着密切的联系，他们在遭受了檀石槐的劫掠之后，作为中原与草原之间"保塞蛮夷"的能力受到削弱。在中原内部叛乱四起之后，汉朝政府将游牧力量既看成一种对王朝的威胁，也视作一种重要的防御力量。这种矛盾性的态度，源于对游牧力量参与对中原总攻的恐惧，以及对王朝陷入危机时依靠外族边疆军队以图自救的期望态度。

基于这样的原因，较之中原的其他地区，北部边疆的情况要好得多。在鲜卑无法与汉朝合法进行贸易的时候，乌桓与匈奴却从直接援助中获益甚多，在那个时候，他们对劫掠并无兴趣。公元 177 年，一名官员抱怨说，边地变得如此松懈，以至于通常严禁的铁器被非法地卖给了鲜卑。确实，当鲜卑在之后作为雇佣军以对抗西部的羌人叛乱之时，他们索要大量的违禁物品。一旦条件并不如其所愿，他们就转而发动劫掠。②

中原核心地带的动荡使得西北边疆的重要性大增。那一地区的繁荣是被奉供支撑起来的。奉供的开支浩大，饱受叛乱之苦的中原州郡还不得不抽税加以资助。一旦中央政府无法获得奉供以满足边地之需，地方官员们就会倾当地所有，以维持和平局面。因此，就在中原饱受饥荒之时，边疆地区的物资依然略有剩余，并开始吸引移民前来。这一景象在刘虞治下的位于东北边疆的幽州就表现

---

① 杨联陞：《晋代经济史释论》(Yang, "Notes on the economic history of the Chin dynasty")。

② 《后汉书》48：15 - 15b，90：17a；余英时：《汉代贸易与扩张》(Yü, *Trade and Expansion in Han China*, pp. 109，132)；庄延龄：《乌桓史》(Parker, "History of the Wu-wan," 20：98)。

得很明显，他着力整顿当地的经济，并以此应对南部连绵不断的战乱。

> 先是，幽部应接荒外，资费甚广，岁常割青、冀赋调二亿有余以足之。时处处断绝，委输不至，而虞敝衣绳屦，食无兼肉，务存宽政，劝督农桑，开上谷胡市之利，通渔阳盐铁之饶，民悦年登，谷石三十，青、徐士庶避难归虞者百余万口，虞皆收视温恤，为安立生业，流民皆忘其迁徙焉。[1]

游牧力量秉持其一贯的政策，从一开始就置身内战之外。然而，匈奴和乌桓曾多次为东汉政府出兵相助，而鲜卑也被非正式地征召过。在形势日迫之时，汉朝就被迫向大量不可靠的部落寻求军事援助。例如，当公元184年西北边境的凉州爆发叛乱之时，汉朝就派遣了三千乌桓人到当地作战。这些军队无法通过长途供应获得充足补给，于是就对冀州大掳一番。公元188年，汉廷转而请求匈奴派军队参加中原中部地区的战争，但随着单于试图征收更高的赋税，匈奴人就"惧其需索永无宁日"，于是，他们杀死单于，并让他的儿子即位。在这些反叛之后，匈奴与乌桓首领都开始与北部的敌对军阀们进行谈判。[2]

在边疆关系方面，在大多数汉人军阀对游牧力量所持的看法当中，最常见的是将游牧力量视为粗鄙落后的合作者。从理论上来看，游牧力量也许在其政治统治区内已经建立了自己的联盟，但在实践上，他们甘当次要性的角色，因为他们寻求与那些可以作为新庇主的强大的边疆首领结盟，作为回报，这些边疆首领向游牧力量提供奢侈品、粮食以及工艺品，而这些东西，之前是由中央政府提供

---

[1]《资治通鉴》1915-1916；张磊夫：《后汉史》(Crespigny, *Last of the Han*, pp. 70-71)。
[2]《资治通鉴》1885-1886,1889；张磊夫：《后汉史》(Crespigny, *Last of the Han*, pp. 34, 38)。参见夏伦：《凉州之乱》(Haloun, "The Liang-chou rebellion")。

的。这种态度,可以追溯至古已有之的外部边界战略,这种战略使游牧力量有意避免得到定居政府的信任。军阀们需要这些游牧力量所能集结起的所有军事力量,尤其是行动迅捷的骑兵,这些军阀们也更乐意提供丰厚的酬金。

随着战事的发展,乌桓、匈奴与重要的边地军阀袁绍结成同盟。袁绍与游牧首领们早有交情,而且他也利用这种关系成功地组建起军队。袁绍的主要对手曹操,控制着已成为傀儡的东汉朝廷。双方都意识到,与游牧力量的联盟将会改变华北地区战争中的力量平衡。但是,随着公元203年袁绍的去世,他的军队被其家族所瓜分,这严重地削弱了袁氏家族的政治地位。

乌桓对于袁氏家族来说至关重要,因此,曹操想方设法使他们保持中立。当乌桓集合起五千骑兵准备支援袁绍军队时,曹操派遣一名使者到乌桓王那里,试图让他明白这种支持是不明智的。在与曹操的使臣正式见面之后,乌桓首领苏仆延让这名使臣解释中原的群雄逐鹿态势,并说道:

> 昔袁公言受天子之命,假我为单于;今曹公复言当更白天子,假我真单于;辽东复持印绶来。如此,谁当为正?①

当汉帝及其玉玺在诸军阀间颠沛流离时,新的头衔的合法性问题就变得饱受争议了,但对边疆部落来说,这种天授权力之事甚为神奇。乌桓想知道,为什么他们的首领会被汉朝政府两次宣布为单于。曹操的使臣对此早有准备,尽管这一问题很复杂,但这名使臣还是回答了印绶的问题。他声称,袁绍的封授是无效的,由于考虑到乌桓的重要性,曹操为他们的首领授予合适的头衔。从辽东来的使臣(公孙氏的代表)没有为任何人封授,曹操的使臣声称这只是一

---

① 《资治通鉴》2057 - 2058;张磊夫:《后汉史》(Crespigny, *Last of the Han*, pp. 231 - 232)。

个"劣衔"。辽东的使臣对这一污蔑反唇相讥,曹操的使臣试图将其斩杀。苏仆延加以干涉,以阻止残杀,随后,他知道了曹操的真实意思:"告之孰胜孰负,当谋自处之道。"苏仆延被这话惊住了,这位乌桓首领暂时解散了他聚拢起来的军队。[1]

　　这一事件更清楚地表明,摇摇欲坠的东汉政权一片混乱,而中原对外关系的特征也正在发生变化。那些秉持儒家传统的文臣们,在控制朝政之时,对维持与外族的适当礼节以表明汉朝文明的先进性而沾沾自喜,而那些新的军阀则是非同寻常的才干之人。常言称,"才胜于德"。至少可以说,在众目睽睽之下要砍掉另一名使节的脑袋是缺乏教养的表现。同样明显的是,苏仆延被授予"单于"称号,这是一个匈奴头衔而非汉朝官衔。为获得乌桓支持而进行的其他竞争则超越了东汉"以夷攻夷"的政策。夷狄的支持如今被用来帮助汉人打击其他汉人。

　　曹操意识到,乌桓是袁绍的军事保障。为了消除这种威胁,曹操于公元 207 年征伐乌桓,计划将其驱赶到北方。这是一次冒险行动,因为曹操的轻骑兵仰赖的是进攻的速度与出其不意,这样方能将游牧部众一举拿下。他的高级谋臣警告称,行动一旦失败,这支孤军将全军覆没。由于曹操的攻击过早暴露,遂与乌桓在白狼山展开血战,游牧力量遭受重创,蹋顿及其他一些首领被杀,而曹操则将剩下的乌桓并入军队中。他还控制了之前为袁绍所掌控的大批汉人家族。袁绍集团的力量瓦解了,袁氏首领逃亡到辽东,公孙氏将其首级作为礼物献给了曹操。当时,游牧力量在北方的战争中一度处于劣势。[2]

　　这一时期的军阀为游牧力量展现了汉人新首领的形象,这些人

---

[1]《资治通鉴》2057 - 2058;张磊夫:《后汉史》(Crespigny, *Last of the Han*, pp. 231 - 232)。

[2]《资治通鉴》2072 - 2073;张磊夫:《后汉史》(Crespigny, *Last of the Han*, pp. 247 - 248)。

野心勃勃，较之处理民事，他们更看重军政。这些军阀是领兵出征的沙场骁将。从这种角度来看，他们更像草原上的部落首领，希望扮演一种积极的领导角色，而不是成为那些极少出宫且仰赖官员执行政策的传统的汉朝皇帝。尽管乌桓的战术不时威胁着边疆安全，但曹操对他们的攻击违背了中原的传统军事思想。他强调出其不意、急行军并择机对敌发起进攻，也采取与游牧力量自身相同的战术。与游牧族长相比，像曹操那样的军阀可以说是更大的冒险者。一些游牧首领将命运寄托在一场胜负未定的血战之上，但最终可以用战略撤退脱身。曹操后来也承认，他在远离中原边界作战，对自己和国家来说都是鲁莽的冒险。这种看法表明，较之秦朝以来的任何时期，游牧力量对汉人首领来说变得更危险了。在这些混乱无序的时期，汉人军阀与游牧部落首领之间的差异正在变小。两个世界之间的交流曾经一度非常直接，而且也建立在相似的军事实力及经济扩张原则基础之上。

曹操控制华北之后，对匈奴和乌桓加强了管理。公元 216 年，他注意到了来自匈奴的新威胁：

> 初，南匈奴久居塞内，与编户大同而不输贡赋。议者恐其户口滋蔓，浸难禁制，宜豫为之防。[1]

曹操的解决之道则是采取一种间接统治政策。单于作为人质留在朝中，而由他的弟弟左贤王处理当地事务。这些部落被进一步划分为五部分，各立其部落首领为帅，选汉人为司马加以监督。

这种政策之所以能够执行，是因为匈奴已经具有一种根深蒂固的世袭统治体系，也具有确定的继承方式。通过将单于纳为人质、

---

[1]《资治通鉴》2146 - 2147；张磊夫：《后汉史》(Crespigny, *Last of the Han*, p. 327)；卜弼德：《关于中国边疆史的两条札记》(Boodberg, "Two notes on the history of the Chinese frontier", p. 292)。

分割部落以及每年为单于及其他匈奴贵族提供丝帛、金钱和粮食的方式，曹操的魏政权希望能够以尽可能小的代价控制匈奴。随后，他还利用匈奴对中原的忠诚以及部落军队为自己征战沙场。当然，匈奴早在之前就已经不再是草原上最强大的力量了，只不过是边地上的部落而已。然而，不管是匈奴的核心部落，还是其帝国组织，都还存在着。这种情况，以及他们处于汉地的事实，使他们始终关注着中原的一举一动。其他部众都没有能够追溯到秦代的绵延不绝的统治世系，而匈奴从失败中崛起的能力也令人惊异。

曹操对待乌桓的政策却大不相同。与匈奴不同，乌桓缺少一种世袭统治的传统，容易走向分裂。例如，在公元216年，代郡乌桓分为三部，各部族长皆自称"单于"。他们造成了不少的麻烦，直到经验丰富的边疆官员裴潜到来后，形势才有所改观。裴潜拒绝用兵征讨，他用政治谋略使边疆安宁下来，较之用匈奴自身发展出来的政治组织掌控匈奴，这是一项更为复杂的工程，需要使用非凡技艺来抚绥众多小首领。裴潜特别警告称，政策上的摇摆不定，诸如"既弛又将摄之以法"，都会引起反叛。他的下任碌碌无为，使东北陷入战乱之中。曹操之子曹彰随后于218年率军击败乌桓，并摧毁了其残余势力。

在乌桓瓦解的过程中，出现了一位新的且强有力的鲜卑族长——轲比能。通常，鲜卑诸部往往分散而居，并不联合在一起，但由于轲比能的领地紧邻边界，在中原看来，他就成了最著名的首领。由于害怕曹魏军队的声威，轲比能与曹魏商谈建立商贸关系事宜，而曹魏也正需要马匹，为南征作准备。公元222年，三千鲜卑部众携七万牛马到边关进行贸易。曹魏还想避免与其他鲜卑部落发生摩擦，因此给他们所有首领以王的封号。①

---

① 轲比能的传记可见《三国志》之《魏书》30：7b-9b。

从鲜卑与中原的关系看，与鲜卑发生摩擦也许是不可避免的。曹魏利用鲜卑部落首领控制北部边疆，并不时在各部之间转换敌友关系，这些政策造成了紧张局势，使曹魏王朝卷入部落争斗之中。例如，在公元233年，轲比能挑动其中一个部落反叛，并北投到他那里。曹魏军队追击至草原，却落败而归。这次失败使所有边地鲜卑部落都投到了轲比能处，他们转而袭击之前曾驻守的各个地区。曹魏军队主力仓促开往边界，但轲比能北遁至戈壁沙漠中，避免与曹魏军队交战。

最终，由于鲜卑族长们拒绝接受轲比能的权威，这一联盟瓦解了。在给鲜卑族长巨额馈礼之后，曹魏欢迎他们归来，这些边疆守卫者们回到了他们不久前曾掳掠过的各州郡。曹魏担心，一旦轲比能的势力强大之后，自己就会失去对边疆的控制。基于对鲜卑政治结构的洞察，曹魏不再向草原派兵。相反，曹魏展开了暗杀行动；轲比能于公元235年被刺死，鲜卑分裂为彼此敌对的部落。跟忠于单于世系的匈奴不同，鲜卑统治者的权力是依靠个人能力及神性魅力获取的，因此，在轲比能死后，他的追随者们就作鸟兽散了。

当面对一个强大而统一的中原政权时，鲜卑各部之间的不统一成为一种明显的劣势。在那些时期，小部落要么接受草原上的中心权威的领导，要么投归中原。独立的边地国家在双方的压制下无法自存。然而，小规模的鲜卑政治组织此时成为一种资本，因为在三国时期，虚弱的中原已经无法掌控其自身边疆。小部落与中原讨价还价，它们散处边疆各地，并首次开始担负起管理职责。关于其成因，我们将在下面的部分加以探究。沿北部边疆分布的这些新的混合型国家成为外族王朝的温床，而这些外族王朝将在之后的三百年中统治整个华北地区，并使游牧力量与中原之间的关系发生重大转变。

系统性的崩溃：十六国时期

十六国时期（公元 301—439 年）是中原与北邻关系的转折期，因为在这一时期，外族王朝首次在华北建立国家政权。然而，这一时期通常也是研究中最被忽略的时期之一，因为除了在汉朝和唐朝这两个中国最荣耀时期的落幕与初升之间的漫漫长夜，这些"蛮夷"之国并没有给汉人学者们留下什么深刻印象。这种偏见是多方面的，但是，通过其中涉及的相当真实的问题，我试图对看似无穷无尽的中原外族王朝及其内在冲突的问题提出一个分析性框架。进行这种分析的主要条件在于，以外族王朝自身的观念去思考外族王朝本身，而不是从汉文术语中得出有偏差性的看法。在这一混乱时期，出现了一种新的政治结构，与中央草原的部落联盟非常不同。这是一种二元化的组织形式，在单一国家之内，这种组织形式既适用于部落组织，也适用于汉式管理体系。尽管在这一时期①这种组织形式并未发育完全，但它成为随后出现的更为强大的外族王朝所运用的模式，比如在唐朝灭亡之后建立的契丹辽国和女真金国，以及在明朝覆灭之后入主中原的清朝。

对于汉朝的灭亡，传统的看法普遍认为，这是对边疆施压的游牧民的横行肆虐所致。这种观点将边地部落描绘成在开始征服战争以建立对华北的直接统治之前，等待中原防御出现漏洞，然后伺机而动，一举成功。由于政治上的无所作为，在汉朝灭亡与第一批外族征服者到来之间的一百年给人以一种因果直接转换的印象。然而，我们之前也注意到，在导致三国割据的内战中，游牧力量也没

---

① 这是中国史中最被忽略的时期之一。相比较而言，对这一时期进行的研究甚少，尤其是在对北方建立的短暂外族王朝研究方面。这一时期的基本历史状况在《晋书》中有所记载，但是由于人物与事件的复杂性，故而大多数历史学者依靠的是司马光的《资治通鉴》。

有成为主角。

随着汉朝分崩离析，游牧力量成为新的庇主。他们不想去统治中原，尽管像匈奴那样的部落自东汉中期以来就已经生活在中原边界之内了。在三国时期，魏国取代汉朝，成为贸易物资及直接援助的来源。魏国对边界内生活的部落民众进行间接统治，并为那些无法掌控的游牧力量提供大量奉供及贸易机会，试图维持中原的边疆安全。在中原发生政变并于公元265年建立（西）晋朝后，在北方并未激起多少波澜，新王朝在当地依然维持着魏国的旧政策。确实，匈奴单于出席登基大典被看成一项标志性的荣誉，对他来说，尽管自己是蛮夷，却是参加者当中唯一从汉朝开国以来世系未曾中断过的。

公元280年，晋军攻灭南方的吴国，在东汉灭亡之后第一次统一了整个中国。但晋朝的内部问题使其从这一辉煌顶点陡然跌落。最棘手的问题是在国家统一之后试图解散众多军事力量所致。士兵们发现他们自己失业了，于是一些人就将武器卖给了边地部落。更重要的是，在各郡县的众多晋朝王公拒绝裁撤其个人军队。

尽管晋朝内部边疆仍然相当稳固，但暗地里危机重重。在一定程度的汉式管理之下，外族集团居住在华北的大片地区上。长安故都周围的关中地区，氐人日渐增多。太原周边地区则有匈奴十九部，他们在中原边界内依旧保持自身政治组织与生活方式。在东北地区，沿东北边疆两侧散居着大批鲜卑部落，其中包括拓跋氏、宇文氏、段氏、秃发、乞伏以及慕容氏。在甘肃至西域一带的西北地区，则居住着不同族源的操着多种语言的人口。

鲜卑是最活跃的敌人。他们不再是纯粹的游牧者，已经攫取了东北边疆外部的土地，并在此管理着农民，建立起市镇。公元281年，他们对中原发动了一次大规模袭击，但在次年被晋军击退。在之后不久，鲜卑二十九部同意与中原保持和平局面，但鲜卑中的独立集团仍然会趁机劫掠边疆。

匈奴还对中原保持着一种潜在的威胁，这是因为曹魏于公元216 年的整顿并不见成效。将单于控为人质只会增强地方首领的力量。公元 251 年，一名晋朝官员指出：

> 以单于在内，万里顺轨。今单于之尊日疏，外土之威寖重，则胡虏不可不深备也。……离国弱寇，追录旧勋，此御边长计也。①

最终，最能保护晋朝安全的是这一王朝的庇主地位。由于中原可以为边疆提供馈礼，并与之进行贸易，因此游牧部落就试图去榨取这一王朝的资源，而不会试图摧毁这一王朝。

从大约公元 292 年开始，西晋就因内部纷争而逐步瓦解。朝中各集团用暗杀行动来清除对手。诸王开始争夺权力，并与边疆部落相交通，以获得支持。这场内乱持续了十年之久，到公元 300 年左右，在血腥屠杀之后，晋室最终分崩离析。除支持一名汉人军阀之外，匈奴还于公元 304 年发动反叛，并建立自己的政权。

匈奴之所以决定放弃他们五百年来秉持的战略，是两方面因素共同作用的结果。首先，随着西晋在内战中瓦解，这些汉朝的继承者显然已经无法成为可靠的庇主以满足游牧力量的需要。其次，魏晋将单于当作朝廷人质的政策塑造了一种汉化了的新类型匈奴首领，这些首领野心勃勃，准备自己统治中原。

匈奴单于刘渊是皇族成员、冒顿后裔。作为晋廷的一名人质，他接受过汉式经典教育。匈奴皇族长期用"刘"为姓，而这也是汉朝皇室的姓氏。在他们自己的历史中，匈奴单于会不时地声称，由于

---

① 《三国志》之《魏书》28：19a - b；方志彤：《三国志》(Fang, *Chronicle*, vol. 2, pp. 85 - 86)；《晋书》56；参见卜弼德：《关于中国边疆史的两条札记》(Boodberg, "Two notes," pp. 292 - 297)。

与旧皇族的姻亲关系，较之魏晋的篡位者，他们实际上更应继承皇位。在刘渊建立汉政权（后改称"赵"）后，拥有五万军队的他成为可怕的敌人。匈奴再次成为革新者。如果说华北出现一位外族统治者的话，那么应该始于匈奴单于。

为什么匈奴在中原建立起第一个外族政权？为什么这个政权如此短命？理解这两个问题显得非常重要。在之前，汉朝与匈奴的关系相当容易理解，这是因为双方形成了一个两极化世界。边缘地带要么成为汉朝的一部分，要么成为匈奴的一部分，两者代表着相反的经济与社会类型。我们在之前已经表明，在草原的统一与中原的统一之间存在着紧密的关联，而后者又促进了前者的实现。当一方的统一崩溃后，另一方的统一也随之瓦解。在这些混乱时期，那些之前曾在草原和中原之间寻找靠山的边地部众，如今有机会自主发展。基于其历史背景与所处方位，他们的发展有着不同的路径。

边疆王朝的发展周期

外族王朝的兴替并不是偶发冲突的结果，而是由社会政治继承体系所造成的。在这一过程中，从不太稳定状态向更为稳定的状态一步步发展而来，但是每一个征服王朝都为其自身兴替埋下了伏笔。对于之后在边疆史中反复出现的这种周期律，下面简要地勾勒一下：

（1）在中原的内部秩序崩溃之后，边疆民众就趁机从中部草原迁徙至中原地域，就像匈奴一样，在建立起帝国联盟的同时，还保持着强大的军事实力。他们以占据优势的军事组织清除了华北地区的对手，由于他们通常会避免占领汉地而更愿意敲诈那些现存的王朝，因此他们在统治定居民众方面的管理经验很少。这种王朝能够实现征服，却无法有效加以管理。

（2）这些军事王朝，尽管通常强而有力，但常常旋起旋灭，并被那些更为复杂的边疆国家取代，这些边疆国家发展出一种将部落军队与汉式官僚体制结合在一起的政体。这种发展在几代人的时间内完成，而且在东北或甘肃这样的边缘地区出现，这些地区在地理上处于孤立状态，并未成为那些试图控制华北的敌对国家间的持久交战之地。这些"东北王朝"由众多鲜卑部落所建立，并不是像军事化的匈奴国家那样的肉食者，而是腐食者。他们有足够的力量抗击入侵，但在征服南方军阀力量方面少有胜算。只有在匈奴帝国由于组织不力而崩溃后，东北游牧力量才开始登上历史舞台。

（3）第一批东北王朝在混乱时期的最初阶段能够生存下来，因为这些王朝组织严密，而且在政策上具有保守性。然而，一旦控制了华北的领土之后，这种保守性就成为一种累赘。他们的军事力量与官僚体制过于庞大，除了对外扩张，无法以有限的领土加以维持，而这类王朝却无法征服华北那些既存的国家，最终，自身也成为致命危机的受害者，大大削弱了其防御能力。这就为新王朝的建立提供了契机，而新王朝是由最初那个东北王朝的边地附庸建立的。靠着军事蛮力，他们入侵并摧毁了统治王朝的高层，小心翼翼地保持了二元化的军事政治组织机构。确实，他们也经常会以采取进攻性的扩张政策、允诺增加财富及新的工作机会的方式而得到那些旧朝官员的支持。在这第三波入侵中，最强大的外族王朝得以迅速将统治拓展到整个华北，然而，他们还是会步前两类王朝的后尘。他们无法靠自己的力量创建二元化体制。

与不同发展水平相对应的这些情况发生在边疆的转折期。位于核心地位的草原部落已经建立军事组织。在既有的草原部落首领的领导下,通过将部落统合为部落联盟,这些草原部落可以迅速地联合起来,并将大军投入战场。在游牧时代,他们是最强有力的权力竞争者。游牧历史遗产使这些草原部落在攻取薄弱据点时易如反掌,他们通过劫掠加以补给,并设法击溃对手,而不只满足于将其逼退。在这种情况下,行政管理是一种事后才考虑的事情。

在这些地区发展起来的更为复杂的国家远离冲突的主要地域,在一块单独的地域下,更有可能将汉人和部落民统合起来。在这些地区,统治者们通过具体实践,知道如何在小范围内组织并运作一种二元化的体系,这样,政策上的小小失误就不会造成致命后果。这种发展最后取得成效的地区是位于辽河流域的东北边疆地区。在这里,在一个规模适度的王国中,辽西草原的游牧民、辽东半岛的汉人农民与城镇以及居住在辽河源头的森林民众都被囊括到一个单一国家政体之中。甘肃西北的河西走廊地区也为混合国家的发展提供了类似的区域,这种混合国家将绿洲农民、草原部落以及汉人移民都囊括在内。然而,位于西北地区的国家政权由于过于偏远,因而无法轻易占据汉人核心地带,在历史上的重要性就不那么大。东北边疆紧邻人口众多的华北平原,有近水楼台之利。一旦东北地区的军队进入中原核心地带,他们的补给资源就在旁边。第三类王朝从对手那里获取了权力,却没有发展出自身的政治组织。颇具讽刺意味的是,这类政权非常落后的状况促使他们全盘采纳了对手的政治与军事结构,而之前并不是必需的。

匈奴军事国家

匈奴在一系列军事行动中击溃了西晋。最为突出的则是公元311年洛阳的陷落及晋帝被俘。洛阳的沦陷造成了巨大的损失,繁华的都市化为一片废墟,都城及皇帝首次被外族掌控。匈奴一开始将皇帝当作仆役,由于担心皇帝可能会成为反抗外族计划的焦点,不久就将他处死了。公元316年,长安城及第二位晋帝也落入匈奴之手,这位皇帝的命运跟上一位没什么两样。除了西北的凉国以及东北的鲜卑,匈奴控制了整个华北地区。晋朝皇室及众多汉人官僚南渡偏安。到公元325年,汉人上层的百分之六七十都南迁了。[①]他们继续宣称自己是中国唯一的合法统治者,这段时期史称东晋。

匈奴的征服范围很大,但其国家结构并不像其军事组织那般成熟高效。几乎从一开始,他们在征服中原的方式上就产生了分歧。一派主张建立汉式政府机构,另一派则要求以尽可能少的管理机构对中原加以粗放的统治。这一争论的根源在于:一旦中原防御崩溃之后,采取外部边界战略是否有利可图?

匈奴单于刘渊(公元304—310年在位)曾在晋廷受过教育,晋朝的政府机构也成为他的新王朝的模本。最终,他在位于平城(应为平阳——译者注)的都城复制了晋廷的结构。刘渊似乎相信,在自立为汉式的皇帝后,就能得到汉人官僚的拥护。不管怎样,他的朝廷是稳定的核心,吸引了不少难民前来,其中包括那些仓皇逃往中原其他地方的官僚。刘渊通过单于身份控制部众。刘渊既有经验也有魅力去扮演这种双重角色,但他的儿子及继承者刘聪(公元310—318年在位)却没法办到。尽管匈奴的征服行动在他统治期间达到顶峰,但是晋朝的模式在组织这种国家方面捉襟见肘。

汉式国家的建立在匈奴中并不常见。尽管从表面上看,单于和皇帝的地位很相似,但从根本上说,两者是非常不同的。皇帝宣称要统治天下万物,而单于则是部落体系中的至高无上者,在这个体系中,部众的福祉是单于不可推卸的职责。对匈奴来说,任用汉官的汉式朝廷既没有用处,对部落的特权来说也是一种威胁。这种反

---

① 杨联陞:《晋代经济史释论》(Yang, "Notes on economic history")。

对之声在石勒这位有着强烈守旧印迹的匈奴首领身上体现了出来。

石勒的人生大幕是从他逃开汉人的追捕并成为一名江洋大盗开始拉开的。只要耐得住时间，有能力之人就很容易在刘渊领导之下跃上将帅之位。刘渊在中原的征服政策是为了完整地保护民众，着眼于未来发展。石勒的军事行动则完全废弃了这种想法，他是一位传统的外部边界战略的倡导者，主张采用极端暴力方式，用劫掠来回馈那些追随者，并通过对当地民众的敲诈勒索来供养军队。公元 310 年，他横扫中原，一路烧杀抢掠，据称杀死了十万余汉人。他杀死了俘虏的晋朝宗室四十八王，第二年征服洛阳的过程中，他又一手摧毁了这座城市。石勒于公元 314—315 年发动的进一步军事行动涉及范围更广，但像其祖先一样，他选择了从当地撤退而非防御这些地区。

石勒的做法是草原上常见的。他成功地聚拢从刘聪那里逃奔来的众多追随者。刘聪发现自己很难与石勒对抗，因为他关心的是保持中原长久的生产力，而石勒则只关心近期收益。假如华北落入石勒手中而成为游牧地的话，对匈奴马匹来说就太合适不过了。石勒对战争的传统看法有着很大的吸引力。刘聪的统治不久之后大体上局限在中原西部。石勒对是否清除竞争对手并建立自己的王朝犹豫不决，这是因为石勒并不是匈奴皇室的一员，而是来自匈奴联盟的西部部落——羯。与乌孙一样，他们被描述为浓须亮发的人。① 在五百多年的时间里，匈奴的领导权一直掌握在冒顿后裔手中。但建立起汉式朝廷之后，前赵（汉）统治者弱化了部落首领的权力，从而使他们自己容易受到来自诸如石勒这类人的挑战。虽然石勒掌握大权，但他对取代旧的统治世系仍然小心翼翼。在刘聪于公

---

① 芮沃寿的《佛图澄传》(Wright，"Fo-t'u-têng")一文提出了一种可供选择的猜测，认为羯人也可能是来自西方的雇佣兵，因此更多地表现出职业性(occupation)，而非族类身份(ethnic identity)。

元 319 年去世后，石勒首次拒绝承认刘曜继位，随后建立自己的后赵政权。十年后，他吞并了刘曜的地盘，随后又将可找到的刘氏成员诛杀殆尽，以绝后患。

石勒的胜利使匈奴在中原建立稳固统治的任何机会一去不复返。匈奴的军事力量使得他们所向披靡，但是他们采取破坏性劫掠及忽略行政管理的做法成为致命失误。刘渊已经发现建立政府组织的必要性，却无法创建一个将必要的官僚体系与其部落军队统合在一起的单一国家。像石勒那样的对手所关心的只是国家中部落那部分的支持。石勒之死导致了一场大争斗，石虎（公元 334—349年在位）最终胜出。石虎态度上跟他的先祖很相似，华北的大部分地区都掌握在他手中，对此加以管理成为一个亟待解决的问题。石虎派出大军作战，令整个中原惶惶不安。然而，后赵的成功无法再仰赖外部边界战略，因为这种战略需要一个中间政权来统治中原。中原内战依旧绵延不断，匈奴的征服行动已经摧毁了这些中间政权。由于扫除了这些政权，游牧力量的敲诈战略已经无法再得到收益。

为了能继续统治中原，石虎不得不考虑行政管理的问题。他既不相信那些成为其政策牺牲品的汉人，也不相信部落组织能够有效地完成这项任务。他所采取的措施是雇用外族人：这些人缺乏权力基础而只对他一个人效忠，他们唯利是图。在这种统治体系下，权力采取自上而下的方式加以贯彻。在石虎死后，他的汉人养孙，同时也是极端汉化者的冉闵获得了权力。公元 349 年，他发动了一次对京畿地区外族居住者的大屠杀，据称死难者二十余万。尽管这一数据可能高估了，却足以使赵国摇摇欲坠。离开了占多数的汉人的支持，这些人数不多的外族统治者一旦控制发生松动，就会被叛乱的狂潮所淹没。像慕容鲜卑这样的"腐食王朝"（scavenger dynasty）转而用一种更为成功的国家结构去克服这些障碍。

东北边地——二元化组织的兴起

中原与草原都处于统一状态时，东北边疆很少具有独立意识。辽西的草原边地是游牧帝国的东翼。辽东尽管与中原本土只勉强维持着联系，但在文化和组织方面通常都是汉式的。北部的森林中居住着众多部落氏族，他们组成小村落，看起来更接近于朝鲜而非中原。在相对局促的区域中，人们可以找到森林村落、草原营地以及汉式的农村及市镇。就像北部边疆是两极化结构一样，这些各不相同的部落也不是单一政治组织的一部分。从汉朝对贸易及边疆组织机构的记载中可以清晰地发现，从经济的角度来看，这种区分并不大。不管是乌桓还是鲜卑都参与了大量的边贸活动，而中原的官员们在与他们打交道的过程中，与这些部落有着密切的接触。

随着边疆两极化世界的崩溃，这些彼此分离的民众又结合在一起，形成一个新的"混合国家"。在这种混合情况下，哪一集团可以占据主导地位是无法预测的。从历史的角度来看，草原游牧力量、森林部落以及边疆的汉人都形成了统治阶层。总的看来，尽管确实是森林或草原部落获得了领导权，但这是由于边地的汉人经常更愿附属于一个新的国家，而不是创造自己的王国，而如果他们创建起王国的话，这些王国本应该会与中原的既有王朝形成竞争态势。

这种国家的发展耗时久远。时间当然是足够的，因为东北地区对于中原或草原的大战而言处于边缘地带。在中原处于混乱时，不管是本土还是外族统治者，都不大会首先对付东北边疆，他们会让当地民众维持相当的独立性，因此就采取一种二元化组织的方式，将治理部落民及汉人的机构分隔来。这类王朝还建立起一种军事组织，用规则与集权化的独裁统治取代松散的部落联盟，进而控制部落。这类王朝还控制了汉人，采纳汉人的官僚与组织机构。这些领域的融合是统治王朝的任务,通过分隔统治机构,试图将汉式的内政管理与以部落为基础的军事贵族的强大军事力量结合起来。这种结合既不像集权化的草原联盟那样建立起强大的军事化结构,也不像本土的中原王朝那样加以管理。然而,在危机时期,这是一种潜在的结合——草原部落无法加以管理,而汉人官僚则缺乏军事实力,两者正好可以互补。在汉人军阀和军事化的草原部落同归于尽之后,在华北大部分地区,东北国家就最有可能实现稳定。

建立这种结构要花上几代人的时间,而转变也很缓慢。对一个部落集团来说,这种类型就是指他们首先确定一块领地,随后将之拓展到包括汉人在内为止。下一步则是在农业地区使用汉人官僚,在军事上重用部落首领,并加以分隔管理。这贯穿于行政管理的方方面面,从事征服行动的部落首领意识到,分隔治理的汉人地域可以为其提供部落结构之外的一种排他性权力基础,他或他的继承者通过运用这种权力基础,可以逐步减低部落的独立性,直到这些部落成员成为王朝控制之下的一种受到约束且集中统一的军事力量。在最后阶段,王朝将会完全抛弃部落基础,并建立起对部落的全权统治。随着部落军事力量征服汉人领地,对这些地区不再像战利品那样加以瓜分,而是由汉式官僚机构加以管理。虽然各部落被弱化为属下,但并没有被置于官僚机构的统治之下,这些部落仍然保持着自身不同的统治、特权以及职责。这就使王朝能够用官军去镇压汉人的反叛以保卫国家。两相分隔的民政及军事将领被统合在皇帝的手中,从理论上来说,这位皇帝对双方而言具有绝对权威。

正是在十六国及南北朝时期,这一进程首次实现了。也许有人会说,对此无法进行理论上的解释,尤其是因为这一过程发生在一个不确定的环境之中。但是,正是在这个群雄逐鹿的混乱时期,首次在其他王朝崩溃之时出现了一种为后世所沿用的模式。这一过程随着时间的缩短而变得更加清晰。从汉朝灭亡到第一个东北王朝兴起花了一百五十年时间,在唐朝灭亡后大约七十五年时间,而与明朝灭亡几乎同时。时间变短了,却还是同一个类型。

鲜卑国家

　　独立的东北边地的潜能在曹魏政权建立过程中凸显了出来。曹操的对手袁绍非常仰赖乌桓,而袁氏家族的灭亡则源于他们在东北边地的失败。同一时期的一个更重要的例子是辽东公孙氏的抵抗。他们从来没有像对手那样强盛过,但是他们所处的地理方位易守难攻。直到公元 253 年,在华北其他地区落入曹魏之手很久之后,辽东才最终陷落,而且是在朝鲜人和汉人联合进攻之下才失败的。[①] 辽东以及周边地区提供了支撑一种汉式国家的资源,尽管它在地理上与中原相隔甚远。在混乱时期,辽东经常是第一个叛离的汉人州郡。与之相反,当中原统一时,辽东也经常被囊括在内。

　　在魏晋时期,鲜卑成为东北边地的统治性力量。鲜卑松散零星的状况也经常阻碍他们成为像匈奴那样的稳定力量。在新的条件下,沿边地区的小范围组织具有优势。每一集团都宣称他们愿意捍卫并开发出一片专门领地,将之转变为一个混合国家。这一过程发生在周期性地获得并失去权力的一些鲜卑部落之中。这些部落中最成功的是慕容氏,他们在匈奴赵国灭亡之后在中原建立起首个鲜卑王朝。慕容氏所创建的组织后来为其近亲拓跋部用以统一华北地区奠定了基础。[②]

　　在曹魏时期,慕容氏仅仅是东北诸游牧部落之一。他们既是中

[①] 加德纳:《189—238 年辽东的公孙氏军阀》(Gardiner, "The Kung-sun warlords of Liao-tung 189 - 238")。

[②] 希莱伯尔的《前燕史》(Schreiber, "The history of the former Yen dynasty")引用了众多资料对慕容氏进行了非常细致的研究。

原的盟友，又是中原的劫掠者，采取的是上文提及的鲜卑有所变化的外部边界战略。在轲比能死后，只有很少的超部落组织能够统一鲜卑各部，而地方部落首领则为这种统一讨价还价。237 年，魏明帝用慕容氏抗击盘踞辽东的公孙氏。由于这次协助，慕容氏得到了来自曹魏朝廷的馈礼与封授。他们参与了一次类似的军事行动，在246 年得到了更多的荣誉。西晋的政策基本延续自曹魏。281 年，他们承认慕容首领慕容廆为"鲜卑单于"，试图获取他的支持。尽管那时单于的称号已经没什么价值了，但依然为边疆部落所孜孜以求。这表明，鲜卑仍然秉持草原的传统，其首领将匈奴的称号看得比汉式称号更重要。当游牧首领开始对中原更感兴趣之时，就会出现相反的情况。慕容廆在接受这一称号几个月后，就感到有足够的力量绕开他的汉人庇主。他将部众移往辽东，并劫掠了辽西故地。第二年，中原的一次惩罚性远征重创慕容氏，大约在六个月后，慕容氏作为二十九个东北部落之一，重新成为汉人的盟友。

在与边疆官员的合作中，边地所有鲜卑部落都熟悉了汉式的管理方式。他们变得较少游牧化，并要求占据所控制的领土。慕容廆是第一位为子孙提供汉式教育并采纳某些汉式传统的慕容氏首领。慕容氏首领的第二代因此对其政治角色有一种非常不同的看法，并开始组织起像模像样的国家结构。与同时代赵国的匈奴创建者刘渊不同的是，慕容氏首领从未打算全盘采纳汉式朝廷结构。随着时间推移，他们有机会去试验并发展出一种新的组织形式，这种组织形式不是去疏远其部落追随者，而是采取一种集权化的官僚制度。慕容氏这种从部落集团向混合型国家的转变是高寿的慕容廆（公元283—333 年在位）的功劳。他半个世纪的统治带来了稳定，并使主要改革得以推行下去。

慕容廆十五岁时在父亲的指导下作为部落首领开始统治生涯。随着中原重新统一，他们没有其他选择，因为中原太强大了，单个鲜卑部落无法与之对抗。但这并不意味着慕容廆比他父亲更忍气吞声,他会继续在和战之间摇摆,但由于他接受过汉式教育,因此能够找到较之劫掠或作为朝贡体系的一部分更好的其他机会。汉式教育强调了农业生产以及官僚制国家的重要性。在东北地区,要去控制小块农业地区而不与整个中原发生对抗,是可以做到的。

285年,慕容廆对紧邻辽西的这些地区以及北部扶余国的农业地区展开了军事行动。扶余国夹在朝鲜及鲜卑游牧力量之间的松花江上游地区,尽管面积不大,却是一个拥有坞堡市镇、军队八万余众的繁荣国家。其经济以农产品及手工业制造为基础。扶余还饲养马匹,并与南方的中原政权交易貂皮、红宝石以及珍珠,早在秦汉时期就与中原有了不定期联系。慕容廆摧毁了扶余国所有的堡垒与市镇,并将万名扶余民众虏回本国,但无法吞并其领土。朝鲜半岛对东北平原地区的混合型国家在经济上的重要性可能被低估了,这是因为我们对这些国家所知甚少,而且关于边疆关系的很多数据来源于汉文记载,而这些记载所依靠的是官方报告。①

慕容廆还在第二年对辽东的农耕地区发动了进攻,但被击退了。慕容廆随后与中原达成和平,在他的一次朝觐中,因其深谙汉式礼仪知识而令汉官们印象深刻。对扶余国的劫掠继续着,慕容廆将俘虏售予中原,从中大赚了一笔。对于试图禁止贸易并禁止在京畿及东北地区拥有这类农奴的晋帝来说,这是一桩大生意。

294年,慕容廆建起一座新的都城,并鼓励发展农业生产,这是他的父亲所开创的事业,在这之后,慕容廆的国家变得更为稳固。他用从晋廷带来的桑树和蚕种试图自己制丝。这些计划一定取得了很大的成效,因为当中原的豫州于301年遭受洪灾时,慕容廆还提供了粮食援助。慕容氏并不是这一地区唯一复杂的鲜卑集团。

---

① 池内宏:《扶余考》(Ikeuchi, "A study of the Fu-yü")。

他们的对手还有段鲜卑①与宇文鲜卑，慕容氏与段鲜卑有联姻关系，同时向宇文鲜卑纳贡。

汉文记载中对于这些转变语焉不详，也未强调这些关键性事件，却可能意识到了三大转变。首先，是接纳并鼓励农业及手工业生产。不管外部还是内部边界战略，都将粮食与衣物看作通过交易获得的东西，就像礼物或战利品一样，慕容廆和他的鲜卑邻居开始担负起组织这种生产的责任，尽管规模很小。慕容廆向中原输出粮食的能力表明了其自给自足的状态。其次，慕容廆任用汉人官员去管理这一新的经济部分。慕容廆不大会让慕容氏成为农民，但是当地有很多扶余俘虏和边地汉人可用来实施这一计划。汉式的官僚机构对于管理他们来说是必需的。毫无疑问，从一开始，这是一个完全实用化的步骤，对于鲜卑游牧力量来说，他们很难适应这种角色，但是在几年时间里，汉式管理体制就焕然成形了。最后，慕容廆依靠汉人谋臣整顿了他的军队。高级指挥权仍然掌握在鲜卑手中，军队仍旧保持部落组织状态，但是地方部落首领独立行动的权力则被削弱了。他们在战斗和谋划时得听从中央的命令。

新的军队包括由汉官所率领的步兵，这类军队具有围攻或防御据点的技术能力。慕容氏军队的优势在302年表现了出来，在这一年，这支军队曾两次受到宇文氏的袭击。在这两次军事行动中，宇文氏的军队尽管占有数量上的优势，却损失惨重。由于对这次战败心存余悸，一些鲜卑部落转而投向了慕容廆。

慕容氏的胜利没能再延续下去。晋廷忙于兄弟相残的内战而无暇他顾，华北大部分地区不久之后就落入匈奴手中。东北部的鲜卑因此就完全独立了。血腥争斗使中原中部成为一片杀场，慕容氏不想掺和进去。除了与其周邻的一些地方性战斗，慕容廆在302年

---

① 段鲜卑及下文的宇文鲜卑，与慕容鲜卑一起，构成了东部鲜卑。

之后有几乎二十年的时间进行发展。这种发展的推动力来自从南方涌入的汉人难民。尽管被诋毁为蛮夷，许多鲜卑王国还是为这些人提供了食物与安全居所。尽管大部分难民是农民，但其中还是有匠人和曾经的官员。所有鲜卑国家都接收了这类难民，慕容廆尤其想方设法吸引他们，目的是增加国家的生产能力。汉人官员成为慕容朝廷中的重要组成部分，在战略及政府管理方面为慕容廆提供对策。慕容廆于 308 年自称"大单于"，不久之后开始采用汉式政体，并为建立王朝奠定了基础。

这种转变是慕容廆汉人谋臣建议的结果。他们说服慕容廆与晋廷接触，以获取皇室的任命，借此稳固他的统治地位。作为鲜卑首领，慕容廆并不需要得到被匈奴瓦解的苟延残喘的晋廷的承认。然而他意识到，这种任命对于那些他试图吸引来为他服务的汉人官员来说意义重大，他们对为一个"蛮夷"朝廷服务感到不大自在，如果慕容廆能"臣服"于南方正统的晋朝的话，这些人更愿意为他服务，而假如慕容廆试图将其国家拓展至中原的话，这种伪装也有用处。没有接受过经典汉式教育的部落首领可能会轻易拒绝这种建议，但慕容廆对中原非常熟悉，他意识到正统的标志是非常重要的政治工具。他派了一名使节去晋廷并得到了正式承认。[1]

更重要的是，他的汉人谋臣给他带来了进一步扩张的视野。这些人开始谈论统治中原的可能性。他们认为，慕容廆那些组织无序的部落邻居将被联合起来，并在之后用作征服中原的军队。在 322 年前后，慕容氏开始进攻周邻的鲜卑国家。每个被征服的部落都作为一个单独部分被并入其中，从而增加了军队的数量。边地汉人也被征服，并在慕容氏管理之下劳作。慕容廆的实力大增，这使他不再仅仅是个部落首领。汉式国家政体被用来控制东北部落的军事

---

① 希莱伯尔：《前燕史》(Schreiber, "Former Yen," 14：125 - 130)。

力量。到慕容廆于 333 年去世时，他已经俨然是一个正在崛起中的王朝的首领。

慕容廆的军事战略是保守的。较之进攻性的扩张，他更关注于防御。这种战略是东北的鲜卑边地国家的特征，中原西北边疆的凉州也是如此。在对抗中原的大军时，他们很少有机会进行公开战斗，但由于补给良好且有城墙防护，他们经常能够使敌军无功而返。这些国家的统治者关注的是内部组织与经济。当他们扩张时，可以趁机利用对手的失败。这种战略的有效性在 338 年凸显出来，当时石虎率大军抗击慕容氏，却无法对其都城形成包围，在从东北撤退的过程中，石虎损失了数万军队，而慕容氏实际上增加了领土。

慕容氏从一个游牧部落向汉式国家政权的转变，在慕容廆的继承者慕容皝领导之下迅速实现了。在一开始，转变过程中出现了一些问题。鲜卑有着横向继承的悠久传统，而这种传统与汉人的长子继承观念相冲突，随后发展为统治者按汉人的方式继承，但其兄弟叔父等则被任命为主要官员，大多数将领与臣僚都是皇室成员，他们将这一国家视为共同的财富。这样一来，由于继承问题而发生内战的可能性就减弱了，但并未完全消除，因为统治者对其亲属经常表现出怨恨或忌妒之心。比如慕容皝就妒忌他那些富有天才的兄弟们，并在一开始就迫使他们流亡或反叛。

从标志性的意义来说，慕容皝最大的改革是于 337 年自立为燕王。燕是战国时期古老东北王国的名称。通过称此国号，慕容皝就将其身份从一个专门部落转移到对全能统治的宣称上来。按照王莽篡汉时期建立的例子，从一个天命已尽的王朝那里奉天承运需要一种适当的政治程序，某个篡位者首先称王，然后伺机称帝。从慕容皝在位时期起，慕容氏诸国就将自己称为"燕"，官方也不再提及部落起源。

使用汉式国号及礼仪在政治上非常重要，但真正的转变则是东北边疆地区的经济转型，这赋予了这些国号以实际意义。汉人谋臣在其间扮演了重要角色，他们指导鲜卑统治者采取务实政策以突出农耕的重要性。难民如果不被好好加以利用，更可能会成为负担，而非资产。到慕容皝去世时，人口比他继位之初已经增加了十倍，汉人记室参军封裕指出，他们中30%—40%是没有土地可以耕种的闲劳力，国家有责任为他们提供土地。他随后向慕容皝进言：

> 及殿下继统，南摧强赵，东兼高句丽，北取宇文，拓地三千里，增民十万户，是宜悉罢苑囿以赋新民，无牛者官赐之牛，不当更收重税也。且以殿下之民用殿下之牛，牛非殿下之有，将何在哉！如此，则戎旗南指之日，民谁不箪食壶浆以迎王师，石虎谁与处矣！[1]

由于接受过汉式教育，慕容皝于是被说服，假如想让前燕作为一个整体得到发展，就需要少进行游牧生产，而更多地进行农业生产。封裕让慕容皝放心，他的牛只是借给农民使用，而不是奉送出去，这表明慕容皝仍然固守着传统的鲜卑价值观念。汉人谋臣们间接地使慕容皝意识到，他既是游牧民的统治者，也是农民的统治者，而在没有旧地可以利用时，一些游牧用地也应被加以开垦。通过这些小步骤，前燕担负起了新的职责。

封裕按照传统的汉式规则对前燕进行了一次重大重组，并提出了六点计划：

1. 川渎沟渠有废塞者，皆应通利，旱由灌溉，潦则疏泄。

2. 一夫不耕，或受之饥。况游食数万，何以得家给人足乎？

3. 今官司猥多，虚费廪禄，苟才不周用，皆宜澄汰。

---

① 《资治通鉴》97:3064；希莱伯尔：《前燕史》(Schreiber, "Former Yen," 14:475)。

4. 工商末利,宜立常员。

5. 学生三年无成,徒塞英俊之路,皆当归之于农。

6. 殿下圣德宽明,博采刍荛。参军王宪、大夫刘明并以言事忤旨,主者处以大辟,殿下虽恕其死,犹免官禁锢。夫求谏诤而罪直言,是犹适越而北行,必不获其所志矣!

这六点规定反映出了汉人对农耕、农民以及灌溉的态度是国家必须加以着力关注的,而对匠人及商人的态度上则存在儒家的偏见。这种改革试图将汉式农业、政治及社会政策移植到慕容氏的部落军事力量之上。在制定计划时,汉人谋臣从未偏向部落事务,从未暗示过量的鲜卑人将会成为农民,而只是在汉式管理下的难民们将被更好地加以利用。

慕容皝除了对削减官员数量的做法不赞成,其余都表示赞同。毕竟,慕容皝意识到,他正在进行战争,并且要开疆拓土。这就需要能够随心所欲地花钱并封授官职。这种观念反映出古老的草原统治传统,按照这种传统,一位统治者要慷慨大方、不计金钱。东北边地国家所面临的问题之一是要收买盟友、供给大军并维持庞大的官僚体系,他们往往会入不敷出。随着国家的扩张,新获得的资源经常被用来填补这些漏洞。一旦他们进入中原并停止扩张的话,那些无事可干的大批官员就会造成潜在的危机。汉化的标志之一就是,在这时候,一位出手大方的皇帝必须不再遵循草原传统,宣称帝国不再是部落贵族们的共同财产,而是他治下的王朝的财产。

348年,慕容皝死,子慕容儁继位。他继承的前燕囊括了东北的大部分地区,晋廷也正式将他封为王。在后赵因内战而分崩离析之际,前燕采取了从中分羹的旧战略。在后赵首领彼此争斗、奄奄一息之际,慕容儁于350年开始南下。燕军从未遇到过强大对手,所遇之敌皆为残部。慕容儁将自己看成中原的皇帝。352 年,燕军俘虏了赵帝冉闵。①携胜利之余威,慕容儁严厉指责冉闵自立为帝。冉闵的讥讽回答很大程度上表明了中原对新的外族王朝的看法:"尔曹夷狄禽兽之类犹称帝,况我中土英雄,何为不得称帝邪!"②毫无疑问,这种冒犯之言被慕容儁打断了,冉闵为此而饱受三百大鞭,这是因为慕容儁当时正准备正式称帝。

慕容儁决定称帝,但在官方正史中,他将自己描绘成(或者更可能被其朝廷史官描绘成)无德无能之人,也许是为了表明他不是贪婪的蛮夷,并可以依照纯粹的汉式传统获得权力。当群臣恳请他称帝时,他以虚情假意的态度表达了儒家之意:

> 吾本幽漠射猎之乡,被发左衽之俗,历数之篆宁有分邪!卿等苟相褒举,以觊非望,实匪寡德所宜闻也。③

当然,在中原政权的眼中,慕容氏终归是蛮夷,但是,七十年来,他们已经发展出统治中原的国力。与匈奴不同的是,慕容氏并不仅仅在汉地横行无忌,还将这片区域纳入有效管理之下。他们的首领三代都接受了汉式教育。慕容儁的假意拒绝所遵循的是汉式的治国模式。良好操守及谦恭态度有助于为新王朝确立正统,并赢得那些在前燕的诱人职位及对旧的西晋王朝眷恋间摇摆不定的汉家大族的支持,而这曾是匈奴的前赵政权最大的弱点之一,前赵没怎么打算去赢得汉人的支持。不管慕容儁在实际上是否作了这种礼节上的婉拒,较之他对在汉式文化环境中的政治重要性的认识,这种礼节上婉拒的意义要小得多。慕容儁于 353 年年初称帝。

---

① 冉闵曾建立冉魏政权(350—352 年),但史家一般不将其计入"十六国"之内。——译者注

②《资治通鉴》99:3126;希莱伯尔:《前燕史》(Schreiber, "Former Yen," 15:28)。

③《资治通鉴》99:3150;希莱伯尔:《前燕史》(Schreiber, "Former Yen," 15:32)。

前燕在接下来的几年中镇压了一些小叛乱,并将中原东部纳入统治之下。中原西部则处在苻坚的控制之下,苻坚是在后赵朝廷当差的氐人首领。南部的长江流域仍然在原来的晋朝控制之下。357年,前燕转而关注来自草原部落的威胁。铁勒部日渐强大,而且位于前燕的侧翼,对前燕构成了威胁。前燕遣八万大军大败铁勒,据称有十万人伤亡或被俘,前燕还俘获了十三万匹马以及百万头羊。这次胜利令匈奴单于大为震惊,他带着三万五千部属与前燕结成盟友。[①]

这次草原军事行动展现出与中原王朝在面对类似的游牧力量入侵时所完全不同的策略。边疆地区发展起来的王朝,在处理草原联盟的问题上,采取一种非常不同的方式,而这种方式较之汉朝的办法要有效得多。那些外族王朝尽管有汉式的朝廷,在边疆战争中还是继续使用草原战术及战略。他们知道草原联盟是如何组织起来的,也清楚他们的强弱之处都在什么地方。汉人的方法就是仰赖防御性的城墙、馈礼以及贸易,还有对游牧力量周期性的大进攻。东北的战略更复杂,部落首领们可以通过与王朝的一系列复杂联姻而赢得胜利。部落政治也以这种婚姻的交换为中心,通过这种方式,这种网络自然而然地将新的人员囊括进来。东北的统治者还从实际经验中知道在草原上形成部落联盟到底有多难,从而通过支持敌对首领或直接打击崛起中的力量的方式,千方百计阻碍这种联盟的形成。他们在对游牧力量发动袭击时,必须依靠熟悉草原状况的快速军队。东北首领的目标不仅仅是在战场中击败敌人,而是要将其部众全部俘获。铁勒俘虏及牲畜被重新迁到前燕土地上安置。作为一个有着二元化组织的国家,前燕能够充分利用这些部众,而那些传统的汉人王朝则只将其看成一种威胁。外族王朝将部落及

---

① 《资治通鉴》100:3162;希莱伯尔:《前燕史》(Schreiber, "Former Yen," 15:47)。

汉人传统集合到一起，形成了一种非常有效的边疆政策。出身外族的皇帝可以用中原的财富与人力设法去扰乱草原秩序，由于不受传统儒家对草原战争的反对态度的阻碍，他对敌人有着传统汉人皇帝所不曾有过的了解。

在外族统治中原的整个时期，不管是这一时期还是之后的阶段，游牧力量很难形成强大的联盟。游牧力量在与传统的汉人王朝对抗时，往往大都会成功，甚至会百战百胜，但在与那些成为中原统治者的周邻族类对决时，极少有胜绩。当时的草原默默无闻，这种情况一直持续到外族王朝覆灭，隋唐王朝在中原建立以及突厥在草原上崛起，从而重新确立旧有的两极化世界为止。

但是，前燕长期运用的组织机构在运用到中原时是短命的。当其他国家崩溃时，确保自身生存的保守的军事战略开始成为一种负担。前燕为征服整个华北所作的努力，成了朝廷政治及敲诈政策的牺牲品。

这种方式的问题在于，它导致了前燕的财政困境。大量资金及职位被慕容氏统治者分给了政治精英。这种宽容态度吸引了大批汉人官员及部落首领投奔而来。作为二元化组织的首领，前燕皇帝不得不对众多部落军事首领出手大方，但同时，又希望他们的要求不会成为大的负担。在能够维持国家整体需要及给予政治精英资助之间进行平衡的强有力领袖的领导之下，这种体系才能运作良好，而这种体系之所以不稳固，则是由于政治精英试图将国家的大部分税收尽可能多地为自己所用，而这对整个前燕政权来说是非常不利的。

这种结构上的紧张局面，由于在汉式及鲜卑继承体系间无法协调而雪上加霜。鲜卑更倾向于选举皇帝最有才能的儿子继位，当没有合适的儿子可以继位时，他们会将帝位传给兄弟，从而确立一位强有力的统治者。然而，那些偏好皇长子的朝廷汉官则迫使前燕在不考虑才能的情况下选取继承人。这种趋势在某种程度上通过将有才能的兄弟及叔父任用为重要将领及大臣的方式加以解决。慕容儁于 360 年去世后，帝位传给了幼子慕容暐，这使朝中议论纷纷，有人对慕容暐的统治能力表示质疑，因为连他的父亲也曾称慕容暐无能。他们试图说服慕容儁之弟慕容恪继承帝位，按照鲜卑横向继承的旧俗，帝位是慕容恪的。慕容恪对称帝一事一口回绝，但他被任命为大司马，以此有效统治着国家。在慕容恪秉政期间，前燕的力量达到顶峰，随后，他开始了新的征服行动。①

幼主在位则意味着不管谁秉政，都能有效地执行政策。367 年，慕容恪在奄奄一息之际，推举其弟慕容垂为其继承者。慕容垂跟慕容恪一样，是前燕最有名望的将领及贤才良士。但他在朝中早已失宠，这是因为慕容皝曾建议让慕容垂作为太子取代其长子慕容儁，从此以后，慕容儁及其后来的继承人都对慕容垂耿耿于怀，并拒绝给他以要职。慕容恪如今认为慕容垂是唯一有能力代为摄政之人，他将其他候选人看成短视且贪婪之徒，指称的人之一就是慕容评。慕容评纠集起慕容垂的敌人，一举掌握了权力，并将慕容垂降为卑职。

在慕容评的掌控之下，前燕迅速衰落。儒家史官通常将这归结为道德沦丧，但这里还存在一个更重要的结构性问题。在建立前燕的过程中，慕容恪和之前的帝王牢牢控制着政治精英。他们在赏赐时出手大方，却小心翼翼地使这些精英为王朝利益服务。慕容评代表了一种部落旧传统，他将整个国家看成根据各自实力在精英间加以分享的财产。那种不劳而获的诱惑很大，这是因为前燕向中原东部的扩张非常迅速，因此就有了获得之前从未想过的财富的可能性。这就需要一个强大的中央权威来阻止精英们控制国家并为其

---

① 希莱伯尔：《前燕史》(Schreiber, "Former Yen," 15:59 及其后几页，120 - 122)。

私利服务。慕容恪保持着这种控制，并愿意为国家利益而做出牺牲。在他死之后，重心发生了转变。幼主自己就是穷奢极欲的典型，他宫中有四千女子以及四万仆人，每天花费万两白银。那些养尊处优的政治精英们拥有大批佃户，他们开始拓展势力范围并侵占赋税收入。

在前燕面对着军事上的强大对手——西方的前秦以及南方的东晋的情况下，这种形式变得非常严峻。一名叫悦绾的官员提醒朝廷注意这样的问题：

> 今三方鼎峙，各有吞并之心。而国家政法不立，豪贵恣横，致使民户雕尽，委输无入，吏断常俸，战士绝廪，官贷粟帛以自赡给；既不可闻于邻敌，且非所以为治，宜一切罢断诸荫户，尽还郡县。[1]

改革的历程表明，这种看法并没有夸大，超过二十万户（总共有二百五十万户）在慕容评掌权后的几个月时间里就免除了杂税之扰。在368年悦绾被害后，这些改革举措都被废止了。第二年，另一名言官抱怨称，政府的大多数基础性工作被忽视了。不适当的税赋、胡乱抓丁以及强迫劳役毁坏了军队的实力，导致了大面积的逃亡。当年遭到败绩的慕容垂，为保命被迫投归西部最强劲的对手苻坚。370年，在慕容恪去世仅仅三年之后，前燕就在苻坚的进攻之下分崩离析了，整个国家被一举征服，皇帝与朝臣沦为阶下囚。

其他北方国家：前秦与凉国

在后赵瓦解后的混乱局面中，352年，前秦王朝建立了。其首领是氐人，他们是早已在关中定居的羌人的近支。这一王朝之所以选

---

[1]《资治通鉴》101：3211；希伯莱尔：《前燕史》(Schreiber, "Former Yen," 15：81–82)。

择"秦"这一名称,是为了恢复其战国时期位于本地的同样定都长安①的秦国的荣耀。这一王朝名称及都城的选取都具有吉祥之意,这是因为之前的秦朝首次将中原统一在万能的皇帝之下,而这个目标也是苻坚所孜孜以求的。

前秦是由苻坚叔父所建立的,与慕容氏前燕政权相比,这一政权的组织方式并不相同。前燕经过七十年的逐步发展,到最后一位燕王时已经非常稳固了。而前秦与之相反,它是不稳定的直接副产品,而这种不稳定导致了匈奴政权的瓦解,前秦正是在这一废墟上建立起来的。前秦首领是那些掌握当地权力并摧毁对手的投机者。权力的继承经常充满着血腥,苻坚是在杀死叔父和兄弟后才掌握权力的,而这王朝也旋起旋灭。他们最大的难题是试图建立一个中央政府,这一政府能够控制那些分裂的部众,同时又采用汉人可以接受的管理方式。匈奴前赵政权之所以灭亡,就是因为游牧部众认为朝廷中的汉人太多,把他们给遗弃了。石勒及羯人的后赵政权之所以灭亡,则是由于无法为其汉人部众提供一种合适的管理制度,在其军事力量逐渐衰落时,这些汉人就在一场反对异族的大屠杀中发动反叛,并深深卷入战乱之中。

前燕使用二元化组织的方式立国,这种方式在汉人事务方面维持了一种民政官僚结构,而将部落事务及军事纳入另一个管理机构中。这种观念是他们在东北地区实践经历的逻辑结果,在这一地区,鲜卑在进入华北平原之前不得不管理各色人等和各种经济类型。在中原本地建立起来的那些王朝的视野要狭小得多,认为只能用单一的管理体系处理不同族类中的民事与军事事务,而汉人和外族人则为统治地位争得头破血流。前秦跟之前的匈奴政权一样,其领导层既是民政官员,又是军队将领。

---

① 战国时,秦国最后定都咸阳,位于今陕西西安与咸阳之间。——译者注

大部分军阀，不管是汉人还是外族人，都向往建立一种汉式管理体系，在这种体系中，权力都集中在最高首领手中，其他人都是他的属下。那些没有部落职位的外族人则将这一国家看成一种建立在协同一致基础上的结构，在这种国家结构中，权力经常是分享的。要是权力不被分享的话，那么像匈奴单于那样的首领至少会希望，在划分统治的地区或分配国家的经济资源时，给他自己的部众以优先权。要花大量的时间和技巧才能处理好这些问题。苻坚的难处在于：要运作一个汉式的政府，应该如何维持自己部众的支持？氐人没有匈奴那般强大的部落组织，因此苻坚在最初可以将他们降为独裁国家中的属下，但这也撒下了反叛的种子，导致他最后被杀以及王朝的灭亡。

前秦政府的这一改革是由备受信任而冷酷无情的汉人宰相王猛一手推行的，他要削弱氐人的力量，控制整个行政体系，并尽力消除朝廷内部的部落影响力。例如，在 359 年，樊世这名立有大功的氐族贵族就抱怨道：

> "吾辈与先帝共兴事业，而不预时权；君无汗马之劳，何敢专管大任？是为我耕稼而君食之乎！"猛曰："方当使君为宰夫，安直耕稼而已。"世大怒曰："要当悬汝头于长安城门，不尔者，终不处于世也。"[1]

苻坚专意支持王猛，因为他想削弱自己家族和亲属的力量，以免他们对国家说三道四、要这要那。他处死了樊世，顿时诸氐纷纭，竞陈猛短。这些抱怨者被鞭挞于殿庭。一年之后，汉官发动了一场残酷的清洗行动，皇族和后族的二十名成员以及其他权臣被处死。前秦朝中具有一些儒家统治的痕迹，诸如建立翰林院以及压制商人

---

[1]《晋书》113：2b；罗杰斯：《苻坚载记》(Rogers, *The Chronicle of Fu Chien*, p. 116)。

等。然而,在这些矛盾重重的时期,朝中的一些汉官还担任了像军队将领这样的非传统角色。王猛尤其是一位令人钦佩的将帅。

对前秦来说,将氐人与皇族专门排除在外几乎是致命的。组织更严密的前燕正蠢蠢欲动,365 年,其统帅慕容恪攻占洛阳,随即扑向关中。在北部,匈奴乘机发动叛乱。在前秦应付这些袭击时,西部诸郡长官以及皇族成员在 367 年发动反叛。为镇压这次反叛,苻坚不得不从东部防线抽调军队。前燕由于其内部问题而无法利用这些困境。前燕最著名的将领慕容垂叛归前秦,在他的支援下,苻坚得以进攻前燕,并于 370 年将其征服。在几年时间里,其他所有北方国家都被苻坚横扫,前秦成为华北的霸主。

前秦在征服了其他北方国家之后,缺乏一个发育完备的国家结构的问题就凸显出来了。前秦行政体系的特点是,它将被征服的官员整体性地并入统治结构当中。375 年,就在这些征服完成后不久,王猛去世了,但前秦没有一个有类似能力和忠心的大臣能取而代之。像慕容垂这样的老对手在前秦朝廷中成了主要的政治人物。事实上,整个前燕的政治结构在中原东部仍然维持着,而类似的情况也出现在前凉的西部州郡。随着这些官员们归附前秦的统治,他们也就留在了原地继续掌权。因此,尽管苻坚征服了整个华北地区,但他并不是一位真正的统一者,他的政府只有在他属下惧怕他的权威时才是稳定的。383 年,苻坚发动了一次大规模南征,但在淝水大败,一些地区随即发生了反叛,之前的燕和凉再次复国,而拓跋氏的代国则以(北)魏之名重新立国。385 年,苻坚被敌对的羌人首领姚苌绞杀,姚苌占据了关中地区,并建立起自己的国家(史称后秦)。在苻坚死后,出现了大批地方性政权及豪族世家,这表明,地方贵族之前并没有被取代,而只是被压制而已。

西北的凉州占据了河西走廊,这是一条从鄂尔多斯沙漠贯穿至哈密和西域的交通要道。在北方,它与蒙古草原边缘相接,游牧力量就是从这里发动入侵。在南方，凉州与定居的羌氏部众所占据的山陵地带接壤，也与在青海湖附近放牧的吐谷浑相邻。在西部，则是西域绿洲，它们与凉州有着紧密的文化与经济联系。甘肃河西绿洲中居住着大量汉人，从汉武帝时代起，就已经成为汉朝边防的重要组成部分。

凉州地区，跟东北边疆一样，在 4 世纪初西晋分崩离析后，成为众多新王朝的家园。这些王朝囊括了大量游牧民、定居村庄以及城市，从而形成混合型国家。然而，跟东北地区不同的是，它在这一时期的中国政治史中只起到了边缘性的作用。这要归因于这一地区的战略位置及经济结构。

凉州的经济建立在诸多自给自足的绿洲之上。由于定居点之间旅途遥远，而且粮食运输困难，每一绿洲都只能设法自给自足。那些为州郡带来财富的对外贸易并不以生产资料的出口为基础，而是以奢侈品、游牧制品以及盐之类的矿物产品的商队贸易为主，凉州在其间发挥了重要作用。这些绿洲还是地方经济的一个组成部分，在这里，农业与游牧业不可避免地联系起来。因此，以凉州为基地的统治者能够在很大程度上免受外部经济压力。即使与南方的国家敌对时，他们还是能够从商队贸易中获得可观的税收，这是因为外国商品总是统治中原本土的朝廷所必需的。

从战略上来看，凉州是一个很好的反叛据点，但不利于扩张。它离有着重大影响力的中原人口与权力中心太远。从凉州出发的任何军队最怕的就是失去补给及增援，一旦失败，就会造成灾难性后果。以凉州为基地的王朝从未征服过华北，哪怕是暂时性的。从另一方面来说，凉州的防御位置极佳。对手们不得不花费高昂代价才能达到这一地区，而且必须在绿洲之间不断穿行。

东北与之相比就完全不同。由于路途遥远以及干旱的地理环境，凉州孤悬于中原核心地区之外，从地理位置上来说，辽河地区则仅仅因一些山脉及一个狭小的关隘而与华北平原相隔。向中原进发的军队紧邻其供给及增援基地，他们假如被击败的话，就可以撤退到就近地区。因此，当中原政权瓦解、进而一片混乱之时，西北及东北边疆都摆脱了其控制，只有东北能够由地方性的独立发展为政治和经济上的有效状态，从而统治华北剩余地区。凉州的发展顶峰至多也只是成为像西夏（990—1227 年）那样的强大地区性政权，通常只会成为统一华北的虎狼之国的盘中美餐。

从都城派到凉州去的长官在建立新王朝的过程中是最关键的人物，因为他们统率着当地的军政事务。西晋凉州刺史张轨建立前凉政权（313—376 年），这一政权尽管是独立的，但还是与南方的东晋保持着紧密的正式关系。这个政权按照传统的汉式规则加以组织，直到苻坚派将领吕光率军摧毁旧政权并将前秦的统治拓展到西域的众多国家为止，一直未受过外来干涉。随着苻坚统治的崩溃，吕光凭军事力量建立后凉政权（386—403 年）。吕光在位后期，后凉开始解体，到他死时，彻底分裂为三个政权：北凉（397—439 年）、南凉（397—414 年）以及西凉（400—421 年）。这些政权都是由当地的众多部落首领建立的，并一直维持到北魏将其并入统一的华北地区为止。

拓跋氏：第三次征服浪潮

在苻坚溃败后的混乱局面中，出现了一支新的力量——拓跋氏。在接下来的一百五十年中他们是华北的统一者与统治者，但在起源与结构上，如果不考虑前燕和慕容鲜卑的话，就无法理解拓跋氏。对拓跋氏而言，如果不采纳慕容氏在二元化组织方面的改革，他们就不会成功。

拓跋氏是东北鲜卑部落中最西边的（除了完全移出这一地区的

吐谷浑）。在东北的所有鲜卑部落中，拓跋氏是最粗鄙的，也是最为游牧化的，较之周邻的鲜卑部落，拓跋氏更多地秉持着古老的草原传统，而鲜卑部落则已经开始统治城市并管理农民了。早期的拓跋王国名叫"代"，这是之前南部的一个诸侯国的名称。这一王国从未被当成中国历史上的十六国之一，部分原因在于这是一个在组织上问题重重的游牧联盟，而且并不稳固。在大部分时间里，拓跋氏拥戴他们更为强大的周邻政权，或者在受袭击时退回山野之中。与其他地区性政权不同的是，拓跋氏除了其首领驻地的临时围栏，没有自己的都城。北魏王朝的建立者拓跋珪（386—409 年在位）在统治的一半时期内没有固定的朝廷。随后要提出疑问的是：这样的一个集团是怎样一步步成功并建立起一个稳定国家的？ 为何当地的其他国家却失败了？①

前已有述，从中原崩溃中最早得益的人是那些拥有强大军队的军阀，这些军阀之所以失败，是因为他们无法管理被征服者。像前燕那样的边地国家依靠防御和内部组织而生存下来，其革新之处就是将管理部落民与汉人的二元化组织运用到前燕行政之中。在匈奴的前赵政权分崩离析之际，前燕乘虚而入。但是，前燕所采取的保守性政策成为一种障碍，使前燕无法占据整个华北地区。甚至在苻坚暂时征服之后，慕容氏官员们还必须用前燕稳定的组织结构再次去控制中原东部地区。

在这种情况下，拓跋氏就占得了先机。草原传统为他们提供了军事上的根基，而他们的首领也成为野心勃勃的扩张主义者。他们本来也会像匈奴的后赵政权或苻坚的前秦政权那样灭亡，但在征服的过程中，他们在军事国家战略方面有了明显的进步。当进入中原

---

① 拓跋部的简史可见《魏书》，亦可参见艾伯华：《华北的拓跋王朝：一项社会学的研究》（Eberhard, *Das Toba-Reich Nord Chinas*）。

东部后，拓跋氏首先就考虑将农田逐块加以分配，并成为汉人的领主，这对部落民来说是一种诱人的想法。很明显，对其首领来说，这种方式将使势单力薄的拓跋氏在庞大汉人的反叛面前不堪一击，也会在战斗中强化当地部落贵族的权力，使这些人不肯将权力让渡给中央政权。为应付这种情况，拓跋氏发现可以采用前燕已有的二元化组织方式来解决。这种组织方式被其鲜卑周邻慕容氏发展出来用以解决拓跋氏所面临的问题。汉地在掌管民政的汉人官员的管理之下，而部落民众及军事事务则由另一部门管辖。因此，拓跋氏就将进攻性的主导理念加到一种最适应统治需要的政治结构之上了。

拓跋氏并未发展出二元化组织体系，而只是继承了这种体系以及熟悉体系运作的官员们。一些前燕官员也是鲜卑人，与拓跋氏说大致相同的语言，有着相同的部落特征。他们为拓跋氏出谋划策，建立了一种国家组织形式，在这种国家结构中，慕容氏与其他鲜卑人可以维持既有优势。二元化组织也吸引了一些汉人谋臣前来投靠，他们很清楚，如果与一个有这种需求的王朝合作的话，就可以获得更大的影响力，而且能够参与军政大事。对拓跋统治者而言，这种体系的优势在于，通过牺牲古老的平均主义的鲜卑传统，皇帝就能牢牢掌握住大权。

前秦瓦解之后发生的一些事情就是这一过程的明证。396年，拓跋珪自立为新建的北魏王朝皇帝。他的第一个征服目标就是前燕故都——邺，396年将其攻陷，到了410年，他控制了中原东北部以及东北地区南部。尽管取得这些胜利，这一新王朝在之后的二十年中仍然大体局限在这一地区。正是在这一时期，北魏将慕容氏政权的士兵及汉人官僚纳入行政体系中，从而有了统治整个华北地区的能力。北魏的国家结构几乎完全采用之前在东北部已经施行的前燕政府模式。步前燕之后尘，拓跋珪取消了其部众的草原联盟组织。拓跋氏及其他部落的大部分成员成为为国家服务的诸军镇的编户齐民。他们分到了土地并被强迫在此定居，逐步发展成为各个军镇。游牧生活被禁止。北魏在平城建都，这是一块以王朝军事力量为核心的草原地区。尽管大量移民为这座城市带来农民及工匠，从而能够大兴土木，但此地还是被从更繁华的南方来的那些参观者看成一块稍有起色的边疆地区而已。然而，随着东晋于420年陷入内乱，以及刘宋王朝（420—478年）建立，东晋皇室成员逃亡到北魏，对那些南方人来说，北魏比其对手匈奴的夏国更有吸引力。[①]

夏国（407—431年）由赫连勃勃所建立，这是另一位貌似不可战胜的冒顿后裔。但不同的是，赫连勃勃的前辈已经采纳了汉式生活方式以及汉朝皇姓"刘"，而赫连勃勃则秉持着草原传统，恢复了匈奴的皇族旧姓"赫连"。其统治方式是有意加以部落化，并且拒绝采用汉式管理方式。夏国在从东晋手中夺取先前于415年北伐获取的关中之后，变得日渐强大，但在这之后少有扩张。这就使北魏得以通过控制汉地平原（并于423年占领洛阳）及北部草原（在425年和429年的大战中）而从侧翼对夏国形成包围之势。430年，北魏一举攻下长安，并在一年之内摧毁夏国。439年，随着仅存的边地国家——北凉的灭亡，整个华北都落入北魏的手中。

柔然：外族王朝与草原

柔然汗国是在大约4世纪初由木骨闾（308—316年在位）建立的。趁着西晋内乱，他组成了一个部落联盟。柔然并不很强大，他之后只有五位首领的名字可考。到4世纪末，柔然在两兄弟（匹候跋、缊纥提）统治之下分为东西两部（图表3.1）。他们在391年成为

---

① 詹纳尔：《〈洛阳伽蓝记〉译注》（Jenner, *Memories of Loyang*, pp. 20-25）。

图表 3.1 柔然可汗世系表及在位时间

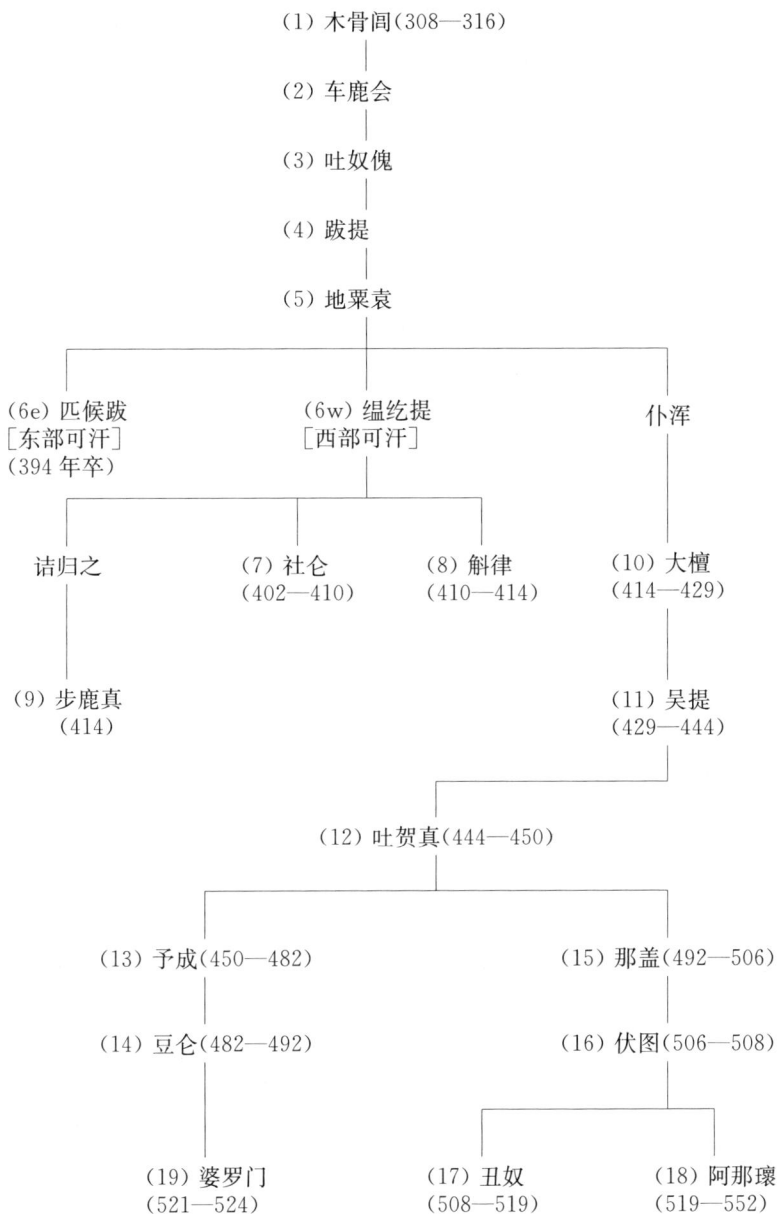

(1) 木骨闾(308—316)

(2) 车鹿会

(3) 吐奴傀

(4) 跋提

(5) 地粟袁

(6e) 匹候跋
[东部可汗]
(394 年卒)

(6w) 缊纥提
[西部可汗]

仆浑

诘归之

(7) 社仑
(402—410)

(8) 斛律
(410—414)

(10) 大檀
(414—429)

(9) 步鹿真
(414)

(11) 吴提
(429—444)

(12) 吐贺真(444—450)

(13) 予成(450—482)

(15) 那盖(492—506)

(14) 豆仑(482—492)

(16) 伏图(506—508)

(19) 婆罗门
(521—524)

(17) 丑奴
(508—519)

(18) 阿那瓌
(519—552)

资料来源:《柔然资料辑录》。

魏王拓跋珪进攻下的牺牲品，据称有半数柔然部众被北魏俘虏，剩下的四散而逃。394年，西部柔然首领社仑袭杀了其叔父匹候跋，成为柔然的最高首领。匹候跋的儿子们逃到北魏并获得了封授，又与拓跋氏联姻，随后被并入王朝之中。北魏王朝的实力是社仑不敢对抗的。相反，社仑退回到北方，在此集结部落并自立为可汗。399年，北魏军队回到北方，并击败了草原上的另一支主要部落——高车，据称有九万人被俘。几年之后，社仑趁高车衰落之际，一举征服了高车及漠北的其他一些部落，而这在很大程度上也要归因于这些部落已经被拓跋氏削弱。①

随着华北地区的统一，这种统一也反映到草原上来，柔然汗国的崛起就是如此，而柔然在间接方面也有利于拓跋氏征服中原。在北魏王朝稳定中原边疆之前，草原上的游牧部落往往横行无忌，他们要么南迁以寻求盟友，要么北逃以逃避灾害。一些匈奴部落曾经建立过像夏或北凉那样的王国，而高车（铁勒）游牧力量只是从贝加尔湖南下以寻找更好的游牧地。在这种充满流动性的环境中，就算是一位伟大的军事首领也难以掌控这些充满变数的部属。拓跋氏征服者改变了这种状况。边疆地区如今被牢牢控制住了，当地的所有部落都在拓跋氏的直接统治之下。因此，在柔然于402年击败高车，成为草原上的霸主时，高车的属部就没有多少选择的余地了。如果他们不想接受柔然的统治，就只能进行风险重重的反叛，要么就在失败后往南退到中原，在那里，他们会受到北魏更严格的统治。因此，拓跋征服者就像铁砧一样牢牢控制着那些曾投归柔然草原联盟的一度独立的部落。

在一开始，与强大的匈奴帝国相比，柔然要弱小得多。汉代曾经成效卓著的外部边界战略，在对抗北魏的时候失效了。直到北魏

---

① 《柔然资料辑录》，第3—6页。

末年，柔然一直无法通过劫掠或获取朝贡收益的方式榨取中原财富。结果，柔然汗国在结构方面并不稳固，很可能会陷入内部反叛之中。在 6 世纪初，情况得到了彻底改变。柔然汗国获得了新生，并且在劫掠方面更为成功，迫使北魏及其继承政权在政治上处于守势。要理解柔然最初的失败及其之后的成功，必须对北魏的边疆政策作一番探究。

较之本土的汉人王朝，外族王朝在对待北部的游牧力量方面采取一种非常不同的方式。北魏统治者并不将柔然看成外来人，而将之视为可以加以剥削的、比他们更弱且更为简单的部落民。二元化组织为拓跋氏提供了一支强大的军队，这支军队不受汉人官员的控制。军事政策与战略掌握在那些对游牧力量深有了解的人手中。当一名汉人谋臣向拓跋焘进言草原战争的威胁时，他的异议被司徒崔浩驳回，崔浩认为，游牧力量也有其弱点，他们并非不可战胜：

> 故夏则散众放畜，秋肥乃聚，背寒向温，南来寇抄。今出其虑表，攻其不备。大军卒至，必惊骇星分，望尘奔走。牡马护群，牝马恋驹，驱驰难制，不得水草，未过数日则聚而困散，可一举而灭。[①]

汉人已经与游牧力量交战了数百年，他们中的一些边帅对敌人了解甚多，但朝廷从来未曾试图去了解游牧力量。只是在中原内部的战事平息之后，草原上的部落民众才被看成外敌。因此，在建立西汉和东汉王朝的战争时期，与游牧力量交战的必要性总被放到最后一位。两汉的建立者——汉高祖与光武帝，只是在中原安定之后才与匈奴相对峙，这就使得草原上的游牧力量得以不受干扰地组织

---

① 克劳茨、宫川尚志：《民族大迁徙时期游牧部族的历史与文化》（Kollautz and Hisayuki, *Geschichte und Kultur eines völkerwanderungszeitlichen Nomadenvolks*, vol. 1, p. 110）；《魏书》35。

起来。中原王朝在建立之后,经常会受到政治和观念上的限制,这也约束了边疆政策的执行。从观念的角度来看,朝中官员认为,一位好的统治者必须以"文"胜"武"。而像汉武帝那样忽视这一箴言的统治者,将会因其行为而遭天谴。文官们还强烈反对执行积极的边疆政策,因为这将使军政事务在政府中获得重要地位。

作为原本是游牧者的征服者,北魏统治者采取了一种非常不同的策略。拓跋氏首领将汉式教育的优势与草原战争中的个人技艺结合起来,而在处理军事事务时,不大理会汉人谋臣的建议。北魏的政策并非摧毁其游牧敌人,与此相反,拓跋氏设法将游牧对手搅乱,使其维持在不再构成威胁的程度。直到北魏灭亡,这一王朝一直维持着一支供给良好的骑兵,这支骑兵可以在必要时突入草原。北魏还对部落体系的运作了如指掌,并知道如何加以操控。最为重要的是,他们将草原边地视作帝国的关键地区。北魏在忙于中原内部的战争时,也同时在边地开战,这就使游牧力量没有机会发展壮大。

北魏的边疆政策是进取性的。北魏诸帝在数十年的时间里发动了一系列军事行动,目的是要将柔然压制下去。在北魏稳固在中原的统治之前,拓跋珪于 391 年发动了对柔然的首次战事,399 年组织对高车的首次进攻。他的继承者拓跋嗣(409—423 年在位)在410 年对社仑发动了进攻,但柔然全身而退。社仑死于这次军事行动,他的继承者斛律、大檀一直待在边界之外,直到拓跋嗣死后,方才入侵中原。拓跋焘(423—452 年在位)击退了入侵,并于 425 年进行了一次深入漠北的反击。当他的军队达到沙漠南缘时,他命令抛弃辎重,轻骑携十五日粮,深入漠北,出其不意,将当地的游牧力量一举击败。429 年,拓跋焘组织了草原上一次庞大而成功的军事行动,据称,有三十万柔然及高车部众被俘并被赶到边疆地区,此外,北魏还获得了数百万的牲畜。尽管这一数字可能有所夸大,但也表明,北魏政策的目的是要减少草原上的人口,以削弱柔然的实力。进行这些军事行动的同时,北魏还正忙于征服华北的战事。[①]

大檀可汗死于北魏的入侵,可汗之位由其子吴提继承,吴提派使臣携礼物至北魏朝廷通好。双方结成了联姻,皇帝的一位公主(西海公主)嫁给了可汗,而拓跋焘也纳吴提妹为左昭仪。这种联姻在汉朝就采用了,却是单向进行的,即汉人将皇室女子嫁与草原首领。在另一方面,外族王朝还试图用互惠的联姻关系以使双方的关系更为可靠。然而,吴提在强大之后,就开始对北魏边疆发动进攻。作为回应,北魏分别于 438 年、439 年、443 年和 444 年发动了一系列军事行动,但都只取得小胜,因为柔然屡次远遁而去。直到 449 年拓跋焘亲自发动一次庞大的进攻行动之后,柔然才遭受重创,并从边疆撤退。在拓跋浚(452—465 年在位)时期,北魏继续控制着边疆地区,拓跋浚于 458 年发动了对柔然的一次进攻,此役动用了十万军队以及十五万运粮马车。这次进攻迫使柔然西逃并失去了对一些部属的控制。作为回应,柔然将更多的注意力转移到西域地区,占领了吐鲁番(460 年)。这块地区超出了柔然军力所及范围,这也是他们在东部受迫的原因。[②]

拓跋氏发动军事行动的方式使得他们在一代人的时间内至少进行一次大的进攻。这种进攻力图通过劫掠其部众及牲畜的方式,使柔然在至少十到二十年内没办法缓过气来,从而摧毁柔然游牧国家的经济和政治基础。北魏充分利用了被俘的部落民,将他们分派到边疆以六镇为基础的军队中。这些六镇守军既是进攻蒙古地区的据点,也是阻止柔然扰边的缓冲器。实质上,北魏试图将大部分游牧部众迁入边界之内,使其成为拓跋氏军事机器的一部分,进而

---

① 《柔然资料辑录》,第 6—10 页。
② 《柔然资料辑录》,第 10—18 页。

控制整个草原。这种战略之前曾被汉人王朝所拒绝过，因为这意味着将大量敌对的部落民众迁入边界，会成为潜在的巨大威胁。由于拓跋氏本身就有部落背景，他们就不怕这些。他们的二元化组织使其能够将边疆民众纳入一种分隔开的管理体系之下，这种组织可以与这些人的习俗共容并存，并能很好地发掘他们的军事潜能。北魏将游牧力量从草原大规模驱逐出去的政策，使柔然汗国空空如也。每次柔然将要恢复之际，北魏就开始了新的攻势。

从485年开始，柔然基本上年年袭击北魏边疆。豆仑可汗（482—492年在位）尤其野心勃勃，而这种行为使北魏于492年对他发起反击行动。与之前的军事行动相比，此次行动虽然没能俘获大批部众与牲畜，却使柔然分裂了。豆仑由于败绩不断而变得众叛亲离，一些部众希望以他那军事才能卓著的叔父那盖取而代之。在北魏进攻之后，一支反叛集团袭杀豆仑，立那盖为可汗。

北魏进击柔然，是这一王朝采取扰乱游牧力量的传统政策的最后一次大行动。在这次行动之后，北魏就再没有采取军事反击，因为北魏在内外政策方面正经历着巨大的转变。随着这一王朝的汉化，其边疆政策变得与那些本土中原王朝相类似，开始仰赖固守防御，并给游牧力量提供回报。在这种有利条件下，游牧力量的实力与日俱增。

北魏的汉化

在二元化组织中，皇帝有责任维持作为王朝支柱的汉人与部落贵族之间的力量平衡。这两个集团之间力量平衡的任何变化都会对北魏产生至关重要的影响。北魏都城平城坐落于部落边地，就说明了这种双方力量的妥协，尽管在事实上，这个地方难以进行补给，而且也不是行政中心。汉人、鲜卑人以及传入的佛教仪式都在这里共容并存。在拓跋浚死后，这种平衡发生了变化。他的妻子冯太后开始试图让北魏汉化。按照鲜卑传统，太子的母亲会被处死，以免干预朝政，但身为汉人的冯太后通过继子拓跋弘（465—471 年在位）进行间接统治，从而避免了这一命运，拓跋弘随后将皇位让给了他的幼子，之后于 476 年去世。冯太后通过她的孙子拓跋宏（471—499 年在位）继续统治，直到 480 年去世。拓跋宏（常被称为高祖或孝文帝）完全赞同这种政策，在他最终掌权后，进一步加以推行。[①]

孝文帝采取了一系列改革措施，其目的是要消除北魏中的鲜卑影响，并开始完全任用汉人进行统治。他设法禁止鲜卑习俗，并鼓励拓跋部与汉人贵族们通婚。然而，关键性事件则是 494 年迁都洛阳。这就将政府从其部落因素中分离出来，使这些部落力量在国家中被边缘化，并使一些部落氏族变得贫困，这些部落曾经因为供应都城之需而获取了财富。这种改革更为明显的则是对部落习惯的偏见，朝廷禁止穿戴鲜卑服饰（494 年），禁止年轻官员在朝廷上说鲜卑语（495 年），将部落及汉人贵族统合进单一的官制体系中（495年），并禁止使用拓跋为姓，而代之以"元"这一汉姓（496 年）。496年边疆部落爆发的一次大反叛延缓了改革的步伐，但是整个王朝已经按照汉地模式加以重组了。

朝廷中的汉化对北部边疆影响深远，尤其是在 499 年孝文帝死后，北魏对这一地区的控制日渐薄弱。迁都洛阳极大地改变了边疆军队与王朝的关系。在这之前，他们补给充足，其首领在朝廷中备受优待，而北部边地也受到北魏的重视。在迁都之后，将北部边疆视作化外之地的传统的汉式观念得以强化。部落军队不再被当成

[①] 詹纳尔《〈洛阳伽蓝记〉译注》(Jenner, *Memories*, pp. 38 - 62)中有关于迁都洛阳的详细叙述，而霍姆格伦的《北魏灵太后与拓跋汉化问题》(Holmgren, "The Empress Dowager Ling of the Northern Wei and the T'o-pa sinicization question")一文认为政治问题最终摧毁了这一王朝。

国家的支柱，而被看成政治上不可靠的力量。守军的配给被那些腐败的官员们侵吞，这些守军则作为流刑犯而被派往边镇服役。北魏对柔然的主动扰乱被代以一种边墙防御及提供纳贡收益的保守方式。因此，当朝廷试图采取汉式管理模式时，就又回到了汉朝所发展起来的处理边疆事务的老路子上了。北魏所碰到的主要难处在于，这种政策仍然需要依靠部落军队以保卫皇族安全、镇压农民起义并组织边疆防御。例如，在一名汉官要求将兵卒从高级政府职位上排除出去时，洛阳的官军于519年发动叛乱。这种建议符合儒家传统，但政府被迫满足这些士兵的要求，没有执行这一政策。

汉化计划所造成的变化最明显地体现在北魏朝廷控制柔然可汗阿那瓌的方式上。在519年其兄死后，阿那瓌被立为可汗，但在数月后就被对手婆罗门所败，失去可汗之位。次年，他投奔北魏寻求支援，力图重获可汗之位。阿那瓌当着北魏皇帝之面要求获得军队与武器。北魏在之前曾收留过一个敌对的柔然集团，在那次事件中，北魏给他们封授，将之纳入北魏贵族中。阿那瓌采取匈奴集团在类似情况下所采用过的内部边界战略。北魏之所以支持他，是希望将柔然分化为永久敌对的集团，但没能成功。阿那瓌不久之后就重获可汗之位，并于523年组织起柔然的一次大进攻，俘获了大量牲畜。

北魏召集边军并命其无目的地追击柔然。由于不受重视，且措置不当，这一行动在次年演变为边疆守军的一场叛乱。其导火索是一名腐朽的官僚拒绝为饥肠辘辘的守军提供粮食。这场叛乱迅速扩展到大部分边疆。令人哭笑不得的是，北魏朝廷唯一的盟友竟然是柔然。阿那瓌摧毁了边疆地区，并暂时镇压了反叛。为防止进一步的被动，北魏将一些参与反叛的军队迁到南方，以便更好地加以控制。这实际上是一个重大失误，这些军队于525年及526年再次反叛，使北魏都城危在旦夕。魏帝致信阿那瓌，给予嘉奖，并正式承认他与自己平起平坐，上书不称臣。

528 年，契胡部首领尔朱荣进兵洛阳，拥立新君。他到洛阳后，一举诛杀了整个北魏朝廷的朝臣 1300—3000 人。[①] 他一举扫尽了北魏的汉式统治机构。不久之后，洛阳被遗弃一空，北魏分裂为秉持鲜卑传统的西魏（北周）以及具有更多汉式特征的东魏（北齐）。双方都非常害怕游牧力量，并试图用馈礼及联姻来安抚阿那瓖。

北魏的瓦解标志着东北王朝在中原统治的结束。在北魏分裂的同时，随着隋唐大一统的出现，权力也开始逐步转移到汉人手中。北魏的结局表明，作为一个更受汉式价值观熏陶的外族王朝，在其疏远了的部落传统以及排外的北方汉人世族面前，地位都是非常脆弱的。部落军队之所以发动叛乱，是因为北魏将汉人提拔到最有权势的职位，而使这些军队的重要性降低了，同时，北魏又减少了之前曾给予他们的经济和政治利益。然而，即使在王朝已经采纳汉式机构，并接受了获取合法性的政治标准之后，那些北方的汉人世族也从未完全接受外族的统治。外族王朝可以声称他们承继的是王朝的正统，并且也被囊括进官方正史之内，但他们从未消除自己"蛮夷"血统的印记。

北魏的灭亡也使一个大循环走到了尽头。我们在之前曾注意到，由于彼此间的相互依赖关系，汉朝和匈奴那样的中原王朝和草原帝国几乎都是同时开始，也同时灭亡。在随后的混乱时期，只有东北地区采取二元化组织的部落才能最先生存下来，并利用这种混乱局面，在华北建立起强大的国家。随着时间的推移，这些王朝在边疆与汉地事务间做出了抉择，为控制中原而放弃了边疆。一旦离开部落军事力量，政治控制就无法维系，而且汉人军队最终也会取而代之。在那个时期，正是由于这些王朝全力关注中原事务，忽略

---

① 史称"河阴之变"。——译者注

了边疆之事,草原部落有了自由组织起来的机会。随着汉人将东北王朝的统治者驱除出去,他们开始面对一个准备采取外部边界战略的统一的草原政权,以及一支从匈奴时代以来未曾出现过的力量。

关键名称表

草原边疆地区的主要部落

鲜卑

漠北匈奴的继承者(130—180 年)

在东北和华北地区建立了几个王朝(4—6 世纪)

匈奴

在中原边疆各地分裂为一些小集团

冒顿的单于世系直到 5 世纪还在活动

柔然

蒙古地区的统治部落(380—555 年)

大多数在北魏控制下

高车(铁勒)

柔然的下属部落集团

吐谷浑

起源于鲜卑的、生活在青海湖附近的游牧力量

氐

3—5 世纪居住于长安地区的羌人的属部

乌桓

位于中原东北边地的游牧力量

在文化上与鲜卑类似

在 300 年后作为政治集团消失了

关键性的部落人物

檀石槐

统一草原部落的唯一一位鲜卑首领(156—180 年在位)

轲比能

汉朝崩溃时期的鲜卑首领

苏仆延

汉朝崩溃之后的乌桓首领

汉朝灭亡后华北出现的王朝

中原军阀王朝

北(曹)魏(220—266 年)(北部)

西晋(256—316 年)(北部)

(前)凉(313—376 年)(西北部)

匈奴系王朝

汉/赵(304—329 年)(北部)

后赵(319—352 年)(北部)

北凉(397—439 年)(西北部)

夏(407—431 年)(北部)

鲜卑系王朝

前燕(348—370 年)(东北部)

后燕(383—409 年)(东北部)

南燕(398—410 年)(东北部)

北燕(409—436 年)(东北部)

南凉(397—414 年)(西北部)

北(拓跋)魏(386—534 年)(北部)

西魏(534—557 年)(北部)

氐系王朝

秦(352—410 年)(北部)

后秦(384—417 年)(西北部)

后凉(386—403 年)(西北部)

西凉(400—421 年)(西北部)

关键性的中原人物

公孙氏

辽东地区的割据统治者(189—237 年)

曹操

汉人军阀(155—200 年)

取代东汉的魏国的创建者

镇压了边地部落

袁绍

与游牧力量联手的汉人军阀

败给了曹操

关键性的外族人物

苻坚

氐部军阀

基本将华北统一在前秦下

刘渊

汉/赵政权的匈奴创始人

在中原建立国家的第一位单于

慕容氏

建立燕政权(大约 300—400 年)的鲜卑氏族

创建了政府管理的二元化组织

燕政权皇室的家姓

慕容廆:建立起位于边地的慕容氏政权(283—333 年在位)

慕容儁:首次称燕帝(348—360 年在位)

石勒与石虎

后赵政权的羯-匈奴割据统治者

令华北生灵涂炭

拓跋氏

建立北魏(约 400 年)的鲜卑氏族

统一了整个华北地区

北魏皇室的家姓

拓跋珪:王朝的创建者(386—409 年在位)

拓跋宏(孝文帝):北魏皇帝(471—499 年在位),采取汉化政策,

导致了叛乱

第三章　突厥帝国和唐朝

秦汉王朝所实现的大一统及匈奴对草原的统一，是绵延了数百年分裂局面之后在一代人的时间内实现的。三百年之后，中原与草原上中央权力的衰亡也发生在一代人的时间之内。草原地区与中原交相辉映，并不是偶然的。从根本上说，草原的国家组织需要稳定的中原加以养育。突厥帝国与唐朝就提供了检验这种假设的独特契机。双方所采取的政策都很像类似情况下数世纪之前的汉朝与匈奴所采取的策略。然而，由于中原已经在外族统治时期受到了深刻影响，因此就存在一系列重要的不同之处。这一影响是如此之大，以至于李世民（唐太宗）这位汉人皇帝在短期统治期间得以创造出一种新体制，在这一体制之下，他被草原与中原都接纳为统治者。然而他的后继者们无法采取他的政策，而不得不重新回复到汉朝所独有的对草原的防御战略上来。这种转变表明，一旦某一本土王朝在中原建立起来之后，强力就成为执行防御性外交政策的工具，而这维护了文职官僚在与商人及军事阶层彼此角逐中的力量。这最终导致了这样的一种情况，即虚弱的唐朝事实上由游牧力量保卫，并依靠着游牧力量所提供的好处而避免了内乱与外患。一开始的掠夺性关系如今变得仅仅是象征性的。随着 840 年回纥的覆灭，唐朝失去了保护者并在一代人的内部反叛中分崩离析了。

突厥第一帝国①

突厥（T'u-chüeh）这一最有名的游牧部落在 6 世纪中期进入汉文历史文献中。② 他们的老家是金山（阿尔泰山）地区，然而有材料表明他们最初可能来自甘肃东部的平凉地区。他们是柔然的属部，以善锻铁而闻名。③

柔然对草原的牢固控制只是阶段性的。拓跋魏（北魏）立国后迅速发起的攻击已经将他们从边疆地区击退了。之后，在北魏迁都洛阳并放弃其进攻性的边疆政策之际，柔然已经由于内部纷争而分崩离析，故而无法乘势东山再起。他们衰落的标志是另一个独立的游牧集团的出现，位于青海的吐谷浑控制了通往西域的贸易要道。中原可以通过吐谷浑的领土而绕过柔然。④ 柔然还无法彻底征服高车（铁勒），高车不时反抗他们的领主。546 年，突厥人在帮助柔然击败高车时异军突起，俘获五万落民户。突厥首领土门试图与柔然可汗阿那瓌建立联姻关系以作回报。但事与愿违，土门得到了"尔是

---

① 原文为"The First Turkish Empire"，下文中作者亦有"突厥第二帝国"（The Second Turkish Empire）的说法，作者在这里所采用的是突厥史学家蒲立本（Pulleyblank）的古突厥史三大政治单元的分期模式，对此，目前国内学术界尚有争议，此处仍据原文译出，下同。——译者注

② 关于最初的两个突厥帝国的历史记载于这一时期之后的中原王朝官史中，各部官史都包含了关于游牧力量的一个章节。突厥与北魏的后继者的关系以及柔然的结局可以参见《周书》、《北史》（卷 99）以及《隋书》（卷 84）。突厥与唐朝的关系在《旧唐书》（卷 144）和《新唐书》（卷 215）中有所记载。尽管这两种文献涉及的是同一时期，但每一部都有非常不同的材料。刘茂才的《东突厥史的汉文记载》（Liu, *Die chinesischen Nachrichten zur Geschichte der Ost-Türken*（T'u-küe））将所有这些材料译成了德文资料。

③ 因其善锻铁而被柔然称为"锻奴"。——译者注

④ 莫雷：《五代至北魏时期的吐谷浑》（Molè, *The T'u-yü-hun from the Northern Wei to the Time of the Five Dynasties*）。

我锻奴，何敢发是言也!"的恶语回复。土门遂杀死了那个传话的使节，发动反叛。

通过在551年与西魏结盟，土门增强了自己的政治地位。他于第二年与柔然交战，取得大捷。柔然可汗阿那瓌自杀身亡。土门也在那一年死了，他儿子科罗主导发动了对柔然的第二次进攻。科罗死后，他的兄弟木杆可汗继位，木杆可汗将柔然的残余领袖驱赶到中原东部，将其杀死。他进而征服吐谷浑，并使突厥帝国的版图大为拓展，在他叔叔室点密的协助下，帝国从东北一直拓展到里海。

这个帝国经组织而成为一个帝制联盟。与匈奴一样，它有三个基本层级：帝国政府与朝廷官僚、帝国任命的遍布于帝国各地的统治部落、处理民众事务的当地部落首领。

帝国的最高层级是可汗，但跟匈奴的单于不一样的是，可汗并不总是独一无二的。高级的可汗有时候会任命次级的可汗统治帝国的部分地区。可汗的继承人拥有叶护的头衔。在突厥帝国建立之前，这一头衔曾是最高等的，在还是柔然帝国的一部分时，在"大叶护"（Great Yabghu）统治下，突厥第一次开始强盛起来。帝国的高级官员拥有"杀"（shad）①的头衔。他们和叶护统治着帝国中的部落。拥有这类头衔的是可汗的儿子、兄弟与叔父们，被称为"特勤"（tigin，王）。所有这些人都属于居统治地位的阿史那氏族。

那些组成帝国的部落都有自己的首领"匐"（bäg）。那些强大的部落首领拥有"颉利发"（iltäbär）的头衔，而弱小的部落首领则称为"俟斤"（irkin）。他们都屈从于帝国统治的权威。这些地方性的部落集团合起来被分为东西两翼："突利"（Tölis）和"达头"（Tardush）。不直接由突厥统治的部落则由吐屯（tudun）监统，他由可汗分遣各部，名为征赋、实为监国。根据汉文记载，在整个系统中共有

①或称设、察。——译者注

二十八等,且都是世袭的。[①]

　　这些可见的材料表明突厥帝国并不像匈奴那样集权。大可汗所任命的小可汗经常在国中自成一派,从而削弱了大可汗的权威。突厥缺乏军事组织上的十进制体系(例如统领一万或一千军队),而且较之匈奴单于,可汗掌控其属下的权力也更小。

　　突厥的崛起跟匈奴一样,所依靠的是军事力量。在自立之初,突厥就开始从华北的两个敌对王朝北周和北齐那里获取奉供。突厥并不需要入侵中原以对他们施加压力。两个王朝都害怕柔然之前的破坏以及草原上的征服者。突厥从两个王朝那里都获得了巨额馈礼。有时候,突厥也会派兵协助北周进攻北齐。随着突厥以马易绢,贸易也开始繁盛起来。553 年,突厥带着五万匹马来到边界进行交易。在木杆可汗在位期间(553—572 年),北周每年给可汗十万匹缣帛,并被迫在都城接纳大批突厥人以示友好姿态。北齐不久之后也给突厥以大批钱财。这两个王朝都害怕突厥会站在对方一边对抗自己。可汗很喜欢这种竞争中的焦点地位,这使突厥获得大量财富。可汗曾这么说:"我在南两儿常孝顺,何患贫也?"[②]

　　丝织品贸易是将突厥帝国维系起来的主要纽带。东突厥人从中原获得丝织品,而西突厥人则将之卖到波斯和拜占庭。每一位统治者都有很大的独立性。长期以来,两位统治者之间的血缘关系很近,故而双方之间就形成一种和平协作的局面。在帝国创立者死后,这种关系就逐渐削弱,他们的继承者们开始了一场内战,这使得帝国永久性地分裂了。匈奴在一开始也面临类似的问题,政治体制

---

① 护雅夫:《古代突厥民族史研究》(Mori, *Historical Studies of the Ancient Turkic Peoples*)(日文写成,有英文摘要,第 3—25 页)。

②《隋书》84:5a;艾克西迪:《6 世纪后半叶突厥与中原之间的贸易与战争关系》(Ecsedy, "Trade and war relations between the Turks and China in the second half of the 6th century"),《6 世纪突厥帝国的部落与部落社会》("Tribe and tribal society in the 6th century Turk empire")。

运作的难点在于横向继承是一种常态。横向继承困扰着突厥，这是因为他们无法就如何清除潜在的继承者达成一致意见。与匈奴不同的是，突厥没有一个清晰的贵族等级制度以确定一旦众兄弟都死后谁该登位。最终，继承问题只有通过武力才能解决。在草原上，暴力总是与继位争斗相伴而生，这也是突厥所获得的遗产。①

突厥帝国在大约581年时分裂为敌对的东西两个汗国，而与此同时，东突厥也陷于内战之中。分裂和内战都可以被视为突厥在权力延续至新一代时所面对的困难所致。

帝国的非正式分裂源于土门。他保证其弟室点密有权作为西面可汗（面向西部的可汗）统治西部。当553年土门去世时，室点密并不想成为帝国的最高统治者。大可汗的头衔传到了他的侄子辈、土门的儿子那里。室点密比土门的大多数儿子活得都长，直到佗钵可汗在位期间的576年方才去世。室点密之子达头成为西部的统治者。假如达头甘愿居于其兄弟辈下面的从属地位，他是不会立即反叛的。佗钵在血缘上的地位要稍微高一点，而更为重要的是，他有效地建立起权威并被室点密拥立为大可汗。

达头只是在佗钵可汗去世之后才引起大麻烦，当时他拒绝承认下一代的权力。从血缘上来看，达头是他那一辈中最年长的男性，因此就高出其兄弟辈的子孙一头。他认为在土门儿子辈全都离世后，最高头衔应该传给室点密的任何一个活着的儿子。对那些强有力的西部汗王来说，这是一次绝好的机会，使他们能够重新商议帝国应该以何种规矩管理。达头在这一过程中将东突厥的难题转变为与新一代的争权夺利。他们无法就如何和平解决继承问题达成一致。

---

① 傅礼初：《蒙古人：生态与社会视角》（Fletcher，"The Mongols：ecological and social perspective，" p. 17）。

东突厥通过从长兄到幼弟的汗位继承大体上实现了长期的稳定局面,直到土门的儿子全都去世为止。这种继承体系在汗位必须传给下一代时最为脆弱。兄弟辈们之间彼此少有联系,而且人人声称自己是老可汗的儿子。一旦权力确实传到了新一代的手中,这些支系的成员将会发现他们将来永远不可能继承权位。在理论上这不是个问题。按照长者继承的原则,最年长兄弟的最年长儿子在所有幼弟都去世的时候登位。只有在他及其兄弟死后,汗位才能转移到同辈中幼弟那支的任何活着的堂兄弟那里(这就是达头有权继承的实质)。然而,这种严格的长者继承模式忽略了一些主要的政治难题。年幼一代中最年长的男性经常是几十年前就已死去的可汗的儿子,而那些更近一段时间掌权且死去不久的可汗的儿子则更接近于实权,并可以在彼此争斗中依靠他父亲的政治盟友。如果不考虑专门的权利与特权,兄终弟及制的结束为那些堂兄弟以其政治军事能力争夺汗位的机会提供了机会。突厥帝国从其军事与经济力量顶峰上的急速衰落就是上层分化的后果。

这种继承争斗的机制通过观察第一次内战的细节可以最清楚地表现出来。可汗们彼此间的关系标示在图表 4.1 中。在第一次继承中,权力从土门传给他的儿子科罗。室点密在他兄长死去之前已经接受了帝国的西部并获得了一个可汗称号。尽管室点密实际上较侄子们更强有力,但他没有与侄儿竞争。科罗在成为可汗后不久就死了,汗位由其幼弟木杆继承,他统治了此后的十八年。木杆可汗是那一辈中最强大的。正是他在位时期突厥最终消灭了柔然,而嚈哒则被其叔父室点密赶出了阿富汗地区。然而,他还任命他的幼弟们为小可汗。佗钵作为东面可汗(面向东部的可汗)驻守于蒙古地区东部,负责监管东北边疆地区的部落并向契丹发动进攻。褥但被任命为步离可汗,掌管蒙古地区西部。

572 年木杆死后,其弟佗钵成为可汗。这次继承是和平进行的,

图表 4.1　突厥第一帝国可汗世系

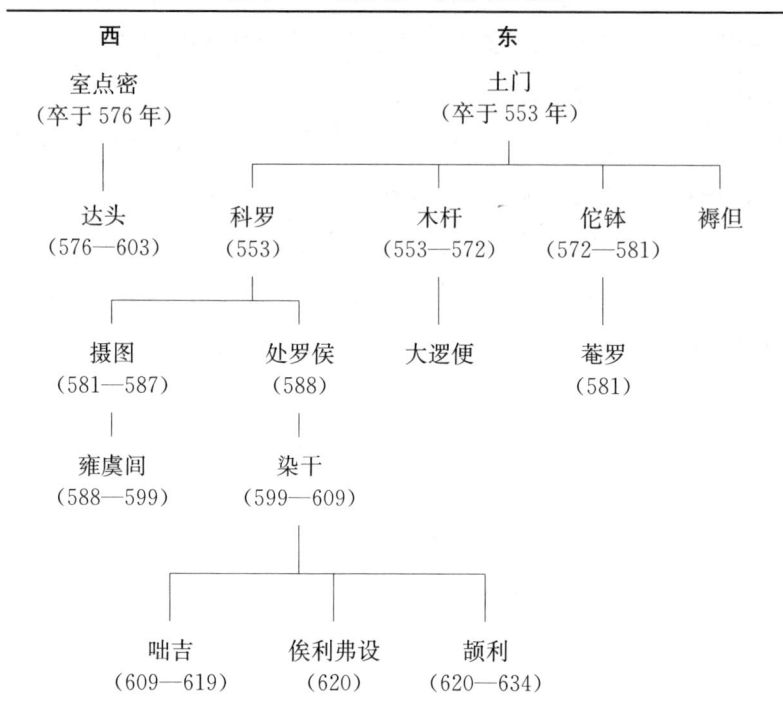

西			东	
室点密 （卒于 576 年）		土门 （卒于 553 年）		

达头（576—603）　科罗（553）　木杆（553—572）　佗钵（572—581）　褥但

摄图（581—587）　处罗侯（588）　大逻便　菴罗（581）

雍虞间（588—599）　染干（599—609）

咄吉（609—619）　俟利弗设（620）　颉利（620—634）

但有迹象表明汗系内部的关系正日益紧张起来。可汗的儿子们并不支持他们叔父，而新一代在佗钵——土门最后的儿子死后就开始掌权。与此同时，他们中的一些人被任命为小可汗。佗钵任命他幼弟褥但的一个儿子为步离可汗，而科罗的儿子摄图则被任命为东面可汗。室点密死后不久，他的儿子达头成为西面可汗。在四个可汗中，达头最为强大。在这些可汗掌权的情况下，佗钵已经丧失了对帝国的控制力。这种权力的下移，意味着在他于 581 年去世时争夺大可汗之位的斗争就已经剑拔弩张。内战随之爆发。

　　突厥可汗由议事会协商一致从潜在的继承人中选出，但是与匈奴的推选所不同的是，在这一过程中有更多的公开争辩。581 年的候选者包括拥有可汗头衔的土门的四个儿子的后裔。其中主要的

竞争在佗钵之子菴罗、长寿的木杆之子大逻便以及长兄科罗之子摄图之间展开,他们代表着家族中的长支。选举中充斥着暴力威胁:

> 及佗钵卒,国中将立大逻便,以其母贱,众不服。菴罗母贵,突厥素重之。摄图最后至,谓国中曰:"若立菴罗者,我当率兄弟以事之;如立大逻便,我必守境,利刃长矛以相待。"摄图长而且雄,国人,莫敢拒,竟以菴罗为嗣。大逻便不得立,心不服菴罗,每遣人骂辱之。菴罗不能制,因以国让摄图。①

摄图成为沙钵略可汗。他任命菴罗为第二可汗以作奖赏。当大逻便声称只有他还没有可汗头衔时,摄图遂任命他为阿波可汗。

摄图对帝国的控制很薄弱。不仅是因为他在草原上有着强大的对手,而且在他刚掌权之初,中原就切断了奉供。581 年,隋朝统一了中国北部,并准备统一南方。创建者隋文帝(581—604 年在位)篡取了北周政权,其最初的两个行动就是将所有朝廷中的突厥人赶回草原并停止巨额的丝绢奉供。这对突厥帝国而言是巨大的威胁,因为其日渐增多的财富和贸易馈礼来自北魏政权那些虚弱的继承者们。作为对此的回应,摄图于 582 年组织起对中原的大规模劫掠。这一入侵行动的目的一方面是让突厥部落放手劫掠一番,另一方面是让隋朝对草原采取一种更为适当的政策。

这次劫掠大为成功,突厥几乎虏去了边界地区的所有牲畜。然而,这并没有解决内部的权力争斗问题。摄图所关注的是大逻便的忠心,尽管大逻便在突厥进攻中原之后隋朝的反击中也曾支援过摄图。当大逻便忙着与汉人交战的时候,摄图攻击了他的民众并试图摧毁其权力基础。这次袭击开启了一场持续二十年之久的血腥内战。

---

①《北史》99:6b–7a;庄延龄:《早期突厥人》(Parker, "The early Turks," 25:2)。

摄图试图扫除对手的努力失败了。大逻便逃向西部以寻求达头的支援。达头乘东突厥分裂之机自立为独立的可汗，并试图成为突厥的最高统治者。他不仅仅是要帮助大逻便。达头整军备战，不久之后击败了摄图，摄图为求自保被迫于 584 年逃到中原边境地带。

在草原的一次败仗后，为了寻求中原的支援，摄图采取了南单于们曾用过的内部边界战略：向中原称臣以求得保护和支持，以对抗敌对的部落首领。但这并不是说摄图会像汉人所认为的那样称臣纳贡，毋宁说，这是一位落败的首领的少数选择之一。柔然首领们在败给突厥之后试图向北齐寻求庇护，但并未成功。北齐由于担心突厥的报复，不得不将他们送回去杀死。隋朝要强大得多，也欢迎那些失败者，以作为在草原上分而治之的一种策略。隋朝庇护摄图免受来自突厥对手和东北契丹部落的攻击。

对迎接突厥可汗的归顺，中原有着深厚的观念基础。数百年的外族统治之后，中原重新在一个本土王朝之下统一到一起。在儒家史官的观念中，一位突厥可汗的正式归顺，即使已经毫无权力，也是"天命"真正归于隋朝的另一种表现。这使人重新回忆起汉朝的光辉岁月。基于此，汉人对摄图行动的政治本意并不怎么在意。摄图失望地发现自己依赖中原，与汉人使节的生活习惯也没什么两样，但他在写给朝廷的信件中还是满腹谦卑。摄图自己与中原联合，这是由于他需要一个重建的基地，而不是因为他敬仰隋朝。

摄图死于 587 年，由其弟处罗侯继承汗位，处罗侯与大逻便针锋相对。一些突厥部落认为处罗侯有隋朝的军事支持，遂从大逻便叛归处罗侯。在继而发生的战斗中，大逻便被俘，不久死去。处罗侯进一步向西进攻，但在战斗中被杀。摄图之子雍虞间被拥立为汗（都蓝可汗）。

大逻便的失败并不意味着内战的结束。达头仍然控制着大部分草原地区,并雄心勃勃想成为独一无二的可汗。但就算在东突厥内部也无法轻易地恢复秩序,这是因为新一代开始了争夺汗位的新冲突。就像早期的争斗一样,在这次新的争斗中,堂兄弟的对手们卷入其中。

雍虞间由于是大支最年长的,因而继承了其叔父的汗位。处罗侯之子染干自立为突利可汗,统治着北部的铁勒(高车)部落。雍虞间代处罗侯之子继位,正是处罗侯恢复了东突厥的财富,摄图要为这些财富的失落负责。隋朝洞悉到这种对抗局面,并设法使嫌隙扩大。他们在597年将一位隋朝公主许配给了染干,并送去众多馈礼,在短短一年时间里派去了三百七十个使团,这些送给染干的厚礼惹恼了雍虞间,他袭击了隋朝边塞并与达头联合起来。染干在他们联手打击之下损失惨重,不得不避退到长城之内。

这时,达头的财富达到了顶点。在599年雍虞间被其仆人刺杀后,达头声称自己是突厥人唯一正统的可汗。他随后发动了大规模进攻,试图荡平东突厥。601年,他的进攻威胁到隋朝都城洛阳,而在第二年,染干在鄂尔多斯参战。为了挑起草原内部的纷争,隋朝在边境战争中采取火攻,这威胁到在雄心勃勃的达头领导下的突厥的统一。

令隋朝和染干感到万幸的是,达头所进行的战争离其自身的西部领地过于遥远,一旦其故地有反叛之事,他就会变得不堪一击。铁勒诸部趁他不在的时候脱离了突厥的控制。达头放弃蒙古地区而退往东突厥,并进一步西退,最后死在路上。尽管隋朝帮助染干控制了漠南的部落,但他对戈壁以北部落的控制还是很薄弱。609年染干死后,汗位传给了其子咄吉(始毕可汗),而且,直到他们被唐朝攻灭为止,东突厥一直被咄吉和他的两个兄弟统治。

与匈奴相比,突厥更容易陷入内战。这既是因为有大批潜在的继承人,而他们除了诉诸武力,便无法消除旁系的继位要求。人类学家杰克·古迪(Jack Goody)在对这种体制的理论问题加以分析后认为：

> 随着继承世代的增加，决定长幼之别的问题变得越来越复杂，而潜在的候选人的数量也变得过多以至于无法加以选举或任命。这一体制无法维持这种不确定性。到了第三或第四代，你就必须设法减少潜在继承者的数量。
>
> 一种可行之举就是只关注一位兄弟的子孙(在潜在继承者的第三代中)，这种结果是修正了的直系继承形式。但是假如一位男子是国王而其子孙不是的话，就会成为最危险的体制。确实我也知道这种可能性并没有真实的事例加以印证。[1]

突厥第一帝国似乎就是这样的情况，正如所预料的那样，这种体制在权力从上一代传向下一代时是高度危险的。最终，潜在的继承者唯有被杀死方能被排除在外。由于社会中的潜在继承者数量非常多，多方竞争愈演愈烈，内战就屡见不鲜了。在奥斯曼帝国时期，突厥人通过杀死所有新苏丹的兄弟这样一种血腥残忍却有效的方式，解决了横向继承的问题。

天可汗

染干在隋朝获得了地位，而隋朝也开始将东突厥看作重要盟友。605 年，隋朝派两万突厥兵进攻契丹，取得大捷。然而，隋炀帝(605—616 年在位，618 年被杀)发现他无法经常得到突厥的帮助。在 607 年巡访汗庭时，他发现染干正与来自高丽的使臣商谈，而在第二年，突厥虽然同意协助隋军攻占西域的哈密，但最终并未发兵。突厥尽管有其独立性，但已经成为隋炀帝拓疆计划的重要组成部

---

[1] 古迪：《高级职位的继承》(Goody, *Succession to High Office*, pp. 35 - 36)。

分。比如说,隋炀帝曾威胁高丽人说,如果他们不顺从他的统治,就将遭受突厥人的攻击。为了维持中原与突厥的联盟,隋炀帝为游牧民组织起边市,给他们的首领以馈礼并将人质扣押于朝廷。然而,他还是为了防备游牧力量翻脸而沿黄河一线严加防备以保护中原。①

隋炀帝对突厥的仰赖是建立在隋朝对染干的长期支持上的。作为可汗,染干与中原互通往来。他于 609 年去世后,在突厥一次去洛阳的朝见之旅中,形势突然发生变化。他的儿子咄吉(始毕可汗)掌权,与其父相比,咄吉与中原的关系要疏远得多。在隋炀帝遣大军征伐高丽时,没有得到突厥的策应,隋炀帝发现自己孤立无援。这一次与其他两次征高丽的战役由于中原各地爆发叛乱而草草结束。在一开始,突厥一直到 615 年依然与隋朝保持联盟,其目的至少是得到奉供,而到了这一年,他们开始敌对起来,突厥甚至袭击了正沿边地巡游的隋炀帝。隋朝进一步陷入内乱,618 年,隋炀帝被杀。

当中原陷于瓦解之际,突厥作壁上观。他们乐于收取所有那些争权者送来的馈礼。突厥还获得了一些人质,其中包括与可汗联姻的隋朝朝廷送来的。尽管兵强马壮,但突厥既没有扮演皇位争夺者的角色,也没有征服中原的意图。他们支持了大约六个反叛集团,给这些集团的首领以头衔、马匹以及少量军队,但可汗本身并没有扮演重要角色。与他们之前的游牧帝国一样,突厥起到了中介者的作用。他们很大程度上是要坐等中原发生变故。突厥更愿意在远处榨取或者劫掠中原。他们不时转变支持态度以使争位者无法一支独大,甚至在新建立的唐朝统一中原之时,还不得不对突厥采取宽容政策。唐朝开国皇帝在位时,突厥再次使用外部边界战略得以

---

① 芮沃寿:《隋朝》(Wright,*The Sui Dynasty*,pp. 187 - 194)。

富强起来。

华北地区曾经被外族统治三百年之久。在那个时期,中原的外族统治者很大程度上被汉化了,定都于洛阳的北魏就是一个例子。这一过程的相关步骤已被细致探究过了,但是华北地区的"野蛮化"这一相反过程则少有人关注。唐朝的建立通常被视为传统中国价值理念与政策的回归。然而通过对建立这一新王朝的李氏家族的探究,可以发现这些北方的汉人贵族们深受数世纪外来统治的影响。他们的价值观、习惯、行为以及政策都表现出一种强烈的草原影响。这种影响是如此强烈,以至于直到唐朝的第二位皇帝李世民统治结束为止,他一直统治着中原与草原,并成为被双方都接受的统治者。他的继承者无法同时扮演这两种角色,这种单一性也不同于前者的二元性。

华北的外族统治的影响在来自长江流域的南方人的一些讨论中可以得到体现,这些人仍然在汉人统治之下,而北方的汉人则居住在外族统治下的中原古老核心地带。南方人将自己看作古老汉朝文化的继承者。他们认为北方人粗鄙无知但精于行伍,热衷个人交往,对礼仪不甚关心。在北方,妇女有更多的自由。她们从事讼事、商贸,甚至上朝争辩。用那些限制妇女活动的南方文士的话来说,只有在北魏的草原传统下才会出现这种悲惨事。北方朝廷中的饮料是掺水的酸奶,而不是茶。北方人则嘲笑南方人喝茶的文弱。这里可以罗列出一长串特征出来,但很清楚的是,大量的草原习惯已经融入了北方的日常生活之中,尤其是在朝廷中的汉人贵族那里。[1]

政治与军事事务也受到了草原的影响而有所改变。中原的统一是在起源于西北的家族领导下实现的。北魏灭亡后,开始统一中原的是北周,这是最后几位北魏皇帝所采取的汉化政策所激起的那

---

[1] 芮沃寿:《隋朝》(Wright, *The Sui Dynasty*, pp. 21 - 53)。

些反叛者的继承人。眼看统一中原的任务即将完成,朝廷却陷入继位之争中,使隋朝的建立者得以利用其皇室外戚的地位,建立一个重新统一中原的新王朝。建立唐朝的李氏家族也是这类贵族。西北贵族很强调军事技能,个人从军出征或者进行狩猎活动则尤受尊崇,较之传统汉族文化层,这种进取性在游牧化的突厥文化圈里保存得更多。虽然,他们也接受过传统的汉式教育,但是与书法相比,他们更喜欢骑马。在族类起源上,这些家族是古老边疆汉人、鲜卑、匈奴以及突厥人的混杂,但是几个世纪以来,他们已经失去了特有的部落纽带,而成为有着强烈贵族传统的社会阶层。①

隋朝灭亡时,李氏家族只是众多皇位争夺者中的一个。李渊,未来的唐高祖,是一度忠于隋朝的驻守太原的重要边将。随着中原乱局日甚,他于617年以军职趁势起事。为了能够成功,就有必要与突厥可汗结交,因为突厥较中原的任何单支叛军要强大得多。在未能与突厥达成正式盟约之后,与他的一些对手所做的一样,李渊保证在战争中让突厥拿走所有战利品。他还认为随着中原秩序重建,就可以恢复让游牧力量获益巨大的旧有的朝贡体系。可汗给了李渊数千匹马以及几百突厥兵。在他儿子所率军队的协助下(包括他女儿所率的一支),李渊迅速占据了都城长安,并于618年自立为新建立的唐朝的皇帝。统一中原的战斗持续到623年。最重大的几次战事是由李渊次子李世民统率的。②

李世民在一些战事中的谋略体现出来自边疆的影响。他是战略撤退的大师,这种战略撤退使他在进攻之前已使敌方大军自身消耗殆尽。他亲自带兵作战,而四骏常随左右。他命人将这些马镌刻于石头之上,每匹的形态特征都栩栩如生,甚至还包括身上的箭伤。

---

① 杜希德:《唐代统治阶层的组合》(Twitchett, "The composition of the T'ang ruling class," pp. 47 – 87)。

② 宾板桥:《唐朝的建立》(Bingham, *The Founding of the T'ang Dynasty*)。

对马匹和战斗细节的关注是草原领袖的特征,而不是汉人王朝建立者的特征。有些人是伟大的将领,但很少有人同时还是勇敢的武士,他们通常也会避免单人搏斗。与此同时,李世民的教育也包括了经典和书法方面的训练。他的这种文化技艺在他死后还备受尊崇。除了这些学术特征,他还达到了草原的标准,是一个优秀的骑士、杰出的射手和勇士。

草原政治,尤其是暴力的使用,在唐朝初年鲜明地体现出来。李世民卷入与长兄李建成的冲突之中,按照汉人的传统,李建成继位是有优先权的。太子及幼弟在朝中一致对抗李世民。他们害怕李世民的军事实力,因为 621 年唐高祖任命他为驻扎洛阳东部地区的军政统帅,除此之外,李世民在唐朝的威望也远高于太子。李建成担心李世民会利用他的名望取而代之,两兄弟间爆发了残酷的政治斗争。太子一度处于有利局面,而李世民似乎会被谋杀而成为牺牲品。李世民于 626 年采取断然行动对抗长兄,从而避免了这一命运。他率领一队随从守在宫门之上伏击太子及其幼弟,将两人乱箭射死。唐高祖意识到事已至此,无可挽回,被迫于数日之后宣布退位,李世民登基,是为唐太宗。

这大大震撼了儒者的内心,对他们来说,弑杀兄弟以及不孝乃犯天之罪。这些行为更多地出现在传统的突厥权力争斗或者冒顿创建匈奴帝国的过程中。初唐时期的其他游牧特征还包括世袭贵族的重要性。早在北魏,世袭贵族的观念就已经深深扎根。较之关于精英官僚以及职衔可以合法继承的旧有的汉族观念(称为"恩荫"),西北贵族在这方面仍然与突厥相近。政府机构从一开始依然保持着鲜卑王朝典型的军政二元机构特性。唐朝的建立标志着本土化的汉人重新开始统治这个统一帝国,但并不意味着与过去的决裂。

皇族内部的突厥影响在李世民之子、太子李承乾身上更多地体现出来。他喜好突厥音乐和习俗,身边都是突厥仆人。他不怎么理会标准的汉人传统,还使用暴力去对抗那些反对他的人。他被唐太宗斥责不配当太子并撤去了他的突厥仆人。表面上他收敛了举止,但实际上,他在东宫选取那些貌似突厥人并能说突厥话的汉人侍从。他在郊外建一座毡舍,四周围满了狼头大纛。在一次娱乐活动中,他自己假扮成可汗身死之态,令众人号哭劙面,奔马环临。他经常表现出想搬到草原去住的想法,在那里可以过一种更自由的生活。李承乾没能实现统治。他于 643 年密谋反抗其父,被流放,次年死去。

　　李承乾突厥习惯的细节被朝廷史官们详细记载下来,以证明他不适合统治天下。但是他的习惯,甚至是其中最稀奇古怪的,在他那个时代也是常见的。除了鲜明的突厥外表,他的行为遵从了李氏家族的传统。当时统治一郡的李世民的一个幼弟,以从城墙上向人群射箭而令满城居民惊慌恐惧为乐。在党羽的随同下,这个幼弟还以晚上私闯民宅为乐。李世民自己就杀死了他的两个兄弟,而他俩之前曾经想毒死他,李世民又迫使其父退位。而隋朝的末代皇帝则以其残忍无情而臭名昭著。唐朝早期非常著名的宫廷文化无法掩盖这样的事实,即来自西北的初唐贵族在很多方面与边疆的突厥人关系很近,因此李世民不需要转变性格就能成为他们的可汗。

　　随着隋朝的灭亡,突厥人重新在东北亚获得了统治地位。所有的草原部落和中原的新统治者都承认突厥可汗的权威。但是新建立的唐朝没有采用这种方式安抚曾经派兵马协助占领长安的突厥。

　　　　及高祖即位,前后赏赐,不可胜记。始毕自恃其功,益骄踞;每遣使者至长安,颇多横恣。高祖以中原未定,每优容之。[1]

　　咄吉死于 619 年,其弟俟利弗设继位,是为处罗可汗。唐朝表

---

[1]《旧唐书》144A:1a 及其后几页;庄延龄:《早期突厥人》(Parker, "Early Turks," 25: 164)。

示吊唁并运去三万匹缣帛作为奠仪。俟利弗设第二年就死了,由其弟咄苾继位,是为颉利可汗。在颉利可汗的统治下,突厥变得越来越具有进攻性,跟先前可汗相比,他发动了对边疆地区更为频繁的劫掠。在他在位之前的七十五年间,据记载,共有大约二十四次入侵,而这一数量在他统治的最初十年中翻了两番。[1] 但是在 630 年,所有突厥民众都被置于唐朝的控制之下,而他们的可汗则成为阶下囚。这种力量的迅速转变是突厥反复出现的继承问题以及李世民所执行的不同寻常的开创性对外政策的结果。

在颉利可汗领导下的经常性劫掠,迫使唐朝在统一中原之后还保持着一支庞大的军队。从这方面来说,颉利正采取一种典型的外部边界战略。他组织大量劫掠行动以获取战利品,摧毁那些冒险挺进草原的唐军,如果碰到那些组织有序、力量庞大的军队则撤退。他最终的目标毫无疑问与之前的可汗及单于一样,是与唐朝达成一项和平协定,从中可以以贸易及奉供支持他的国家,就像北周和北齐曾经向他的祖父和叔父们给予奉供一样。他有实现这一目标的军事力量,但与以前一样,当突厥达到实力顶峰的时候,他们的领导层由于继位权之争而严重分裂了。较之以往,这次的情况更为危险,因为新的汉人皇帝李世民对草原政治了如指掌,而且最终能够使突厥符合中原的利益。尤为重要的是,他了解游牧力量之间个人领导权的重要性,这是大多数汉人皇帝都不具备的观点,这些皇帝都躲在深宫大院之内,眼光狭小。

由于咄吉死后的争斗,突厥帝国变得愈发外强中干。按照横向继承传统,他的两个幼弟完全有权继位,但是咄吉之子什钵苾认为自己应该作为已到年龄的血缘上的大支的代表而继承汗位。突厥对于如何划分兄弟与儿子之间的权力从未能达成一致意见。基于

---

[1] 刘茂才:《东突厥史的汉文记载》(Liu, *Geschichte der Ost-Türken*, pp. 433 – 439)。

什钵苾的实力,他被任命为突利可汗,并掌管蒙古地区东南部的部落。这是解决这类问题的传统方式,但颉利可汗还是设法控制住了所有其他有着"杀"(官职)头衔的汗位觊觎者,较之他的前任,颉利可汗更热衷于集权。

颉利可汗对中原的超常劫掠或许是为了满足他在草原上巩固权力的需要。成功的劫掠为帝国内部的部落首领带来了财富,并使他们忙于对付外敌而无暇内斗。唐朝击溃突厥进攻的计划一开始并不成功,尽管他们有着经验丰富的将领和久经沙场的军队。622年,在获得了草原受灾的报告之后,唐军开始发动进攻。唐军被突厥击溃,突厥随后便是深入中原腹地大肆掳掠。

在李世民领导之下,唐朝与突厥的斗争要成功得多,因为李世民了解突厥的弱点。他的战术目标是迫使突厥撤退。他认为只要有充足的时间,突厥就会由于其内部争端而土崩瓦解。根据在他之前的外族王朝传统,李世民在草原政治角逐方面的本事已经出神入化。他用这种方式表现出在草原文化和传统方面的深厚素养。他对个人神性魅力、虚张声势、游牧仪式以及战斗策略的运用,使他成为一位兼具汉人皇帝及游牧骑士的不同性格于一身的领袖。

624年,突厥入侵长安地区,令唐军惊恐万分。李世民离军而出,并带着百人向颉利可汗挑战,要求亲自决斗,但颉利笑而不对。李世民遂派信使到什钵苾处,向他挑战要求决斗,什钵苾也拒而不应。李世民孤身一人到突厥阵前,这使多疑的颉利可汗相信他的对手什钵苾一定与汉人做了一笔交易,因此他决定谈判。李世民随后"纵反间于突利,突利悦而归心焉,遂不欲战。其叔侄内离,颉利欲战不可"①。

---

① 《旧唐书》144A:3a 及其后几页;庄延龄:《早期突厥人》(Parker, "Early Turks," 25:166)。

突厥无法战斗可能不是夸张,但是,在开始谈判后,唐朝还是被迫偿巨额钱款让这些游牧力量退回去。

626 年,就在李世民取代其父成为皇帝之后,突厥再次入侵长安。李世民被要求固守不出,因为他的谋臣们感觉军队太少,无法在交战中击败突厥。李世民没有理睬他们的建议,只带了六个人:

> 出玄武门,幸渭上,与可汗隔水语,且责其负约。群酋见帝,皆惊,下马拜。俄而众军至,旗铠光明,部队静严,虏大骇。帝与颉利按辔,即麾军却而阵焉。萧瑀以帝轻敌,叩马谏,帝曰:"我思熟矣,非尔所知也。夫突厥扫地入寇,以我新有内难,谓不能师。我若阖城,彼且大掠吾境,故我独出,示无所畏,又盛兵使知必战,不意我能沮其始谋。彼入吾地既深,惧不能返,故与战则克,和则固,制贼之命,在此举矣!"①

这一策略果然奏效了。颉利可汗提出了一个和平建议,被唐朝接受,在第二天双方即杀马为誓,达成协议。

在这两件事中,李世民表现出的才干令突厥人深为景仰。在结交兄弟之礼并杀马祭天之后,他与大多数重要的突厥首领建立了个人联系。为了保卫中原,他并没有试图通过草原上的大战使游牧力量分裂。汉人军队在中原是最有力量的,这是因为补给很顺利。他关于突厥帝国将会自己崩溃的预测后来应验了。

在同意与中原达成和平后,突厥返归故土,627 年在那里遇到了下属部落的反叛。颉利可汗派什钵苾去对付他们,但是什钵苾大败而归。颉利可汗对此十分不满,将什钵苾囚禁了一段时间。那一年,草原还饱受大灾,大雪冻死了一些羊和马。什钵苾在第二年发动反叛,开启了一场新的内战。他得到了强有力的支持,因为颉利

---

① 《新唐书》215A:5b 及其后几页;庄延龄:《早期突厥人》(Parker, "Early Turks," 24: 238 - 239)。

可汗已经将帝国的很多管理权交给外族人,也许是来自西部的粟特人,这些人试图将突厥像定居国家那样加以管理。这就意味着颉利可汗的一些亲属在政府中将会失去职位,他们感到受了伤害。也有资料表明这些谋士试图将例行收税的观念引入其中。当天灾袭击草原的时候,这些官员继续以往常比率收税。因此,所有阶层的人都对颉利可汗不满,反叛于是扩散开来。唐朝于 629 年遣大军深入草原加以干预,包括什钵苾在内的突厥主要首领都率众投降,颉利可汗流亡他处。他在次年遇袭并被唐军俘获。几年之中,所有尚存的突厥部落要么投归唐朝,要么向西移徙。

中原的难题如今是怎样处理在唐朝控制之下的大批突厥人。一名大臣建议将他们送往南方并使其成为农民,皇帝否决了这一建议。与之相反,他令其移居到鄂尔多斯地区,并分为众多小部落,从突厥贵族中选出五百首领加以管理。另外一百名贵族在朝廷中供职,而数千大族则移往长安居住。为了实现这一目标,皇帝将突厥部落组织并入唐朝政府机构之中;突厥首领成为唐朝官员。突厥人接受了这种新地位,部分原因在于李世民具有成为草原可汗的所有个人能力,而且也在于他很好地对待了他们。在唐朝统治之下的突厥军队将中国的边界扩展至中亚。在之后的五十年中,突厥成为忠诚的同盟者,心向着"天可汗"。

突厥第二帝国①的兴起与覆亡

依靠着突厥军事力量并结合唐朝的行政体系,中原政权的权威达到新的高度。唐朝征服者们要远远超过过去那些雄才伟略的帝王们——秦始皇和汉武帝。从三个世纪的外族统治中吸取教训,李

---

① 基本上相当于一般所称的后突厥汗国。——译者注

世民设法解决了北部边疆问题，使之有利于中原政权的统治。在边地任用突厥人为唐朝戍守，这在中原与唐朝边疆之间的蒙古、西域以及东北地区上创建了一片巨大的缓冲地带。突厥人成为唐朝管理之下的一个组成部分，他们为唐朝谋取利益以表对朝廷的效忠。然而，在李世民死后，这一体系开始失去活力，到他儿子在位末年，东突厥重新统一起来并再次袭击中原，作为回应，中原恢复了汉朝所采取的防御政策。

为何李世民以及外族王朝的经验教训被遗忘了呢？为何一项行之有效的边疆政策会不受青睐而转而对游牧势力采取防御态度呢？答案要更多地从中原的行政体制发展而非从草原部落的变化中去寻找。通过对突厥采取分而治之的方针，唐朝皇帝改变了力量的平衡。传统上，一位草原首领通过给他们以回馈并让其参与军事行动而维持其效忠。李世民在个人权威方面符合所有传统的草原标准，而且还是一位积极进取的统治者，他的政策目光远大。任用突厥人为唐朝行政体系中的一部分，这就意味着违背了众多中原的经典准则。突厥人被允许保持自身的部落结构和习惯，他们的天才将领由于军事能力而成为唐朝贵族中的一分子。换句话说，李世民使一种二元化组织的传统加以固化，边疆部落在这些组织中擅长军事，而汉人则是主要的成员。这跟外族王朝时期相比，在逻辑上是一大进步，对唐朝贵族来说是很自然的事情，因为他们本身就起源于西北，也是北魏的继承者。

为了延续这种体制，李世民的继承者们需要在与草原部落打交道时能够驾轻就熟，或者将突厥人纳入唐朝行政体系中让这种体制组织化。假如李承乾这位有着突厥血统的太子登位的话，他的家世渊源及对草原生活的热爱很可能为中原带来第二位"天可汗"，这将给突厥人带来更大的荣耀。但他被表现懦弱的唐高宗（649—683 年在位）所取代了，并在不久之后几乎全都卷入宫廷阴谋之中，再无翻身之机。没有一位强悍有力的皇帝,朝廷大权不是把持在宫廷权贵手中,就是被通过科举考试的职业官僚所控制。正是这些权贵官僚阻止了突厥人在政府中进一步壮大。官僚们尤其试图降低军人在朝廷中的重要性。随着唐朝的扩张,矛盾越来越尖锐。确实,在唐朝领导下的突厥人于657年击溃了西突厥,而唐朝为他们任命了新的首领,但是,当唐朝停止扩张而转为防御时,问题就变得严重起来。670年,塔里木盆地被吐蕃攻陷,西突厥也开始与唐朝作对。唐朝朝臣建议停止在遥远地区的进攻性战争,东突厥陷于困境,处于吐蕃及西突厥的进攻之下,而从唐朝那里得到的支援也越来越少。此外还存在着世代的问题,忠于李世民的将领都去世了,而他们的子孙与唐高宗的联系并没那么紧密。突厥人忍无可忍,遂于679年反叛。

在鄂尔浑的突厥记载中记述了他们的抱怨之声,这首先来自草原:

> 这些族长们居住在中原,接受了中原的头衔并尊奉中国皇帝。他们为其服务了五十年……他们为中国皇帝奉上了他们的帝国与自身的法律。而之后突厥人和所有的常民这么说:"我们过去是有着帝国的民众,而我们的帝国如今何在?我们为之征战的土地是为了谁的利益?"他们说道:"我们曾经有着帝国政体。我们的帝王如今何在?我们为哪位帝王奉献自己的才智与力量?"说着这些,他们成为中国皇帝的敌人。①

由于唐朝可以在突厥人完全重组之前加以攻击,故而他们沿中原边疆建立起自治区域的最初尝试失败了。一些部落首领于是就从边疆撤回蒙古地区于都斤(Ötükän)的突厥故土。在这些人中,骨咄禄这位来自皇族的"杀"(官名)于680年被任命为颉跌利施可汗。

---

① 普里察克:《罗斯国家的起源》(Pritsak,*The Origin of Rus'*,vol. 1,pp. 75-76),翻译自阙特勤的回忆录。

他当时只率领了大约二百人,但通过对其他部落的成功袭击逐渐强大起来,突厥人开始聚拢在他周围。根据突厥文记载,在十年之中,他出征四十七次,参加二十次战斗,控制了大部分草原地带并劫掠了中原。当他于 692 年死去时,其弟默啜继位,默啜吞并了更多部落,直到突厥第二帝国的疆域与第一次不相上下为止。

在默啜统治下,突厥出乎意料地转而采取外部边界战略。在为唐朝效力五十年之后,突厥人已经很熟悉唐朝的内部结构,而他们主要的军事将领暾欲谷就出生在中原。与此同时,突厥正逐步建立起对整个草原的统治,而唐朝当时正处于由武则天登位而造成的政治纷争之中无暇他顾,突厥重新崛起的阻碍就少了很多。武则天在高宗后期已有重要影响力,高宗死后,她废了合法的继承者而亲自统治。默啜因此得以劫掠中原,并以恢复唐朝继承者的名义向朝廷施压。有些学者已经从中得出结论说默啜有征服中原的野心。这也许并非草原帝国通常所采取的战略,劫掠的方式以及双方的谈判也并未表明这种意图。

默啜组织起一支边疆联军对抗唐朝,并在 693 年深入中原西部劫掠。然而,他与中原的敌对是战略性的。当契丹人脱离突厥的控制并劫掠中原时,默啜立即与唐朝开始商谈与契丹交战问题。作为对中原巨额馈礼的回报,他袭击了契丹并于 696 年将其击败。同一年,他组织了对中原边疆的三次劫掠。与此类似,两年之后,默啜在商议将其女嫁与武则天的侄孙之后,当这名年轻人抵达草原时,默啜又反悔了,因为这名年轻人并不是中原皇帝的合法继承人。[1] 这一年,可汗对中原又进行了数次劫掠。702 年和 706 年又继续劫掠了多次。

---

[1] 关于武则天侄孙武延秀的故事是非常有意思的。在突厥那里待了几年之后,他回到中原,并与突厥服饰及习俗一刀两断。他于 708 年娶了一位公主,但在 710 年死于一场宫廷政变。参见《剑桥中国隋唐史》(*Cambridge History of China*, vol. 5, *Sui and T'ang*, pp. 317, 324, 335)。

这些劫掠活动为突厥带去了大批俘虏和巨额财富。然而，默啜在位的剩余时间里，对中原的劫掠变少了，这是因为他的注意力转移到对西部的征服上。放弃对中原施加压力恰好就发生在中原最岌岌可危之时。武则天于 705 年退位，唐朝正陷于党派纷争之中。突厥真想要征服中原，正是千载难逢的时机。与之前的草原帝国一样，他们所在意的不是征服，而是榨取。

通过一系列劫掠展现实力之后，706 年，突厥获得了来自中原朝廷的新的通婚建议和丝绢馈礼。这些协议在 710 年重新订立，一位公主也被定为可汗的新娘，由于唐朝的宫廷政变，这项婚约未能实现。武则天的继承者忧心忡忡地试图避免突厥的袭击。与婚约同时而来的还有巨额馈礼，这就使我们有理由认为默啜已经与中原建立起一种令人满意的奉供协定，他已经获得了所需要的东西，并将其矛头转向西部边疆。从突厥方面来说，西部的战事较与中原的持续敌对更为重要。对中原的劫掠从不是征服的前奏，他们不过是要为帝国获得资源并使中原退让。中原王朝越是衰弱，这种行动就越能奏效。因此突厥的频繁劫掠刚好与中原王朝强盛时期相重合，当中原王朝强盛时，朝廷倾向于拒绝突厥的要求。当王朝陷于混乱境地时，劫掠就不那么多了，这是因为中原王朝掌权者希望以满足他们要求的方式来抚慰突厥可汗。

突厥也了解他们与中原关系的实质，而默啜的继承者毗伽可汗，为其后代勒石记录了外部边界战略的实质。它强调了在远处榨取中原政权的重要性以及太靠近中原边疆的危险：

> 没有比于都斤山再好的地方了。统治国家的地方是于都斤山。住在这里，我同中原人民建立了关系。
>
> 他们慷慨地给了[我们]这么多金、银、粮食、丝绸。中原人民的话语甜蜜，宝物华丽（原文：柔软）。他们用甜蜜的话语、华

丽的宝物诱惑,使得远处的人民靠近[他们],当住近了以后,他们就心怀恶意,他们不让真正英明的人、真正勇敢的人有所作为。一人有错,连其族人、人民、后辈都不饶恕。由于受到他们甜蜜的话语、华丽的宝物的诱惑,突厥人民,你们死了很多人。突厥人民,当你们一部分不仅要右面(南面)住在总材(Choghay)山,并要住在阴山(Togultun)平原时,于是恶人就这样教唆部分突厥人民道:"凡住远处的给坏的礼物,凡住近处的给好的礼物。"他们就这样教唆了。无知的人听信了那些话,走近了[他们],于是你们死了很多人。如去那个地方,突厥人民,你们就将死亡;如你们住在于都斤地方,从这里派去商队,那就没有忧虑。如住在于都斤山,你们将永保国家。①②

突厥无法永远统治别的部落。716 年,默啜在西突厥敌人的一次伏击中丢了性命,随后引起了内战。一开始,这是一场叔侄间的争斗。默啜曾经任命他的一些儿子为"小可汗",并将其置于继承者行列。骨咄禄子孙所在的大支得到的头衔更低。战争中的主角是骨咄禄之子阙特勤。他击败了默啜的子孙,杀死了那支的所有人以及除岳父、老臣暾欲谷之外的所有默啜的谋臣。阙特勤并未成为可汗,而让长兄默棘连登位,是为毗伽可汗。他们花了很久时间才重新征服那些在内战中脱逃的部落。

720 年与中原的一次大战后,突厥与唐朝在第二年达成了一项获益丰厚的和平协定。727 年,唐玄宗(713—756 年在位)同意每年向突厥运送缣帛十万匹。突厥的财富大增,默棘连计划在草原上建一座城。暾欲谷认为突厥依靠流动性才能生存,从而说服他取消了

---

① 特肯:《鄂尔浑突厥语法》(Tekin, *A Grammar of Orkhon Turkic*, pp. 261‑262)。
② 此处译文参考了耿世民译《突厥文碑铭译文》之《阙特勤碑》,转引自林幹:《突厥史》,呼和浩特:内蒙古人民出版社,1988 年,第 254 页。——译者注

图表4.2　突厥第二帝国可汗世系

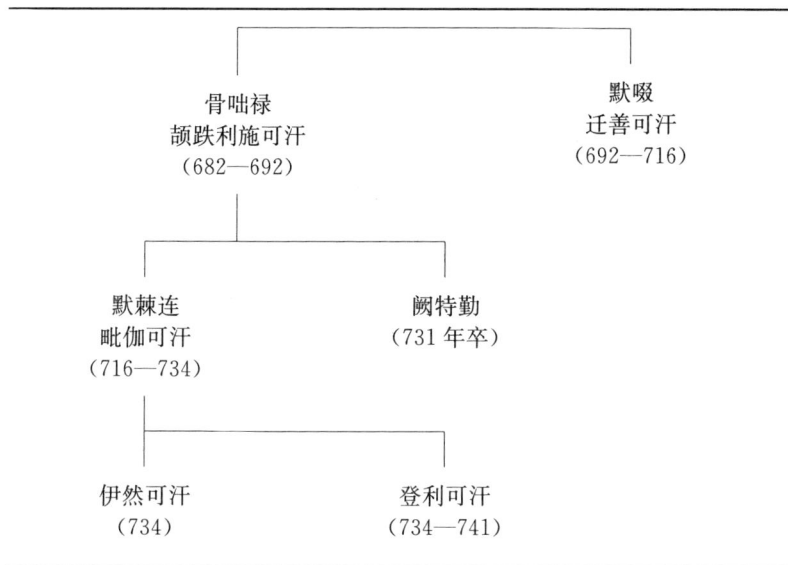

计划。假如他们有一座城的话，那么一次战败就意味着大势已去，而作为游牧力量，他们本可以依敌军之强弱而决定进退。

734年，默棘连被杀，其子伊然被立为可汗，同年亦卒。其幼弟登利在其母（暾欲谷之女）摄政下登位。帝国不久之后就在登利堂叔之间分裂了，这些人属于皇族高层，但可能来自不同支系。情况变得不再稳定。"左杀"①于741年杀死了登利可汗，帝国的组成部落随之分崩离析。拔悉密、葛逻禄、回纥三部联合进攻并于744年击败这一帝国，回纥随后击败了自己的盟友而建立了一个新帝国。这一帝国联盟由三十个部落组成，其中十二个突厥部落、十八个乌古斯部落。在药罗葛氏领导之下，回纥部落占据了半数乌古斯。②

---

① 官号。——译者注
② 回纥国家的部落组成仍然是值得讨论的问题，参见蒲立本：《对 Toquz-oghuz（九姓乌古斯）问题的一些看法》（Pulleyblank, "Some remarks on the Toquz-oghuz problem"）。

突厥在统治部落的纷争中走向末路。他们意识到了这一问题，而毗伽可汗在对其早期内战的记述中指出：

> 突厥乌古斯诸官和人民，你们听着！当上面上天不塌，下面大地不裂，突厥人民，谁能毁灭你的国家和法制？突厥人民，你悔过吧！由于你们的无法，你们自己对养育你们的英明可汗和自由、良好的国家犯了罪，招致了恶果。[否则]带武器的[人]从哪里来赶走[你们]？带矛的[人]从哪里来驱走[你们]？神圣的于都斤山的人民，是你们自己走了。①②

回纥帝国③

传统史书经常将草原游牧力量视为最终目的是统治中原的恶敌。我的观点是，一旦游牧力量成为对中原的威胁，他们就试图间接地从那里获取资源。回纥对唐朝的政策也许就是这一现象的最好例子。从一开始，回纥人就为虚弱的唐朝提供支援，使其摆脱内部叛乱与外部入侵之苦。作为交换，他们获得了大量丝织品，成为蒙古地区最富裕的游牧力量。他们建立起一座规模宏大的都城，并发展出较高程度的文明。

这种良好关系只有在本土的汉人王朝衰落而要求盟友支援时才能够出现。草原游牧力量是一种明显可以获取的强大军事资源。在这种情况下，中原王朝开始依靠外部协助，但同时满怀恐惧，因为只有向草原提供巨额财富方能维持这种支持。从游牧力

---

① 特肯：《鄂尔浑突厥语法》(Tekin, *Grammar*, p. 267)。
② 此处译文参考了耿世民译《突厥文碑铭译文》之《阙特勤碑》，转引自林幹：《突厥史》，呼和浩特：内蒙古人民出版社，1988年，第259页。——译者注
③ 回纥于788年更名为回鹘，但为保持其作为一个草原帝国的连续性，译者在文中基本统一称为"回纥"，唯在指称甘州回鹘和高昌回鹘时才称为"回鹘"。——译者注

量方面看,这是所有情况中最好的。一个统治中原的虚弱王朝为了消除恐惧,必须花费巨额税收来取悦草原游牧力量,这是它自愿偿付的。这些财富的一部分将被草原帝国的领袖分派用于维持巨大的帝国开销。对中原王朝的任何威胁也间接地成为对游牧国家的威胁。因此,游牧首领更愿意维持这种获利比率,反对任何改变的意图。中原内乱与外族入侵将会推翻中原王朝,新的集团将会获取权力,而这些人不大会愿意安抚游牧力量。基于这种原因,回纥对于保护唐朝有着既定的利益。而随着840年回纥帝国的覆灭,唐朝失去了这种保护,并在之后的反叛中土崩瓦解,名存实亡。

回纥在习俗、职衔以及政治组织方面与突厥相类似,然而在其他方面,回纥非常不同。回纥与中原维持了和平局面并成为唐朝的盟友,他们的政治结构要稳固得多,而且他们还发展出了更高程度的文明,这些在他们的帝国灭亡之后成为内陆亚洲的重要遗产。这些都有助于解释回纥为何能够成功,以及帝国的贸易、管理与军事的复杂体系如何运作。

回纥的强大是建立在对草原的军事统治以及来自中原的外部支援基础上的。在帝国初期,回纥可汗骨力裴罗就派使节去中原开启双边关系。745年,他将末代突厥可汗的首级馈送给唐朝,以证明回纥对草原的控制。与他们之前的突厥一样,回纥试图控制有利可图的丝织品市场,尽管他们没有对中原发动攻击,但还是在远处采取外部边界战略以从中原攫取资源。中原也乐于满足这些要求,因为他们害怕激怒游牧力量。唐玄宗领导下的唐朝朝廷在控制其边疆将领方面已经出现了问题,也没法拒绝回纥的使节。

755年,中原爆发了一场安禄山引发的大叛乱,他原先是突厥与粟特混血的朝廷宠臣。他在先前离开唐朝朝廷,受命统率东北部的边疆军队。在与其他边疆将领结成同盟之后,他宣告独立,并在第二年称帝，定国号燕。他的军队彪悍有力，由边疆汉人与外族部落组成。安禄山接连占领洛阳和长安，迫使唐朝朝廷避退西南。安禄山在这之后不久被刺身亡，但是在他儿子的领导下，这场叛乱继续进行。唐朝朝廷命悬一线。①

情急之下，唐朝朝廷开始寻求外部援救。一名唐朝王子在756年被派去与磨延啜谈判。磨延啜通过征服草原已经完成其父的事业，并建立起了回纥都城哈喇哈逊。② 这位可汗同意援助唐朝。为了加强联盟关系，他将养女许配给唐朝王子。磨延啜随后率领一支回纥军队抵达边境地带，在那里击败了参与反叛的铁勒部落。可汗任命他的继承者（*yabghu*）率领一支远征军远赴中原。③

回纥在757年中带着四千骑兵抵达中原。与唐朝及叛军双方的庞大军队相比，这是一支很小的力量，然而他们的支援足以定胜负。后来，在长安城外围的一次战斗中，回纥击溃了一支来自后方的叛军，使其四散溃逃。回纥敦促唐朝将领迅速追击敌军，但遭到唐军将领的拒绝。这体现出了草原与中原在战略上的巨大不同之处。在战斗中，游牧力量发现弱点，然后通过突袭一招制胜，而汉人则依赖重装步兵击溃敌人。游牧传统要求使被击败的敌人无所逃遁，而传统的汉人战略则强调穷寇莫追，以免陷于困境。数周之后，军队再次在洛阳附近交战。回纥出乎意料地击溃叛军，唐军取得胜

---

① 蒲立本《安禄山叛乱的背景》论述了导致这次反叛的朝廷政治与边疆将领的背景（Pul-leyblank, *The Background of the Rebellion of An Lu-shan*）。这场战争被雷力（Levy）以及戴何都（Rotours）加以编年记述，参见雷力：《安禄山传》（Levy, *Biography of An Lu-shan*）；戴何都：《安禄山传》（Rotours, *Histoire de Ngan Lou-chan*）。
② 汉文史籍中称为斡耳朵八里。——译者注
③ 回纥与中原的关系在《旧唐书》卷194和《新唐书》卷217中有所记载。马克林《唐代历史记载中的回纥帝国》（Mackerras, *The Uighur Empire*）一书除了将这两部史书中的记载逐字逐句翻译，还对其中的材料进行了细致的考辨。

利。中原的两座古都再次回到唐朝的手中。

这种协助的代价是高昂的。回纥要求有权劫掠占领的城市。他们被劝阻不要掳掠长安，因为战争尚未结束，但在洛阳沦陷时：

> 回纥大掠东都三日，奸人导之，府库穷殚，广平王欲止不可，而耆老以缯锦万匹赂回纥，止不剽。①

除了这种劫掠，回纥还获得了每年两万匹绢的奉供，其首领则获得荣誉头衔与礼物。为了向唐朝表明实力，回纥可汗要求联姻。他娶了皇帝的一位女儿。尽管之前的朝代就已经有了这种联姻关系，但唐朝是少数几个将皇帝真正的女儿遣嫁的王朝之一，这表明了回纥的重要地位。在婚姻关系之外还有大礼相赠。也正是在这一时期，回纥建立了与唐朝的马匹互市贸易。回纥每向中原输送一匹马，就能获得四十匹绢。这是非常高昂的交换率，因为在草原上一匹马只值大约一匹绢，而突厥想方设法才把每匹马弄到四或五匹绢。回纥每年向中原输送一万匹马。更糟糕的是，这些马是回纥所能找到的最差的马匹。中原无法拒绝马匹的提供，但朝廷经常推迟几年交付费用。②

回纥也忙于草原上的战争。他们据称在 758 年取得了对其北部的游牧邻居黠戛斯的大捷。次年，回纥援助中原，但成效不大，之后又退回去了。数月后，磨延啜死了，其子移地健立为可汗。磨延啜的长兄在之前已被杀。

回纥在中原的胜利使唐朝赢得喘息之机，但再也无法恢复元气。中原不久之后又开始陷入绵延不绝的叛乱中，叛军重新占据洛

---

① 《新唐书》217A：3b；马克林：《唐代历史记载中的回纥帝国》（Mackerras，*Uighur Empire*，p. 59）。

② 马克林：《中原与回纥的外交与贸易接触》（Mackerras，"Sino-Uighur diplomatic and trade contacts"）。

阳。762年，唐肃宗死，叛军乘机寻求回纥的协助。他们声称皇帝已死，唐朝已不复存在，回纥遂南下试图劫掠并乘机在中原拥立一个傀儡政权。据称有十万回纥大军驻扎于黄河沿岸，而事实上，回纥只派遣了平常使用的四千士兵。唐朝的一名使臣、可汗的妹夫设法使他们相信唐朝在代宗统治之下仍然强而有力，代宗在当太子时就在早期的战斗中与回纥并肩作战，听了这番话之后，可汗遂放弃反叛并为唐朝提供支援。

唐代宗遣其太子李适去与回纥谈判，跟他那位非常善于与游牧力量打交道的父亲不一样，李适顽固不化的作风造成了麻烦。他拒绝向可汗致敬，并在随后卷入一场关于仪式舞蹈的争辩当中。回纥在让这位太子回来之前活活打死了他的谋臣以作为报复。回纥不仅仅是援助其唐朝主人的家臣，还是一支与唐朝同样强大的主要力量。尽管有这次事件，回纥还是在762年在洛阳附近与唐军协同作战。这场战斗的结果与五年前类似，叛军放弃洛阳，回纥洗劫了这座城市。人们逃奔到两座佛寺中避难。回纥一把火烧了寺院，万人罹难。回纥之后还劫掠了其他地方。唐军被迫容忍这些举动，并在他们回去时为回纥提供馈赠，以犒赏其在镇压叛军时所提供的支援。

回纥三年后回到了中原，但这一次是支援一支对抗唐朝的新叛军。之前曾帮助拯救王朝的中原将领仆固怀恩被怂恿反叛。他的女儿嫁给了可汗，因此回纥的一支先遣队（但并非可汗自己统领）过来支援他，大批吐蕃人也过来增援仆固怀恩。然而仆固怀恩在他们到达后不久就死了，回纥随即转而支持唐朝。回纥军队给曾经与其联合的吐蕃以重创。唐朝被迫偿付十万匹绢以换取回纥退回本土，这一举动耗尽了唐朝的财富。

这是回纥在中原参加的最后一次战争，但回纥人及其粟特盟友在长安的贸易与借贷活动变得越发重要。联姻继续将中原与草原

维系到一起,这种联盟使回纥变得富裕,但也是为了使那些更具进
攻性政策的回纥人不得不放弃动武的念头。在对洛阳进行第二次
劫掠之后,牟羽可汗移地健根据粟特人的建议,皈依了摩尼教。779
年,唐代宗死,这些粟特谋士煽动移地健进攻中原。移地健受影响,
接受了他们的建议,开始在这一年准许对中原进行大劫掠。移地健
的堂弟顿莫贺反对这种改变,也对粟特人心怀不满。他杀死了移地
健并自立为可汗,并将粟特人从朝廷中清除出去。中原给回纥贵族
的巨额年俸会由于战争政策而岌岌可危,也会使回纥贵族失去重要
的税收来源。直到回纥末年,他们所执行的仍然是榨取政策。

　　回纥不再在中原参战,但是中原对其力量的恐惧使得唐朝对草
原的奉供有增无减。唐朝一直将小股回纥进攻看作大规模入侵的
前奏。在中原的回纥及其粟特盟友从这种恐惧中得到好处,他们的
罪行被免于处罚,因为唐朝害怕冒犯可汗。但是,汉人在780年认
为由于移地健死了,回纥无暇他顾,因此杀死了大批准备从长安返
回的回纥和粟特人,还抢走了十万匹绢。顿莫贺得到这消息,大为
震怒,并要求偿付所欠马匹价值一百八十万匹绢。唐朝同意用黄金
与丝绢向回纥赔偿这一数目,这种榨取较之劫掠,收益更大,从而巩
固了顿莫贺的地位。有观点认为,朝廷的这些负担通过对东南富饶
地区征收的年赋来弥补,这大约是二十万匹绢。787年,回纥请求并
获得了新的联姻。这种联合在物资上耗费甚巨,有人计算数年之后
的财富总计大约五百万匹绢,尽管其他官员认为花费的只是其中的
一小部分。就算如此,包括通常边疆防御花费在内的物资支出还是
占了年度政府收入的三分之一。①

---

① 《新唐书》219A:7b-8a,217A:11a,217B:1a;马克林:《唐代历史记载中的回纥帝国》
　（Mackerras, *Uighur Empire*, pp. 89-93, 113-115）。

尽管花费了这么多，在吐蕃的攻击下，回纥在草原上还是日益衰落下去。790—791 年，他们试图协助唐朝保卫在北庭都护府之下的西域绿洲城镇。这一军事行动并未成功，这些市镇都沦陷了，而一直试图重新夺取这些市镇的军队也被击溃。这标志着回纥力量的衰落，紧随战败而来的则是回纥的内讧。他们的新可汗骨咄禄于795 年掌权，使回纥的命运发生了转折。在骨咄禄于草原上采取军事行动以重新占据北庭时，他与中原的关系被搁置了大约十年，在这之后，双方才重建起了关系，而回纥使团也于 805 年再次来到中原。虽然回纥新的联姻要求首次遭到拒绝，但回纥继续施加压力。就在穆宗死前不久，唐朝于 820 年最终同意了这份代价高昂的请求。由于担心吐蕃的袭击以及边疆防御力量的衰落，唐朝被迫寻求与回纥保持良好关系。822 年，回纥出兵帮助唐朝打击新叛军。由于劫掠洛阳的前车之鉴，唐朝减少了对回纥的援助，但还是不得不给回纥七万匹绢以让他们回去。

回纥帝国的最后十年所得到的丝绢供奉大为增加。马匹供应达到每匹换取五十五匹绢的创纪录水平。唐朝的记载指出丝绢的花费共购得十万匹马，而之前回纥通常售出一万匹马。阿拉伯旅行家塔米姆·伊本·巴赫尔（Tamim ibn Bahr）在他探访喀拉巴格什（Karabalghasun）时目睹了这些财富的流入，并报道称可汗每年从唐朝获得五十万匹丝绢。①

从这些记载中可以归纳出一些类型。回纥了解与中原建立关系的重要性，并在突厥人失败后迅速取而代之。通过帮助唐朝镇压反叛，他们既保护了唐朝，同时又时刻威胁着它。唐朝所雇用的少

---

① 米诺尔斯基：《世界境域志》(Minorski, *Hudud al-'Alam "The Regions of the World"*: *A Persian Geography 372 A. H. - 982 A. D.*)；马克林：《中原与回纥的外交与贸易接触》(Mackerras, "Sino-Uighur diplomatic and trade contacts")。

量回纥士兵对可汗来说是一项一本万利的买卖,而回纥对洛阳的两次劫掠则收益丰厚。从当时的直接援助开始,在之后的近七十五年间,回纥所做甚少,而他们获得的丝绸数量则日渐增多,这反映出唐朝迫切需要一个保护者。回纥的保护是两方面的,一方面挽救了唐朝,另一方面唐朝又担心回纥会反戈一击。回纥似乎已经将鄂尔浑作为其核心地带。他们从草原深处成功地榨取中原,又没让汉人有机会干涉游牧人的事务。

回纥人在组织草原帝国方面较突厥人要成功得多,尽管他们的征服地域并不是很大。这在很大程度上要归因于其汗庭的稳定性。突厥人尽管力量强大,但总是因为横向的继承争端而陷入内战。回纥通过采取一种直系继承方式避免了这一问题。这并不是说事情总是和平解决的,而是说贵族之间的争端并没有导致内战。与匈奴一样,回纥贵族保持着联合,并阻止了敌对部落分化他们的企图。

回纥帝国的政治组织大部分是他们所取代的突厥帝国的翻版,所出现的头衔与官职是相同的。这是一个帝国联盟,而在外交和对草原的秩序维持上采取的则是国家结构。在国家结构中,定居的粟特人成为文臣的重要组成部分,在回纥的远距离贸易以及在草原城市的行政管理方面,这或许是必需的。

帝国的稳定性通过其政策得以体现。暗杀代替了内战而成为获取权力的一种方式,潜在继承者的数量被严格限制。图表 4.3 列出了两个回纥王朝世系的可汗。在汉文文献中,第一个王朝的可汗世系经常有所记载,而第二个王朝则只是偶尔提及。[1]

---

[1] 马克林:《唐代历史记载中的回纥帝国》(Mackerras, *Uighur Empire*, pp.191–193)。

图表4.3　回绫可汗世系

药罗葛氏汗系

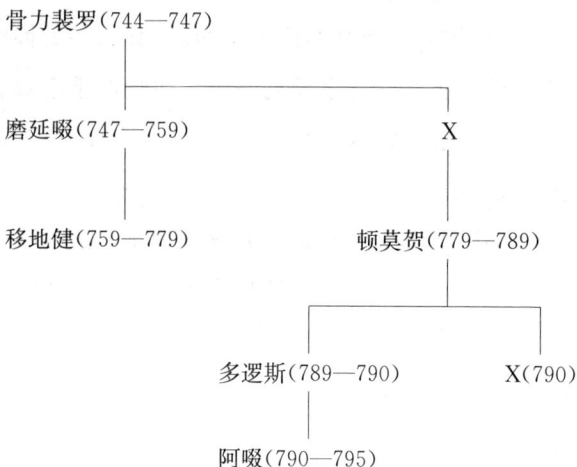

骨力裴罗(744—747)

磨延啜(747—759)　　　　　　　　X

移地健(759—779)　　　　　顿莫贺(779—789)

多逻斯(789—790)　　　　X(790)

阿啜(790—795)

跌跌氏汗系

骨咄禄(795—808)

保义可汗(808—821)?

崇德可汗(821—824)?　　　　曷萨特勤(824—832)

胡特勤(832—839)　　　　　厐馺特勤(840)

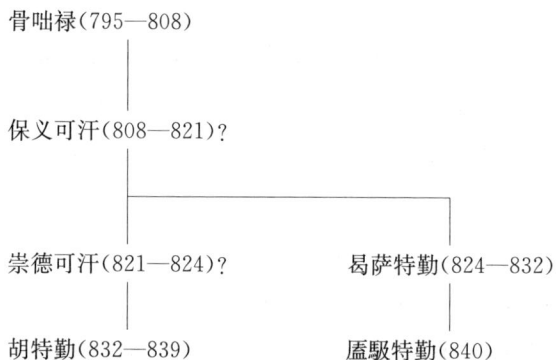

　　回绫继承的方式表明他们采取的是一种直系继承法则。权力和平地从骨力裴罗传到其子磨延啜,再到磨延啜的儿子移地健。779年,移地健试图改变回绫的政策并准备与中原交战。他的堂弟和宰相顿莫贺反对这一计划,谋杀了他的堂兄,自己掌权。在顿莫贺死后,可汗的头衔传到他的长子多逻斯,多逻斯不久之后被一个不知名的幼弟谋杀。回纥人拒绝接受这一篡位之举,将其杀死,立多逻斯幼子阿啜为可汗。阿啜死后没有继承人,汗位遂转到新朝手中。

按照突厥第一帝国和突厥第二帝国的情况,随着可汗的死亡,争夺权力的斗争遂爆发出来,并导致内战。回纥的情况是,政治的敌对经常导致在位的可汗被对手谋杀并取而代之。例如,顿莫贺杀死了他的堂哥移地健,移地健曾经在位二十年,为了巩固自己的权力,顿莫贺杀死了移地健一支所有的成员。尽管有这种暴力存在,但是贵族并没有分裂为军阀集团,帝国则依旧保持稳定。与之类似,在顿莫贺的儿子彼此争夺汗位时,帝国也没有发生分裂。尽管回纥之间的汗位争夺经常是充满血腥的,但是他们从未发生过内战,甚至是在 795 年的汗庭政变中也是如此。直到那时,所有的可汗都出自药罗葛氏,但是在阿啜时期,实权掌握在一名回纥将领手中。他来自跌跌氏,是一个孤儿,后被一名有权势的族长收养。在阿啜死后,由于没有继承者,这名将军就被立为可汗。为防万一,他将阿啜所有的亲属都流放到了汉地。

可汗承继关系由于缺少谱系资料而不怎么清楚。在骨咄禄(795—808 年在位)和保义可汗(808—821 年在位)时期的休养生息之后,可汗的在位时间更短,也更充满血腥暴力。崇德可汗在位仅三年,就在 824 年死去。继承他的是幼弟曷萨特勤,曷萨特勤之后在 832 年被大臣所杀,由其从子胡特勤所取代(崇德可汗的儿子?)。839 年,胡特勤发觉了反对他的密谋并处死了密谋者。作为报复,他的一名大臣随后与居于唐朝边界东边的沙陀人联合,向可汗发起进攻。胡特勤被迫自杀,族人立皇室成员馼馺特勤为可汗。馼馺特勤只统治了几年时间,在利用回纥乱势的黠戛斯袭击并洗劫都城之后,整个帝国终于在 840 年覆灭了。与之前的两个突厥帝国一样,当敌对的两支继承力量发生争斗进而削弱了国家的统一,并在敌对部落面前不堪一击时,回纥就走向了灭亡。

草原文明

回纥最让人印象深刻的是它给草原所带来的文明程度。他们在一个永久性的城市中建立统治，有文字记载，在草原上保持着农业社区，并在宗教与统治方面与波斯世界的联系日益密切。尽管绝大多数草原帝国所遗留的只是伟大征服者的遗产，但回纥就算在失去其统治后，仍然保留了草原传统与文明的独一无二的混融。回纥传统成为游牧世界与周边文明之间的一座桥梁。四百年后的蒙古人在很大程度上仰赖回鹘谋士组织他们的政府。

在草原上筑城的观念并非源自回纥。匈奴曾经一度建立并废弃了城垣。突厥可汗默棘连曾打算建一座城池，但被说服放弃了。回纥在其帝国建立后不久就建造了都城喀拉巴格什。在 9 世纪 30 年代曾经得以一见的阿拉伯旅行家塔米姆·伊本·巴赫尔将其描绘为一座巨大的市镇，并由十二扇铁门环绕构成一座大堡垒。它"人口众多且商铺林立"，乡野遍布着大量良田。[①] 这座城市位于靠近鄂尔浑河的游牧国家核心地带，附近就是蒙古人后来建立的哈拉和林（Karakorum）。

城市与农业基础的联系是如此强烈，以至于人们经常将回纥看作是过定居生活的，但事实或许并不如此。游牧帝国有能力将农民带到帝国腹地，在那里他们可以建立农田，但是为游牧民建立的城市并不是在日益发展的农业基础之外自然而然的产物。毋宁说，游牧民所建立的城市是受命建造的，这些城市作为朝贡财富的中心地位而得以维系。回纥从中原获得巨额丝织品和其他物品。他们需要一个地方来贮存这些物资、接纳商旅并控制朝政，通过筑城的方

---

① 米诺尔斯基：《塔米姆·伊本·巴赫尔回纥游记》(Minorski, "Tamim ibn Bahr's journey to the Uighurs," p. 283)。

式,回纥人集中扮演着获利甚多的丝织品出口中间商的角色。城市周边所兴起的大片农田则是次要的,只是为了满足并维持国际贸易的需要。这种城市深嵌于蒙古地区,并不需要在经济上使用当地资源。与帝国联盟本身一样,城市的兴起是对中原经济加以榨取的结果。这是植株上的花朵,而这一植株的根在长安。一旦与中原的联系被摧毁,草原上的城市就无法长存,即使是当地农业也依赖回纥政府的稳定性。只有当游牧力量不再劫掠并毁坏农业区的时候,农业在蒙古地区才可能发展起来。一旦农业社区被摧毁,农业也就荡然无存了,因为当地没有剩余的农业人口可以迁移并加以重建。城市生活、农业生产和集中化的贸易全都仰仗回纥对草原控制的持久程度。

喀拉巴格什城市的模式并非汉式,而是粟特式的。回纥文明的延续很大程度上要归因于波斯组织模式在草原上的强大适应力。突厥第一帝国末期,波斯的影响在蒙古地区首次凸显出来,当时对颉利可汗的抱怨之一就是他大量使用了粟特官兵。在此之前,东部草原仅有的文明模式就是中原。由于深深植根于农业经济以及与游牧生活方式在一些方面格格不入,中原的组织模式从未在草原上生根发芽,波斯世界并没有在游牧民众与定居民众之间加以如此严格的区分。当地政府早就跟游牧民打过交道。他们与那些遍布各地的畜牧者以及那些当地村市有着密切的联系。确实,波斯世界的很大一部分一度被强大部落所建立的王朝所统治,月氏曾经以这种方式统治着阿姆河地区。这一地区的生态环境允许他们保持一种游牧民的季节性迁徙习惯,同时又保持着与定居人口的密切联系。较之与农耕的中原地区截然两分的东部同胞们,西突厥人以类似方式维持着一种复杂得多的体系。

粟特人控制着西域的绿洲。他们以经商而出名,并在中原建立了商贸社团。传统的中原政府对待外贸的态度是消极的,因此从一开始,粟特人和其他外来商人们就千方百计将自己与强大的游牧帝国联系在一起。游牧民的贸易优势迫使中原开市，他们从中获得了丝织品。外来的商人们随之也装扮成草原使团进行个人贸易。此外，这些商人还是所获取的丝织品以及在西方交易获得的其他商品的买主。游牧民还控制了连接波斯世界与中原的大部分地区，因此，为了进行商队贸易，就必须建立起与草原部落的良好关系。最终，粟特人将草原部落看成盟友而非敌人，而且这些人自己也能成为官员，他们知道如何获得巨额利润。大家都将贸易视作一项极为重要的资源。

在第二次劫掠洛阳之后，粟特与回纥的联系变得非常密切。可汗被说服皈依粟特人所信奉的摩尼教，而他随后也确实采纳了这种宗教，将教士与大量粟特谋士带到草原。这些人将粟特字母引入回纥。摩尼教及其对素食与和平追求的强调对于游牧民来说或许是不合适的，但是真正严格的信仰只有在选择之后方可预期。就像这一时期前后采纳佛教一样，草原部落对这些世界宗教的兴趣经常与作为生活常态的战争和狩猎的实际接受态度相互调和。

在回纥中一直存在着反抗粟特影响的活动，这一活动以 759 年谋杀移地健而告终，但在一代人之后，粟特人的影响变得更大。粟特人从这种关系中获益巨大。他们与中原的贸易团队受到回纥的保护，回纥还给予他们以外交庇护。他们成为权势熏天的债主和丝织品大买主。波斯文化渗透到回纥精英之中，这些精英已经找到了一种新的草原文化模式，这种模式比起从中原文化要更为灵活多变。

回纥转而信仰摩尼教，并在草原上建立起他们的城市，这种情况经常被推定为他们态度"软化"并受到其他游牧力量的伤害，但回纥的覆灭实际上与其城市密切相关，他们被黠戛斯击败不是因为兵力较以前薄弱，而在于回纥人所从事的事业使其更易受到这种毁灭性攻击。在默棘连试图建造一座突厥城市的时候，暾欲谷认为这将使仰赖机动性的突厥国家陷于危险境地。作为游牧力量，突厥人可以从容撤退，一旦他们必须守卫一个固定据点，就会被一网打尽。

回纥意识到这种风险,匈奴曾经出于这些原因而放弃了建城。对于任何游牧集团来说,固守防御将会招致危险。但是建城也有一些积极方面,一座城墙环绕的城市可以成为商品贸易的安全之所。一个游牧社会越是需要这类货物,就变得越不灵活,因此在某种程度上说,他们更易通过迁移而不是筑城防御的方式去保护财富。此外,有城墙的城市很少会遭到游牧力量的劫掠,这是因为游牧势力无法围困一座城市或者突破城墙。伟大的蒙古征服者用其对城墙防御的快速瓦解混淆了这一事实。在一开始,蒙古人无法攻占有城墙防卫的市镇,而只是在他们获得了有技术的穆斯林和中原工匠之后才发展出这种攻城能力,这些人在蒙古人的监视之下展露才能。从消极方面来说,一座富裕的城市会成为其他游牧势力时刻惦记的目标。游牧帝国经常遭受一系列打击,必须加以重组,并慢慢恢复元气,一旦帝国的过多力量与财富积聚在一个城市中的话,这个城市的陷落对帝国而言就将是致命的。

回纥的财富过多,因为无法建立一个永久的设防都城,这就意味着回纥必须时时刻刻去保卫这些财富,而大量的敌对者正试图占据这些财富。虽然这些敌对者屡遭失败,但他们还是期望能够一举制胜。居住在北部的黠戛斯就是其中之一。他们从大约 9 世纪 30 年代开始就与回纥交战。840 年,当喀拉巴格什陷于内乱时,黠戛斯利用这种形势,占领并洗劫了这座城市。回纥在草原上的力量遭受重创。一批贵族退却到西域绿洲,在那里,他们作为甘州回鹘(840—1028 年)和高昌回鹘(840—1209 年)的首领而自保。① 尽管范围很小,但回纥的组织模式后来还是成为游牧与定居社会之间的一座桥梁。维吾尔(回纥)这一名称也拥有足够的威信,而成为如今

---

① 皮克斯:《宋代初年(960—1028 年)的甘州回鹘》(Pinks, *Die Uiguren von Kan-chou in der frühen Sung-Zeit*, 960—1028)。

中国西域绿洲民众的总的族群名称，这已经是回纥结束在草原的统治一千一百多年之后的事情了。

关键名称表

草原边疆地区的主要部落

柔然

于555年被其以前的"锻奴"突厥击溃

契丹

东北地区的游牧部落

受到突厥与汉人的进攻挤压

黠戛斯

发源于贝加尔湖地区的部落

840年攻陷回纥都城并毁灭了这一帝国

未能建立起他们自己的帝国

突厥

突厥第一帝国（552—630年）

控制了从东北到里海的整个草原

突厥第二帝国（683—734年）

控制着蒙古高原地区

回纥

取代突厥人建立了新帝国（745—840年）

唐朝主要的军事盟友

关键性的部落人物

阿那瓌

柔然的末代可汗(519—552 年)

颉利

突厥第一帝国的末代可汗(620—634 年在位)

被唐军俘虏

室点密

与其兄土门共同建立了突厥第一帝国

掌管西部的突厥可汗(576 年卒)

骨咄禄(颉跌利施可汗)

突厥第二帝国的创立者(680—692 年在位)

阙特勤

在关于默啜继承人之争的第二次突厥内战中的胜利者

拥立其兄为毗伽可汗(716—734 年在位)

默啜(迁善可汗)

突厥第二帝国可汗(692—716 年在位)

骨咄禄之弟,重新征服了西突厥

磨延啜

回纥可汗(747—759 年在位)

支援唐朝镇压安禄山叛乱

木杆可汗(其名为燕都——译者注)

东部的突厥可汗(554—572 年在位)

土门之子,增强突厥实力的军事统帅

土门(布民可汗)

与其弟室点密共同建立了突厥第一帝国

掌管东部的突厥可汗(553 年卒)

佗钵可汗

西部的突厥可汗(576—603 年在位)

室点密之子,第一次内战中的主要争位者

暾欲谷

为骨咄禄、默啜和阙特勤效力的军事将领

突厥第二帝国最有影响力的政治领袖

中国北部的外族王朝

北周(557—581 年)

北齐(550—577 年)

统治整个中国的本土王朝

隋(581—618 年)

唐(618—907 年)

关键的汉人

安禄山

有着粟特人血统的朝廷宠臣

在 755 年的反叛中几乎摧毁了唐朝

武则天
中国历史上唯一的女皇帝(660—705 年)
降服了第二位突厥可汗

李世民(唐太宗)
唐朝第二位皇帝(626—649 年)
在征服了突厥第一帝国之后的"天可汗"

隋炀帝
隋朝的第二位与末代皇帝(605—616 年在位)
所采取的军事行动导致了帝国的灭亡

唐玄宗
唐朝皇帝(713—756 年在位)
与回纥建立起军事盟友与联姻关系
用丝织品犒劳游牧力量

第四章　东北的后起者

草原与中原中央权威的崩溃

黠戛斯的胜利并未在随后建立一个黠戛斯帝国，反而使草原陷入一片混乱之中。突厥帝国全都仰赖中原资源维生。作为来自西伯利亚边缘的古老部落，黠戛斯不清楚这种关系如何运作，也没有与中原打交道的意愿。他们也不会去统治那些回纥曾经征服的其他草原部落，在对喀拉巴格什掳掠一番后就心满意足地回家了。回纥在草原上所维持的内部秩序瓦解了。群龙无首之后，部落变得随心所欲，而没人能够重新恢复起集中统治。汉人获得这一溃败的消息后，得意洋洋地记载了其敌人的结局，并认为这些帝国将不会再次崛起，但这种欣喜为时尚早。回纥的瓦解使得中原既无力阻止内部反叛（而契丹被证明是有所帮助的），也无法抵御来自东北草原的契丹人的压力，而这些人在唐代被其游牧对手突厥和回纥所统治。

令人惊异的是，黠戛斯没有采取一种帝国扩张政策。在三百年的时间里，野心勃勃的突厥人和回纥人曾经实现了这一目标。突厥人在对柔然发动进攻之后,将与中原建立起关系作为其首要任务。回纥在击败突厥之后马上派信使到中原政权那里告捷,并要求将原有的朝贡利益转给他们。突厥和回纥都知道他们帝国联盟的稳定寄托在汉人的奉供或劫掠获得的战利品上。多年以来,他们勒索唐朝朝廷的技艺达到了很高的水平,通过帮助唐朝镇压内乱以继续获取巨额的丝绢奉供。然而黠戛斯在鄂尔浑地区安然自处,放任草原陷于分裂之中,同时与中原政权也没什么来往。蒙古地区陷入分裂局面并持续了三百五十年之久,直到蒙古人崛起为止。

帝国联盟并不是一种简单或天然的草原政治组织形式,需要复杂的领导层来建立并维系,这正是黠戛斯所缺乏的。黠戛斯来自叶尼赛河上游的西伯利亚南部地区,这是草原的极北地区,周边是猎人与驯鹿人所居住的大森林。从历史上看,这是一块贫瘠却通常可以自给自足的区域,正好处于国际贸易路线的边缘。黠戛斯或许也从事皮毛交易活动,因为皮毛贸易在北部草原是很有名的,但他们缺少突厥人和回纥人那样的世故,那些人已经跟世界文明的伟大中心——中国、粟特、波斯以及拜占庭建立了长期的联系。简而言之,黠戛斯是一个军事上很强大但被忽略的游牧部落。对他们来说,喀拉巴格什本身就是一座巨大的财富宝库,他们的唯一目标就是夺取它。出现在中原门口的未经世面的游牧力量有着相似的目标,但是在劫掠中原城市与回纥都城之间有着根本性的不同。中原城市是定居的农业文明的产物,有能力以自身资源将之加以重建,而回纥都城是建立在保护游牧力量基础上的一座贸易都市,除非黠戛斯重建旧有的贸易网络,否则无法加以重建,而他们没有这么做,喀拉巴格什在洗劫之后,变成了牧羊之地。

这时或许已经出现了一个不同的转变,使黠戛斯将原有的回纥贵族并入一个新的国家之中。回纥的谋士们可能已经让黠戛斯采取必要措施维持朝贡联系。而与此相反,回纥贵族逃奔到南方并重新成为西域两个定居的绿洲城邦的统治者。位于甘州和高昌的这两个邦国为回纥人提供了一个新的基地,使他们继续扮演中介者的角色。是他们,而不是黠戛斯,继续向中原派遣使臣,以马匹和玉石换取丝绢。尽管他们已经失去了勒索巨额奉供的军事实力,但依然维持着在国际贸易中的重要性。高昌直到蒙古时期还是一个独立的国家,而回纥人在那里有着巨大的影响。回纥人也没有忘记他们与唐朝关系的重要性。在唐朝的最后几年中,这些绿洲王国仍然向朝廷派遣使臣,甚至还向中原提供军事支援。①

黠戛斯尽管在最初取得了胜利,但还是回到了鄂尔浑这一与世隔绝的地区。五十年后他们被契丹军队赶了出去,而东北的契丹人成为草原乱局最终的受益者。

唐朝很乐意看到回纥崩溃的局面。843年,唐朝攻击并摧毁了那些移到中原边境以获取安全的回纥部落。非常凑巧的是,吐蕃入侵的威胁在同时也消失了,因为吐蕃最后一位赞普被废,国家陷入混乱之中。黠戛斯并没有表现出袭击中原之意。在一段短时间内唐朝的边疆问题貌似解决了,但事实并非如此。蒙古和西藏地区集权统治的终结增强了那些较小的部落首领的重要性与权威。尽管他们对中原并没有大的威胁,但还是制造了够多的麻烦,使唐朝不得不维持其原有的边境防御。

唐朝所面对的主要问题是其一直不愿正视的:这个王朝由于得到了游牧军事力量的支持才得以长久维持。尽管这些游牧力量傲慢自大且需索无度,但回纥还是忠诚的盟友,在镇压安禄山叛乱中起到了至关重要的作用。由于不愿承认对于游牧力量所负的义务,唐朝就无法意识到这些游牧力量的灭亡使唐朝失去了一个主要的

---

① 汉密尔顿:《五代时期汉文文献中的回纥人》(Hamilton, *Les Ouïghours à l'époque des Cinq Dynasties d'après les documents chinois*)。

军事支持者,而这本可以在紧急关头派上用场。回纥的瓦解预示着唐朝自身的灭亡。

中原内部的争斗对于唐朝来说不是新问题。即使在安禄山反叛之前,帝国北部就已经在一些独立的节度使的控制下走向分裂,这些人承认的是长安朝廷的合法性而非实力。随着时间的推移,朝廷越来越依赖于南方尤其是长江流域的赋税。随着赋税日增,这一地区发生了动乱,但在回纥覆灭的时候,唐朝还能够用自己的力量镇压内乱。然而,在二十年时间里,长安的朝廷开始无法控制局势。859—860年,裘甫率义军屡败官军,并在江淮地区建立政权。唐朝在与之激烈交战后镇压了这支义军,唐军将领感到有必要招募几百名回纥和吐蕃骑兵以增强其军力。①

这一反叛带来了南部地区的一系列问题,其中包括大量兵变。其中最著名的是庞勋领导的。庞勋是南方的一名粮料判官,他在军队受命换防时发动反叛。在向北挺进过程中,他横扫长江流域众多地区,并于868—869年截断了供给长安的运河。唐朝官军在沙陀人的协助之下设法镇压了这次反叛。沙陀首领朱邪赤心率领三千军队,而回纥在进攻安禄山时也提供了差不多数量的军队。跟回纥一样,少量骑兵在大量战斗中起到了关键性的作用。沙陀首领受到赐予皇姓的荣耀,被称为李国昌。

在这些战事中,唐军将领都仰赖外族军队。然而,与回纥不同的是,沙陀人居住在边界附近,并使用新的力量以获取北方的领土回报。而且,较之大多数汉人节度使,沙陀对唐朝朝廷表现出更大的忠诚。与大多数草原游牧力量一样,他们不想统治全中国。他们一直支持唐朝,直到唐朝灭亡为止。可以说,夷狄才是唐朝最强大的忠诚者。

---

① 《剑桥中国隋唐史》(*Cambridge History of China:Sui and T'ang*, pp. 688 - 692)。

唐帝国的崩溃始于 875 年,那一年,南部爆发了黄巢领导的大起义。880 年,起义军占领洛阳和长安,唐朝朝廷被迫退往四川。一年之后,唐朝的反击阻止了黄巢的扩张,但是节度使们担心失去军队,因此维持着防御态势。在走投无路的情况下,唐朝转而求助于仅有的坚定支持者沙陀人,尽管这些沙陀人当时已经攻击了中原支持的其他部落。在李克用这位前首领之子的率领下,沙陀于 883 年组织起一支三万五千人的军队,并与黄巢交战。在汉人地方军加入之后,李克用袭击并摧毁了大部分起义军。黄巢放弃长安,并向南撤退。在受到进一步重创之后,黄巢再次发动对唐朝的进攻。朝廷再次召用李克用,他遂于 884 年带领五万军队东进。在遭受一系列军事失利和天灾之后,黄巢带着一小队兵马在沙陀追击之下出逃。在走投无路的情况下,为免被李克用俘虏,黄巢被迫自杀。

李克用被赐予北方大部地区的军事统率权。这种任命只是让他的权力合法化而已,因为中原已经分裂为在节度使控制下的众多军事割据地区,确实,是沙陀人取消了唐朝,因为当时其政令已经无法迈出都城。实际上,沙陀直到 907 年一直保护着中央统治集团,一个汉人军阀则正式结束了唐朝的命运。[1]

契丹辽朝

随着唐朝的灭亡,边疆及中原内部的政治形势与汉朝之后外族王朝的更迭在结构上非常相似。要对这一时期加以分析,就必须指出,当时存在着一种政治生态,而特定的外族王朝利用了特定的形势,导致了王朝更迭的有序性。这一模式体现为外族王朝、其起源以及组织的三个基本类型:

---

[1] 王庚武:《五代华北的权力结构》(Wang, *Structure of Power in the Five Dynasties*)。

1. 草原游牧者

居住在华北边疆地带,利用部落军事组织而成为华北大片地区的统治者。这些王朝厌倦了与当地的汉人军阀交战,并形成中原的第一批外族外朝。然而,由于好战、无法提供稳定的统治以及无法解决兼具部落及中原体系的统治者内部的冲突,这些政权很容易崩溃。

2. 保守型的东北边疆国家

发源于东北,最初是汇聚着草原游牧民、森林部落以及汉族城乡居民的小王国。这些王朝建立了一个二元化的管理体制,一部分由部落民管理,掌管部落事务与战争;另一部分则由汉人官僚管理,掌管民政事务。两者都在皇帝的统治之下,他任命每个集团的官员,采用汉法以削弱部落的独立性,并靠部落军事组织镇压内部反叛。这种二元化组织是数十年发展的产物,只能在中原战乱之地以外的某些地区实现相对稳定局面。这种类型的国家是保守的,只有在草原帝国崩溃后才移入中原。他们与其说是征服者,毋宁说是拾荒者,最多也只是控制着华北的一部分地区。在这些在东北和西北都发展起来的国家中,那些发源于东北的国家具有战略上的优势,较之华北平原要近得多。

3. 进取型的东北边疆国家

这些国家由那些来自森林或草原的"野蛮"部落首领所建立。从起源上看,它们是保守型的东北边疆国家的边地部分。这些国家未能将整个华北纳入其统治之下,表明最终遇到了严重的财政问题,在大批官僚和军官中间造成了不满。边疆上粗鄙且野心勃勃的部落利用这种军事经济弱势而取代了王朝贵族,使国家重新恢复了活力,并开始采取一种进攻性的政策,试图将整个华北地区都纳入统治之下。它们既采纳那些已经存在的二元化官僚机构,同时又将大多数旧有的统治阶层纳入新的政治秩序之中。

　　契丹人建立的辽朝是东北征服者的一个主要例子，其国祚长久，但在形式上与 4 世纪慕容鲜卑所建立的燕国相似。对于草原部落及中原所采取的政策，为这种类型的王朝如何崛起并维持权力提供了信息。

　　契丹是北魏末年东北地区的一支主要游牧力量。然而，契丹每次试图建立一个独立国家的愿望，都被中原王朝或草原帝国所镇压，这是因为它们都不愿意看到一支新的边疆力量独立自存。这可以从隋唐时期契丹人所发动的反抗其领主的大量失败了的反叛看出来。605 年，契丹进攻中原，而隋朝作为回应，派突厥军队将其击溃。契丹人之后于 648 年接受唐朝的统治，并在一位节度使的控制下直至 695 年。因为赈灾物资并未到达，同时也由于首领们认为被汉人官员欺骗了，他们在那时发动反叛。契丹向南推进，在现今北京附近的区域摆开阵势。尽管中原正与东突厥交战，唐朝还是于 697 年临时性地与突厥人一起镇压契丹人；中原在南部攻击契丹军队，而突厥则进攻契丹腹地。反叛被击溃了，而契丹也转而效忠突厥。714 年，在突厥的力量衰落之际，契丹被重新纳入中原统治之下。当地的契丹统治者们权力日益增强，到了 730 年，他们宣布自立。在接下来的十年中，契丹人挡住了来自唐朝和突厥的进攻，但是在 740 年又一次落入中原的控制之下，而这时唐朝的边疆军事力量已经大为增强。这种边疆的军事化，同时也伴随着 745 年在对抗契丹的战役中所遇到的麻烦，使安禄山得以崛起，他统领着唐朝的东北防御。直到回纥被黠戛斯摧毁为止，契丹并没有再次活跃起来。①

　　这种未能成功的反叛故事贯穿着一种特征。只要草原与中原

---

① 蒲立本：《安禄山叛乱的背景》(Pulleyblank, *The Background of the Rebellion of An Lu-shan*)。

联合起来,就保持了一种两极化的世界,边疆民众就会在两种力量之间左右摇摆。保持一种两极化的边疆是如此之重要,因为当反叛者抗击中原并脱离其控制时,他们就落到中央草原的游牧力量的控制之下。在中原与蒙古地区的中央权威崩溃之后,一个东北国家就此崛起就是自然而然的事情了。东北的首领们三百年来一直试图建立这种国家,但他们只能期望没有遇到外敌的情况下,在这样一个有着重要战略地位的地区建立政权。在高丽地界以北的地广人稀的地区,渤海民众从8世纪起就已经建立起了一个王国,其组织形式依据的是中原样式。由于处于中原与蒙古的边缘地区,而中原政权的军队要镇压南部的潜在对手而无暇顾及,因此渤海国就保持了其独立性。由于沙陀人忙于与汉人军阀的战斗,黠戛斯在草原上悄无声息,契丹统治者们就开始了国家建设的进程,这为一个新的强大王朝奠定了基础。

到9世纪末,契丹在一位来自遥辇氏的最高酋长的统治下分为八部。这位首领权力有限,因为组成部落在很大程度上是独立的。联盟的领导权在军事失败后有时候从一个部落转到另一部落。在部落层面上,中央权威受到更多的限制,首领则每三年选举一次。例如,在迭剌部的四代时间里,就有十二位酋长选自庞大的耶律氏。继承通常是横向的,而那些排除在外的兄弟与堂兄弟则转而被授予官职。这些人大部分只担任一届,但是迭剌部占据这一职位长达二十七年,这表明强人能够统治其部落。然而,他的长期统治并没有改变契丹部落组织的基本结构,这是因为在他统治结束之后领导权继续轮流下去。假如按照汉文记载所称的契丹是鲜卑后裔的话,就可以发现推举首领以及地方自治的传统在东北依然很强大。①

———————

① 魏特夫、冯家昇:《中国社会史——辽》(Wittfogel and Feng, *Liao*)。魏特夫与冯家昇曾组织了对契丹-辽朝史书《辽史》的部分翻译,相关部分为这一论述提供了基本的资料。

在回纥及唐朝力量崩溃之后的混乱局面中，部落化的契丹政治秩序开始解体。耶律撒剌的，这位迭剌部的酋长，通过拓展部落的经济基础，逐步巩固了权力。他与旁边的回纥萧部联姻，并得到炼铁的先进技艺。撒剌的首先在契丹人中建立起首座用以铸造的炼铁炉，他的弟弟则有组织地鼓励生产衣物，建造城邑。在他们父辈统治下，农业明显领先，这使迭剌部富强起来。

撒剌的之子阿保机于 901 年成为迭剌部首领后，以此为基地，拓展自己的权力。902 年，他发动对中原边境的一次大袭击，据称俘获了 9.5 万民众以及 10 万只牲畜。在接下来的几年中，他袭击并击败了东邻的突厥部落、北部的女真以及东北地区的军阀刘守光。907 年初，他自立为契丹"皇帝"。[1] 这对于传统平均主义的部落结构来说是一次重大突破。只有在汉人谋臣的建议以及从征服地区获得的资源的帮助下，阿保机对旧有的政治组织的破坏才有可能实现。

与契丹为敌的宋朝记载了阿保机如何将契丹从一个部落联盟转变为国家的血腥故事：

> 阿保机，亦不知其何部人也，为人多智勇而善骑射。是时，刘守光暴虐，幽、涿之人多亡入契丹。阿保机乘间入塞，攻陷城邑，俘其人民，依唐州县置城以居之。汉人教阿保机曰："中国之王无代立者。"由是阿保机益以威制诸部而不肯代。其立九年，诸部以其久不代，共责诮之。阿保机不得已，传其旗鼓，而谓诸部曰："吾立九年，所得汉人多矣，吾欲自为一部以治汉城，可乎？"诸部许之。汉城在炎山东南滦河上，有盐铁之利，乃后魏滑盐县也。其地可植五谷，阿保机率汉人耕种，为治城郭邑

---

[1]《辽史》1：1 - 2b；魏特夫、冯家昇：《中国社会史——辽》（Wittfogel and Feng, *Liao*, pp. 573 - 574）。

屋廛市,如幽州制度,汉人安之,不复思归。阿保机知众可用,用其妻述律策,使人告诸部大人曰:"我有盐池,诸部所食。然诸部知食盐之利,而不知盐有主人,可乎? 当来犒我。"诸部以为然,共以牛酒会盐池。阿保机伏兵其旁,酒酣伏发,尽杀诸部大人,遂立,不复代。[1]

阿保机的力量得自对部落骑兵及汉地农业基础的结合。对部落首领们的杀戮使阿保机获得了不受挑战的地位。不同之处在于,阿保机所俘获的汉人为契丹带来了新的手工业技术、农业以及定居化的行政官员。由于中原正处于内战中,边疆国家就能够聚集难民或者俘虏去帮助进行生产活动。迭剌部对促进经济发展的关注使其较其他部落更具实力,并得以在事实上统治其他的部落。

阿保机及其继承者所采取的军事行动,反映出新的东北边疆国家常见的保守战略。这些国家从未拓展至中原腹地,并常通过联合或者在其对手崩溃后而获得土地。在草原上,契丹采取了一种遏制政策,控制周边部落并干涉更远处的部落。契丹辽国的发展是相当缓慢的,它的每次征服行动都是在深思熟虑之后实施的。

契丹一开始的军事行动直接对抗的是其周边部落而非中原。916 年,阿保机击败了草原上的大批突厥部落,其中包括沙陀,而在924 年,他的军队到达了鄂尔浑河畔被废弃的回纥城市。在那里,阿保机命令在一块毗伽可汗镌刻的旧石碑上重新记载他自己的行动。[2] 这些军事行动使契丹成为草原上强有力的统治者,但并没有建立起一个草原帝国。作为对中原有所关注的边疆国家,他们将蒙古地区视作边缘区域,并规划着草原战事以清除其两翼的危险敌

---

[1]《五代史志》72:2b - 2a;魏特夫、冯家昇:《中国社会史——辽》(Wittfogel and Feng, *Liao*, p. 142)。

[2]《辽史》1:9a,2:4b - 5a;魏特夫、冯家昇:《中国社会史——辽》(Wittfogel and Feng, *Liao*, p. 576)。

人。东北地区的部落战争则是另一种情况。像女真那样的森林部落与诸如突骑施之类的草原部落被用武力并入契丹国之中。

契丹从部落联盟向在皇帝统治之下的官僚制国家的转变并不是一帆风顺的。阿保机杀死他的部落对手，从而消除了来自其他契丹氏族部落的反对，但是共同统治的旧有观念在皇族中依然存在着。尽管他保持着对其家族的强烈忠心，但阿保机还是拒绝与家族成员分享最高权力，其亲属得到的都是重要却从属性的职位。然而，他的兄弟及其他旁系亲属仍然喜欢那种限制酋长任期与横向继承传统的契丹部落习俗，而这一事件成为部落体系与新的帝国体系彼此冲突的焦点。

到 911 年，阿保机传统上的三年任期期满，但他并没有退位而让其他部落轮流统治。作为回应，阿保机的兄弟、叔父以及堂兄弟们多次密谋发动反叛，试图夺取权力。他们的前两次尝试失败了，但是皇帝饶恕了他的这些兄弟，甚至还给他们以重要官职。913 年，他们又发动了一次大规模叛乱，但最后还是以失败告终。阿保机处死了大部分叛乱头目，但没有杀他的兄弟，最后将他们释放了。最后一次叛乱发生于 918 年，结果又失败了。这些反叛表明专制统治的观念无法被轻易接受。阿保机无法处死他那些参与反叛的兄弟，部分原因，或许在于他自己不敢违反契丹部落法律，按照这些法律，他的旁系亲属有权认为他已经违背了法律。不管如何，他们及其后代都永久性地从继承序列中排除出去了，虽然在整个王朝历史中，由于政变及反叛，统治权可能会转移到皇帝疏远的兄弟、堂兄弟以及叔父手中。

采取直系继承的行动，也受到了那些鼓励阿保机采纳更多中原文化的汉人谋臣们的支持。916 年，阿保机定了年号，并将长子立为太子。这些行动以及他对儒家哲学理念的公开赞许，全都被这位新皇帝加以强调，从而巩固其集权统治，而这些观念在平均主义的契丹部落传统那里没有基础。例如,当阿保机的叔父辖底被问及他在913年领导反叛时所起的作用时,他轻蔑地表达了部落契丹人对新情况的看法(也是过于轻蔑了,以至于他不久以后就被杀):"始臣不知天子之贵,及陛下即位,卫从甚严,与凡庶不同。"①

阿保机通过控制辽东的大批汉人都市为辽国建立了基础,在契丹内部获得支配权,并在随后击败草原上的其他敌对部落。在晚年,他开始将注意力转移到诸如朝鲜半岛的渤海国这样的定居地域,在926年死前不久,征服了这个国家。阿保机死后,由次子尧骨(也被称为耶律德光或辽太宗)继位,他在位高权重的母亲的协助下,取代了太子、长兄而成为皇帝。尧骨继续了他父亲的扩张政策,利用南方军阀之间的纷争,开始向中原东北部发动进攻。

阿保机和尧骨在位期间,辽国在相对安全的四十年时间里得以发展壮大,领土一直拓展到华北。正是在这段时期,辽朝改进了其二元化组织体系,这成为它在中原稳定立足的关键。从一开始,阿保机就意识到,他无法用与统治契丹部落同样的方式去统治辽东地区的汉人城市。他需要汉人官员,以其行政与税收知识使这些被征服者重新焕发活力。因此,汉人官员保持了职位,并得以继续使用唐朝的组织体系。然而,阿保机也充分意识到完全采纳中原的政治体系将会损害部落军事力量。二元化的组织体系使他可以将新国家牢牢掌握在手中,而同时又让每个部落集团按照习惯法进行统治。

这种政府体制在慕容鲜卑的燕国就已经发展出来,并被北魏所继承。它在数世纪之后重新出现并不是观念模仿的结果,而是大多数东北国家的创建者面临问题时自然而然的解决之道:如何组织起

---

① 《辽史》112:12a;魏特夫、冯家昇:《中国社会史——辽》(Wittfogel and Feng, *Liao*, p. 412,参见第 398 - 402 页))。

这样一个单一国家,这个国家中既包括经常采取游牧生活方式的部落民,又包括定居的汉人。来自中部草原,有其自身等级制观念的游牧力量无法有效地解决这一问题,这是因为他们在采取一种可能会疏远其部落支持者的全然中原化的行政体制和可能会导致政治混乱、经济崩溃的部落治理方式之间摇摆不定。像阿保机那样的东北首领可以在一个有限区域内进行尝试,由于东北部落并没有世袭贵族制度,他们就需要汉人谋臣以及政治哲学去为他们夺取权力服务。这一过程一开始很顺利,当时阿保机准许像对待一个"独立部落"那样去统治被他征服的汉人,之后则任用那些已经在位的官员们。在辽国扩张之后,这一体制变得越来越复杂,而在尧骨统治时期则创立了一套正式的二元管理结构:

> 契丹旧俗,事简职专,官制朴实,不以名乱之,其兴也勃焉。太祖神册六年,诏正班爵。至于太宗,兼制中国,官分南北,以国制治契丹,以汉制待汉人。国制简朴,汉制则沿名之风固存也。辽国官职,分北、南院,北面治官帐、部族、属国之政,南面治汉人州县、租赋、军马之事。因俗而治,得其宜矣。[①]

至少对汉人来说,这种二元管理体制的最奇怪之处在于,在整个王朝的历史中,皇帝通常会离开都城而季节性地从一个牙帐迁徙至另一个牙帐。汉人官员因此就经常留下来处理南枢密院的日常事务,而整个朝廷已经出去垂钓、狩猎虎熊、会见部属或者仅仅是享受新鲜空气去了。这些官员被要求周期性地到这些临时营帐中参加宫廷会议:

> 每岁正月上旬,车驾启行。宰相以下,还于中京居守,行遣

---

① 《辽史》45:1a－b;魏特夫、冯家昇:《中国社会史——辽》(Wittfogel and Feng, *Liao*, p. 473)。

汉人一切公事。除拜官僚,止行堂帖权差,俟会议行在所,取旨、出给诰敕。文官县令、录事以下更不奏闻,听中书铨选,武官须奏闻。五月,纳凉行在所,南、北臣僚会议。十月,坐冬行在所,亦如之。①

四十年来,辽朝大体上专注于东北和草原地区的战事。阿保机从未试图发动对华北的重大袭击。从他在位初期开始,就已经与华北最有力量的沙陀部联合起来。在沙陀的后唐(923—936 年)瓦解时,契丹并未打算征服华北,而是转而支持代之而起的后晋(936—947 年)统治者,这个国家也成为辽朝的附属国。辽朝朝廷保护后晋皇帝免受对手的打击,进而换取中原的一小块地区。辽朝如果是一个更为野心勃勃的国家的话,则可能已经夺取了全部土地。然而,契丹满足于间接控制,这是因为,跟那些在混乱时期设法生存的其他东北王朝一样,只有在更多军阀割据国家灭亡之后才会去征服华北。

直到 945 年后晋朝廷试图断绝与辽朝的这种联系时,契丹人才开始入侵中原。最初他们非常不顺利,在白团卫遭到惨败,辽朝皇帝被迫骑着骆驼逃离战场。尽管遇到了这次挫折,契丹还是在946—947 年歼灭了后晋军队,并占领其都城开封。然而,随着辽太宗之死所导致的内部政治争斗,契丹在几个月内就失去了这些地区中的大部分,而当地的反抗也迫使其北撤。直到 960 年宋朝建立为止,这一地区仍然在当地军阀控制之下。②

辽朝对征服中原的保守想法也更多地体现在与宋朝的关系中,当时宋朝征服了契丹之外的中原所有小国并将之统合到了一起。

---

① 《辽史》32:3b-4a;魏特夫、冯家昇:《中国社会史——辽》(Wittfogel and Feng, *Liao*, p. 484)。

② 《辽史》4:9b-16a。

宋朝没有遭到强烈抵抗就占领了与契丹联合的一些重要王国。在979 年以及之后的 986 年，宋朝向契丹发动进攻，但两次都被击溃，第二次甚至惨败而归。除了进行军事防御，作为回应，契丹还于 990年承认了新的唐古忒王国——西夏，这一王国位于中原西北部，它的存在威胁着宋朝的边界。力量平衡开始对辽朝有利，994 年宋朝派出两个使团试图媾和，但都被拒绝。1004 年，契丹有了足够的力量对宋朝发动反击，使宋朝按照辽朝的要求媾和。1005 年签订的和约要求宋朝每年向契丹送二十万匹绢、银十万两，而契丹则保证承认旧有边界。这一和约成功地结束了宋辽之间的战争，开启了长达百年之久的和平局面。[①]

契丹防御宋朝攻击的能力以及随后发动的反击，需要依赖强大的军事实力。在辽朝二元管理体制之下，军事事务在北院大王掌管之下，受到部落传统的影响。只有少量汉人能成为军事首领，中原化的管理机构中的成员没有讨论军事事务的资格，所有的军事任命事宜由皇帝亲自执行。然而，由于部落军队是辽军的核心力量，仍然在原来的部落贵族领导之下，因此也对辽朝构成威胁。正是这些部落贵族对皇权专制最为不满。阿保机及其继承者们因此就试图通过征募固定兵员来与那些部落军队甚至汉人相混，以使其成为私人统领的打击力量和禁军。这些军队被称为斡鲁朵(Ordo)，被部署在帝国的战略要地，在战时则首先行动。

> 太祖以迭剌部受禅，分本部为五院、六院，统以皇族，而亲卫缺然。乃立斡鲁朵法，裂州县，割户丁，以强干弱支。诒谋嗣绩，世建宫卫。入则居守，出则扈从，葬则因以守陵。有兵事，则五京、二州各提辖司传檄而集，不待调发州县、部族，十万骑

---

① 《辽史》9：3a，11：4a，13：5a－b，14：5b－6a；参见陶晋生：《蛮夷或北邻：北宋视野下的契丹》(Tao, "Barbarians or Northerners: Northern Sung images of the Khitans")。

军已立具矣。①

事实上，斡鲁朵军队可能从未达到过十万规模，但是他们通常是多达百万的更多军队的核心，这已经将辽朝的全部人口都囊括在内了。随着辽朝的扩张，斡鲁朵军及相关民户的数量也大为增加，但一些新的斡鲁朵是通过从旧斡鲁朵那里抽调人员建立起来的。②

时期	户数	成年男性人数	军人数量
926 年	15 000	30 000	6 000
951 年	51 000	102 000	24 000
969—983 年	73 000	146 000	36 000
1031 年前	110 000	220 000	61 000
1101—1125 年	140 000	280 000	76 000

较之 4 世纪时的慕容鲜卑部，契丹建立了一个更为稳定的国家。通过发展禁卫军以及对皇族成员的严格控制，辽朝成功地削弱了部落贵族的权力。而当初，这也避免了曾困扰前燕的财政难题。燕国建立后，维持了二元体制下的大批官员，这给其有限疆域造成了巨大负担。除了 1005 年和约签订后从宋朝获得的大量奉供，辽朝也面对类似的问题。最后，辽朝还要庆幸的是有一些非常长寿的皇帝，使由继位争端而造成的政治混乱大为减少。

然而，辽朝与燕国对扩张所采取的战略非常相似。两者都是通过采取保守性军事政策在混乱时期生存并发展起来的东北王朝，在遭受袭击时的防御能力非常强，但是很少对华北采取征服行动。辽朝在面对当地反抗时无法占据后晋土地，并且接受了宋朝占据华北大部分地区的既成事实，而这发生在辽朝军力要强于这些南方邻居

---

① 《辽史》35：1b；魏特夫、冯家昇：《中国社会史——辽》（Wittfogel and Feng，*Liao*，p. 540）。

② 魏特夫、冯家昇：《中国社会史——辽》（Wittfogel and Feng，*Liao*，p. 516）。

的情况之下。同样要注意到的是,西夏在成为对抗宋朝的第三方力量时,也成功地在西北地区削弱了契丹的权威。与宋朝所签订的接受旧有边界并回报以绢银的和约表明,辽朝在处理南部事务时基本上采取守势。"居四战之区,虎踞其间,莫敢与撄。"①

在处理草原与东北地区的事务时,契丹表现得更具进取性。辽朝对边疆部落的控制既表现在政治方面,也体现在军事层面。辽朝任命那些忠于朝廷并为之纳贡的部落首领。由于满足辽朝要求物资与服务这类需索的负担经常很沉重,而辽朝也不熟悉下面的部落首领,因此这些部落就不时发动反叛,杀死由辽朝任命的酋长。968年,在镇压了一场女真反叛之后,辽朝意识到来自下属部落的威胁。宋朝的和约及其巨额年贡使契丹将矛头北转,开始对边疆部落及其政权发动代价高昂的军事远征。1010年辽朝开始了与高丽的战争,持续了大约十年,但未取得真正的胜利。辽朝军队还西征回鹘、对抗草原上的突厥人并于1029年镇压了一场规模巨大的渤海国反叛,还对女真人发动了众多惩罚性袭击。与以前的边疆远征一样,这些军事行动使得部落集团要么被置于契丹的直接控制之下,要么使更为偏远的地区被迫承认契丹的统治。契丹实现这种目标所采取的重要手段是建立一系列的边疆哨卡。即使在辽朝与宋朝战争结束之后的长期繁荣局面下,东北边疆也变得越来越难以控制。

东北边界沿线的军事部署以两城为中心,并在七十处据点部署有两万两千名常备军。在最大的要塞部署兵力一万,小一点的则数百。士兵们经常被征召执行这些任务,并期望大多能自给自足。类似的边疆哨卡也出现在西北边疆。辽朝在早期就面临着维持这些

---

① 《辽史》46:14b;魏特夫、冯家昇:《中国社会史——辽》(Wittfogel and Feng, *Liao*, p. 554)。

防御的问题,因为这些哨卡的条件非常糟糕。一名力图对这一体制加以改革的大臣在 983—1012 年间曾表述了当时的情况,在那时候辽朝国力仍处于顶点。

> 夫西北诸部,每当农时,一夫为侦候,一夫治公田,二夫给纠官之役,大率四丁无一室处。刍牧之事,仰给妻孥。一遭寇掠,贫穷立至。春夏赈恤,吏多杂以糠秕,重以掊克,不过数月,又复告困。且畜牧者,富国之本。有司防其隐没,聚之一所,不得各就水草便地。兼以逋亡戍卒,随时补调,不习风土,故日瘠月损,驯至耗竭。①

情况并没有改观。东北边疆两代人之后的一份报告(大约 1034—1044 年间)这么说:

> 其无丁之家,倍直佣僦,人惮其劳,半途亡窜,故戍卒之食多不能给。求假于人,则十倍其息,至有鬻子割田不能偿者。或逋役不归,在军物故,则复补以少壮。其鸭渌江之东,戍役大率如此。况渤海、女直、高丽合从连衡,不时征讨。富者从军,贫者侦候。加之水旱,菽粟不登,民以日困。盖势使之然也。②

女真金朝对华北的征服

1005 年与宋朝签订的和约,为辽朝带来了一段稳定时期。辽廷放弃了任何大扩张的希望并设法强固既有疆域。对于一个通过征服建立的王朝来说,这会带来麻烦,因为辽朝的二元化组织即使有宋朝的年贡,要维持起来代价也是很高昂的。北部日益频繁的战争

---

① 《辽史》104:2a-b;魏特夫、冯家昇:《中国社会史——辽》(Wittfogel and Feng, *Liao*, p. 556)。
② 魏特夫、冯家昇:《中国社会史——辽》(Wittfogel and Feng, *Liao*, p. 557)。

榨干了辽朝的国力,这些战事的胜利丝毫不会带来新的收益。由于军队和官僚体系由国家维持,这一问题变得越来越尖锐。辽朝于11世纪后半叶爆发一场财政危机,尽管1042年与宋朝签订的新和约逐渐增加了来自南方的年贡,但随着契丹强人成为地主,国家失去了大量赋税收入。那些以前几乎被排除在军事事务之外的契丹贵族在与宋朝维持和平的时期获得了免交赋税的特权。这削弱了辽朝的财政基础,而将契丹贵族的注意力更多地转移到财政事务上来。契丹土地兼并的扩大,也引起了被夺走土地或被迫成为佃户的汉人农民的反叛。到处都是匪乱,随处可见流离失所的民众。到1087年,辽朝政府声称在一些地区局势已经失控。①

在边疆地区,女真人和渤海的频繁反叛则是契丹严酷统治的结果。东北边疆部落民的动乱以及边疆军队的衰落,成为对辽朝最大的威胁。女真人尤其对那些苛求无度的辽朝官吏以及向辽朝朝廷奉献珍贵皮毛和动物的繁重任务怨声载道。这些部落经常起来反抗辽朝,但契丹人一直都对其严加控制,因此一直无法成气候。当辽朝内部虚弱,降低了其控制周邻的能力时,边疆首领们就开始脱辽自立。1112年,女真公开反辽,其酋长阿骨打坚决拒绝辽帝每年在森林部落中渔猎时为他跳舞的命令。这种拒绝是一种与宣布反叛同等意义的举动。在接下来的几年中,阿骨打将女真人聚拢在他的领导之下,并开始向辽朝进攻。

女真人居住的地域位于契丹故地以北。他们具有的是一种兼具畜牧农耕、狩猎及打渔的混合经济。气候及土地使得女真人的生活水平很低,尽管他们贫困,但有一支训练有素的骑兵。契丹将一些女真人并入辽朝,这些人被称为"熟"女真,而那些没有在契丹控制之下的更远处的族人则是"生"女真。关于女真的早期叙述,表明

---

① 魏特夫、冯家昇:《中国社会史——辽》(Wittfogel and Feng, *Liao*, pp. 286,377,406)。

他们存在一种没有统一领导的碎化政治结构。个人通过平息经常引起血腥争斗的村落之间的争端而获得地方影响力。在一个世系中，首领们被选为孛堇（bogile），在战时统率其民众。女真金朝的创建者阿骨打则是占据统治地位的完颜氏的一员，他依据女真的横向继承传统从他兄弟那里继承了领导权。[1]

阿骨打所接手的是一个雄心勃勃却组织松散的部落联盟。女真人开始征服中原时还没有文字，也没有行政体制以组织政府。从部落反叛转变为对华北的征服无疑是一项伟业。纂修于元朝的《金史》的作者将女真人的崛起归功于其军事性格和困难条件：

> 原其成功之速，俗本鸷劲，人多沉雄，兄弟子姓才皆良将，部落保伍技皆锐兵。加之地狭产薄，无事苦耕可给衣食，有事苦战可致俘获，劳其筋骨以能寒暑，征发调遣事同一家。是故将勇而志一，兵精而力齐，一旦奋起，变弱为强，以寡制众，用是道也。[2]

或许有些边疆部落会以纯正血统及英勇斗士而沾沾自喜。1114 年女真对契丹发动的进攻，迅速制胜还要归功于辽朝防御的崩溃。如果辽军为辽朝提供强有力的拱卫，女真人就无法向中原拓展。然而，辽朝到处爆发的农民起义削弱了它们，甚至使契丹人自己也对朝廷不满。在边疆受到攻击时，部落契丹人和辽军都无法组织长久防御。1115 年，在阿骨打发动第一次战事仅仅一年之后，辽朝的一支大军（据称超过七十万人）在与人数少得多的女真人初次交战失利后就分崩离析了，将东北大部分地区拱手让给女真。第二

---

[1] 傅海波：《关于女真的汉文文献》（Franke，"Chinese texts on the Jürchen"）。女真的王朝史可在《金史》中找到。

[2]《金史》40（应为 44——译者注）：1a；陶晋生：《12 世纪的女真人》（Tao, *The Jurchen in Twelfth Century China*, pp. 21-22）。

年,辽朝的东都落入女真手中,附近地区的皇族投降了。辽朝东北部的军队于 1117 年不战而溃。[①]

辽朝的非契丹属下的失望是容易理解的,但契丹人在其故土的叛离、大军的溃败以及皇族的投降,都表明辽朝已经失去了与自己民众的血肉联系。农业税收的下降、对外扩张的缺乏以及政策的宣传所得益的只是朝廷中的契丹人,表明部落契丹人不再支持辽朝。对于守卫东北边疆军队而言尤其如此,他们厌倦了朝廷对边疆守军的忽视。女真人向这些集团允诺可以从战斗和新的征服行动中获取战利品。这才是典型的部落征服者,因为部落首领最初是寻求支持以进行更大战斗的联盟的组建者。

女真部落组织构成其军事框架。被征服的部落在其首领的率领之下很容易就被吸纳为新的军事单位。在一开始,女真军队由百人(谋克)和千人(猛安)单位组成,但阿骨打扩大了这些单位的规模,每个猛安由十谋克组成,三百户为一谋克。甚至连那些投降了的汉人也希望能获得部落头衔并被纳入这种结构当中,而他们的首领则成为女真国家的贵族核心力量。因此,对于一些契丹部落首领和汉人官员来说,除了维持辽朝的生存,无法再从这一衰落中的王朝获得回报了,而咄咄逼人的女真人则提供了一个好得多的前景。基于这些原因,较之宋朝,女真人在利用辽朝内部的分裂方面要成功得多。宋朝无法为契丹贵族提供讨价还价的机会,因为宋朝要的是他们的崩溃,而将女真人视作实现这一目的的工具。

至 1126 年,女真人不仅征服了契丹辽朝,还征服了整个华北地区。他们对辽朝领土的入侵如此之迅速,更应该被称作一种意外成功,而不是征服。辽朝的结构仍然完整无缺地保留下来,女真人没有其他管理模式可选,他们用更具进攻性的领导层取代了一个不得

---

① 魏特夫、冯家昇:《中国社会史——辽》(Wittfogel and Feng, *Liao*, p. 596)。

人心的、防御性的辽朝朝廷。汉化的渤海及契丹官员调整了辽朝的管理结构,以适应女真人的需要。一些契丹官员从中得益,因为新王朝使之前契丹的上层重新焕发活力并将领土大为拓展,从而得到了更多赋税以及新的政府职位。

女真征服华北对宋朝是一次沉重打击,宋朝力量被女真从这一地区赶了出来。颇具讽刺意义的是,宋朝曾鼓励女真袭击契丹人,从而乘机收回辽朝占据的汉地。这一联盟对女真人来说军事意义不大,因为宋朝的军事溃败只是暴露了这一南方王朝的虚弱。在他们征服契丹之后,女真拒绝让宋朝获得这块旧地,而到 1125 年,女真与宋公开决裂。在两年内,包括宋朝都城开封在内的整个华北地区被他们占领了。这些战役由女真骑兵打头阵,但他们也很快装备了复杂的汉式武器以及步兵,以满足攻城的需要。与之前的外族征服者一样,虽然屡次尝试,但女真骑兵在南方泥泞的农田中还是施展不开。女真金朝从未发展出足够的水师以挑战宋朝对水道的控制,而这对于南方的其他王朝来说,是防御支柱。征服南方的这一失败表明历史是多么相似,而这种情形之前曾经出现在宋朝与辽朝之间。

女真的军事技术较他们对于政治或行政管理的理解要复杂得多。对整个华北的统治为新的金朝统治者带来了沉重负担。女真人迅速采用原有的辽朝官员——汉人、渤海人以及契丹人——在他们的行政组织中服务。由于没有管理经验,女真人欣然采纳了契丹的二元统治模式。这对女真人来说尤其具有吸引力,因为它用不同于统治汉人的办法来统治部落集团。事实上,较之辽朝末年的契丹人,二元化统治对那些部落女真人而言更为切实可行,因为汉人和契丹人之间的差别已经变得模糊了。契丹人所建立的一种体制被用来满足一群征服中的部落民的需求,而女真人将之拓展到华北地区。

金朝在其一百二十年的历史中被认为已经高度汉化了。这要远甚于其契丹前辈或蒙古继承者，女真人接受了汉人的哲学及统治方式，直到蒙古人崛起为止，建立了一个较辽朝有着更多汉人的王朝。这种文化同化的标志之一是在成吉思汗的军队横扫华北时金朝皇帝所主持的关于纯粹哲学问题的讨论，即按照汉人传统，哪种要素最适用于金朝。①

女真人更加汉化的原因很复杂，但是汉人影响力的增强也与其政治发展紧密相连。金朝统治着整个华北，而不像辽朝那样只统治其中的一部分。女真人不得不大规模任用汉人谋臣和组织机构，因为汉地是其帝国的一大组成部分。在辽朝，汉人和契丹人的比例是3∶1，而汉人跟女真人的比例是10∶1。在这样一个庞大帝国中，东北边地的地位是次要的，尤其是在女真将其大部分民众迁徙至中原本土之后。女真的迁徙意味着没有部落保守者会对抗汉地的影响。甚至是在辽朝末年，一些契丹人仍然居住在边疆地带，而颇具讽刺意味的是，他们取代女真人成为边疆地区的麻烦制造者，契丹人的反叛成为金朝后期的一个主要问题。②

另一个重要因素是女真人在征服华北时文化发展的低水平状态。辽朝拓展到东北地区时，就已经创制了文字并有自己的统治观念，经过几代人的努力，建立起一个在一定程度上将部落及汉地文化结合在一起的边疆社会。因此，当契丹人开始进入中原东北部时，就成为当地近百年来发展的最高峰。阿骨打领导下的女真在没有实现任何此类发展的情况下直接突入华北。他们的传统价值、习俗甚至语言在新环境中被快速遗忘，这种情况在朝廷的贵族们那里

---

① 陈学霖：《中华帝国的合法化：对女真-金朝（1115—1234 年）的探讨》（Chan, *Legitimation in Imperial China：Discussions under the Jurchen-Chin Dynasty*, 1115 - 1234, p. 116)。

② 陶晋生：《12 世纪的女真人》（Tao, *Jurchen*, p. 51)。

尤其显著,尽管政府有阶段性地计划并命令设法保护女真文化。然而,这并不是说女真人比契丹人更喜欢汉文化,而是因为他们的文化传统不足以应对新生活的复杂性。由于汉文化是适用于他们的唯一文明模式,女真就被这种文化同化了。

金朝采纳汉文化的过程也是争夺国家统治权的一部分。在征服之后,大片地区控制在女真军阀手中。1123—1150 年,以皇帝为后台的政治集团与靠征服行动建立统治权的军阀彼此争夺权力。由于朝政植根于女真的习惯法,强调在部落体系内部的权力共享,金朝朝廷设法强化汉式统治方式,以作为摧毁部落自治权的一种方式。这些争斗在慕容燕国和契丹辽朝的形成过程中也经常出现,但在进入中原之前这一问题就已经解决了。女真人在统治中原时完成了这一转变。朝廷迅速采纳汉式政治组织而以皇帝为中心,将之视为牺牲部落首领而使王朝强大的途径之一。由于金朝需要其部落成员组成可资仰赖的军队,能够直接由朝廷加以统治,而不通过部落首领的中介方式进行。[1]

在权力集中的同时,女真对汉文化也日益重视。在金熙宗完颜亶(1135—1149 年在位)统治时期,勃极烈部落议事会被取消。随着朝中儒家礼仪的推行,对政府的重组也按照唐朝和宋朝的模式加以进行。在海陵王完颜亮(1149—1161 年在位)这位金朝第四位皇帝统治时期,集权化程度达到顶峰,他是汉文化的公开支持者。他于1150 年终结了二元统治体系,并处死了一些女真军事首领,其中包括反对他的皇族成员。1153 年,完颜亮将都城南迁以更好地控制汉地,并采取了一整套汉式宫廷礼仪,还废除了始于 1126 年的保持传统习俗的"女真化"运动组成部分的早期法规。1158 年,完颜亮在北

---

[1] 陈学霖提供了关于女真政治斗争的简明但细致的叙述,见《中华帝国的合法化》,第 57 - 72 页。

宋汴京(今开封)进行大规模建设,他将此地视为征服南方之后出现的大帝国的中心。在完颜亮于 1161 年在对宋朝用兵失败被杀之后,这一工程停止了。女真贵族们将他的名字从皇帝序列中剔除了出去。

金朝的第五位皇帝世宗完颜雍(1161—1189 年在位)试图彻底改变其前任的政策,因为这些政策疏远了王朝的部落支持者们。他组织狩猎活动,鼓励使用女真语,增加在政府中任职的女真人数量,并为女真平民重新分配土地。[1] 这些措施由于过激而失败了。从结构上看,为了便于皇帝控制,政府仍以汉地模式为基础。政府要想真正"部落化",就需要将权力移交给地方部落首领,这当然是中央政府不愿做的。大部分激励措施的目的是保存女真文化,但对中原本土的女真人来说,传统的部落习俗没有多少吸引力。这种表面上向部落习俗的回归并未带来根本性转变。在非汉人的眼里,金朝给外人的印象是一个在统治及体制上典型的汉人王朝。然而,从对外政策的角度来看,女真金朝还远未汉化,它在北部边疆操控草原政治以使游牧力量陷于分裂局面。当金朝突然间面对成吉思汗领导下的来自草原的最严峻进攻时,它在军事上加以全力回击,而拒绝与之达成和平,因为这将使它像汉朝和唐朝所做的那样,或者也像宋朝长期以来所做的那样,被迫向游牧力量支付奉供。虽然蒙古人将金朝看成一个汉地国家,实际上并不如此。在遭受打击时,女真人奋起反击,尽管最终徒劳无功,但直到金朝于 1234 年被摧毁之前,华北之战还是打了二十五年。

草原的分裂

外族王朝对华北的征服使蒙古地区的游牧力量处于劣势。他

---

[1] 陶晋生：《12 世纪的女真人》(Tao, Jurchen, pp. 68 - 83)。

们熟悉草原政治及习俗，拥有大批骑兵，并且较之本土的汉人王朝，在处理与游牧部落的关系时更具创造性。一项特别的优势就是他们采用二元化组织，在边疆地区可以采用不同的法规和统治方式。二元化组织也使军队免受汉人官僚的控制，军事将领也就更为勇猛善战。政策中最大的不同或许是心理上的。中原王朝将游牧力量视为鱼龙混杂的，他们与其说是人，不如说是禽兽，他们的行为与社会组织是不可理喻的。外族王朝则有着更具包容性的看法，因为从一开始，他们的国家就包括了来自草原、森林的边疆民众以及汉人农民、城市居民。部落组织与游牧生活方式是他们自身背景的一部分。在处理草原事务方面，外族王朝知道从何处可以找到弱点。

这种相异之处最突出地表现在他们在进攻草原时所采取的战略上。外族王朝并不想进行殊死决斗，而是尽可能多地获取人口与牲畜。由于草原经济与人口是流动的，通过大规模掳掠资源就可能削弱游牧首领的权力。汉人很少采用这种政策，因为这无异于引狼入室，很可能会使国家造成混乱。对外族王朝来说，这没什么危险，因为他们已经准备好用他们的二元化统治结构去控制部落民众。在贸易中也体现出类似的机动性。中原王朝要么不允许游牧民进行贸易活动，要么对他们加以严格限制。要求互市的谈判成为长期争斗的缘由。对外族王朝来说这没什么意义，边疆并不是绝对的，而草原部落也能轻易进行贸易活动。这就避免了大规模劫掠，并使草原首领无法用传统的方式为其权威辩护。

外族王朝所采取的专门政策根据所受威胁的程度有所不同。北魏依靠沿边界部署的大军打击柔然，并使其远离边界。他们也试图用引起柔然内部纷争的方式使柔然在政治上维持分裂局面。辽朝以及金朝初年的差别很小，这是因为草原处于混乱之中，没有中央权威。这些王朝采取区域防御政策，兼并那些靠近边界的部落，使其成为抗击更远处部落时的缓冲带。被置于辽朝或金朝直接统治之下的部落受到严密监视和牢固控制,这一政策经常引起跨界民众的不满与频繁叛乱。对于那些远处的部落来说,这一政策是对它们的威胁,辽朝和金朝充分利用了游牧力量之间的敌对状态。他们支持弱小部落以摧毁强大部落,按照他们的看法,如果不这么做,这些大部落将会反叛。外族王朝的基本政策是通过阻止任何强人的崛起而使草原处于混乱局面之中。

蒙古人是作为女真分而治之政策的牺牲品而首次在历史记载中出现的。他们只是可能会造成麻烦的一些漠北小部落中的一个。这些部落都有着希望一统草原的雄心勃勃的首领。像塔塔儿部、克烈部、乃蛮部、蔑儿乞部以及汪古部全都是蒙古人的潜在对手。也并非只有女真人监视着边疆,从帕米尔一直到太平洋,所有的草原边疆都掌握在有着部落背景并以骑兵为军队基础的强大的外族王朝手中。在西部,西域由西辽(哈剌契丹)所统治,这是由将突厥游牧势力赶走并控制当地一些重要绿洲的一位契丹王子所建立起来的国家。河西走廊和鄂尔多斯地区控制在西夏手里,西夏在依靠贸易活动而变得富有之后,就建立了一些带有城墙的城市并组织起强大防御。在东部,从鄂尔多斯地区穿越漠南直到东北,女真军队及要塞保护着金朝免受侵扰,并向结盟的部落提供支援。那些潜在的草原首领所面对的不是一个,而是三个位于南方的强大国家。

女真在与北部部落打交道时经常给他们馈礼,并邀请他们的首领赴朝廷觐见。这种积极政策失败之后,女真转而开始采用武力。当合不勒汗首次成为蒙古人的强大领袖时,他被邀请去金朝朝廷朝觐,在那里受到了皇家的礼遇。后来,他考虑到太危险,就悄无声息地逃走了,女真遂于1137年发动了对蒙古人的战争。女真人挺进蒙古地区,但并未发现游牧者,由于这一远征补给不足,女真军队就不得不退回中原,蒙古人发起反击并将其击败。合不勒汗不久之后去世,由其侄子俺巴孩继任。塔塔儿人将俺巴孩出卖给了女真人,女真人将他处死在中原。蒙古人在合不勒汗之子忽图剌的领导之下重新组织起来,并通过对边疆的劫掠加以报复。女真人于 1143 年发动反击,但没有成功。蒙古人离中原太远,因此很不容易找到,而金朝最强的军队此时正全力与南宋交战。1147 年,一名金朝将领建议最好与蒙古人达成和约。作为协议的一部分,金朝同意撤回威胁蒙古人的一些要塞,并给他们奉供。表面上看,这似乎是金朝的溃败,而且回复到了本土中原王朝通常采取的政策上,但事实并非如此。金朝只是采取了一种对抗蒙古人的更为狡猾的间接政策。和约刚安排好,蒙古人就进攻塔塔儿部,为俺巴孩报仇,从此开始了长期的主动敌对局面。然而,蒙古人内部发生了分裂,随后爆发一场内战,忽图剌及大部分兄弟都被杀。金朝朝廷意识到蒙古有一些猜忌的周邻部落可以为削弱蒙古效力,乘机将他们及塔塔儿部联合起来,于 1161 年击溃了蒙古人。这次胜利使塔塔儿部的实力达到新的高度,使得金朝开始寻找新的同盟克烈部来对抗他们。1198 年,克烈部、蒙古以及女真军队联合摧毁了塔塔儿部。[1]

这些事件清楚地表明了女真所采取的分而治之政策。这是一种将发展中的部落联盟置于彻底控制下的长期战略。女真人支持弱小部落的首领去抑制强大部落的实力。如果时机合适,女真人就会变换盟友并摧毁最危险的联盟,通常是吸收他们几十年前曾经击败过的部落。在蒙古人那里是二十五年,在塔塔儿部那里是三十七年。要执行这些政策,就要求在历朝皇帝统治下金朝朝廷都必须时刻监视游牧力量的动向。当然,这种政策也有潜在弱点:在支持弱小力量反抗主要力量时,女真人可能会造成这样一种情况,即一位新首领会利用传统的部落对抗而不可抵挡地强大起来。

---

[1] 马丁:《成吉思汗的崛起及其对华北的征服》(Martin, *The Rise of Chinggis Khan and his Conquest of North China*, pp. 55-59)。

关键名称表

草原边疆地区的主要部落

奚（10—11 世纪）
契丹的突厥系游牧力量
辽朝草原战争的目标

女真（10—11 世纪）
居住在东北森林中的部落
被契丹所征服

女真（12 世纪）
居住在东北森林中的部落
南迁并征服了辽朝
建立了金朝

契丹（10—11 世纪）
东北地区的游牧部落
于 10 世纪初在中原东北部建立了辽朝

契丹（12 世纪）
东北地区的游牧部落
其所建的辽朝于 12 世纪初年被女真所灭
仍然是东北草原上的游牧部落
迁居的契丹人成为金朝的重要官员

黠戛斯（10 世纪）

在契丹进攻下从回纥故地被赶走

蒙古部（12 世纪）
蒙古地区的小部落
受金朝控制

渤海（10 世纪）
高丽边境上的王国
在契丹进攻下亡国

沙陀（10 世纪）
先后与回纥、唐朝结盟的突厥系力量
建立了后唐（923—936 年）
被契丹所取代

重要的部落王国及中原王朝

金（1115—1234 年）
统治华北大部分地区的女真王朝

西夏（990—1227 年）
中原西北部的唐古忒王国

辽（907—1124 年）
中原东北部的契丹王朝

西辽（1143—1211 年）
统治西域地区的国家

由逃亡的契丹皇室所建立

宋（北宋 960—1127 年；南宋 1127—1279 年）

唐朝之后的本土汉人王朝

北宋时期统治中原大部分地区

在金朝进逼下，领土后来局限于华南

关 键 人 物

阿骨打

金朝的创建者

阿保机

辽朝的创建者

李克用

沙陀首领

向唐朝提供军事支援

完颜亮

金朝的第四位皇帝（1150—1161 年在位）

执行有组织的汉化政策

第五章　蒙古帝国

成吉思汗的崛起

铁木真，这位未来的成吉思汗，大约出生于1167年，在那时候，蒙古人只有一丁点儿独立的力量。他们的联盟已经被金朝和塔塔儿人的进攻所摧毁了，而蒙古人的敌对部落要么与克烈部联合，要么就在塔塔儿人的控制之下。铁木真的父亲是也速该，他是忽图刺汗仅存的兄弟的儿子。也速该是由孛儿只斤氏派生出来的乞颜氏的首领，这部分人曾在合不勒汗的领导之下统一了蒙古。蒙古人战败后，孛儿只斤与泰亦赤兀惕部之间依旧相互对抗，俺巴孩一系及其继承者彼此间争夺对蒙古人的统治权。这些人在权力上是平等的，而汗的头衔则从一系转到另一系手中，但在内战之后，蒙古人四分五裂，再也没有大家共尊的汗王了。因此，尽管铁木真来自曾经领导蒙古的那支世系，但这些祖先并没有给他带来什么好处，在一位首领的成功岁月中，各部往往会聚集在他周围，但是一旦他失败或者死去的话，他所在的世系就众叛亲离、一文不值了。①

由于成吉思汗的生活被详细记载了下来，因此人们就经常将他设想成草原帝国创建者的典型。拉铁摩尔曾认为，只有少数贵族才能既有社会地位，获得追随者，同时又希望搅乱这一状态，以便建立一个新的国家。② 事实上，处于这些地位的人并不是游牧国家的典型创建者。

蒙古之前的草原帝国的建立者可以分为三大类。他们大部分是在草原某一地区已经建立强有力的部落联盟的世系首领。这些部落的首领可以得到自己部落的全力支持。在这种基础上，他们通过征服周邻部落而扩大权力，并将这些部落合并到一个帝国联盟之中，最终会将整个草原囊括进去。原初部落的贵族成为帝国的国家精英，而地方部落集团则成为帝国权力的臣属，通常会维持他们的传统领导及内部组织。匈奴的冒顿、突厥的阿史那土门以及回纥的骨力裴罗都建立过这类典型帝国。

第二类首领则通过重建已崩溃的或者不久前被摧毁的游牧国家而建立起帝国。这些王朝被那些既存的政治精英们通过政变、内战或重新合并而组建起来。匈奴的南单于就属于这种类型，他来自旧帝国的统治贵族。更突出的例子则是在颉跌利施领导之下所建立的突厥第二帝国。尽管最初只有很少的支持者，但他还是重建了旧的突厥国家，并在很大程度上受惠于旧帝国的威名。在回纥，骨咄禄的政变增强了王朝的实力。在所有这些事例中，这种政权再造者可以利用已经建立的集权统治的传统。

---

① 成吉思汗生活时期蒙古的政治与社会状况的基本资料见于他死后不久成书的《蒙古秘史》，尽管此书编纂的确切时期仍有争论。此书主要述及部落史，而对蒙古在定居地区的战事只作了概述。柯立夫对此书作了英文全译。为便于阅读，我已经完全用"你"（you）代替了"汝"（thee）。另可参见符拉基米尔佐夫：《成吉思汗传》（Vladimirtsov, *Life of Chinggis-Khan*）。《元史》则是对入主中原的蒙古人的官方正史记载。

② 拉铁摩尔：《中国的亚洲内陆边疆》（Lattimore, *Inner Asian Frontiers*, pp. 543－549）。

第三类是选举出来的统治者。鲜卑的檀石槐出身低微,却很有才干,他被选为联盟的头领,在他的领导之下联盟逐步控制了草原。这种联盟结构松散,无法传给后继者。这些情况在东北草原地区是非常典型的,在这个地方,统治的世袭权从未发展到中部草原游牧力量那种程度。契丹辽朝的创建者阿保机是以这种传统而被选为领袖的,但是他破坏了部落体系,并通过完全不同的方式建立一个边地国家。

成吉思汗逐步获取权力的方式与这些类型中的任何一种都不相同。尽管他出生于一个统治家族,但蒙古人并没有他们自己的跨部落统治传统,而且他们也从没为成吉思汗提供安全的环境。蒙古人在成吉思汗统一草原的一些战争中屡屡弃他而去。成吉思汗不能被看成政权再造者。回纥人所建立的最后的草原帝国在三百多年前就已经消亡了。那里已经没有关于草原帝国的传统甚至记忆可以被用来形塑一种新模式。成吉思汗也没有通过选举以获取权力。当他最初被立为蒙古人的汗王时,近半数的氏族拒绝接受他的领导,而那些曾信誓旦旦永远追随他的人们也在他一遇到麻烦之际就弃之而去。不同于檀石槐在早年就被选为首领并利用职位强化鲜卑统治,成吉思汗在被选为汗王的时候,正是蒙古人作为克烈联盟的低级成员而没有完全获得独立性的时候。

成吉思汗是从一个相当边缘化的地位逐步崛起为伟大的游牧帝国领袖的。成吉思汗缺乏部落的支持基础,而在他试图获取权力并统一游牧力量的过程中,又遇到了一系列的对抗。他对草原政治的切身经历以及部落军事单位的变化无常也形塑了他关于军事战略与政治组织的观念,而这些观念为蒙古帝国提供了统一的结构。较之其他草原首领,成吉思汗在战争中经受着更大的风险,因为他必须赢得胜利以确立自身地位,正因为缺乏部落支持的稳固基础,他无法仰赖战略撤退以避开强有力的敌人。军队和帝国都由那些忠诚于成吉思汗的人所统领，而他自己世系的成员则大多被排除在重要职位之外。成吉思汗既不相信他的近亲，也不相信蒙古氏族，他将统治权威视作保持权力的唯一方式。

在铁木真出生的时候，草原处于一片混乱之中。分化对抗是政治组织的基本形式：敌对的部落或氏族能够联合起来反抗共同的敌人，而一旦共同的敌人被击败后，这些联合起来的部落或氏族就会发生分裂并继续彼此争斗。加入部落联盟可以获得些许安全，但没有哪个部落联盟有能力长久控制其他联盟。任何获得权力的首领也招致了敌意，并导致了反对他自己的新联盟。在金朝利用这些敌对局面干预并反对那些取得过大权力的任何联盟的情况下，蒙古人的处境就变得越来越困难了。

在个人的层面上，生命与财产也处于危险之中。部落战争、小规模的劫掠、伏击、偷窃、绑架以及谋杀都司空见惯。铁木真的早年充满着这样的危险，而他对草原的征服以及对秩序的强化贯穿于他成年时代的大部分时期。在他父亲被谋害且蒙古人抛弃他的家族时，铁木真还不过是个孩子。也速该为他这个九岁的儿子安排了与一个弘吉剌部女孩缔结婚约，而且按照风俗将铁木真留在未来岳父那里。在回来的路上，也速该遇到了一群塔塔儿人，他们毒杀了他。也速该的遗孀诃额仑试图将她丈夫的人众维系起来，但是泰亦赤兀惕氏煽动他们叛逃而去。在投靠无门之后，这一家族迁到山岭之中，在这里，他们依靠猎取旱獭、鸟禽，捕鱼并收集野生食物为生。家族内部的和谐局面被铁木真和他同父异母兄弟别克帖儿之间的同胞之争而打破了，铁木真杀死了别克帖儿，这令诃额仑大为气愤：

> "正当除影子外别无朋友，
>
> 除尾巴外别无鞭子的时候，
>
> 正当受不了泰亦赤兀惕兄弟加给的苦难的时候，

> 正说着谁能去报仇、怎么过活的时候，
>
> 你们怎么能这样自相残杀？"
>
> （诃额仑夫人）引用旧辞古语，训斥儿子们，非常生气。①②

不久之后，情况变得更糟糕了。泰亦赤兀惕害怕流亡在外的铁木真长大后会找他报仇，他们就劫掠了铁木真的营地并俘虏了他，但铁木真还是设法逃脱了。

在大约十六岁的时候，铁木真开始参与部落政治活动，当时他回到了弘吉剌部去迎娶他父亲安排的未婚妻孛儿帖。她的嫁妆中包括了一件貂皮大衣，而铁木真把它当成礼物送给了克烈部首领脱斡邻③。脱斡邻过去是也速该的安答（anda，义兄弟），他得到这份重礼很高兴，并保证帮助铁木真重新收复他父亲的人众。然而，蔑儿乞部在不久之后袭击了铁木真的营地并掳走孛儿帖，这使铁木真亟需更多真正的支援。脱斡邻派了一支军队攻击蔑儿乞部并救回孛儿帖。这次远征使铁木真第一次有机会率领一支大军，而对蔑儿乞部的胜战也增强了他的声望，使他得以恢复对父亲部众的领导。

铁木真只是克烈联盟中众多雄心勃勃的年轻人中的一个。他在蒙古人中间有一个叫札木合的对手，二人年幼时曾经是义兄弟。在蔑儿乞部战斗之后，他们驻扎在一起，但由于最终彼此争夺对相同部落的领导权，当札木合追随者中的一些人投奔铁木真时，他们的关系就破裂了。在这个时候（1190 年?），铁木真所在部落的首领们，那些合不勒汗的年长后裔，推举铁木真为蒙古人的可汗。在这背后的政治变动是鲜为人知的，但铁木真的部众也许已经完全放下身段来支持铁木真与扎木合对抗，而札木合的领导权已经威胁到合

---

① 此处译文据 1936 年《四部丛刊》三编影印元抄本，并参考札奇斯钦译注《蒙古秘史新译并注释》(台北：联经出版事业股份有限公司，2006 年)而组织。下同。——译者注
② 《蒙古秘史》78；柯立夫：《蒙古秘史》(Cleaves, *Secret History*, p. 24)。
③ 后称王罕。——译者注

不勒汗后代的权力。不管怎样，铁木真只是一小支蒙古人的可汗，对他和札木合来说，他们都能在战场上投入三万人众。脱斡邻对于这次推举很满意。由于意识到蒙古人需要一位汗王，脱斡邻遂警告他们将来不要违背他们的诺言。脱斡邻的警告表明这一头衔可能更多的是象征性的，而没什么真正意义。札木合一开始并不反对推举，但随着铁木真的一些追随者发动劫掠并杀死他堂兄，札木合遂率部众发动进攻，铁木真大败而逃，札木合将一些俘虏活活煮死，这使得一些部落感到不安，随后陆续投奔到铁木真那里。

在草原政治中，铁木真一直是个小角色，这种情况直到1196年他支援脱斡邻以重新控制克烈部之后才改观。脱斡邻一直不得人心，这是因为他在获取权力时谋害了他的两个幼弟①，并迫使第三个幼弟②流亡到了乃蛮部。1194年这个幼弟将脱斡邻赶下台，脱斡邻向西辽统治者古儿汗（Gur Khan）求援，但遭到拒绝，一年之后，他势单力薄，被迫逃奔铁木真处，铁木真整军出击，使这位之前的庇主恢复了汗位。铁木真随后击退了在克烈部内乱之际趁火打劫的蔑儿乞人的进攻，并将俘获的战利品送给脱斡邻。1198年，金朝决定与蒙古部及克烈部一起进攻强盛起来的塔塔儿部。蒙古人渴望向旧敌报仇，联军击败塔塔儿部。脱斡邻因功而被金朝封为王罕，而铁木真得到一个次等头衔。

塔塔儿部的瓦解改变了草原上的力量平衡，乃蛮与克烈联盟成为漠北地区最有势力的力量。金朝的进攻也表明，女真人还远未失去对边疆的控制，他们仍然是草原政治中积极而强有力的参与者。在击败塔塔儿部之后，铁木真并未试图自立。他仍然只控制着一小部分蒙古人，依旧是克烈联盟内部的一个年轻成员。有证据表明，

---

① 台帖木儿与不花帖木儿。——译者注
② 也力可哈剌。——译者注

他似乎想更接近王罕,试图在王罕死后成为这一联盟的首领。但是,铁木真日益增强的影响力以及王罕对他支持的仰赖,都引起了克烈部首领们的恐惧与嫉妒。王罕也经常通过在铁木真及札木合间不断转变支持对象而使蒙古人一直成为这一联盟的属下。

随着乃蛮部在其汗王死后陷入内斗,王罕向其发动了攻击。札木合及铁木真都参加了这次行动。在战斗的前夜,札木合就说服王罕撤兵,留下铁木真孤军抗击乃蛮部,并预期铁木真的军队会被击溃。这一诡计没能成功,乃蛮部放过了蒙古人,转而向克烈部发动进攻。王罕被迫寻求铁木真的支援以击退乃蛮部。铁木真还击退了试图乘虚而入的蔑儿乞部的进攻。

由于害怕克烈部,其他一些部落就在札木合的领导下结成一个新的联盟,他们公推札木合为"古儿汗"。在一场激烈的交战后,札木合被击败。铁木真乘机追击并击溃了泰亦赤兀惕氏残部,他在随后抗击塔塔儿残部时也如法炮制。

由于铁木真的支援拯救了联盟,王罕遂将其收为养子。王罕之子十分反对父亲的这一行为,而在铁木真请求联姻以强化这种关系时,王罕之子和札木合(他如今回到了王罕那里)说服王罕拒绝这一建议。他们还指控铁木真与乃蛮部密谋。由于意识到铁木真正在失去王罕的欢心,一些蒙古氏族离他而去了。克烈部毒害铁木真未成,随后向他发动了进攻,铁木真寡不敌众,被迫撤退。此时的铁木真处境极为艰难,到他转移至班朱尼河休整时,身边只有四千六百骑。铁木真试图与克烈部重开谈判,但被一口回绝。他最终幸运地得救了,因为他的密探报告称克烈部正宴饮欢娱,大部分人都酩酊大醉,铁木真迅速出击,经过三天三夜激战,王罕狼狈逃窜,不久身死。铁木真遂成为克烈联盟的统治者,而这一联盟在数周前还曾令其命悬一线。

这次突然转变使他的敌人在乃蛮部领导下结成了同盟。一年之后（1204年），铁木真整军与敌交战。此役他若失败，就将万劫不复，但他还是取得了大捷，击败乃蛮部并瓦解其盟友。之后又进行了一系列战事，他也因此成为蒙古地区的霸主。1206年，铁木真召集了忽里勒台（*khurilati*）大会，在会上，他得到了"成吉思汗"的尊号。

蒙古政治组织

凭借个人追随者建功立业，而非依靠部落的忠心，成吉思汗创建了一个草原帝国。大多数蒙古氏族的态度是变化无常的，他们会在某年选举他为汗，而次年又抛弃他，就算他的叔叔与兄弟们也会在很多时候联合起来反对他。这种经历对成吉思汗的影响很大，他从未想过将权力委派给他的亲属，或者委派给无法限制其独立性的其他蒙古首领。蒙古人从未与成吉思汗建立密切关系，而这种关系在匈奴人与其单于或突厥人与其可汗那里曾经非常密切。

传统上的蒙古政治组织以血缘为中心，而氏族首领是各个血缘集团的领主（*tus*）。然而，在政治混乱时期，对这些首领表达忠心是要有交换条件的，而且并不可靠。成吉思汗在孩提时代就被他父亲的部众抛弃，除了他们的血亲，蒙古首领们不得不仰赖自己个人随从所组成的军队。崛起的首领吸引了伴当（那可儿，*nökör*），他们像自由民一样向其庇主效忠。他们既是侍卫、单个参战者，同时也是其首领的代理人。对成吉思汗来说，最可耻的行为无过于伴当的背叛。他处死了敌人的伴当，因为他们背弃了原来主人的信任，在一场与蒙古人的战斗中向成吉思汗投诚。一个人只要有一次违背了誓言，就会失去信任。第二类追随者是家奴，他们宣誓为一个特定的家族服务。由于这种关系无法自由选择，这些人经常成为家庭不可或缺的部分，并担任要职。在成吉思汗第一次被推举为蒙古汗王时，他挑选的军队将领是他两名最亲密的助手：博尔术，是一名伴当；者勒蔑，是一名家奴。

这些类型的职位都强调随从者与领导者之间的个人忠诚。在首领中间，安答的关系与之类似，但是所强调的是平等性。这就使得他们所形成的联盟超越了血族的联系。安答所给予的不仅是其援助义兄弟的个人保证，还希望能给予他的集团以支持。铁木真使用他父亲与王罕已经建立起的安答关系，在从蔑儿乞部那里夺回孛儿帖时，就曾得到王罕的支援。最著名的义兄弟关系或许存在于札木合与铁木真之间，但是，随着时间的流逝，这种关系不复存在了。与对那些不守信誉的伴当毫不仁慈不同的是，对他的安答的反对行为，成吉思汗所表现出的更多的与其说是愤慨之声，不如说是惋惜之情。在成吉思汗统一草原之后，安答关系全都不复存在了，游牧首领成为新帝国的一部分，安答不再是独立的行动者。

成吉思汗于1206年被选为蒙古之主时，完全从三年前"同饮班朱尼河水"的低谷中走出来了，但在对军队的重组中，他的惴惴不安之情仍然可见。最高级的职位并没有分给他的家族成员或传统上的部落首领，而是给了最忠诚的将领。此外，私人侍卫（怯薛，*keshig*）也转变为一支帝国护卫军。在他余下的岁月中，成吉思汗仍然信不过任何人，尤其是他的家庭成员，因为他们可能会篡夺他的汗位。直到成吉思汗死后，他的家庭成员才开始在帝国政治中扮演垄断性的角色。

1206年，军队数量有九万五千骑，成吉思汗将之分为八十六个千户长[①]，大多数是由各部落混杂而成的，其中还吸收了那些自从铁木真于1190年左右首次被推举为汗王之后一直支持他的部落或氏族，或者在他统一草原之后自愿接受他的统治并通过联姻成为"连

---

① 似应为九十五千户。——译者注

襟"(güregen)的部落首领,这些人通常率领着千余部众。其他的散居部众被准许聚集起来,以回报其过去的忠心与支持。千户长可以分为三类。第一类是成吉思汗的长期支持者(20%),他们要么由于服侍得力而获得了特别宠爱,要么被授予高级职衔,正是在这一集团中出现了蒙古征服者中最为著名的将领。第二类集团由那些与成吉思汗联姻或收养的将领组成(10%),他们在行政或战争中起到了显著的作用。其余大部分(70%)在《蒙古秘史》中没有相关记载,其个人的作用在后来也不明显,可能是传统的部落首领(tus)。[1]

蒙古军队中最大的作战单位是万户(tümen),由万人组成,但并不是所有单位都满编。万户被置于成吉思汗亲信控制之下,万户长直接统率将近一半的军队。博尔术,这名成吉思汗的首位伴当,统率着以阿尔泰山为基地的万户。木华黎这名家奴则被授权统率位于东北边境地区的万户,并被授予国王(Gui Ong)的世袭头衔。豁儿赤,这名力助成吉思汗成就伟业的早期支持者,被任命为镇守北部林木中百姓的万户。纳牙阿曾经为成吉思汗俘获了其泰亦赤兀惕氏的敌人,但没有得到相应荣誉,这次成为中军万户的统率者。忽难则为成吉思汗之子术赤代管一个万户。另外一些人则统率自己的四五千部众。而整支军队的统率权则掌握在成吉思汗亲信勒蔑的幼弟忽必来手中,他们都是成吉思汗的家奴。[2]

显然,这种划分方式将成吉思汗父系亲属从将领职位上排除出去了。在成吉思汗的叔侄兄弟中最初没有哪个直接控制军队。一段时间之后,成吉思汗最终还是将军队分给他的家族(参见图表6.1),但他的举动还是谨小慎微的,尽管在蒙古控制之下的军队数

---

[1]《蒙古秘史》202;柯立夫:《蒙古秘史》(Cleaves, *Secret History*, pp. 141 - 142)。

[2]《蒙古秘史》205,206,207;柯立夫:《蒙古秘史》(Cleaves, *Secret History*, pp. 145 - 150)。

图表6.1 成吉思汗家族(黄金家族)的子弟分民数

第一次分民(1206—1210 年)	
分给旁系亲属:	
母亲及铁木哥	＝10 000
合撒儿	＝4 000(暗地里减为1 400)
按赤台	＝2 000
别里古台	＝1 500
分给直系后代:	
术赤	＝9 000
察合台	＝8 000
窝阔台	＝5 000
拖雷	＝5 000
总计	＝44 500
成吉思汗死后民户的分配(1227 年)	
分给旁系亲属:	
母亲(已死)	＝3 000
铁木哥	＝5 000
按赤台	＝3 000
合撒儿子孙	＝1 000
分给直系后代:	
术赤	＝4 000
察合台	＝4 000
窝阔台	＝4 000
阔列坚	＝4 000
总计	＝28 000

量与日俱增。那些被分给家族的军队中的数千名将领都忠于成吉思汗。成吉思汗的担心是有一定道理的,军队一旦被分割开来,企图控制军队的阴谋就会崛起。

成吉思汗对其父系亲属的不信任贯穿了他整个一生。无论在什么时候,他在大事方面总是信赖他的亲信。这些被新吸纳进来的人既忠心耿耿,又富有才华,在与他们打交道时,成吉思汗既慷慨又友好,他坚信对这些人性格的判断是没有问题的。他在处理与亲属的关系方面则表现出一种不同寻常的猜忌、憎恶以及妒忌性格。成吉思汗几乎怨恨每个声称与他有血缘关系的人，认为他们就像不劳而获者一样，这对他们来说是一种侮辱。哪怕是关于某个血亲侵蚀他权威的谣传都会使成吉思汗勃然大怒，而且他处死或者威胁要处死的亲属的数量多达十二个，基本上都是父系中那些有权力欲望的人。成吉思汗的态度是由三次关键性的经历决定的：在他父亲死后家族成员离他而去，那些选他为汗王的亲属的遗弃，以及在他成为最高统治者之后他亲属之间的争斗。

成吉思汗一生中最痛苦难忘的事情，也许是也速该死后，泰亦赤兀惕煽动蒙古人弃他家族而去，当时整个家族陷入赤贫，而且无法从也速该的幼弟那里得到援助或支持。在这一点上，《蒙古秘史》强调了成吉思汗亲信伴当的重要性。似乎是为了强调他对非亲属的仰赖之心，在这次流亡中，心怀憎恨的铁木真杀死了他的同父异母兄弟，只是因为他不喜欢这个人。当蒙古人于1190年左右推举铁木真为汗王时，有更多的高级候选人竞争这一头衔，而所有合不勒汗的后裔都支持铁木真，而在之后的几年时间里，这些人就抛弃了他，随后又对他发动攻击，成吉思汗乘机将其一网打尽，撒察别乞和泰出（他是最年长的一支）被俘并处死。不亦鲁黑，这位曾给成吉思汗带来不少麻烦的人，被按照汗的命令刺穿了背部。忽图剌汗的儿子阿勒坛实力强大，一时无法击溃，一直到乃蛮部被击败之后，他才被杀死。甚至成吉思汗的叔父答里台也一度要被处死，直到大汗的伴当们说这过于不近人情，方才作罢。通过这些处决手段，成吉思汗扫除了在继承方面所有的竞争者。

成吉思汗对亲属的怀疑态度也表现在与他的异父母兄弟、蒙力克之子帖卜腾格里之间的一次你死我活的争斗中，而这种争斗是在1206年的忽里勒台之后发展起来的。帖卜腾格里是个不一般的人物，他因其巫师的权威而令所有蒙古人敬畏，作为巫师，他能够绝地天通而治病、克敌或预见未来。他之前声称成吉思汗已经依天所愿而被选为最高统治者，这为新帝国确立了诸多的合法性。尽管蒙力克娶了成吉思汗之母，并被任命为首个"千户长"，在《蒙古秘史》中被称为"父亲蒙力克"，但蒙力克和他的七个儿子都没有获得万户或个人军队。在成吉思汗的母亲诃额仑死后，帖卜腾格里随即夺取了她和成吉思汗幼弟铁木哥斡赤斤的一万部众。当铁木哥斡赤斤去要回这些人时，蒙力克的儿子们拒绝照办，随后又对铁木哥斡赤斤大肆侮辱。成吉思汗在处理对他权威的这种威胁时经常会冷酷无情，但由于蒙古人敬畏帖卜腾格里的巫术，成吉思汗因此犹豫不决，直到孛儿帖指出任何能羞辱成吉思汗兄弟的人都会对整个家族造成威胁的时候，成吉思汗方才下定决心采取行动。帖卜腾格里在第二次与成吉思汗见面时，见到他的那些侍卫，大吃一惊，他随即被铁木哥斡赤斤折断了脊骨，最后被处死，蒙力克随后被警告不准以旧功在将来保护他或他的儿子们，从此以后，再也没有这种专门的神巫了。①

尽管这一争端经常被看作蒙古世俗权力与精神权力之间的一次争斗（部分原因在于这是神巫在草原政治史上有所作为的少数几个时段之一），但它更多地被解释为蒙力克子孙以其继承权而要求分享权力的一次尝试。帖卜腾格里自视为是至少可以统治一些部落的继兄弟，而成吉思汗则不惜任何代价维持独断之权，甚至在他已经选定接班人之后，对于儿子们的任何冒犯之举还相当在意。例如，在他的儿子们将玉龙杰赤（Urgench）②的战利品瓜分一空而没有为他进献时，成吉思汗大发雷霆，扬言要对他们严惩不贷，直到他的

---

① 《蒙古秘史》243－246；柯立夫：《蒙古秘史》（Cleaves, *Secret History*，pp. 176－182）。
② 花剌子模都城，今土库曼斯坦库尼亚-乌尔根奇。——译者注

谋臣安抚他平静下来为止。在晚年，因为谣传术赤要发动叛乱，成吉思汗几乎要跟术赤交战。

可能是由于这些事情，成吉思汗进一步减少了分给术赤的民户数量，在他死时分配的数量与第一次分配时的数量大不相同（见图表 6.1）。在第一次分配中，9.5 万骑中的 4.45 万骑直接分给了家庭成员（47%）。到 1227 年，这一数量降到了 12.9 万骑军队中的 2.8 万骑（22%），不管是绝对数量还是相对比例都下降了。儿子们得到了相同数量的部众，但比以前要少。阔列坚，这个受宠的庶妻之子，首次被归到儿子辈中。拖雷没有分到部众，这是因为，作为幼子，他继承了父亲留下的 11 万军队的统率权。旁系亲属所继承的部众也有所变化。合撒儿的子孙们仍然由于与成吉思汗的争吵而只分到了最少的部众。成吉思汗异母弟别里古台的后裔则完全被摈弃在外了。只有作为成吉思汗早亡的同母次弟合赤温后裔的按赤台子孙们，所获得的部众才有所增加。总之，比起亲戚，成吉思汗与伴当的关系要好得多。

成吉思汗的最大改革是建立了怯薛（*keshig*）制度。这起源于他原有的宿卫八十人以及护卫、散班七十人。之后，这一数量上升到八百护卫（以及大概八百宿卫），还包括火儿赤（箭筒士）、信使以及服侍者等。到 1206 年，怯薛在此基础上又扩充到一万人，这些人都是从各军抽调而来的，共建立了十个千户，其中最重要的是专门服侍大汗的宿卫，这些人后来形成了巴图鲁（被挑选出的勇士）的精英集团以及七个宿卫集团。那些在旧怯薛中服务的人在新来者看来就成为高级人员了。①

---

① 萧启庆：《元代军事制度》（Hsiao，*Military Establishment*，pp. 34－38）；参见爱尔森：《1251—1259 年蒙哥汗统治时期的护卫军与政府》（Allsen，"Guard and government in the reign of the Grand Qan Möngke"）。

成吉思汗从各方征募怯薛成员。怯薛的首领全都是千户长的儿子，有时候也会是千户长的幼弟。其成员往往代代相传：

> 从万户长、千户长、百户长的儿子和白身人（自由民）的儿子中，挑选有武艺，身体、模样好的人，可到朕处效力的人，进入轮番护卫队。千户长的儿子被选入时，带伴从者（那可儿）十人、其弟一人同来。百户长的儿子被选入时，带伴从者（那可儿）五人、其弟一人同来。十户长的儿子、白身人的儿子被选入时，带伴从者（那可儿）三人、其弟一人同来……①

怯薛不仅仅是为成吉思汗服务的护卫军。通过将子孙及幼弟征召入帝国军队的方式，这些人都成了成吉思汗的人质，以此表示这些家族的忠心，这也是首个效忠于帝国政府而非其自身部落的大集团。老一辈人可能会记起那些自由转换同盟关系，随后又背盟而重获自主的岁月。将未来寄托在帝国身上的那些儿子及幼弟们组成了一支强大而有凝聚力的军队。为了强调怯薛的重要性，成吉思汗发布命令称，他们的地位高于那些担任军队将领的部落同伴们：

> 朕的轮番护卫士的地位，高于在外的各千户长；朕的轮番护卫士的牵从马者（阔脱臣）的地位，高于在外的各百户长、十户长。在外的千户长，若想攀比到与朕的轮番护卫士同等地位互相斗殴，则应惩罚该千户长。②

这种护卫制度就将那些有才之人的才智用来为帝国服务，而护卫军也成为未来蒙古首领的权力基础。这种策略随着帝国分化瓦解那些古老部落而成效卓著。在死亡的威胁之下，没人敢未经允许转到别的部落单位中去。这种统治方式及帝国护卫制度，使蒙古军

---

① 《蒙古秘史》224；柯立夫：《蒙古秘史》(Cleaves, *Secret History*, p. 162)。
② 《蒙古秘史》228；柯立夫：《蒙古秘史》(Cleaves, *Secret History*, p. 166)。

队较草原上曾经出现的力量要稳固得多。军队被严加管制，他们从属于中央权威，并以一个团体而非个人的名义作战。那些人要是违规掳掠或者在战斗中不听命令，就会受到严惩。

成吉思汗的一些军事观念并不新鲜。十进制的组织结构在匈奴时代就已经采用了。契丹人最先锻造了一支真正有纪律的游牧军队。不管是匈奴人还是突厥人，都以其无序却强大的军队而闻名于世。怯薛的扩大以及帝国削弱部落组织重要性的意图却是全新的，可能来自成吉思汗这位没有安全的部落基础的草原首领所面临的实际情况。每位统治者都有一些个人追随者，但只有成吉思汗将他的各族伴当看得比家族更重要。因此可以说，蒙古政治组织并不是草原古老传统所形成的结果，而是对这种传统的背离。与东北统治者一样，成吉思汗力图创建一个组织化的国家，这种国家并不以部落联盟的原则为基础。正是由于这种原因，蒙古帝国较之前任何草原帝国都更有效率，可以说前无古人、后无来者。随着蒙古帝国的灭亡，游牧力量又回复到古老而缺乏效率的部落联盟组织模式之中。

蒙古的征服

在统治华北地区的所有外族王朝中，只有蒙古人来自北部草原。之前曾发源于这一地区的游牧帝国，在面对本土的中原王朝时，其着力点在于从远处榨取中原的资源。在中原与草原的中央权威瓦解后所导致的混乱局面中，那些发源于东北地区的王朝乘势崛起，致力于征服农业地区并进行统治，而那些东北王朝通常也会阻止草原帝国的崛起或扩张。然而，蒙古人在两个方面与众不同。他们是在反抗一个稳固的外族王朝的镇压中崛起并逐步拓展起来的，而且他们也真正征服了华北地区并建立起自己的王朝。这就使蒙古人不同于其他的草原游牧力量，但双方在战略选择上是一致的。蒙古人最初采取外部边界战略以敲诈中原，由于金朝拒绝用传统的中原方式加以回应，这种策略未能成功。与之相反，女真人以战争相回应，并与蒙古人交战，直到金朝自身土崩瓦解为止。蒙古人在华北大肆杀戮，他们一开始不愿意担负管理职责，而且经常从占领的城市与地区撤退，这些全都是游牧战争的老样子。征服中原并不是蒙古人的最初目标，颇具讽刺意义的是，这种征服仅仅是他们将曾经计划加以敲诈的金朝彻底摧毁之后所造成的后果。

外部边界战略曾被游牧国家用来扭转其弱势局面：这些国家无法生存，只能用粗放且没什么差别的游牧经济来维持国家组织的运作，中原则是农业及手工业资源的传统来源。外部边界战略被匈奴、突厥以及回纥在他们与中原的汉朝与唐朝打交道时采用，用来从中原王朝获取贸易及奉供，以支援游牧帝国，但与此同时，中原王朝又害怕边地战乱及其相伴而生的庞大军费开支，而这又会对中原王朝的内部稳定造成威胁。游牧力量对征服中原不感兴趣，他们多次背弃和约是为了增加奉供，而不是破坏这种关系。

身处中原的外族王朝采取一种不同的政策。首先，他们会设法阻止草原的统一。女真人与蒙古人以及之后的塔塔儿人的战争，是为了阻止任何部落一支独大。随后，金朝暗地里支持乃蛮部，试图摧毁成吉思汗的势力，然而，由于金朝忙于与宋朝在南部进行边疆战争，没有直接干涉成吉思汗的势力。一旦某一部落能够克服这一障碍而崛起，那么，在对中原劫掠的过程中，就不得不与同样有强大骑兵的边疆守军进行一场硬仗。例如，直到北魏末期其边疆守军反叛为止，柔然始终无法对北魏采取敲诈政策。

蒙古人面临着一个类似的问题。金朝在紧邻的边疆防卫方面对蒙古人占据压倒性的优势。尽管金朝位于中原的朝廷已经非常汉化了，但其军事力量依然强大而富有攻击性，同时也能组织起有效防御。与长期执行向契丹人和女真人偿付巨额奉供政策的宋朝不同,金朝向蒙古人偿付金钱,只是为了有充足的时间组织新的军队。因此,一旦蒙古人采用外部边界政策,他们就无法获得收益丰厚的和平局面,反而会使华北陷入一场恶战。蒙古人对金朝的最初胜利是血腥战争的结果。还没有哪个草原力量曾经如此顽强地与一个如此稳固且自我防御能力完备的王朝对抗过。

随着蒙古征服中原、西南亚的大部分地区以及东欧,他们创建了一个无比强大而广阔的新帝国。它将欧亚大陆的东西部统一到单一的政治统治之下,促进了人员、贸易及思想观念的交流。从另一方面来说,这一帝国的创建是征服的结果,同时征服带来了生命、财产的巨大损失。被征服的地区经常被遗弃,而那些被纳入帝国版图中的地区,较之以往,其统治要粗疏得多。蒙古的军事战略、统治政策以及价值观念始终困惑着当时及近代的历史学家。

通过对成吉思汗政策更为细致的观察,其中的一些问题可以迎刃而解。成吉思汗所采取的政策是试图采取敲诈这一传统的草原策略,而如果敲诈不成,则会在这些地区采取暴力行动,或者就跟那些拒绝做出通常反应的位于中原的王朝相对抗。尽管成吉思汗的继承者们声称他们有权统治世界,但成吉思汗的视野更多地局限在对草原的控制之上。直到成吉思汗孙子辈的时代为止,蒙古对庞大的定居文明的征服行动一直了无头绪,并不是有计划进行的。

在蒙古人统一的时期,成吉思汗在草原上没有对手,但他还是宁愿去榨取而不是征服周邻的定居政权,此外,他也乐意与这些政权联合。畏兀儿君主(亦都护,*Iduq qut*)巴尔术阿儿忒摆脱西辽控制而投奔蒙古后,被成吉思汗纳为"第五子",并允诺以女儿结姻。畏兀儿邦国在成吉思汗时期一直维持着自治局面,之后则成为帝国最初的属国。这就开启了一项长期政策,成吉思汗通过回报以地方自治的方式，让当地统治者代为管理。①

　　1207 年和 1209 年对西夏的进攻也有类似的目的。成吉思汗在选举他为蒙古统治者的忽里勒台大会一结束，就发动了对西夏的战事，因为他需要税金以完善新的草原政体。蒙古首次进攻的目的是在小范围内获取战利品，第二次远征则要大得多，并包围了西夏都城。尽管蒙古人对攻破城墙没什么把握，但西夏国王还是战战兢兢，被迫接受和平协议，其中规定在将来的战事中，西夏应派兵支援成吉思汗，并为蒙古人提供骆驼、毛衣以及猎鹰。西夏国王还将女儿献给了成吉思汗。很明显，在这一和平协定中，蒙古人并不想真正征服西夏，他们对提供奉供及军队的协议心满意足。不管是畏兀儿还是西夏统治者都没有被迫宣布放弃主权。

　　与女真人的战事始于 1211 年。表面上，这次战争是为了报金朝半个世纪前袭击蒙古人的一箭之仇。作为紧邻蒙古的最为富庶的国家，金朝成为蒙古人的口中肥羊，但这顿大餐并不容易下咽。金朝为防备来自北方的入侵，已经构筑起复杂的城堡防御体系。通过维持一支强大的骑兵及庞大的步兵，金朝在近期已经击败了南宋和西夏。九月，蒙古人在野狐岭向金朝大军发起进攻，随后一路追击，控制了进入中原的要道。另一支军队穿越东北并从鄂尔多斯阻止金军增援。尽管占领了大量金朝城堡，蒙古人还是从他们攻占的全部地区撤退了（除了关隘），并于 1212 年二月退回漠南。金朝重新收复了这些被遗弃的地区。②

　　到了 1212 年秋天，蒙古人卷土重来，东北地区的契丹人反叛助

---

① 爱尔森：《13 世纪的元朝与吐鲁番的畏兀儿》（Allsen，"The Yüan dynasty and the Ui-ghurs of Turfan in the 13th century，" pp. 243 - 280）。

② 马丁《成吉思汗的崛起及其对华北的征服》（Martin，*The Rise of Chinggis Khan and his Conquest of North China*）一书力图用汉文材料重新勾绘出蒙古对金战争的大致状况。

了他们一臂之力，契丹首领与蒙古人结成同盟。在蒙古入侵之前，这些契丹人由于不时反叛，成为金朝的心腹之患。与畏兀儿一样，契丹人通过加入蒙古一方而在帝国内部获得自治地位。在这场战事中，蒙古人再次攻占大片地区，但在成吉思汗受伤之后，蒙古军就将所有攻占地域都让给金朝，退回北方。

1213 年秋天的蒙古第三次进攻最具毁灭性。金朝都城虽被蒙古重兵围困，但防守严密，难以攻破。蒙古人转而南下，将山东以东、南抵黄河、西至山西的华北平原劫掠一空。1214 年冬天重新围困金朝中都前，蒙古军已经攻占了金朝大部分领土。金朝朝廷内部发生了一次政治大动荡①，随后开始与蒙古人进行和平谈判。金宣宗献其前任完颜永济之女及马匹、金帛求和。蒙古军在得到这些并对南方掳掠一番后，再次撤出中原："我们的士兵把缎匹财物尽力驮载，甚至用熟绢捆起来拖着走。"②

契丹和女真在占领汉地之初就使用了汉式国号，并将汉地置于直接统治之下，但蒙古的政策与契丹和女真的这些政策截然不同，蒙古人采取的是维持对定居区域间接控制的草原策略。早在与金朝订立和约时，蒙古就已经与畏兀儿人、契丹人以及西夏人建立了这种关系。蒙古在与西方的花剌子模沙③打交道时也采取谈判的方式。1218 年蒙古与高丽确立了建立在奉供之上的和平局面。那些顺应新形势的地区（东北、高丽、畏兀儿诸政权）避免了蒙古人毁灭性的军事行动，并保留了自己的首领。而那些拒绝蒙古和平建议或违背之前协议的地区（金朝、西域西部以及西夏）则屡次成为战场，生灵涂炭，遍地废墟。在成吉思汗有生之年，毁灭性的战争是为那些违背之前的和平协定的首领们准备的。这些战事极为惨烈，令那

---

① 1213 年金元帅胡沙虎弑金主完颜永济，立宣宗。——译者注
②《蒙古秘史》248；柯立夫：《蒙古秘史》(Cleaves, *Secret History*, p. 185)。
③ Shah，波斯语"国王"之意。——译者注

些统治王朝瞬间土崩瓦解，由于这些王朝违约在先，它们被直接并入蒙古帝国中。

尽管攻击地域广阔，但蒙古人在三次对金作战中既没有获得多少土地，也不想取代女真人成为中原的统治者，他们只是带着战利品凯旋了。然而，金朝皇帝感到在蒙古重压之下的中都过于危险，因此就将都城移到一个更易守难攻的地方。一些官员认为，作为一个发源于东北的王朝，应该撤回到更易防守的辽东地区，在那里可以得到部落力量的保护，这成为衡量这个王朝已经汉化到何种程度的标志（而所有其他的东北王朝也有类似的情况），这一建议被拒绝了。与之相反，皇帝往南越过黄河，到了北宋故都开封，这是金朝中原领土的核心地带。

蒙古人立即察觉到这一动向，因为中都使金朝在北方蒙古的控制之下，而当金朝将都城迁到南方之后，蒙古人对其影响力就小了不少。成吉思汗将之看成迈向新抵抗的一步，声称："金主与我订了和约，但如今他将其都城南迁；很明显，他不相信我的话，并用和平的幌子来骗我！"①从蒙古人后来的征服行动来看，成吉思汗的抱怨可以被看成蓄谋已久的战争的开始。尽管像匈奴或突厥那样的其他草原首领的过往历史已经表明，在这种情况下通常不会进行征服战争，但《蒙古秘史》宣称，正是金主的拒绝使蒙古使臣可以直接与宋朝朝廷打交道，导致蒙古新一轮的进攻。② 在这一时期，和解政策仍然会使金朝免遭蒙古的进一步入侵。

蒙古人在 1214 年秋包围了中都，但该城防守严密，蒙古军只能采取围困政策，以期饥肠辘辘的守城者投降。除了蒙古骑兵，军中还有汉人和契丹人，这是因为成吉思汗已经从被击败的金军那里主

---

① 马丁：《成吉思汗的崛起及其对华北的征服》（Martin, *Conquest of North China*, pp. 173 - 174）。
②《蒙古秘史》251；柯立夫：《蒙古秘史》（Cleaves, *Secret History*, p. 186）。

动招募了一些人,这不仅增加了其军队数量,而且还获得了擅长围攻及步兵战术的将领。到 1215 年初夏,这座城市才被金军将领放弃,全城遂向蒙古人投降。成吉思汗当时不在阵中,他已经北返了。尽管中都投降了,这座城市还是不免生灵涂炭,众多地方沦为一片废墟。花剌子模沙的一名使臣报告称,土壤中满是人之脂膏,腐尸遍地。[①]

中都的陷落标志着中原土地第一次真正纳入蒙古统治之下。大量汉人、契丹以及女真军队被蒙古人所控制,其中一些人迅速成长为重要的军事将领及行政官员。受他们的影响,蒙古人首次开始对中原加以管理。然而,成吉思汗将对中原的进一步征服放在了次要位置,他率蒙古主力退回草原,对乃蛮及蔑儿乞残部发起进攻。成吉思汗的家奴木华黎留守中原,率领着一支以两万蒙古兵为核心力量的由汉、女真、契丹组成的联军。成吉思汗不再参与对金战争,这次战争在其子窝阔台在位时期以 1234 年开封陷落而告终。甚至在蒙古人取胜后撤回大军之时,南宋还试图占据这一大片区域,蒙古派军将之驱逐出去。

成吉思汗对定居地区的其他战事也与之类似。当花剌子模沙的使节在中都陷落后来访时,成吉思汗使他们确信,他将花剌子模沙看成西部(阿姆河流域及伊朗地区)的统治者,成吉思汗自己则是东方的统治者,并认为只有商人才能在两个帝国之间自由往来。一支蒙古使团于 1218 年春天到达花剌子模,准备订立和平协议。尽管花剌子模沙对成吉思汗称他为"吾儿"很是不满,但还是同意订立和约。然而,在数月之后,一支蒙古商队就被讹答剌城[②]的长官全部杀害,派去保护这一商贸活动的使臣也被杀死。按照蒙古习惯,杀

---

① 《剑桥伊朗史》(*Cambridge History of Iran*, vol. 5, pp. 303 – 304)。
② 今哈萨克斯坦锡尔河中游东之奇姆肯特。——译者注

死外交使节及毁约是重罪，必须加以报复。成吉思汗倾全军发动西征。1219 年，讹答剌城被夷平。1220 年，阿姆河流域的大都市不花剌（布哈拉）、撒麻耳干（撒马尔罕）、忒耳迷等都在蒙受巨大损失之后沦陷。蒙古军于次年横扫呼罗珊地区，摧毁了马鲁、巴里黑、塔里寒以及你沙不儿。到 1222 年，蒙古军进抵印度河一带。另一支蒙古军于 1223 年进抵里海，在南俄地区击败了钦察草原上的游牧力量。[1]

这是游牧力量首次从中原边界向西部定居国家进攻。充满着毁灭与恐怖的外部边界战略使当地本已脆弱的生态雪上加霜。中原在相当短的时间内丧失了大量人口，但是对这一地区的损害则要长远得多。那些有着数十万人口的都市完全被夷平了。灌溉系统成了一片废墟，极大地阻碍了经济的复苏。在一个世纪后，一名观察者在对当地状况的描述中还这么说：

> （今日的）废墟是蒙古人大侵袭的结果，在那些日子里，民众被大批屠戮……在将来，毫无疑问的是，就算在一千年的时间里，这个国家不再遭此恶行的话，还是不可能弥补这些损失，并使这片土地恢复到之前的模样。[2]

跟在中原一样，成吉思汗从他征服的大部分地区撤军了。只有花剌子模被置于受蒙古控制的非蒙古管理者手中。与对这些地区造成的严重伤害一样令人费解的是，蒙古人很快遗弃了这块地区。那些之前曾从草原进入西南亚的游牧者们，总是试图并经常成功地建立起新王朝，成为统治者，但那些来自中原边疆、有其自身特征的

---

① 巴托尔德：《蒙古入侵时期的突厥斯坦》(Barthold，*Turkestan down to the Mongol Invasion*，pp. 381–462)；波依勒：《世界征服者史》(Boyle，*The History of the World Conqueror*)。

② 斯特拉吉：《东哈里发诸国》(Le Strange，*The Lands of the Eastern Caliphate*，p. 34)。

蒙古人拒绝承担管理之责。

成吉思汗对定居区域的最后一次入侵是对西夏的战争。西夏国王拒绝为西征提供军队,并称:"力量尚且不足,何必做可汗?"在与花剌子模的战争结束后,成吉思汗将蒙古兵锋对准了他,彻底摧毁了西夏及其城廓。就像其他战役一样,这次入侵并非由征服欲而致,而是对违背条约的一次惩罚。1227年,在这次战役结束之际,成吉思汗去世了。

蒙古的战略与政策

由于成吉思汗接连不断的军事胜利,榨取中原资源的外部边界战略失败了。蒙古用以搅乱中原并从中榨取收益的政策,随着这一地区的崩解也宣告结束。蒙古人似乎并不想承认他们的政策到底在多大程度上失败了,他们继续采取行动,似乎中原只是一个值得劫掠而非加以统治的地方。

其他游牧力量曾经多次深入中原劫掠:匈奴对长安周边大肆掳掠,而突厥人则几次袭击长安与洛阳。然而,蒙古的入侵更有组织、更具策略性,而最重要的则是采取围困战略,这是其他草原军队所不曾有过的。蒙古人迅速征募了中原那些具有围城经验的工匠,其他游牧力量只会在坚墙之下大肆掳掠一番而去。在将速度、冲击力以及技术能力融为一体之后,蒙古军队就远胜于同时期的所有对手,尽管它在数量上处于劣势。蒙古人发展出一种闪电战(blitz-krieg)式的作战方式,这曾被近代的军事战略家仿效。①

成吉思汗与其他游牧首领的一大不同之处在于:他有进行决战的爱好。按照传统的游牧方式,当面对一支庞大而又组织严明的军

---

① 利德尔-哈特:《不知名的名将》(Liddell-Hart, *Great Captains Unveiled*)。

队时,游牧军队会主动撤退,等到敌军精疲力竭、开始撤离之际,再伺机交战。伊朗与斯基泰人的战争,以及汉武帝与匈奴的战争都表明了这种方式的有效性。游牧力量传统上遇弱则强、遇强则弱。与之相反,成吉思汗则希望以其军队和谋略在战争中冒险一搏。他对王罕及之后对乃蛮部的进攻就是他这种策略的早期例证。当然,他把用战术撤退将敌军引入伏击地这种招数运用得出神入化,而这是蒙古人最常用的圈套,但他从未采用长距离的战略撤退以避免与敌遭遇。相反,他会找到最佳战术点并对敌发动进攻。

这在蒙古对金朝的首次进攻中表现得最明显。在 1211 年的"野狐岭之战"中,他以六万五千骑兵与十五万金军对决,而金军中还包括与蒙古所有骑兵相当的兵力。[①] 在这种情况下,绝大多数的游牧领袖会选择撤退,而不是与这支大军冒险一战。成吉思汗攻击并尾随金军,他之所以敢冒这险乃基于两种原因,从积极方面来看,归因于蒙古人的战斗训练,他们受命各部协同作战,而蒙古万户长也是天才的将领。从消极方面来看,则是成吉思汗害怕退却的后果,由于缺乏稳固的部落基础,在政治上就难以保证他们撤退到蒙古地区之后,不会被新统一起来的部落抛弃。成吉思汗通过巨大冒险及取得的一连串胜利,成为草原上的统治者,要是他在对抗克烈部、乃蛮部或者女真人的任何一场早期战争中失败的话,他就不会有今天。甚至在已经巩固了地位之后,他还是对所有的威胁者保持着其旧有的进攻性反应体系。

成吉思汗的世界观念是以草原为中心的。当他去世的时候,蒙古帝国由之前被突厥人所统治的草原地区及其周边的定居领地构成。控制草原部落,而非征服汉地或伊朗地区,是其最初目标。定

---

① 马丁:《成吉思汗的崛起及其对华北的征服》(Martin, *Conquest of North China*, pp. 336 – 337)。

居的边地被视为草原政权的一种有用附属物，而来自定居地域的蒙古谋臣们则有不同的看法，他们认为草原才是周邻文明的附属物。蒙古最大的转变发生在成吉思汗孙子辈掌权之时，他们最终放弃了草原观念。

没有什么比蒙古人对城镇与农田的毁弃更能体现其草原中心观了。暴力掳掠是一种古老的草原战术，蒙古人更是将其发挥到了极致。蒙古人对自己人数的弱势相当在意，并将恐怖杀戮作为瓦解抵抗的一种工具。像赫拉特那样降而又叛的城市人口被屠杀殆尽。蒙古人无法维持一支强大的守军，因此更愿夷平那些会造成麻烦的整块地区。这种行为令定居文明的历史学家疑惑不解，因为对这些人来说，对生产人口的征服才是战争的目标。更重要的则是蒙古人与定居社会之间既有关系的缺失，在他们与中原的关系中，北方的草原部落与农业生产者之间只有间接的联系，他们在边市中交易，并直接从中原朝廷那里得到馈礼。对游牧力量来说，中原是财富的极好来源。这种财富如何生产，或者汉人如何组织起管理体系并对数百万的农民及手工业者征税，蒙古人对这些都不感兴趣。作为汉地经济基础的农业生产为游牧力量所轻视，他们将农民看成政治世界中的一小部分，就跟草原上的牲畜差不多。农民被归为没什么用处的一类人中，因为他们无法为蒙古人提供专门的服务。他们在攻城时被当作人体盾牌，被迫背井离乡，不允许重新进行农业生产。根据 1195 年的金朝人口调查，华北大致有 5000 万民众。1235—1236 年的蒙古第一次人口调查显示，当地只有 850 万人。[①] 就算将由于北方混乱或者被蒙古人控制的民众排除在外而造成人口低估的情况，华北的人口与生产力还是被破坏殆尽了。如前所述，这种

---

① 毕汉思：《公元 2—1982 年中国历史上的人口统计》（Bielenstein，"Chinese historical demography，AD 2 - 1982"，pp. 85 - 88）；参见何炳棣：《中国宋金时期人口的估算》（Ho，"An estimate of the total population of Sung-Chin China"）。

情况在西部更为糟糕，因为当地所采取的是一种毫无目的的充满政治恐怖的破坏政策。

广泛的破坏只是蒙古人对中原所持态度所导致的后果之一，在蒙古人看来，中原只是被掳掠或其政府被敲诈的地方而已。长期以来，他们也拒绝担负起管理的职责。蒙古人得到了粮食、丝缎以及白银，并从俘获的工匠那里获得了兵器，但与之前的外族王朝不同，蒙古人并不仰赖这种在维持传统的统治观念中起到重要作用的汉地官僚体制。蒙古人采取一种临时性的政策，他们让受蒙古人掌控的外来者进行管理。汉式知识首次被摒弃在管理之外，经辽朝和金朝所维持下来的汉地管理体系的传统形式被弃置一旁，在税收政策方面尤其如此。蒙古人最初依靠对农业征收的赋税，他们让商贸团体中的中亚穆斯林从中原征税。这同样阻碍了中原经济生活的复苏，土地与人户经常被作为属地与属民分给蒙古首领和皇族成员。1235—1236 年的蒙古人口调查表明，华北有 173 万在册家户，其中90 万户（超过 50%）属于此类情况。①

直到金朝灭亡后，窝阔台的宰相（中书令）耶律楚材才在中原建立管理机构。耶律楚材要求停止向农业征税，将众多苛捐杂税统一起来征收，然而实际上，特别是由于在农业征税方面的失误，赋税在很久之后才稍有下降。尽管窝阔台统治着这个庞大的帝国，但他的观念仍然深深扎根于草原文化之中。窝阔台将攻灭札兀惕人(Ja-khud tribe)②、创立蒙古驿传体系、开挖井渠以开辟新牧场以及在定

---

① 舒尔曼：《元朝的经济结构》(Schurmann, *The Economic Structure of the Yüan Dynasty*, pp. 66 - 67)。

② 在此处指金朝。此处以金朝由王京丞相赠给成吉思汗的官爵"扎兀惕·忽里"(cha'ud khuri)为名指代。姚从吾先生曾称："'扎兀惕·忽里'注者甚多，但罕得真解。伯希和先生译注《圣武亲征录》(九节)，说是：这个字的真正意思，我们还是不能确定；连王国维先生所说的'百夫长'也在内。大约是'一个有威权的部落首长'。"——译者注

居地域驻军视为他最引以为荣的成就。① 正如在之前鄂尔浑的叙述中所提到的，成吉思汗希望使游牧力量免于外来的牵累。在这位伟大征服者去世后三十年的时间里，他的子孙们固守着帝国应该以草原城市哈拉和林为中心的观念，而哈拉和林短期内也是整个欧亚地区的权力中心。

管理不善问题最明显地体现在蒙古对农业生产及农民的政策中。中原农民的绝对数量经常使蒙古人不得不犹豫一番。考虑到这些人不能当兵，并且没有像艺人、商人或学者那样的专门技能，有人建议窝阔台将这些没什么用的人彻底消灭，并将他们的土地变成牧场。耶律楚材强烈反对这种建议，声称一旦他受命建立一套税收体系，并使农民得以和平劳作的话，就能得到每年五百万盎司的白银税收、四十万袋谷物以及八万匹丝缎。只有那些对定居文明的现实情况毫不知情的北部草原部落，才不知道他们所需的剩余物资实际上是由农民生产的。随着货物源源不断输往哈拉和林，关于将农民赶尽杀绝的讨论销声匿迹了。②

直到忽必烈在位时期（1260—1294 年），蒙古对中原的无序统治局面才宣告终结。在与幼弟的内战中，忽必烈在中原的军队切断了哈拉和林的食物供应，就立即暴露出都城的薄弱之处。东亚地区的蒙古力量转到中原，忽必烈也将蒙古都城从草原移到北京。1271年，他建立了元朝。所有之前的外族王朝早在其征服汉地之前就已经建号立国，试图得到汉人最起码的支持。成吉思汗从未想过会成为一位汉地皇帝，也没想过要将蒙古统治纳入中原历史传统之中。忽必烈的政策更为老练，因为他既将自己看成草原上的汗王，同时

---

① 《蒙古秘史》281；柯立夫：《蒙古秘史》（Cleaves，*Secret History*，pp. 227 - 228）。
② 罗依果：《耶律楚材（1189—1243）：佛教的理想主义者和儒家的政治家》（De Rachewiltz，"Yeh-lü Ch'u-ts-ai"）。

也要当汉地的皇帝。①

从忽必烈在位时期开始,元朝为了保持并提高国家的生产力,采取了更多传统的汉地管理方式。那些有属地的贵族们继续获得赋税,却通过中央政府这条渠道获取。在征服宋朝的过程中,元朝的这种新态度变得越来越清楚。忽必烈进攻的目的是要推翻宋朝政府,而不是让军队去劫掠(这些军队如今主要是汉人步兵,更加适合在南方作战)。相比之下,这种政策对经济和地主阶级的破坏很小,这些在和平局面中都得以保存。元朝在对宋朝采取征服行动的同时,也保护了南方的经济基础,其间也没有出现曾使北方生灵涂炭的大肆掳掠。然而,在帝国的其他地区,外部边界战略仍然被有效运用着。忽必烈之弟旭烈兀征服了伊朗和近东地区,建立了伊利汗国世系。在其长孙合赞继位之前的三十年时间里,逐渐建立起了对征服地域的相应统治秩序。

从蒙古草原传统中还是可以找到一些积极的方面,尤其体现在贸易与交通上。在中原王朝,尽管(或者由于)贸易对经济的作用越来越大,但其国家政策仍然长期贬低贸易的价值。中原王朝秉持自给自足的国家理念,官方则将农民放在比商人更高的地位,商人经常禁止经由科举考试而入朝为官,通过这种方式,这一有着潜在实力的阶级被排除在政治权力之外,并生活在国家没收财产的阴影之下。蒙古人和草原的其他游牧力量有着与汉人不同的观念,他们鼓励商人们前来贸易,并为商队提供保护。由于无法像中原那样实现自给自足,游牧力量就通过货物交换而获益。中原政权将国际贸易视作对资源的一种潜在榨取,游牧力量则将其视作一种创造财富的方式。成吉思汗向花剌子模派遣使节的主要目的,就是确保过境商

---

① 窦德士:《从蒙古帝国到元朝:蒙古与中亚地区统治方式的转变》(Dardess,"From Mongol empire to Yüan dynasty: changing forms of imperial rule in Mongolia and Central Asia")。

队的安全。随着蒙古的进一步远征，商人们发现欧亚地区的货物贸易越来越便利。蒙古政府通过发行纸币甚至资助商人冒险，进一步促进了贸易的发展。货物在蒙古控制地域的安全转运也极大地推动了新贸易的发展，然而，这并不意味着华北或伊朗地区变得更为繁荣，因为这些地区在蒙古征服过程中遭到巨大的破坏，较之本土的汉人王朝，蒙古人只是以一种全然不同的看法来对待贸易活动，并给予了更多的认可与支持。

交通问题是蒙古人的另一个非凡之处。信息与重要人物通过拥有快马及骑手的驿传系统在广阔帝国内迅捷往来。迅捷的交通也经常是游牧力量所优先考虑的。这种驿传曾经维系着回纥帝国的统一。蒙古人将驿传网络视作维系其帝国的最关键因素之一。窝阔台认为这是他在位时期最主要的成就之一。这些驿站虽然代价高昂，并且常被滥用，而对马匹的滥用一直在朝廷中被倍加指责，但是如果没有这种体系的话，蒙古世界秩序会崩溃得更快。

蒙古帝国的政治继承

较之之前曾维持统一的突厥帝国，庞大的蒙古帝国所面临的问题更大。这些问题随着每位新大汗的继位而变得越来越尖锐。蒙古首领将各自的地方利益置于整个蒙古国家的利益之上，这在如此庞大的帝国中是难免的，但这一问题由于选择最高统治者方面的固有难题而凸显出来。与突厥人一样，蒙古人并没有一种明确的继承原则，相反，却有着众多指导原则（有些彼此相冲突），可以为很多结果作辩护。通过掌握强大军队，并以震慑或在事实上击败对手的方式，蒙古人最终确认统治权。军事上的胜利经常会导致草原上的无序继位。①

---

① 傅礼初：《蒙古人：生态与社会视角》（Fletcher，"The Mongols：ecological and social perspectives"）。

蒙古人和突厥人在将统一帝国传给创建者的孙子辈时都遇到了类似的问题。突厥横向继承的方式在创建者儿子辈统治时可以确保稳定,但在权力传到下一代时,就会导致血腥争斗与内战。每个堂兄弟都会说自己有权继位,而最终只有一人能够继位,其余所有人都将被排除在外。蒙古人面临着类似的争斗,但缺少确定的横向继承方式,他们的政治要复杂得多。为了弄清这个问题,让我们罗列出蒙古人在挑选最高领导者时所采用的原则。

在蒙古人中,继位问题既是法律之争,也是政治之争。每个集团都会找出一些理由来捍卫自己并指责对手,话语、侮辱以及合理化粉饰都充斥于每次继位过程中,这些都保存在当时的大量记载中,为我们勾勒出蒙古继承的基本原则。这些历史材料与其说是对事件的叙述,毋宁说是政治文件,因为这些人都试图为其所作所为辩护。

蒙古帝国继承中唯一确定的原则是新大汗必须是成吉思汗黄金家族的成年男子,通常指成吉思汗正妻所生的四个儿子及其后裔。这就限制了合法觊觎者的数量,但无法自动加以选择或排除。其后裔的血缘纯度通过两种方式评判,首先,父母亲的身份应该明确。在父系社会中,维持一个纯种的谱系是非常重要的,对成吉思汗长子术赤真正生父的怀疑经常被用来反对他及其世系。其次,其后裔的每支都按辈分、母亲的地位以及出生先后顺序而分类编排,在这样的体系中,正妻之子往往比庶妻之子或养子地位要高,就像长兄高于幼弟一样,年长一辈也比年轻一辈有更多优先权,但有两种方式区分长幼之别,分别是横向和直系的方式,蒙古人以出生时间加以评判。在具体操作上,长幼法则只是继位斗争中的一个因素而已。这些规则决定了谁可以参与竞争,而不是谁会胜出。

横向继承的重点在于辈分。在横向继承方案中,政治权力在同辈人中从长兄传到幼弟,直到传到下一代为止。在下一代中,长支的长子应加以继承,之后的继承则在兄弟间延续。这种方式强调了代际上的长幼之别，因为汗位经常回到创立者最长一支的最年长者那里。在这种体系中，继承不应越代进行。

区分长幼之别的另一种方式是采取直系继承，重点在于汗位从父亲传给儿子，通常传给长子，但也有特殊情况。在这种方式下，每次传到下一代那里时，职位总是从父传子。这基本上以代际间的关系（父亲到儿子）为基础，而排除了同一代人内部的关系（长兄到幼弟）。按照这种逻辑，幼弟只有当长兄无子时才能继位。最极端的情况是，汗位在传给一个儿子（太子的兄弟）之前会传给一个孙子（已死太子的儿子）。

第三种继承方式将长幼原则彻底反了过来。按照突厥-蒙古的传统，最小的儿子继承父亲的财富与家户，这被视作其父亲遗产的受托人，这是幼子继承制的具体实践。这种方式关注的是男性的个人财产，而财富的继承与官职的继承是截然不同的（这与英国习惯法中两者不可分割是截然不同的）。不管汗位传到谁的头上，父亲的遗产还是会留给幼子。然而，作为其父遗产的受托人，幼子可能会声称汗位也应该传给他，从而忽略了更年长的亲戚。

蒙古人在两种不同的长幼原则以及一种幼子继承制中，难以做出简单的抉择，因为这三者间又彼此冲突。更多的人不仅将自己看作汗位候选人，而在没有获得汗位后，又觉得自己被骗了。每种体系都存在大问题。如果继承采取横向方式，内战将在堂兄弟之间不可避免地爆发出来，因为长幼原则要求汗位在传到新一代时转回到长支那里，但将与这样一种政治事实相冲突，即已故大汗的儿子们不大会平白无故地将权力交出去。而在直系继承体系中，兄弟间经常会反目成仇，尤其是当大汗死后，其幼弟正处盛年而大汗之子仍然年幼之时。在具体实践中，存在着一种转换的方式。横向继承体系经常被那些要求汗位采取直系继承方式以便将其叔父及堂兄弟们排除出去的儿子们所破坏，而直系继承体系又经常受到那些坚持横向继承权并将侄子们排除出去进而篡夺汗位的众兄弟的威胁。草原政体似乎总是在内战中分崩离析,这一点都不奇怪,但这些战争的背后总是存在着某种逻辑。

为了避免这些困难,大汗通常会设法指定继承人。在理论上,他可以超越任何法则,而他的意愿也希望被遵从。然而,从实践效果来看,指定继承人并不总能奏效。大汗的选择从未被忽视过,但随着时间的推移,影响也越来越小,除非能够得到国内强势首领们的支持。"大汗之命"在草原政治纷争中只是另一个有利因素而已。

上面所列举的原则都能用来表达竞争汗位的权利。此外,在具体情况中,还需要考虑到五种对选择大汗具有决定性影响的情况。

1. 摄政

大汗死后,大多数情况下会出现摄政,通常掌握在已故大汗的正妻手中,少数情况下则掌握在幼子或幼弟手中。摄政会暂时称制,直至新大汗通过忽里勒台大会选出为止。蒙古帝国非常庞大,要召集这种大会,经常会耗费数年时间。通过在政权过渡时期控制官员任命以及国库资金,摄政就能够以其职权鼎力支持所中意的候选者(如果是妻子为摄政的话,则通常是她的儿子),而将其他竞争者排除在外。作为临时统治者的摄政的意愿举足轻重。

2. 对军队的控制

在继承过程中统率军队将会带来巨大的政治能量,将间接地使军事统帅成为权力庇护者,假如这名将领是汗位争夺者,就可以直接用军队争夺汗位。继承权最终要靠击垮对手的能力而定,必要时会诉诸武力。某个竞争者如果掌握一支常备军,较之那些临时拼凑队伍的对手们来说,优势就非常明显。

3. 距离

(a) 属地的远近

蒙古帝国非常庞大,因此较之那些更接近于权力中心的人,拥有巨大领地的首领们对于汗位继承不那么关心。他们的角色通常是被动的，会支持那些能代表他们利益的更为中心的候选者。

（b）个人的远近

大汗的去世使帝国陷于混乱之中。与对手相比，首先到达都城的汗位竞争者就有优势。至少他可以通过篡位而保护自己的权利，而大多数情况下，在他掌权时，对手们仍然在千里之外，无法组织起有效行动。

4. 名誉

竞争者的受欢迎程度、总体性格（好战、谦逊、慷慨、嗜酒、吝啬等等）、朋友与谋臣的类型、健康状况、年纪大小都是选举时所要考虑的因素。积极或消极因素本身并不是决定性的，与之相反，关键在于有多少人支持这些竞争者。个人因素经常被列举出来，用以解释将已有的继承人排除在外的原因。最被人接受的排除因素是年幼及身体病弱。假如爆发战争，失败者在蒙古史书中通常会被说成由于个人的失败而非战略失误，而相反，胜利者会被粉饰为由于良好的人品而取胜，而不是诸如更强的军队或补给得力这类原因。

5. 忽里勒台大会

蒙古继承中最后环节是由帝国所有贵族参加的忽里勒台大会选举大汗。从某种意义上说，忽里勒台并不是将参选对手否决而选出胜者的一种选举，而毋宁说是对单个候选者的合法性确认。大汗的选择是消除敌对、巩固支持并展示其权力这一过程的终点。在某种程度上，如果某个候选者确实杰出，忽里勒台会通过一致决定确认这种政治事实。而对某个候选者的强烈不满则会通过缺席忽里勒台大会而表现出来，众多关键首领的缺席可以被视作忽里勒台大会缺乏合法性的明证。

继承法则、部落政治以及军事实力在决定谁能成为大汗的过程中都扮演着重要角色。这些不同方式的重要性随着时间的推移而发生变化。蒙古的政治面貌并非静止不变的,而是处于一种流动状态之中,任何将蒙古继承问题置于同一时段中所作的分析都是站不住脚的。原则虽然没有变动,但随着统治的改变,继承权及合法性成为最重要的因素,这一点应该弄清楚。

成吉思汗死后,选举窝阔台继位更多的是个人决定。创建者选择一个候选人是最重要的因素。贵由的继位更多的是政治因素,合法性只是将其他候选者排除在外的一种假象,实际上起作用的则是对异议者的军事威胁。只有在他暴卒后,才阻止了内战的爆发。蒙哥通过一种类似的方式获得大汗头衔和军事力量,从而形成他继位的基础。之所以没有爆发公开战争,是因为蒙哥处死了他的对手,而他的支持者又控制着局势,防止了反叛的发生。最后一位普遍意义上的大汗忽必烈则在内战中获得了权力,却从未召开传统的忽里勒台大会对其确认。我们通过探究专门的事例试图弄清楚的是:继承及政治限制的原则是如何成为复杂而又不断变化中的整体规则的一部分的?

权力之争:四位大汗

预先将权力传给一个继承者是一桩不好的事情,在成吉思汗在位时,除了朋友或者家庭成员,其他人是不会谈及此事的,他对任何分享权力想法的猜忌心是众所周知且令人惧怕的。直到1218年对花剌子模的战事开始时,成吉思汗最得宠的一名妃子才敢跟他说,就算是伟大征服者也会死的,并怂恿他任命一个继承者。按照惯例,他立长子术赤为太子,但察合台怒而指出术赤很可能是蔑儿乞人的儿子,无权继位。这种指责牵涉到孛儿帖在术赤出生之前被虏为人质的情况。成吉思汗通常将他视作自己的儿子,这种私生子的指控是两兄弟之间长期争斗的顶点。作为妥协,成吉思汗以第三子窝阔台为继承者。窝阔台受到所有兄弟的一致拥戴,尽管据说他有点懒惰并嗜酒

图表6.2　大汗世系

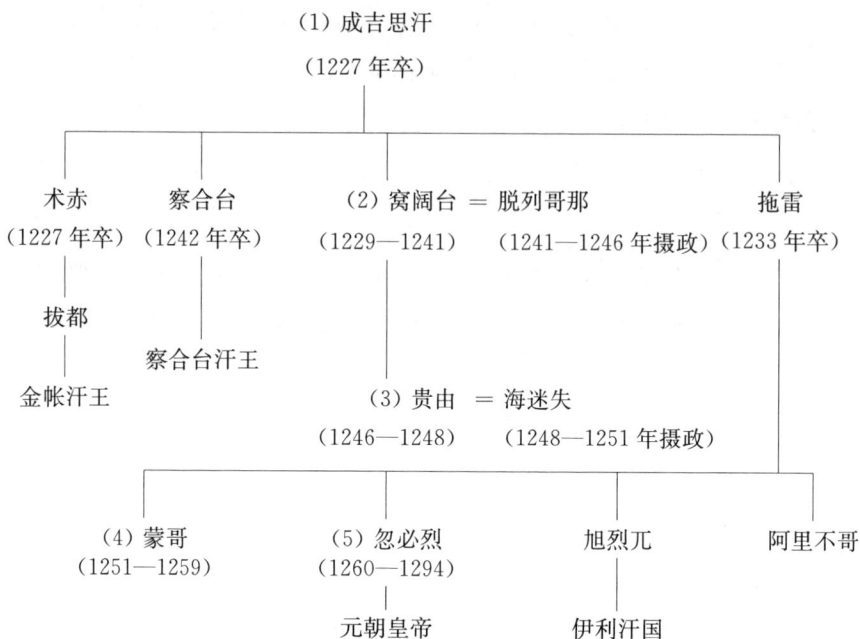

```
                        （1）成吉思汗
                        （1227 年卒）
    ┌───────────┬───────────┬──────────────────────┬────────────┐
  术赤         察合台      （2）窝阔台 ＝ 脱列哥那              拖雷
（1227 年卒）（1242 年卒）（1229—1241）（1241—1246 年摄政）（1233 年卒）
    │                        │
  拔都                        │
    │         察合台汗王       │
  金帐汗王                （3）贵由 ＝ 海迷失
                        （1246—1248）（1248—1251 年摄政）
                   ┌─────────┬─────────┬─────────┐
                （4）蒙哥   （5）忽必烈    旭烈兀      阿里不哥
               （1251—1259）（1260—1294）
                            │          │
                        元朝皇帝      伊利汗国
```

如命。长兄术赤与察合台以及幼弟拖雷都接受这一决定。在以处死曾忠诚支持成吉思汗后来又离叛而去的阿勒坛和忽察儿以作警醒之后，成吉思汗警告他的这些儿子要忠诚。与此同时，成吉思汗还从他兄弟之子中挑出继承者率领他自己的队伍。[①]

但这种任命并不意味着已经建立起窝阔台世系的独断权力。成吉思汗宣称：

> 我的位子里教一个子管，我言语不差，不许违了。若窝阔台的子孙们都不才呵，
>
> 生了包在青草里牛不吃，

[①]《蒙古秘史》254；柯立夫：《蒙古秘史》(Cleaves, *Secret History*, pp. 184 - 194)。

裹在脂肪里狗不吃的，

我的子孙们岂都不生一个好的？①

　　成吉思汗选择窝阔台继位对他那些彼此不和的儿子们来说是一种可以接受的妥协。在成吉思汗于 1227 年去世后，出现两年的过渡时期。尽管监国拖雷控制着军队，但他不敢违背先父的意愿、自己的誓言以及察合台的反对而自立为汗。（术赤先于成吉思汗去世）窝阔台惯常的拒绝话语表明了有些法律原则已经被成吉思汗的选择所超越了，就像在之后（拖雷系之前）的伊朗文献中所记载的那样：

　　　　虽然成吉思汗的命令奏效了，但还有他的长兄与叔叔辈，而特别是他的幼弟拖雷更适合承担并完成这项任务，因为按照蒙古的习俗，幼子守其父的旧屋并管理他的家户与大帐，而拖雷是大斡耳朵之子且受成吉思汗宠爱……看见他还活着而他们在这里说让我继承汗位怎么样？众王子皆异口同声说道："成吉思汗已经将这一任务吐露给了他所有的兄弟儿子们，并将之托付给你。我们对他的决定与不可动摇的命令怎能再作任何变化或改变呢？"②

　　这些话简要地表明之前所列出的四条法则。由于成吉思汗还有活着的兄弟，窝阔台就认可了兄终弟及的横向继承传统。由于窝阔台自己也有一个长兄，因此他确定从父传子的直系继承的权力。由于窝阔台有一个幼弟，他就确定了幼子守产的蒙古习俗。（对拖雷权利的长期称颂，意在表明建立元朝及伊利汗国的后代们的合法性，但是所有这些都是最不正式的权利。）为了控制要职，窝阔台认

---

① 《蒙古秘史》255；柯立夫：《蒙古秘史》(Cleaves，*Secret History*，p. 197)。
② 波依勒：《成吉思汗的继承者》(Boyle，*The Successors of Genghis Khan*，pp. 30 - 31)。

可了大汗任命自己继承者的权力，并不许其他统治者这么做。事实上，相互抵牾的这四条原则全都暴露出蒙古人中间的潜在分裂。对继位问题的不同看法随着时间的推移以及蒙古领袖之间个人关系的削弱而日益尖锐。在突厥-蒙古民众中，当堂兄弟间闹翻时，亲兄弟们总会联合起来共同应对。

成吉思汗通过将窝阔台选为继承人，试图避免专注于巩固权力的大汗可能会造成的问题。甚至在成吉思汗死的时候，他还将帝国视为草原上的一项创举，并认为这一帝国基本上是牢不可破的。每个儿子都获得了草原上的一个兀鲁思(ulus)，或称个人领地。术赤的后裔获得了西北地域以及钦察草原，窝阔台继承了阿尔泰地区以及叶尼赛河上游流域，而察合台占据了伊犁地区，拖雷作为幼子则获得了蒙古旧地。这些兀鲁思并没有详细的记载，对于其真正的边界尚有争论，但是它们最初靠得很紧，而且也并非帝国的全部领土。在分配这些土地的过程中，成吉思汗并没有拆分帝国，他只分给儿子们每人四千户作为家奴。与突厥帝国不同的是，蒙古人从不接受汗位的分割，在蒙古帝国中只有一位合法的大汗，他作为整个皇族的代表统治着这份巨大的遗产。成吉思汗只是为他的每个儿子提供放牧地，富饶的定居征服地区仍然在大汗的控制之下并由皇室官员管理，只是在窝阔台及其继承者统治时期，这些民众与土地才成为蒙古汗国的基础。比如，在察合台试图亲自控制河中地区时，窝阔台指责他越权。尽管如此，窝阔台在之后还是将河中地区交给了察合台作为私人领地，这一地区后来成为察合台汗国的根基。然而，在成吉思汗儿子那代人时期，大体上还是会尊崇大汗权威。①

窝阔台被选为继承人使他和他的世系获得了政治优先权，但拖

---

① 巴托尔德：《蒙古入侵时期的突厥斯坦》(Barthold, *Turkestan*, pp. 392 - 393，464 - 465)。

雷还是继承了他父亲的宿卫军,这使他变得相当有实力。成吉思汗曾声称:

> 管理事务是一项艰难的事情,就让窝阔台去做吧。但是像我的庭帐、部众以及我集中起来的家产与军队这类事情,就让拖雷去管吧。①

诸子之间存在着一种权力平衡。拖雷作为军队统帅仍然保持着相当大的影响力。察合台尽管失去大汗之位,却继承了帝国最好的领地,其中包括河中地区的城市以及他的游牧部众中意的优良牧场。术赤曾经跟成吉思汗作对,他的后裔得到的最少,但是1234年金朝灭亡之后,窝阔台派蒙古西征军协助术赤的继承者拔都开疆拓土,在蒙古帝国的支持下,拔都征服了俄罗斯草原的大片地区,进抵中欧平原,并建立了一个平起平坐的汗国。

1241年窝阔台去世,标志着成吉思汗儿子辈时代的终结。拖雷在窝阔台在位初期就死了(或许是被毒死的②),而察合台也只比窝阔台多活了几个月,这使得大汗之位又成为争斗的焦点。争夺者不再是亲兄弟,而是心怀不满的堂兄弟们。有两个主要问题摆在面前:是否仍然是窝阔台一系继承? 如果是的话,窝阔台选择的继承人是否会被承认?

继承是否在窝阔台一系内进行,这一点并不确定,因为成吉思汗已经称窝阔台是自己的继承者,却没有给他这一系以任何王朝权利。按照横向继承方式,汗位应该传给术赤的儿子辈,因为他们是下一代最年长的继承者;或者,如果术赤一支被认为出身不怎么好,察合台的儿子们将会是合适的候选人。拖雷系通过对幼子继承制的歪曲解释,认为应该由拖雷一系的长子继承以表明建立者的托付

---

① 波依勒:《成吉思汗的继承者》(Boyle, *Successors*, pp. 17 - 18)。
② 傅礼初:《蒙古人:生态与社会视角》(Fletcher, "Mongols," pp. 33 - 39)。

之意。更为边缘化的，但仍然是横向继承的观点是，成吉思汗之弟铁木哥斡赤斤声称，作为成吉思汗家庭的年长成员（以及两代中的最长者）有权继承汗位，尽管他明显不是成吉思汗的后裔。

窝阔台的儿子们催促众人承认直系继承权，以便使他们中的一个能够继承汗位，但接受这种直系继承权将牵涉到很多事情，会造成将汗位局限在窝阔台后裔的情况，从而将其他世系从未来的继承中排除出去。这种情况在窝阔台选择了一个孙子为大汗之后变得更加扑朔迷离。最初，窝阔台选其三子阔出为继承人，但在阔出死后，窝阔台以阔出之子失烈门取而代之，这就使窝阔台的长子贵由以及曾被成吉思汗称颂为未来大汗不二人选的次子阔端无法继承汗位。

窝阔台死后，他的侧室脱列哥那暂摄国政。按照习俗，她会一直摄政，直到忽里勒台大会选举出新大汗为止。一些重要的蒙古贵族当时正与拔都一起在欧洲作战。他们一路所向披靡，却被内斗深深困扰，这种内斗在汗位继承之争中深刻体现了出来。窝阔台长子贵由以及察合台的一个孙子不里都与拔都不合，这招致了拔都对汗位的不满，而将贵由召回蒙古地区，也令拔都感到不快。窝阔台的死讯终结了蒙古在欧洲的征伐，而拔都也开始退回蒙古地区。拜这一征召所赐，贵由领先一步，他首先到达蒙古都城哈拉和林。较之更遥远的对手，接近权力中心是一个巨大的优势，通过这种方式，贵由能够更好地确保其权利，而他家族的其他人也会更敬重他。当盛传成吉思汗之弟铁木哥正带大军袭来时，都城中一时手足无措。铁木哥试图自立为汗，但在反对者面前犹豫了，在听说贵由已经到达都城之后，他最终退却了。

暂摄国政的脱列哥那不想按照她丈夫的意愿让失烈门继位，相反，她更想让她的儿子贵由继位。摄政的权力在这个过程中帮助了她。她动用国库收买重要人物以获得对贵由的支持，还设法清除了反对的官员,使她能够直接统治这个帝国。在 1245 年忽里勒台大会召开时,贵由脱颖而出。在这一政治现实面前,失烈门和阔端出局了,贵由遂登上汗位。在指出贵由对手的诸多缺点之后,这一忽视窝阔台选择的政治决定于是变得合理合法。

> 由于成吉思汗曾经指定成为窝阔台继承者的阔端有些体弱多病,而脱列哥那更喜欢贵由,而且窝阔台的继承者失烈门也不成熟,因此我们选择窝阔台的长子贵由是说得过去的。[1]

贵由登上了汗位,并保证未来的继承会在窝阔台后裔中进行。

这是窝阔台一系的重要胜利。尽管其他一些人在横向继承原则下会更理直气壮,但只有窝阔台的后裔有权继位。脱列哥那尽管没有顾及她儿子贵由的期望,还是有力地推动了他的继位,并使权力控制在窝阔台一系手中。大家一致推举贵由继位。术赤一系的继承者拔都拒绝参加他对手的忽里勒台大会,派其弟代为出席。如前所述,在蒙古政治中,可以不亲自参加忽里勒台大会以选举大汗,但在之前会达成一致意见。拒绝参加忽里勒台大会并反对其选举结果则表达了强烈的异议。由于拔都是成吉思汗最年长的后代,他不与贵由见面有着重要的政治意义。

较之他嗜酒冲动的父亲窝阔台,贵由更为隐忍。他迅速设法增强个人权力,并强化对帝国的控制,因为被选为蒙古帝国的统治者只是控制整个帝国的第一步。通过将继承权限制在窝阔台一系当中,贵由建立起了皇系,而这实际上将其他各支的后裔排除在帝国权力之外,并减弱了其独立性。他通过处决图谋篡位的成吉思汗之弟铁木哥斡赤斤而展示了他的权威。贵由还遏制住了在脱列哥那摄政期间出现的腐败局面,当时曾滥用蒙古的财富。贵由公开指责

———————————

① 波依勒:《成吉思汗的继承者》(Boyle, *Successors*, p. 181)。

蒙古贵族的恶习,并严厉惩罚违规最严重的人。这一整肃行动的主要牺牲品是他最近过世的母亲的那些不得人心的谋臣,他们都被贵由处死了。

在贵由关于帝国秩序的观念中,他要求取消拥有属地的其他成吉思汗家族的独立性。贵由首先干涉察合台一系的继承问题,从而贯彻了这一政策。察合台曾指定他的长子抹土干为继承者,但抹土干先于其父而死,察合台不理会他那些还活着的儿子,而选他的孙子、抹土干长子哈剌旭烈承嗣。贵由取消了这一任命,指出"尚有子时,岂能传孙?",并命察合台之子也速蒙哥继承父位。[①] 也速蒙哥是贵由的政治盟友,而贵由通过这一行动也希望确保察合台领地的忠诚。由于哈剌旭烈既受人拥戴,又是其祖父所选,故而察合台一系就此事出现了分歧。从长子传给长孙所依据的是直系继承逻辑,尤其是自从察合台认为也速蒙哥不合适继承之后,但贵由的反对则有自己的考虑,他有意忽略了他父亲窝阔台自己选择孙子继承汗位这件事情。

贵由通过减少受拖雷系统率的宿卫军的数量而试图限制他们的权力。在拖雷寡妻唆鲁禾帖尼的领导下,这一家族避免了腐败行为,并全力支持贵由,因此没有遭到公然反对而失去军队。然而,在暗地里,她悄悄地结好贵由的一些反对者,获得了对她诸子的广泛支持。贵由最棘手的问题是处理与术赤继承者的关系,他们是对其权力最大的威胁。拔都与贵由的不和众所周知,因为他在欧洲征战,统率着一支大军。贵由警告拔都说他将亲征,而这似乎会开启蒙古人之间的第一次内战,但贵由在仅仅统治两年后,于 1248 年死在征途中。汗位继承之争再次凸显。[②]

---

① 波依勒:《成吉思汗的继承者》(Boyle, *Successors*, p. 182)。
② 波依勒:《成吉思汗的继承者》(Boyle, *Successors*, pp. 180-186,引自第 182 页)。

贵由的寡妻斡兀立海迷失暂摄国政,但是她无法维持在帝国中的权威,当时众人皆各自为政。窝阔台一系也面临着严峻的问题。贵由的儿子们都还年幼,并与其堂兄失烈门不和。在贵由被选为大汗时,其他世系的情况要比窝阔台系好,因为贵由的权力巩固之路才刚刚开始,而他的寡妻并没有其婆婆脱列哥那那般强大。拔都以王室之长的身份召集了忽里勒台大会,由于他深受痛风困扰而不能长途跋涉,因此这次忽里勒台大会就在西部召开。对继位问题的分歧不久之后变得公开化。窝阔台、贵由以及察合台之子拒绝参加,随后宣称只有在蒙古本土召开的忽里勒台大会才是合法的。唆鲁禾帖尼找到让拖雷系获取汗位的机会。她派其子到拔都处,拔都推举蒙哥为大汗。拔都攻击贵由的继承是篡权,因为窝阔台所选的失烈门被排除在外,但是他并未采取措施纠正这一错误。与此相反,通过使用幼子继承制的逻辑,他声称:

> 如今,蒙古是统治者的最佳人选。他来自成吉思汗黄金家族,而其他王公在他的深谋远虑下得以管理帝国与军队,除了我的好叔叔拖雷这位成吉思汗幼子及占有其大帐之人的儿子蒙哥,还有谁能办到呢?(众所周知,按照札撒以及习俗,父亲的位子要传给他的幼子。)因此,蒙哥完全有资格继承汗位。[①]

拔都对蒙哥的支持是至关重要的。作为成吉思汗后裔中的长者,较之蒙哥,拔都实际上更有权继承汗位。通过推举蒙哥登位,拔都宣布放弃那些权利,蒙哥却付出了高昂的代价。作为回报,拔都在西部得以完全自治。欧洲的资料甚至称拔都与蒙哥是帝国的共同统治者。[②] 这种交易的原因不难发现:西部的拔都领地离帝国本土最远,这块地域已经很大了。拔都欲从哈拉和林控制这一帝国并

---

① 波依勒:《成吉思汗的继承者》(Boyle, *Successors*, pp. 201 - 202)。
② 杰克森:《蒙古帝国的瓦解》(Jackson, "The dissolution of the Mongol Empire")。

仍然维持对他领地的统治,毫无疑问会遇到无比巨大的困难。作为妥协,他接受了帝国的分割,正如庞大的突厥帝国被分为东西部一样。之后被称为金帐汗国的独立历史是从拔都开始的。

拔都与蒙哥的联合使窝阔台后裔们孤立无援。他们与一些察合台王公结成同盟,但其他察合台王公支持蒙哥,其中包括被贵由削去官职的哈剌旭烈。窝阔台系的首次回应之招就是声称忽里勒台大会是不合法的,因为它并未在蒙古本土召开。为实现这一目标,拔都命军队与拖雷的军队一起进抵蒙古本土,这样,忽里勒台大会就能按照传统在当地举行,并重新确认他的决定。窝阔台系及察合台系的一些王公随后拒绝参加忽里勒台大会,他们相信没有他们的出席,忽里勒台大会就无法召开。他们对权力从他们一系交出表示抗议:"我们不会同意的。汗位属于我们。怎能交给其他人?"[1]

拔都回答,他已经做出了选择,而窝阔台系候选者们都太年轻,无法胜任这一重任。在受到一系列威胁之后,那些不受指挥的王公们决定参加忽里勒台大会,但是他们一路拖延。代拔都参加忽里勒台大会的弟弟别儿哥带话给他们,让他们不要再拖延了,"为了让蒙哥继位,我们已经等了两年了,而窝阔台、贵由汗之子以及察合台之子也速蒙哥还没来"。拔都的简短回复标志着蒙古忽里勒台大会的神圣性已不复存在,"命他继位。违反札撒者处斩"。通过这次残缺不全的忽里勒台大会,蒙哥于1251年登上大汗之位。[2]

在登基庆典进行时,窝阔台系王公还在去忽里勒台大会的路上。有消息传到蒙哥那里,称窝阔台继承人失烈门以及贵由之子脑忽正率军来袭。蒙哥将二人截住并逮住审讯。他们实际上是不是要发动反叛,尚不清楚,也许只是蒙哥为了清除对手而编造的理由。

---

① 波依勒:《成吉思汗的继承者》(Boyle, *Successors*, p. 203)。
② 波依勒:《成吉思汗的继承者》(Boyle, *Successors*, p. 204)。

不管怎样,蒙哥随后还是发动了对摄政、密谋者以及窝阔台系支持者的清洗行动,一些军队将领也被处死。蒙古的继位问题从政治之争进一步演变成动用国家力量的血腥争斗。清洗行动使蒙哥得以回报同盟者。哈剌旭烈重新成为察合台系的首领。拔都除了完全得以自治,还得到了其宿敌察合台孙不里,他被拔都处死了。继位之争就这样结束了,而权力永远传到了拖雷家族手中,这却使帝国第一次出现了分裂。

蒙哥是权力建基在哈拉和林草原上的最后一位大汗。随着内斗的结束,蒙哥重新开始了贵由曾着手进行的改革。对内,他强化帝国统治,部分原因在于他已经清除了一些强有力的首领,并以更服从他的人取而代之。在继位之争中停顿下来的对外扩张重新开始。很明显,蒙哥并没有继续对欧洲的征战,因为在拔都的领地获得自治权之后就没必要再由帝国军队协助了。蒙哥转而将大军分为两支,一支在其弟旭烈兀率领下进占伊朗,而余下的则进攻南宋。伊朗本应是术赤系所继承的部分,但蒙哥以大汗之位为家族建立了一个新的汗国。对人口众多的文明地域采取的这些新的军事行动,对蒙古政治结构产生了巨大影响,使权力从草原上的蒙古人那里转移到那些占据更具农业与手工业生产能力的制造中心的蒙古人手中。正是建立了元朝以及位于伊朗的伊利汗国的蒙哥一系改变了帝国的权力平衡。

在与宋朝初战不利的局面下,蒙哥直接控制了中原的蒙古军队。他与幼弟忽必烈一起行动,而让最年幼的弟弟阿里不哥掌管哈拉和林。蒙哥死于 1259 年的战役中。阿里不哥和忽必烈都没有通过忽里勒台大会而自立为大汗。阿里不哥得到草原上部落首领的支持,而忽必烈则有汉地军队的支持,在遥远伊朗的旭烈兀没有直接参与这一争斗。

这场争斗及其后果与草原上之前的权力争斗明显不同,因为这一事件关系到统治的基本走向。阿里不哥执行的是成吉思汗所制定的政策，他承袭大汗之位，将草原及其都城哈拉和林视为帝国的权力中心。对农业地区及城市的占领被证明是有效的，对于供养草原确实必不可少，但真正的权力应该用来控制亚洲内陆腹地。而统率汉地军队的忽必烈认为权力中心不再是草原，而是被征服的农业地区。在成吉思汗死后，这些地区只占帝国的很小一部分，但随着窝阔台征服金朝、旭烈兀对伊朗的进占以及蒙哥对南宋的进攻，力量平衡开始倾向农业地区。对征服的非草原地区的控制成为掌控权力的关键。斗争发生在游牧与定居力量之间，尽管阿里不哥和忽必烈都出身于草原，但这场争斗是在控制农业区域的游牧力量以及位于草原的游牧力量之间进行的。正如忽必烈所称，中原在将来是东亚蒙古力量的中心，而蒙古本土则会成为边缘，那些控制草原领地的游牧贵族的影响力也会下降。

忽必烈与阿里不哥的战争，表明东亚的力量平衡已经发生了转变。他在战争中击败阿里不哥并围困哈拉和林："习惯上要用马车从汉地为哈拉和林运去美酒佳肴。忽必烈截断了这一运输，因此当地就发生了大饥荒。"[1]蒙古都城要依靠外部供应来维持。虽然这是指令经济的中心，却不是一块能够自给自足的地区。忽必烈声称，谁控制了供应资源，谁就能控制哈拉和林。阿里不哥被迫转而寻找供应来源。一开始他远遁到叶尼赛河流域，这一地区较蒙古草原要肥沃得多，但还是无法自给自足。

> 阿里不哥费心想了想后说："最好是让巴代尔之子、察合台后裔阿鲁忽……管理其祖父的驻地及兀鲁思，并给予我们协助及供给，并派兵守卫阿姆河边界，这样的话，旭烈兀和别儿哥的

---

[1] 波依勒：《成吉思汗的继承者》(Boyle, *Successors*, p. 253)。

军队就无法前来支援忽必烈。"[1]

即使是草原特征的捍卫者也需要农业及手工业的定居区域提供给养。在占据了察合台领地之后,阿里不哥的计划失败了,因为阿鲁忽拒绝为阿里不哥提供补给。相反,阿鲁忽杀死了阿里不哥派去的代表,并有条件地与忽必烈联合起来。忽必烈将帝国西部地区交给阿鲁忽,而保留了东部的主要部分,这种情况在信中曾提到:

> 这些地区正处于反叛中。从阿姆河到埃及大食地区应该由你——旭烈兀管理并严加防卫;从阿尔泰山那一边到阿姆河的兀鲁思之地由阿鲁忽管理;而从阿尔泰山这一边到大海的所有地区由我统治。[2]

从钦察草原到欧洲的土地之前已经被蒙哥分给了拔都,因此忽必烈无权对此再作决定。拔都之弟别儿哥没有参与争斗,他还试图调和战争双方。

阿里不哥不久被围并被击败。他投降了忽必烈并被赦免,但其支持者被处死了。成吉思汗建立起来的统一的世界帝国就此终结,分裂为四大汗国:位于俄罗斯草原的金帐汗国,位于伊朗的伊利汗国,从阿姆河到阿尔泰山的察合台汗国以及位于汉地与蒙古地区的元朝。

元朝

忽必烈面对着来自草原,尤其是窝阔台一系的海都的反抗,但这些冲突不再是内战,而是位于中原的一个外族王朝与其草原邻居

---

[1] 波依勒:《成吉思汗的继承者》(Boyle, *Successors*, p. 254)。

[2] 波依勒:《成吉思汗的继承者》(Boyle, *Successors*, pp. 255-256)。

之间的冲突。忽必烈及其元朝继承者对蒙古地区采取的政策与那些中原的其他外族征服者类似。与其他的外族征服者一样,蒙古人擅长利用中原的资源以及他们自身对草原的认识去控制位于中原边境地区的部落。他们在草原上的军事行动颇有成效,目标是维护在中原的既有地位。忽必烈将大部分的精力放到中原汉地以及对宋朝的征服之上。

忽必烈汗在位时期标志着位于中原的蒙古统治方式的重大转型,这对草原上的游牧力量产生重大的影响。他将都城从哈拉和林迁到北京,并选取国号以作为从草原向中原转变的标志。之前"边缘化"的农业地区已经成为每一位蒙古大汗权力基础的核心地带。在成吉思汗牢牢地以草原为基地创建起一个帝国后,他的孙辈们发现有必要将游牧经济与定居基础结合起来。察合台汗国仰赖的是跨中亚的资源,伊利汗国凭借的是伊朗地区的经济,而金帐汗国则依靠俄罗斯地区斯拉夫人的城镇与税收。窝阔台的后代由于没有这样的基础,所以未能形成独立的汗国。

中原的元朝政府与其位于东北地区的祖先非常不同。这些东北国家全都仰赖一种分别治理汉人与部落民众的行政机构的二元组织形式。在这种二元组织中,民事权力掌握在那些政府中举足轻重的汉族官僚手里。他们也扮演着在军事机构及边疆地区占据统治地位的部落精英们的抗衡者的角色。在东北地区王朝建立之初,这些王朝很快使用并变得依赖于汉族官僚及其行政技能。与之相反,蒙古人最初并未将这些汉人看作一个集体,他们任用来自西方与中亚的盟友为官员。蒙古人通过自己的传统、语言以及文字,并利用色目官员,从而摆脱了汉族文官及其文化包袱。即使是早期的外族王朝重新改造过的汉式行政体系,在蒙古人那里也并没有完全遵照使用。

蒙古人放弃了二元化组织,转而采用一种简单的管理体制,用一种世袭化的族类划分维持他们在中原的统治。这分为四类：蒙古人、色目人（西方与中亚人）、汉人（北方的汉人、东北地区民众以及高丽人）以及南人（南方的汉人）。这些集团的人数悬殊。1290年元朝的人口统计可归结为如下近似的统计分析数字：[①]

蒙古人	1 000 000
色目人	1 000 000
汉人	10 000 000
南人	60 000 000

蒙古人及其色目盟友占据了所有官职中的大约30%，包括其中大部分最高军政官职。他们还在事实上垄断了宿卫的职位，这些是旧的怯薛的继承者，一些高级官员从中选拔。就算元朝使用像科举考试制度这样经典的汉式选官机制，每个族类集团的录取名额都是一样的，这就使蒙古人和色目人较之汉人竞争者，在考试中成功的机会要多得多，而且他们的考试题目也更容易。为了克服这些障碍，一些汉人就学习外族语言，并用外族姓名假扮成更受青睐集团的成员，对这种情况，元朝不时要加以清理。然而，与二元化体系不同的是，汉人广泛分布在政府所有分支部门中。[②]

忽必烈对汉地蒙古政府机构的重组表现出诸多草原特征。在朝廷以及各级大臣都从属于权力无边的皇帝之后，元朝政府变得高度集权专制。然而，行省制度及直接统治的限制表现出很大的地方自治性以及中央行政体系的严重不统一。[③]

如果剥去汉式外表的话，元朝政治统治更多地像一个草原帝国联盟。尽管元朝朝廷掌握着对外关系与经济政策，但帝国政府只直

---

① 兰德斯：《蒙古统治下的中国》（Langlois, *China Under Mongol Rule*, p. 15, n. 34）。

② 窦德士：《征服者与儒士：元代后期政治发展面面观》（Dardess, *Conquerors and Confucians*, pp. 35 - 36, 60, 68）。

③ 法夸尔：《元代朝廷的结构与功能》（Farquhar, "Structure and function in Yüan imperial government," pp. 52 - 53）。

辖中书省和草原地区。帝国内部的行省，如云南和甘肃，被视作一个个王国。而那些与中央政府有着更紧密关联的行省也不直接受中央政府掌管，而是通过达鲁花赤（darughachis）加以控制，达鲁花赤由蒙古人或色目人充当，职责是监制行省或地方行政，并确保在当地获取一定税收。①

使用这种官员来监制地方行政是草原长期以来的一种传统，在这种传统之下，地方部落首领在帝国官员的监督下处理民众事务。中原并不是由部落组织起来的，蒙古人将其传统习俗运用到定居官僚当中。因此，与帝国联盟一样，元朝政治统治表现出两种非常不同的面相。政府的最高层表现为专制集权，而地方行政则表现为各省的自治性。不管在草原还是在中原，上下层之间的薄弱联系所仰赖的是中央政府与地方首领之间非常脆弱的关系。由于需要定期收取大量税收，所以这种关系在中原日益恶化，而在传统的草原帝国中，这既不常见，也很少成为一种经济负担。在这两种体系中，中央政府通过派官军镇压反叛，从而阻止了分裂。

蒙古人构成帝国的贵族集团，但在中原或草原上的一般蒙古人的生活状况在元朝政府的重重需索之下日益恶化。元朝政府将蒙古军队视作一支代代相袭且自给自足的军事力量。虽然在征服中原的过程中，蒙古军队只是其中的一小部分，但他们还是被看成帝国最忠诚的支柱。在1279年最终征服宋朝的大战之后，大批蒙古军队驻防于黄河中下游以及淮河以北各地。淮河既是华北与华南之间的生态界线，也是宋金之间旧的政治分界线。驻扎于此界线以北的蒙古军队保持了其高效的草原骑兵，并控制战略要地，以保护北部京畿地带。这些军队也受命镇压南方的反叛，但是潮湿的产稻

---

① 安迪考特－韦斯特：《元朝的统治》（Endicott-West，"Imperial governance in Yüan times"）。

地区不适合骑兵行动,因此元朝就将在蒙古和色目人监制之下的汉人军队当作驻防主力。

但是,自给自足的世袭军队的观念作为一种古老的草原传统难以移植到中原环境之中。草原游牧者的军政活动难以截然两分。每个男子一接到命令就得参战。此外,游牧军队也需要自己携带装备、武器、马匹以及战争给养。这在游牧经济中习以为常,因为骑术与射艺是其文化的一个自然组成部分。所需要的人力则由遗下的人而定,每户可以提供一名或两名士兵,这在定居的农业社会中是不可能出现的。战争通常也会提供战利品,这使战争变得有利可图。

然而,蒙古军队一旦在中原驻防,就很难维持这种传统。元朝政府最初将华北地区过剩的农田加以分配并让奴隶在上面劳作,因此一般的蒙古人有空闲服兵役。但土地分配既无法维持蒙古人的生计,也无法偿付其军事义务。一些蒙古人被迫出售土地以便为遥远的边疆战事提供装备与给养,而这些战事无法提供足以弥补其损失的战利品。在草原上常见的征召,对于那些试图专心农事的蒙古家庭来说,经济上也是毫无益处的。随着时间的推移,到 14 世纪中叶叛乱频生之时,从军的蒙古人在数量和效能上都大为下降,蒙古军队单靠自己的力量已经无法将这些反叛镇压下去。①

中原驻军能力下降的原因之一,在于元朝在蒙古和西域地区跟敌对的蒙古首领进行的旷日持久的战争。在忽必烈和阿里不哥之间争斗的一开始,蒙古地区就成为一片战场。阿里不哥的失败表明,仅仅依靠草原资源的蒙古宗王在对抗从中原得到装备与给养的其他蒙古力量时,胜算很小。然而,蒙古和西域地区远离中原,只有

---

① 萧启庆:《元代军事制度》(Hsiao, *The Military Establishment of the Yüan Dynasty*, pp. 17 - 24)。

付出巨额代价才能将这一地区的游牧力量击败。与之前那些只是想在草原造成混乱局面的外族王朝不同的是，元朝直接统治着漠北地区，并防御着边疆。作为帝国的龙兴之地，成吉思汗的故乡对于蒙古人来说有着巨大的象征意义，元朝也从未想放弃它。

蒙古的两翼，尤其在阿尔泰山地区以及西域绿洲以南，由于是元朝与敌对汗王之间的缓冲地带，因此战事不断。1264 年忽必烈击败阿里不哥，四年之后，窝阔台后裔海都与察合台汗王联合起来，并发动一系列进攻，这些行动贯穿了忽必烈整朝。海都的行为还促使铁木哥斡赤斤的后裔于 1287 年发动发叛，但被迅速镇压下去。直到 1303 年，在所有这些人死了之后，这一地区才恢复和平局面。

为应付这些军事威胁，元朝向蒙古和西域地区派出了 30 万大军。要对这支大军进行补给，就必须运送大批粮食，一开始是每年 20 万石，到 14 世纪初增加到 30 万石。就算与海都后裔达成和平之后，来自察合台宗王的威胁依旧很大，元朝仍然必须在北部维持大军。到 1311 年，元廷声称全部政府税收（600 万—700 万锭）的 1/3 花在蒙古地区的防御上。[①] 这一巨额开销要是没有从征服南宋得到的巨额税收是无法维持的。颇具讽刺意味的是，蒙古对其故地的控制在元朝设法从南方获取了汉人的赋税后才变得可能，这是之前所有的外族王朝无法获得的一种资源。

为了维持对边疆的控制，元朝于 1307 年将蒙古地区纳入行省体系之中，派汉人军队驻扎在哈拉和林。普通蒙古人的状况变得越来越糟，因为朝廷对军队、给养以及马匹的不绝需索成为草原经济的沉重负担。就算有来自中原的支援，游牧民众还是越发贫穷。发

[①] 萧启庆：《元代军事制度》（Hsiao, *The Military Establishment of the Yüan Dynasty*, pp. 59 - 60）。

放救援食物的一系列救济措施据称涉及数十万家庭。粮食直接来自元朝中央政府,而其他赈济则来自当地蒙古宗王。在这些敌对的中心地带,宗王被元朝政府用从中原得到的巨额薪俸笼络起来。或许可以说,直到清代为止,没有哪个时期中原对蒙古的控制会如此紧密,而游牧力量的状况会如此糟糕。[①]

元朝的解体

忽必烈朝之后,元朝陷入朝廷内部的激烈党争之中。蒙古人维持着传统继承统治习惯,这就使那些皇族的直系与旁支都对皇位虎视眈眈。这些人还保持着草原政治的组织化暴力作风,在这种政治环境下,谋杀皇帝是一种常见的伎俩。这就导致了一部充斥着意外、谋杀、下毒以及诛杀政敌的王朝史。较之任何其他汉人皇帝的世系图,元朝统治者的世系图(图表6.3)确实表现出与突厥可汗世系更多的相似性。按照汉人的标准,这里充斥着诸多的暗杀以及将帝位传给幼弟与侄子的无序继承。虽然蒙古人在朝廷中也曾接纳了一些儒家观念及机构,但在牵涉到权力争斗时,他们就回复到自身有着非常不同标准的传统上去了。

这些皇位之争的结果之一就是朝廷中出现了权臣,这些权臣尽管名义上受皇帝统治,实际上却各自为政。到14世纪20年代,朝政控制在一批权臣手中,他们掌控朝政,直到突然被对手取代为止。都城中的这种短期冲突转移了中央政府的注意力,使各省饥荒、混乱以及农民不满日剧,并开始爆发大起义。这些起义在14世纪30年代于华南与华中多地爆发。中央政府在镇压的同时,还遭受着经济上的威胁,因为元朝政府仰赖来自长江流域的钱粮维生。运河体

---

① 司律思:《洪武年间中原的蒙古人》(Serruys,*The Mongols in China During the Hung-wu Period*)。

图表6.3 元朝皇帝世系

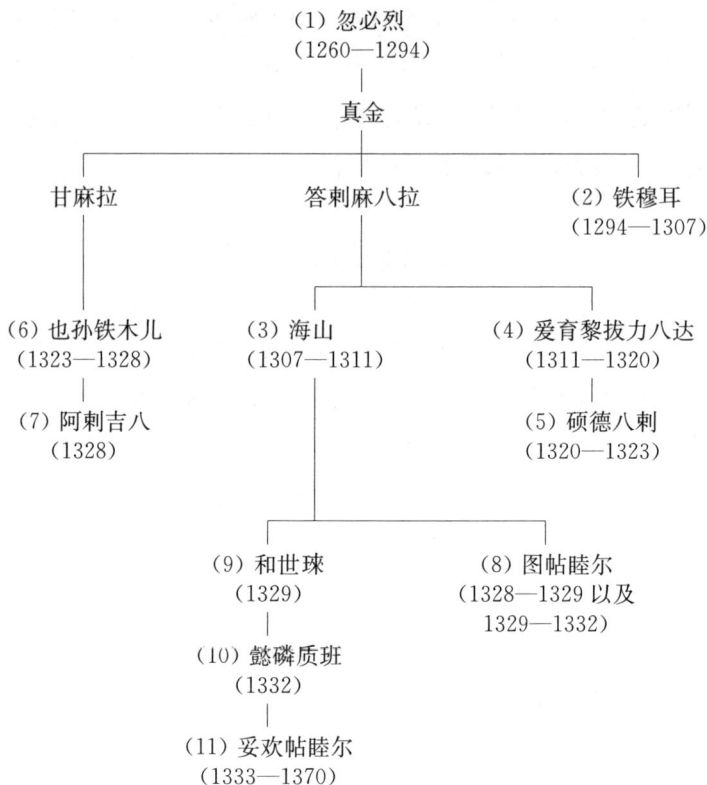

```
                    (1) 忽必烈
                    (1260—1294)
                        │
                      真金
          ┌─────────────┼─────────────────┐
        甘麻拉        答剌麻八拉         (2) 铁穆耳
                                       (1294—1307)
                    ┌──────────┴──────────┐
  (6) 也孙铁木儿   (3) 海山         (4) 爱育黎拔力八达
  (1323—1328)    (1307—1311)       (1311—1320)
        │                                │
  (7) 阿剌吉八                      (5) 硕德八剌
  (1328)                            (1320—1323)

         ┌──────────────────────┐
    (9) 和世瓎              (8) 图帖睦尔
    (1329)               (1328—1329 以及
                          1329—1332)
        │
  (10) 懿磷质班
  (1332)
        │
  (11) 妥欢帖睦尔
  (1333—1370)
```

系、海路或者南部农业地区的任何混乱都将对元朝的统治造成直接影响。从南方运往京城的粮食在 1329 年达到 3 340 306 石这一顶峰,在接下来的 10 年时间里,这一数字下降了 1/4。[①]

在这之后,形势变得越来越糟。1344 年,黄河发生洪灾,并向北改道,迅速摧毁了 6000 平方英里[②]的农业区域,使大运河陷于瘫痪。

[①]《元史》93:21a,97:1b - 2a;舒尔曼:《元朝的经济结构》(Schurmann, *Economic Structure*, pp. 112 - 113, 125);窦德士:《征服者与儒士》(Dardess, *Conquerors and Confucians*, p. 88)。

[②] 1 平方英里约合 2.59 平方公里。——译者注

作为向北方提供粮食的替代方式的海运,也落入地方军阀手中,当地守军无法应对此起彼伏的劫乱。然而,在强有力的领导之下,元朝的根基并非孤立无援,因为脱脱这位前任大臣于 1349 年重新掌权并维持了局势。他迅速组织起大规模工程,重新疏通黄河,并重开运河。1351 年,仅用六个月时间,这一工程就完成了,一些海盗转而归顺朝廷。这一庞大的资金投入使粮食的大批北运就算在元朝灭亡之后仍然得以继续下去。脱脱的另一个大工程是巨大的农业移民项目,使得北方更少依赖粮食输入。脱脱之所以这么做,是因为他相信元朝尚有一线生机。①

在河道工程完成之后,淮河流域爆发了红巾军大起义。虽然红巾军最初一路凯歌,并将起义范围拓展到长江流域,但到 1354 年,脱脱在汉人军队的支援之下将之镇压下去。同一年,脱脱还包围了在高邮堵截大运河的军阀势力。当他离京出师之际,不幸成了朝廷纷争的牺牲品,被削官夺权,权力落到割据一方的汉蒙军阀手中,这些军阀在朝廷内外彼此争斗。朱元璋乘势崛起,创立了明朝,明军以南方为基地,扫灭敌对的军阀,并于 1368 年在元廷退回蒙古地区后占领北京。

在受到进攻时从华北撤退,这并不是一个统治王朝的惯常反应。在中国历史上,其他每一个主要的外族王朝都会想方设法固守其中原领地。但这些王朝都起自东北地区,都具有征服观念以及完备的管理结构。蒙古人来自草原,秉持的是外部边界战略。在成吉思汗领导之下,蒙古人没有去管理或保卫被其征服的汉人。只是随着 1234 年金朝的灭亡,蒙古人才开始对农业生产加以管理,而直到忽必烈时期,蒙古人才将都城移至中原,并建立起真正意义上的王朝。

---

① 窦德士:《征服者与儒士》(Dardess, *Conquerors and Confucians*, pp. 95－146)。

只有从最古老的草原传统之一——战略撤退的角度考虑，蒙古从中原的撤退才能被人理解。在面对来自南方的明军攻势时，蒙古人选择了撤退，而不是组织最后一波抵抗，这也成功地使元朝能够继续在中国范围内立足，就像契丹在被北宋袭击时所做的一样。游牧力量经常更倾向于采取移动防御的方式，在这一过程中，较之固守据点的风险，他们可以择机进行战斗。游牧力量转移到草原之上，在这里没有城市或农田能被敌军占领，但是从中原的撤退并不是这种情况。元朝在后方留下了诸多蒙古军队，并丢掉中原的关键地区。元朝的首领可能寄希望于他们在蒙古地区的军队，这些军队在那里保卫着边疆。但是一旦王朝撤退，就很少再有机会返归中原了。照着游牧民众的方式，尽管元朝首领们已经长期远离草原生活，但他们还是以同样随意的方式，像他们的前辈获取中原一样，轻易就放弃了中原，全然不考虑什么后果。

关键名称表

草原边疆地区的主要部落

克烈部

12 世纪后期蒙古地区的主要部落

包括蒙古人在内的统治性部落联盟

蔑儿乞部

贝加尔湖地区的游牧部落

在 12 世纪经常与蒙古人争斗

蒙古部

12 世纪蒙古地区的小部落

成吉思汗领导的部众

乃蛮部

阿尔泰地区的游牧部落

12 世纪晚期强大部落联盟的领导者

汪古部

12 世纪中原边地的游牧部族

金朝的边疆防卫军

塔塔儿部

12 世纪蒙古地区的小部落

蒙古人的劲敌

关键性的首领

拔都

术赤之子，成吉思汗之孙

金帐汗国的蒙古统治者

孛儿帖

成吉思汗正妻

术赤、察合台、窝阔台以及拖雷之母

察合台

成吉思汗次子

其后裔统治着中亚西部地区

成吉思汗（铁木真）

蒙古帝国的创建者

大部分已知世界的征服者

贵由
窝阔台之子，成吉思汗之孙
继其父为大汗（1246—1248 年）

诃额仑
成吉思汗之母

旭烈兀
拖雷之子，成吉思汗之孙
位于伊朗地区的伊利汗国的创建者

札木合
成吉思汗的结盟兄弟（安答）
争夺对蒙古部领导权的对手

术赤
成吉思汗长子
其后裔统治着金帐汗国

忽必烈
成吉思汗之孙
统治中国的第一位元朝皇帝（1260—1294 年在位）
征服了宋朝

蒙哥
拖雷之子，成吉思汗之孙
继贵由为大汗（1251—1259 年在位）

木华黎
掌管中原战事的蒙古将领
成吉思汗的伴当

窝阔台
成吉思汗第三子
继其父为统治者（1229—1241 年）

唆鲁禾帖尼
拖雷之妻，蒙哥、忽必烈以及旭烈兀之母
使拖雷系一支独大

帖卜腾格里
蒙古人中的著名神巫
成吉思汗的异兄弟

脱斡邻（王罕）
克烈部部落联盟首领
成吉思汗最早的庇护者

脱脱
14 世纪元朝的权臣
试图镇压汉人起义，以维持元朝统治

拖雷

成吉思汗幼子

其子孙成为中原及伊朗的统治者

脱列哥那氏

窝阔台庶妻

在窝阔台死后暂摄国政（1241—1246 年）

耶律楚材

有契丹血统的前金朝官员

窝阔台统治时期在华北为蒙古人建立起稳定的统治秩序

第六章 草原之狼及森林之虎：明朝、蒙古人和满洲人

权力周期

蒙古帝国及其对中原的征服是一个独一无二的事件，它打破了中原与北疆周邻的惯常关系类型。传统的关系周期取决于三个关键地区——蒙古、东北和华北的军事力量、政治组织以及经济结构之间的相互作用。在这些地区，存在着两种基本的互动类型。首先，统治中原的本土王朝面对草原上统一的游牧帝国。在这种情况下，整个边疆都在两大强权之一的控制之下，这种两极分化也使边缘国家无法产生。在第二种类型中，一个东北王朝确立起对华北的统治，使草原游牧部落处于分化状态并将汉人限制在南方。在相互关系方面，一方的发展通常会排斥另一方，而整个体系的毁灭也为替代者的崛起作了铺垫。因此，内陆亚洲边疆史就表现出某种周期性。这些内部互动的机制只有对每个组成部分的强弱加以细致分析才能彻底了解。

在统一草原的过程中，草原统治权在形成阶段是最为脆弱的。

这时，来自外部的军事或政治干预经常具有决定性影响。东北王朝在这种干预方面曾经驾轻就熟，它们也使草原出现混乱状态。然而，东北王朝也希望能统治中原的大片区域，因为这对于它们的持续生存是至关重要的。一旦这些王朝内部逐渐衰落下去，它们就会将干涉草原事务的精力转为对抗中原内部的敌人以求自保。

在这时期，草原领袖可以在最少的干预下建立起帝国。在东北王朝已经覆灭，并被一个本土的中原王朝所取代的时候，草原就被重新组织起来。这种庞大的内陆亚洲政体无法依靠不进行分工的游牧经济而独存，因此统一的草原帝国就迅速转而投靠新的中原国家，因为这个中原国家的经济基础可以用来资助草原上的帝国统治。游牧力量使用军事力量从中原获取奉供以及贸易收益。边疆被划分为两种大型政体：诸如东北和甘肃这样的混合区域既被处于农业区域的中原政权所统治，同时也处于游牧区域的游牧国家控制之下。由于草原帝国一旦离开与中原的联系就无法生存，出现这种现象也就毫不奇怪了，即草原大帝国以及本土的中原王朝不仅共存，而且同时走向衰亡。一旦游牧力量与某一中原王朝订立和约，他们在保护并经常援助衰落中的中原王朝镇压内乱的过程中就能获得巨大的利益。一旦整个王朝覆灭，另一个也将步其后尘，游牧力量是因为他们失去了其经济基础，而汉人王朝则是因为失去了来自游牧力量的保护。

草原与中原皆处于崩溃状态的时期，对诸如东北的弱小边地来说是走向独立的唯一时机。利用周边的混乱局面，东北的游牧力量建立起小国，并进一步占领华北，用以部落军队为靠山的汉人官僚的二元化组织加以管理。这些游牧集团的部落背景以及军事力量，也使他们有能力扰乱草原上的政治结构，使草原一直处在混乱局面之中。这些东北国家的衰落，开启了中原义军首领重新统一中原以及草原重组的另一个周期循环。

这种类型首先随着汉朝和匈奴帝国的同时崛起与衰亡而出现。随之而来的是一个南北分治的时期，拓跋魏朝（北魏）征服了华北并打乱了柔然试图统一游牧力量的努力。之后，随着隋—唐/突厥—回纥时期中原与草原的重新统一局面宣告终结，代之而起的是统治南方的宋朝以及占据华北的东北契丹与女真彼此鼎立对峙的第二次分治时期。

蒙古人通过战胜所有东北对手而创建一个游牧帝国的方式，打破了这种类型。它形成一种异常的状况，即一个强大而统一的草原帝国对抗一个位于中原的东北国家。这种对抗是前所未有的，而且形成了一种将草原机动性与复杂的技术手段结合起来的蒙古军事机器。整个中国，甚至是欧亚的大部分地区在其面前都不堪一击。蒙古征服的经验并没有迅速被遗忘，反而深刻影响了随后汉人与草原游牧力量的关系。明朝对待草原的态度受到元朝征服记忆的深刻影响，因此其边疆政策跟其他任何本土王朝都不一样。而在过去，在中原衰落之时，真正的威胁并非来自草原，而是来自东北地区。

明代是在中国二千二百年王朝史中仅有的一个特殊时期，这期间，草原无法形成一个统一而稳固的帝国以对抗中原本土王朝。草原上的这一失败并不是缺乏利益或者领导乏力的结果。在明代，草原在很多时候被统一起来，每一位跨部落的首领都会利用外部边界战略，从中原榨取贸易权与奉供。蒙古人和卫拉特①人通过血腥抢劫从中原获取利益。他们要求馈礼与贸易以换取和平局面，游牧国

---

① 明代一般把"卫拉特"称为"瓦剌"，为了使读者便于阅读与分析，文中统一译为"卫拉特"，特此说明，下同。——译者注

家正是靠着这两大收入得以维系。在大部分时间中，明朝拒绝给游牧力量提供这种好处，尽管这是汉唐这些古老前朝制定的政策。明朝的拒绝使至少一个游牧统治力量土崩瓦解了，而且导致了游牧力量对华北边疆持续不断的劫掠活动，劫掠的数量与密度随着时间的推移而日益增大。这是一种与其他本土王朝相反的类型，由于没有满足游牧力量的要求，明朝较那些接受索求的王朝经历了更久的边疆战争。乍一看，人们可能会认为明朝在汉唐失败之处取得了成功，但如果细细观察，我们就会发现，这种短视政策逐渐削弱了明朝的经济和军事力量。这并不会为明朝带来安全，反而使其日益衰落。尽管很多汉人憎恶游牧大帝国，但草原帝国至少在草原上保持了稳定性，并将虚弱的中原王朝从内乱之中拯救出来。内乱以及东北满洲人的入侵使明朝于 1644 年灭亡，其中部分原因在于明朝执行的糟糕的边疆战略。

在明代，草原的历史表现为建立帝国过程中的三次大失败。这些失败经常被当作元朝之后蒙古力量衰弱与没有竞争力的证据，仿佛蒙古人已经在二百年前的世界征服中以某种方式耗尽了能量一样。这些批评意见大多数想当然地认为成吉思汗的崛起以及他组织起的帝国是一种进化了的草原传统的顶峰。然而，这种类比忽略了在与匈奴、突厥或者回纥帝国相比时，为何蒙古帝国就是例外。明代的游牧力量不是试图重新统治中国的元朝复仇者，更多的是采取外部边界战略的典型的早期游牧力量。他们试图在远方从中原获得好处，而没有打算重新征服中原。在明代，不管是也先、达延汗还是俺答汗，都未能建立一个长久的游牧帝国，这点非常明显，这种情况并不表明草原处于衰落之中，反而是草原帝国自身结构和明朝的对外政策所造成的。与成吉思汗的比较无法解释游牧力量在以前胜利的情况下招致失败的结构性原因。这种失败只有通过对在明代建立游牧国家的意图加以探究，方能加以透辟理解。①

元朝之后的蒙古地区

　　元朝的垮台并不是民族观念下的汉人反外族起义的结果，而是一种反抗衰弱王朝的传统意义上的反叛，它成功地摧毁了蒙古人的统治，而又沿用了一些元朝的机构与政策。明朝的建立者洪武帝（1368—1398 年在位）鼓励那些未随元朝撤退而留在中原的蒙古军队投降，并将这些蒙古人编入他的军队之中。他也在某种程度上鼓励对大量为蒙古服务的外族人加以同化，以防止出现内奸。明朝的很大一部分国家结构，尤其是世袭的、基本上自给自足的基层军事组织脱胎于东北和蒙古模式。②

　　对明朝而言，元廷撤回蒙古地区既是一种意外，也形成了一种危险。华北地区落入新的征服者手中，没有经历那种会耗尽新王朝资源与能力以补给军队的持久围困局面。然而，蒙古人仍然在草原上潜在地威胁着明朝对北方的控制。元朝统治者的存在也是一个观念性的问题，因为人们会认为明朝统治者并没有绝对权利获取皇位。不管是不是外族，元朝统一中国已经实现了儒家所要

---

① 关于这一时期草原的汉文历史资料记载于《明史》所涉游牧力量的章节中，尤其是关于蒙古（鞑靼）的卷 327 以及关于卫拉特（瓦剌）的卷 328。在后元时期还有蒙古编年史，著名的有萨囊彻辰的《蒙古源流》（*Erdeni-yin tobchi*，参见施密特译本）以及无名氏的《阿勒坦汗（俺答汗）传》（*Altan-tobchi*，参见鲍登译本）。这一章的历史记载大多来自璞科下第《明代东蒙古史》（Pokotilov, *History of the Eastern Mongols During the Ming Dynasty*）和傅吾康（W. Franke）在同书中所作的修订，以及司律思（Serruys）的大量著述，尤其是 1959 年、1967 年、1975 年所写的。大多数游牧首领及明朝边防将领的生平可在《明代名人录》（Goodrich and Fang, *Dictionary of Ming Biography 1368—1644*）中查到。

② 司律思：《洪武年间中原的蒙古人》（Serruys, *The Mongols in China during the Hung-wu Period*）。

求的合法性。由于明朝无法彻底消灭元朝世系或迫使元帝退位，从汉地传统来看，蒙古人的宣称就成为一种值得认真对待的特殊道德力量。按照现实政治（realpolitik）的看法，这种危险是没有意义的，因为蒙古人并没有实力重新征服中原，但是对于明朝的统治者来说，蒙古力量仍然是活生生的威胁（尤其是 1449 年明朝在与卫拉特人交战时在土木堡的惨败）。蒙古对中原的袭击经常被看成试图重现已失去的帝国，实际上，游牧力量早就放弃了任何此类念头。

洪武帝的北方战略政策主要是防御。对于一个在南方崛起并且都城位于长江流域的王朝来说，北部边疆就其基本利益而言是不怎么重要的。明朝对蒙古地区的元朝军队的进攻，其目的并不是兼并这一地区，而是摧毁旧朝的军事力量，并保卫边疆免受蒙古的攻击。明朝军队于 1372 年兵分三路突进至哈拉和林，但是蒙古人围歼了其中一支，另两支被迫撤退，八年之后的第二次草原战役也以明军失败告终。然而，明朝在 1388 年赢得了一场大捷，当时明军在捕鱼儿海奇袭了北元军队。事实上，这次大捷终结了北元王朝，使其在草原上的权威一去不复返了。

捕鱼儿海大败之后，元朝统治者继续自称是草原上的统治者。在之后的十二年中，五位后元皇帝先后更替，每一位都死于残杀。汗位几乎成为纯粹象征性的。与蒙古控制的世界其他部分一样，正式的领导权通常限制在黄金家族成员中，只有他们有权拥有汗或可汗的头衔。不属于黄金家族的掌权者于是就觉得有必要拥立一位黄金家族成员为汗王，而自己则通常采用台吉（tayishi）的称号，这是仅次于大汗的头衔。在西域西部的帖木儿帝国中，这种现象非常容易理解：没人会将印在钱币上的成吉思汗头像与帝国真正的统治者相混淆。而对汉人来说，就更难接受一种仅仅是形式性的观念了，因为在东方，黄金家族也是元朝帝系的后裔。① 因此，一旦蒙古人按照蒙古习俗拥立黄金家族成员为汗，汉人就怀疑这一任命之所以做出，是因为他们的元朝血统，也就是说，游牧力量慎重地选择统治者，暗地里是要争夺中原的皇位。那些追求"正统"世系的汉人虽然经常将草原政治中的这些有名无实的汗王相混淆，但对他们的行踪、被杀与被取代的情况记载甚详。蒙古人自己也许会通过接受明朝授予这些汗王的汉式头衔而部分地消除明朝的怀疑。然而，蒙古人可能并未按规矩办理，而基于相同的理由，他们也将元朝的官职作为部落头衔，但其中没有任何为将来打算的动机，对那些无论怎样都无法理解部落或"蛮夷"政治的汉人来说，沿用已经不复存在的元朝世系表明对蒙古地区日渐混乱局面的某种规制意识。②

北元的覆灭给草原上的非黄金家族部落首领提供了新的机会。在元朝，他们被兼并到国家等级制度之中，其民众则负责保卫蒙古地区以抵抗敌对的汗王。这就给那里的游牧力量造成了巨大的负担，直到王朝覆灭方才如释重负。在一开始，元廷及其军队为草原带来了最完备的政治秩序。然而，一旦失去了草原上的经济或政治基地，这些政治秩序就会像外来的迁移植物一样无法长久存活。1388 年的惨败以及随后一连串的宫廷残杀为当地部落首领的崛起并建立新的草原帝国创造了条件。

到 15 世纪初，游牧力量分化为彼此争权夺势的两大对立集团。阿尔泰山地区是西蒙古或称为卫拉特人的家园，他们在马合木的统领之下，而蒙古中部与南部则由阿鲁台领导下的东蒙古人控制。这些首领都不是黄金家族后裔，这标志着新的部落精英的出现，但是最高的汗的头衔仍然掌握在黄金家族手中。东蒙古人最初拥有更

---

① 这些汗王的继承过于复杂，因此无法加以概述，伯希和在其《卡尔梅克史评注》(Pelliot, *Notes critiques d'histoire kalmouke*)第二册中提供了最完整的序列。
② 司律思：《洪武年间中原的蒙古人》(Surruys, *Mongols*, 附录 3, pp. 286 - 293)。

大的领土，南面与中原接壤，在西部和北部则靠着卫拉特部。在东
北草原上有三个较小却具有重要战略意义的草原部落，明朝称为三
卫或兀良哈卫。在元朝对草原的统治崩溃之后，对这一地区最高统
治权的争夺在东蒙古人和卫拉特人之间爆发了。

北元于捕鱼儿海大败之后，明朝在很大程度上不再将草原作为
关注的重点，转而采取一种积极防御政策。明朝的内斗戏剧性地改
变了这一政策的内容，而北部边疆成为明朝对外政策最为关注的中
心。北部边疆意义的这种转变始于 1398 年洪武帝去世之后的继位
争夺。

为了控制北部边疆，洪武帝将战略要地作为封地分给他的一些
儿子。这一战略有双重目的。由于北部边疆远离明朝在南京的都
城，他的儿子们就可以协助将这段边疆保持在王朝的势力范围之
内。此外，通过将他自己的儿子调往遥远的封地，而将他指定的继
承者留在京城这种方式，洪武帝计划解决继承问题并避免内战。这
些皇子们尽管觊觎皇位，由于离皇权宝座太远，无法直接干涉此事。
然而，为诸子提供个人军队和领土基地以削弱皇权的不利之处也是
显而易见的。

洪武帝实现权力和平交接的计划在太子先他而死之后被打乱
了。洪武帝没有在其他儿子中挑选太子，而让这位早逝太子的儿
子获得了这个位子。因此在损害其叔父利益的情况下，一名年幼
的孙子被指定继承权力。等洪武帝一去世，这位幼主（建文帝）的
谋臣就设法流放或者诛杀可能威胁皇位的诸藩王。这自然对先帝
在世诸子中最年长的朱棣形成了威胁，他是一名富有威望且经验
十足的边疆军事统帅。朱棣起兵反叛并击败了羸弱的皇帝军队，
由于洪武帝力图减少非家族力量对其权力的威胁而清除了大多数
天才将领，皇帝的这支军队实力受到削弱。南京城陷落了，宫殿化
为一片废墟。朱棣自立为永乐帝，并将都城迁往他所在的北方基

地——北京。[①]

将北京作为王朝的都城对明朝边疆政策产生了深远的影响。北京曾经是已不复存在的元朝的都城——大都，在这之前，曾是辽朝和金朝的都城之一。对于一个东北或蒙古地区的王朝来说，北京位置极佳，它处于中原传统地域的最北端，非常容易进兵并从东北或草原地带获取补给。基于相同的理由，它成为一个本土汉人王朝的颇有问题的选择。它使朝廷直接暴露在脆弱的边疆防御线之后，非常容易受到来自草原或东北的攻击，并且还远离南方的大量汉地人口及农业剩余物资。北京处于一个非常漫长而复杂的分配网络的末端，而这一网络将华中与华南的生产地域维系了起来。北方很难养活它的人口，更不用说驻扎在北京这一帝都中更多的军队以及政府官僚了。粮食通过京杭大运河或海路运至北京，花费巨大。这些供应的不利之处对于蒙元王朝来说是可以接受的，因为北京有其战略优势，也正是他们建设了供给北方的代价高昂的运河体系。[②]

对一个本土王朝来说，都城坐落在北部边疆（这是一段在大部分时间内中原无法成功突破的边疆）会使蒙古问题扩大到无以复加的程度。对于一个建基于南京的王朝来说，游牧力量的入侵或许会造成麻烦，但由于距离遥远，游牧力量的灵活性无法发挥。而对于一个建都北京的朝廷而言，游牧力量的每次攻击都直接威胁到王朝的安全。永乐帝选取北京为都城，并没有将这种长远的不利之处考虑在内。北京是他的封地，并受到当地军队的支持。他的第二个考虑是南京的皇宫已经被焚毁，南京这座城市不再具有吸引力。更为

---

① 德雷尔：《明朝初年的中国》(Dreyer, *Early Ming China*, pp. 65 - 172)。跟之前的中原王朝不同，明朝（及之后的清朝）皇帝通常只有一个"年号"，在大多数史书中这些年号就指代这些皇帝。虽然从技术上看这只是一个称谓，诸如"永乐皇帝"之类由于被广泛使用，我就将之等同于所涉的人名。

② 范德：《明初两京制度》(Farmer, *Early Ming Government：The Evolution of Dual Capitals*, pp. 134 - 188)。

重要的是永乐帝早年受到的训练与处理蒙古威胁时的边疆经验。
作为一个在北部立足的领袖，他正视蒙古问题，并与他们交战。作
为一位军事家，永乐帝知道他无法从一个南部的都城去有效攻击快
速运动的游牧力量。对于这位雄心勃勃的皇帝来说，北京成了一座
执行扰乱游牧力量的长期政策的完美堡垒。确实，这一有利位置经
常被东北王朝成功地用来同时控制中原并使草原陷于混乱境地。

永乐帝迅速改进了明朝从元朝继承而来的运河网络，因此他就
可以供给大规模的军事远征活动。他还恢复了原来的边界关卡，并
增加了新的内部防御线以拱卫都城。对于像永乐帝那样了解边疆
战争和部落政治的进取型领袖来说，一座位于北部的都城就是一笔
资产。对于一个本土的中原王朝来说，所面临的问题是这种皇帝很
少，而一旦他去世，其政策就被那些反对进取型皇帝及其边疆军事
战争的朝廷官僚弃置一旁。汉武帝在草原上对匈奴的战争仅仅在
他当政时延续着。与此类似，在唐朝，唐太宗的进取政策使中原暂
时控制草原，但在他继承者在位时所执行的积极防御政策之下，这
种进取政策被废除了。永乐帝死后，当明朝恢复到更为传统的固定
防御类型时，北京这座堡垒就令人难堪地成为易受游牧力量攻击的
脆弱之地。明廷在之后的二百年中一直处在担心游牧袭击的焦虑
不安状态之中。

当永乐帝于 1403 年掌权时，来自蒙元军队的威胁早已不复存
在，但新的游牧联盟的威胁日益增加。元朝在草原上的政治权威的
崩溃为那些试图统一草原的新首领创造了机会。在非黄金家族后
裔的控制之下，出现了两大联盟。靠近中原边疆的是东蒙古人，他
们威胁吞并那些与明朝有着松散联合的东北部落，随后统一了整个
蒙古地区。更为遥远却日益成为威胁是他们的对手西蒙古人或称
卫拉特人，他们统治了阿尔泰地区，并有着取代东部同族人的帝国
野心。

　　为了保护明朝边疆，永乐帝开始操控部落政治，不时转换部落之间的盟友关系，并攻击那些看起来最可能统一草原的部落。为了保卫易受攻击的辽东地区以及通往北京的门户，明朝建立了一个与兀良哈部落朵颜卫、福余卫、泰宁卫的象征性联盟体系。这些部落在内战中曾帮助过永乐帝，他们曾抵御过忠实于建文帝的军队，从而使永乐帝得以脱身南征。作为对兀良哈首领的回报，他们被授予高级头衔，并在明军中保留其部落军事卫所，这是一种复制元朝制度的组织形式。在边疆，这些都是象征性的。尽管兀良哈有时候与中原敌对，但在整个明代一直保持着其"最受优遇的蛮夷"地位。早在 1407 年，永乐帝就与兀良哈建立了马市，而其他的游牧集团则无权进行贸易。通过这种联盟方式，永乐帝保护了易受攻击的明朝侧翼，并使这一东北地区免受更为雄心勃勃的游牧统治者控制。

　　在东部的东北丛林地带，永乐帝采取了相似的政策。东北地区曾经是元朝所统治的中国的一部分，但明朝缺乏像汉朝和唐朝那样的权威以控制这一地区。明朝因此就将头衔授予那些分散而居的女真部落首领，总共有大约两百个卫所。这使女真有权在边市进行贸易活动，并到京师朝觐以接受馈礼。这种政策对于扩展中原的影响力来说一本万利，也对抗了朝鲜人对这一地区的觊觎之心。东北部落自身在这一时期的军事重要性甚小。

　　永乐帝对草原所采取政策的目标在于阻止其统一。东蒙古首领阿鲁台的崛起构成了最直接的威胁。为了对付他日益增强的影响力，明朝试图利用东蒙古人和卫拉特人之间的敌对态势。明朝于 1409 年派使节至卫拉特部并册封其首领，鼓励他们攻击阿鲁台。这是"以夷攻夷"的古老策略。这一政策的危险之处在于游牧力量都有相同的能力利用中原的援助以扩展自己的力量。一旦汉人不小心的话，他们支持一个部落而反对另一个部落的举动可能会为建立草原帝国奠定基础。

执行这一政策的恶果在 1409 年卫拉特人攻击阿鲁台并取得胜利之后迅速浮现出来。永乐帝派遣一支十万人的军队进攻东蒙古人，准备利用这次大捷的机会一举底定，但被阿鲁台设伏并全歼了。虽然这次出击惨败而归，永乐帝还是派出了一支更大规模的远征军，并于 1410 年率五十万大军御驾亲征，与阿鲁台对决。这次大规模的远征毫无战果（就算在《明史》中，对军队数量的记载也是夸大的）。早在 1409 年大捷之后，明廷就制定了长期规划。由三万大型运货马车装载的两千六百万磅谷物被运至众多营寨之中，每个营寨都确保能维持十天的征途。这次远征进行了四个月，明军在两次战斗中击败了东蒙古人。在见识了明朝的军事实力之后，阿鲁台同意向朝廷纳贡。这一和平协定并没有使明朝直接控制东蒙古人，而只是减轻了东蒙古人对边疆的威胁。然而，永乐帝的胜利也使明朝易受中原当时的盟友卫拉特人的攻击。

卫拉特人立即对阿鲁台发动攻击，杀死了他所立的黄金家族傀儡，并在卫拉特人的控制下任命了一位继承者。卫拉特首领马合木于 1412 年派使节至明廷告捷，作为回报，他要求得到那些刚刚与中原达成和平局面的战败了的游牧力量。马合木还要求提供武器以彻底攻灭阿鲁台。明朝无法容忍已经被削弱的东蒙古人在卫拉特人反攻面前彻底灭亡，第二年，永乐帝与卫拉特部断绝了关系，并宣称支持阿鲁台，在 1413 年授予其和宁王的头衔。永乐帝被卷入草原之间的权力争斗之中，在这场争斗中，对立的双方都寻求中原的援助。游牧首领投靠明朝以获取对其争权夺利的资助。为了保持力量平衡，永乐帝被迫时不时地转变支持态度，并发动代价高昂的战争，以设法阻止卫拉特或东蒙古中的任何一方实现统治整个草原的目标。

卫拉特部首领马合木对明朝支持东蒙古的举动做出了回应，他组织起部落人马发动了袭击。永乐帝随后在 1414 年组织明朝官军对卫拉特采取军事行动。与永乐帝先前的战役一样,这支远征军使明朝的财政顿时吃紧,因为远征需要大量的后勤补给。在深入蒙古地区之后,明军在克鲁伦河以北进行了一场战斗,他们在与游牧力量的交战中通过火炮赢得了一次胜利,但自身也遭受了巨大损失。本可以为明朝提供关键性援助的阿鲁台却没有参加这次战斗。相反,他只派出了一支残兵游勇,而让明朝在攻击对手卫拉特人时打消耗战。尽管这使盟友很不高兴,但永乐帝并没有明显抱怨阿鲁台,甚至还馈送礼物给他以庆祝胜利。

卫拉特部与永乐帝决裂极大地增强了阿鲁台的实力,在很长一段时间里阿鲁台一直兵强马壮。要是明朝不出手阻止的话,阿鲁台就会再次统治整个草原。在 1414 年的战役中,阿鲁台让明朝独自面对卫拉特人劫掠的意图昭然若揭,他趁机征服了东边的兀良哈,并袭击了西边的卫拉特人。1416 年,东蒙古人杀死了马合木,并迅速将影响力拓展至西部。为了提高其独立性,阿鲁台还劫持了一些汉人使臣,并在同年攻占明朝在张家口的一个堡垒。

东蒙古人再次成为明朝的直接威胁。永乐帝转变了态度,并对阿鲁台发动一系列进攻。东蒙古人当时遭受着明朝的全力攻势,而在 1422 年,永乐帝又发动了对游牧力量的另一次主要战役。据记载,后勤供应使用了 34 万头驴子、11.7 万辆运货马车以及 23.5 万名车夫运送 4800 万磅粮食。阿鲁台轻而易举就撤出了这支势不可挡的大军的攻击范围,但他被迫放弃了大量辎重。由于无法追击东蒙古人,永乐帝就将战争机器转向倒霉的兀良哈部落,因为他们曾被迫与阿鲁台结盟。明廷在次年组织了一次小型的军事远征,却未能遇到阿鲁台。然而卫拉特人在同年确实袭击并击败了阿鲁台。永乐帝在 1424 年开始了第五次草原之战,因阿鲁台再次逃脱而毫无战果。这是明朝在草原上的最后一次进攻。永乐帝死于回京途中,而他的继承者再也没有尝试这种远距离的草原之战。[1]

永乐帝的去世标志着明朝对游牧力量之战的终结,他的进取性政策使王朝陷于困境之中。东蒙古人和卫拉特人的真正实力只有在中原的军事援助经常从一方转向另一方时才能得以确证。当一方受到中原的袭击时,另一方就恢复了力量。东蒙古人在永乐帝死后不幸成为这一政策的最后牺牲品。他们被迫反抗中原的攻击,而卫拉特人则增强了实力,并在西部不受干扰地征服了大片地区。此外,卫拉特人也在马合木儿子脱欢的领导之下联合起来,脱欢杀死两位与其父共同掌权的族长而成为卫拉特部的唯一领袖,但通常还需要一位黄金家族成员作为傀儡。

这就使阿鲁台陷入困境之中。他被迫东撤以避开卫拉特的势力。1425年,阿鲁台征服了兀良哈,并派遣使臣至明朝以寻求支援。他很可能觉得明朝的新皇帝将会继承永乐皇帝的政策,派军与崛起中的卫拉特领袖脱欢交战,但是他错了。永乐帝的继承者并不想卷入其中。朝臣们反而主张明朝应废弃北京而另寻一个更安全的地方定都。

阿鲁台使臣的求援减弱了明朝对预期中的东蒙古人进攻的担心,明廷给传信者以馈礼。明朝觉得东蒙古人将会成为他们与卫拉特人之间的缓冲,而朝廷的注意力也转移到增强都城附近的城墙防御上来。明朝的这些主动支持对阿鲁台来说并没有多大意义,他不久之后就罹遭大难。1431年,卫拉特人在战斗中大败东蒙古人。兀良哈乘机反叛,但遭到阿鲁台镇压。1434年卫拉特人再次发动袭击,杀死阿鲁台并裹挟着一些东蒙古人沿着中原边界西去。朝野上下一致决定反击,明廷遂出兵摧毁了这些残存的东蒙古势力,但这种行动是短视的,它使卫拉特成为草原的主人。

---

[1] 参见傅吾康:《永乐帝的蒙古战争》(Franke, "Yung-lo's Mongolei-Feldzüge")。

卫拉特人与明朝

1439 年脱欢去世，为他的儿子也先留下了卫拉特帝国的根基。正是也先领导卫拉特人取得了最辉煌的胜利，但是他无法建立起一个长久的国家，因此就没有形成一个像匈奴、突厥或者回纥那样的帝国。也先在权力顶峰上的失败，表明游牧国家无法离开外部支援而独立生存。未能与中原建立起利益关系的游牧力量首领所建立的政治结构是不稳固的，这种政治结构将在首领死后分崩离析。

也先就是这种草原首领的典型，这些人继承了草原的遗产，并将其转化为游牧国家。由于他的父亲以前就清除了敌对的卫拉特族长，也先就能将精力放在对草原的彻底征服之上。经过十年努力，也先逐渐强化了卫拉特对边疆的控制，最终完全控制了边疆。在东部，也先于 1444 年征服兀良哈三卫中的两卫，迫使第三卫逃亡中原，并从明朝手中夺取了东北草原。在西部，在 1443 年、1445 年以及 1448 年对中原保护下的哈密发动数次攻击之后，卫拉特人迫使明朝退出了西域地区的前哨基地，还使作为明朝边疆保卫者的甘肃部落力量保持了中立。

也先在边疆发动的战争只是其庞大计划的开端。与之前的其他游牧力量一样，也先准备执行外部边界战略，这一战略利用统一草原的政治与经济力量来获取中原的经济让步。也先与少数对手进行的边疆战争是这种战略的必要开端。作为游牧领袖，也先最后将军队投入对中原的战役之中，并避免在易受攻击的侧翼与后部受到其他游牧力量的袭击，草原上的所有潜在敌对势力都在也先采取行动之前保持了中立，因此他对中原的进攻就无所顾虑了。

这些军事行动的首要目的是抢劫，之后游牧力量则会订立一份提供奉供与贸易机会的和约，而并不想征服中原。虽然草原游牧力量试图通过劫掠以及纳贡朝觐的方式在远处攫取中原的资源，但从某种程度上说，每位经验老到的游牧统治者都会意识到，他们既需要例行的税收和奢侈品资源以满足那些政治贵族的需要，也需要开放边市以使普通游牧民获得贸易机会。也先对抗明朝的行动正是卫拉特人试图将其对草原的军事统治转变为永久控制的尝试，而在面对中原的本土王朝时，这种转型已经被匈奴、突厥以及回纥人成功实现过了。

也先对草原东西两侧的控制，使卫拉特人能够将注意力集中到明朝。卫拉特人自从也先的祖父马合木时代起就与明廷有了接触。他们每年派出纳贡使团到中原，尽管他们跟中原王朝之间时战时和。这些使团很小，通常不到一百人，带着马匹和毛皮以换取汉地物资。在也先掌权并扩大了卫拉特的影响之后，这些使团的人数突然之间增多了。1431 年，也先在位的第一年，纳贡使团超过一千人，而在 1444 年的使团人数则超过两千。汉人抱怨这些来访卫拉特人的急剧增多，他们必须费力供养并回赠这些人。

明朝将参加朝贡使团的卫拉特人的数量增长归结为也先的贪得无厌。但这实际上不在于他获取中原经济利益的个人贪欲，而毋宁是他回报统治之下的政治精英的需要。由于每名使节都会被加以款待、赠以礼物并允许进行贸易活动，被选为使节就成为事实上有利可图的事情。通过纳贡朝觐活动就能得到可在游牧民或其他贸易活动中重新分配的奢侈品，卫拉特人因此也就乐于扩大这种国家间贸易的机会。穆斯林商人经常抱怨使团利用这种情况而害得他们无利可图。

也先成为草原的主人后，他所面临的新的财政窘境因日益增长的朝贡使团规模而大为缓减。例如 1446 年的使团就带着 800 匹马、13 万张花鼠皮、1.6 万张貂皮以及 200 张紫貂皮，并用这些换取了大量的汉地物资，其中大部分是卫拉特人无法通过劫掠获取的奢侈品。[1] 汉人随后声称，较之劫掠，这些贵族们更愿意进行贸易，因为这可以为他们提供奢侈品，而一般民众则更喜欢通过劫掠以获取诸如粮食、金属制品以及牲畜等必需品。也先朝贡使团的增长可以被视作一种回报精英人物并将其纳入新的卫拉特帝国中的政治行动。朝贡使团的迅速增加以及要求明朝允许这种使团朝觐，都是草原政治集权化的结果。当也先花十年时间（1439—1449 年）征服草原的过程中，在与明朝打交道时，他认为这种朝贡使团只不过是增加纳贡朝觐的人数而已。

1448—1449 年，朝贡使团成为明朝与也先之间关系的一个焦点。在这一年，一支三千五百人的卫拉特使团达到边地。汉人强烈反对扩大朝贡体系，但最终还是接受了这些使团，明廷设法通过降低礼物数量与质量的方式节省支出。也先一定已经意识到，他尽管采取了外部边界战略，但从明朝朝贡体系中获取的利益寥寥无几，不够他帝国的开销。此外，朝贡体系并未使那些需要边市贸易的大多数游牧民获益。除了对兀良哈网开一面，明廷坚决拒绝为边疆游牧力量建立边市。派往明廷的日渐增多的卫拉特使团预示着更多的要求，对也先来说，这一目标在他派出最大使团那年之前的边疆战争中已经实现了。卫拉特人控制了整个边疆地区，身经百战的军队枕戈待旦，他们还了解到汉人对战争的准备很不充分。这是一次采取外部边界战略的绝佳机会。

在他的朝贡使团回去后不久，也先袭击了中原。他谋划了一个巨大的侵略计划，将使他的游牧力量掠夺广大地区，并迫使明朝重新就朝贡体系问题进行谈判。卫拉特部将军队分为三部分：一支派

---

① 法夸尔：《1408—1459 年卫拉特与中原的朝贡关系》（Farquhar，"Oirat-Chinese tribute relations，1408‑1459，" pp. 60‑68）。

去辽东劫掠，另一支骚扰宣府周边要塞，而最后一支则在也先率领下进攻大同。尽管这三路攻击全都威胁到通往北京的要道，但也先并没有计划攻击北京城，因为他的骑兵无法占领这座固若金汤的城池。相反，这些袭击只是用来震慑明廷，却戏剧性地暴露出京城的不堪一击，劫掠的目标是那些不设防的城镇与农村。

卫拉特入侵的消息自然使明廷忧心忡忡。最为保险的措施莫过于让明军依靠长城一线进行防御。但是，朝廷的大太监向年轻的正统皇帝（朱祁镇）进言称，假如他率五十万大军御驾亲征，也先就会溃败而逃，明军遂从京畿开往边疆地区。就像所有游牧首领（除了成吉思汗）常做的那样，也先一开始就避免与队形完整的明军接触。然而，明军并不是一支能征善战的军队。在永乐帝去世后的近二十五年中，明朝军队变得几乎是完全防御性的了，而且在进取心方面也严重削弱，从而无法应对一场运动战。糟糕的武器装备、无能的领导以及落后的后勤供应困扰着这支与也先作战的远征军。让事情更为糟糕的是，天气变得异常恶劣，大雨瓢泼。明军受命退往边疆，但卫拉特在边境一发动进攻，这支军队顿时就四散溃败。也先发现这支军队尽管庞大，但实际上并没能力作战，遂突破其薄弱防御并进抵至土木堡扎寨的明军主力附近。在这里，有一半的明军被歼灭，其余则溃逃了。明朝皇帝被也先掳为人质，在卫拉特人与北京之间，已经没有什么真正能战的明军了。[1]

也先之后碰到了一个如何从这场大捷中获益的问题。他决定要求获取巨额赎金并继续向边疆地区撤退。也先未能直接攻占北京也许让人惊讶，因为当时北京城正处在皇帝被俘以及当地主力军队溃败的动乱之中。然而，也先只率领了卫拉特军队的一小部分，据汉文记载大约两万人，而且他也对带着这么一支弱小的军队进入

---

[1] 牟复礼：《1449 年的土木之变》（Mote, "The T'u-mu Incident," pp. 243 - 272）。

明朝另一支军队可能设伏的防御核心地带有所顾忌。此外，除非这座城市投降，也先没希望攻占它。也先的计划是要求巨额赎金，也许还会要求与明朝皇室联姻，随后则会与一位彻底吓破胆的统治者达成一个满意的协定，这很像西汉时冒顿与汉高祖所做的那样。这是草原的游牧首领惯常的战略，由于成吉思汗及其继承者非同寻常的广泛征服，这种战略变得不那么明显了。

也先的计划被意外打乱了。明廷正式用英宗的弟弟替换被俘皇帝执政，并拒绝与卫拉特部谈判。游牧力量立即攻击北京，但无法突破其防御。在也先得到来自南方的一支勤王军将要到达的消息后，他退回了草原，途中劫掠了明朝京畿地区。也先发现，自己带着的被俘皇帝既没有价值，更成为一种政治负担。这就使卫拉特要求巨额赎金及和约收益的期望落空了。也先惊讶地发现，明朝试图放弃他们的元首，并什么也不愿偿付。1450年，在一无所获之后，也先放还前任皇帝。这对游牧首领的威望来说是一次重大打击。

也先的帝国在1450年达到极盛，但是放还明朝皇帝以获取巨额赎金的失败，使他的追随者大失所望，他们的这种不满情绪不久就表现为政治对抗。也先被迫镇压了因处死东蒙古的一位首领而导致的东蒙古部落的反叛。在试图改变汗位的继承方式之后，也先还面对他所立的黄金家族傀儡汗王脱脱不花所领导的叛乱。脱脱不花被杀并取而代之。为了集权并防备将来黄金家族试图获取真正权力的意图，也先将脱脱不花的替代者杀死，并于1453年自立为汗。在这之前，他已经获得了太师的头衔，并取消了黄金家族成员担任大汗的传统。

假如他能够从中原获取丰厚赎金和贸易利益以抑制反对声音的话，也先的策略也许就成功了。然而，在一段时期的内部纷争以及与中原的关系毫无进展之后，对强大传统的破坏事实上对也先的政治基础造成了巨大威胁，在被征服的东蒙古人中尤其如此，这就使局势变得不稳定起来。尽管如此，在一开始他还是有可能成功的。汉人最终同意接受卫拉特的使节，这名使节带着马匹到了边疆地区并带回九万匹布。但是，蒙古人强烈反对也先篡夺最高领导权。也先并不是成吉思汗的后裔，他在应对内部反叛造成的政治纷争时往往独断专行。一些觉得自己无法得到合适回报的族长在1455年杀死了也先。卫拉特帝国瓦解了。

也先在一系列军事胜利之后的政治失败表明了草原帝国在这一发展阶段的脆弱性。卫拉特帝国仍然主要是靠强力以及也先在民众中的威望而统合在一起的。一旦也先设法建立与中原的有利可图的关系，这种脆弱的政治控制也许就会通过中原与草原之间物资交流的增加而得以巩固。也先入侵中原的最初目的就是创建这种体系。然而，他俘虏了明朝皇帝，尽管这是一个巨大的胜利，最终却未能实现这一目标。游牧力量期盼着唾手可得的财富，但最终一无所获。他们为此抱怨也先，而那些对他统治不满的首领利用这次机会消灭了他。也先的死标志着明代游牧力量创建草原国家第一次尝试的终结。

东蒙古人的回归

卫拉特帝国的崩溃开启了一个草原纷争的时代。残存的卫拉特首领无法在蒙古地区维持统治，被迫撤回到他们在西部的故土。然而，汉人也只是在也先垮台时松过一口气，这是因为新独立的东蒙古部落在他们新汗王孛来的领导之下，在边疆开始了一系列的劫掠活动。虽然他无法征服草原上的其他部落，但孛来在劫掠中原方面取得了巨大成功，他还向中原派去了朝贡使团。正是他在位期间，游牧力量开始南下，占据了靠近边界的边缘地带。大约1457年，明廷被告知蒙古人已经渗入了鄂尔多斯地区并迫使汉人撤退。

对明朝而言,失去鄂尔多斯在战略和经济上都饱受打击,这是因为明朝将之作为边疆军队物资供应的源泉。京畿地区以及甘肃因此处于日益增强的沉重打击之下,而到了 1465 年,孛来联合其他游牧首领开始了自也先以来最大的劫掠行动。明朝无法有效地威慑蒙古人,因为其防御漏洞很多。御史陈选在 1464 年向朝廷的奏表中描绘了边疆的一幅悲惨图景:

> 鞑靼部落,孛来最强,又密招三卫诸蕃,相结屯住。去冬来朝,要我赏宴,窥我虚实,其犯边之情已露。而我边关守臣,因循怠慢,城堡不修,甲仗不利,军士不操习,甚至富者纳月钱而安闲,贫者迫饥寒而逃窜。边备废弛,缓急何恃?①

然而,孛来对中原的威胁并不是致命的,这是因为他对参加军事行动的各部落之间的相互争吵显得无能为力。在席卷了明朝边疆之后,孛来成为这些争斗的牺牲品,最后被谋杀了。离开了草原的安全与统一,没有首领能将注意力全然投向中原。

分裂、暂时的联合、战斗以及暗杀是也先死后草原上政治生命的特征。一些部落首领试图统一东蒙古,但失败了。朝贡使团逐渐减少,直至 1500 年完全消失。正如我们所假设的,如果规模日渐增长的例行朝贡使团标志着草原政治集权化的增强,那么,这些使团的减少也就是草原政治不稳定与权力下移的明证。卫拉特人远离中原,无法与明朝建立起稳定关系。东蒙古人则陷于一片混战之中,不时劫掠中原以要求获得朝贡交换。

东蒙古人之间的纷争使之前被忽略的黄金家族汗王的重要性增强,这是因为他们作为正式首领更容易被接受,而其他冒牌者只能通过武力获得短暂的承认。在巴延蒙克济农或达延汗的统治下,

---

① 《明史》327:10b - 11a;璞科第:《明代东蒙古史》(Pokotilov, *History of the Eastern Mongols*, pp. 70 - 71)。

黄金家族世系在 15 世纪末再次恢复了地位。达延汗生于 1464 年,于 1488 年获得了统治权。在西部的敌对首领亦思马因死后,达延汗强化了他对大部分东蒙古人的统治。[①]

达延汗几乎持续不断地劫掠中原,明朝当时在防御方面贪腐横行、开销巨大却毫无成效,达延汗的行动轻而易举地突破了明朝的防线。与蒙古人的少数几次小冲突经常被夸大为指挥有方的明军大捷,在 1501 年,有 210 名官员在一次只有 15 名蒙古人被杀的小战斗之后被提拔。明朝在草原上的军事行动变成了对妇孺居住的单个蒙古营地的攻击。[②]

与也先相比,达延汗在建立游牧国家的过程中所面对的问题非常不同。也先在早年实现了他的草原梦想,他只有在征服了靠近边疆的部落之后才对中原发动攻击。达延汗在还没控制他的周邻时就开始了对中原的攻击。他之所以能建立联盟,因为他是被公开认可的有着黄金家族血统的大汗,同时也是游牧民一致拥戴的首领。然而,达延汗在处理其他事务时的独断专行还是招致了强烈反抗。1509 年,当达延汗任命他的一个儿子领导张家口和鄂尔多斯地区的部落时,这些部落发动叛乱。这次反叛历经四年才被镇压下去,而达延汗直到 1514 年为止没有再对中原发动入侵。

在重新发动进攻之前,达延汗重组了游牧力量,改变了他的策略,以便对明廷施加更大压力。他建立了大约三十个坚固营地,作为对边疆进行劫掠的永久基地。达延汗还训练了一支一万五千人的精兵,用来对宣府的要塞发动进攻,这里是明朝最关键的边疆战略要地之一。这就使蒙古人形成了对京城的包围圈,1516 年,据称

---

① 和田清:《达延汗研究》(Wada, "A study of Dayan Khan");冈田英弘:《达延可汗传》(Okada, "The life of Dayan Qaghan")。

② 《明史》173:18b;璞科第:《明代东蒙古史》(Pokotilov, *History of the Eastern Mongols*, pp. 85 - 86)。

有七万名蒙古人袭击了北京东部地区，洗劫了大批村镇。第二年，五万名蒙古人袭击了京畿地区。明朝在反击达延汗入侵的过程中取得了一次大捷，迫使他撤了回去。

来自蒙古的日益增大的军事压力只有当草原内部争端爆发时才能缓解。达延汗为了镇压鄂尔多斯和青海地区的反叛，不得不停止进攻行动。直到 1522 年他才再次转向中原边疆，并于次年在京畿地带进行劫掠，还派遣其他游牧力量入侵甘肃。达延汗年复一年地持续着这种攻击，直到 1532 年才试图通过谈判寻求和平。尽管明朝的军事实力日益衰落，但从 15 世纪末开始还是在处理游牧力量的问题上变得强硬起来。在这之前，明朝已经接待并回赠了朝贡使团，此时却拒绝接待来自草原的使臣。在达延汗的使团被迫退回之后，他用一系列新的攻击加以报复，直到他 1533 年去世才结束。

达延汗使东蒙古人控制了整个漠南地区以及漠北东部。他的长期秉政、元朝血统以及卓越能力使他在蒙古历史上写下了浓墨重彩的一笔，虽然获得了一些胜利，但他还是没能建立起对草原上所有部落的内部集权。达延汗的元朝血统使他更容易得到地方部落首领的正式归附，在以往王朝中的黄金家族傀儡也经常被视作草原名义上的首领，但这是另一码事，这种正式的权力承认转变为真正的政治权威。也先和阿鲁台都意识到了这一点，因此他们拥立黄金家族的傀儡并采取军事行动，这不仅是为了强化黄金家族的权威，也是为自己确立权威。

一旦建立起国家，游牧统治者就会向中原请求资助，但达延汗的问题表明，在面对一个顽固的中原朝廷时，草原联盟有必要开始采取一种敲诈政策。达延汗开始采取外部边界战略之后，对中原造成了越来越大的压力，并不是明朝的防御打乱了他的计划，而是草原内部的棘手问题迫使他开战。与中原的大规模战争要求游牧帝国的领导层最大程度地集中精力。而当游牧帝国的军队沿着边界摆开阵势时，身居故地、各怀异心的部落首领们就以敷衍抗命表达不遵从之意，因而一位雄心勃勃的游牧首领在准备敲诈中原之前首先要确立起对草原的控制。一旦草原统一起来，游牧首领就必须将注意力迅速转向中原，并转变统治王朝与草原之间的关系。达延汗曾试图在没有确保完全控制草原的时候就采取行动。明朝防御力量的薄弱也有助于他采取这种尝试，就像在草原部落中惯常以劫掠获取战利品一样。但是，随着达延汗在中原屡次取胜，当地部落首领的恐惧日渐增加，因为他们认为达延汗会更稳固地控制他们。这些部落首领选择在达延汗中原之战取胜前发动反叛，因此就打破了他建立国家的努力。

俺答汗与明朝的议和

达延汗的后代迅速分割了领土。这种分裂也是蒙古的习俗，学者们将之与成吉思汗帝国的分割相比。实际上，蒙古帝国在大汗统治时期并没有正式分裂，直到内战爆发为止一直保持着国家的统一。与此相类似，卫拉特帝国从马合木到脱欢再到也先的这段时间内并没有分裂。达延汗领土的分割是其无序化的明证。达延汗从未实现过部落的统一，即使是在他的继承人建立游牧国家时也是如此。正是因为这种部落遗产，众多子孙在不同地区自立，形成一个松散的联合。达延汗的子孙们在众多行动中协调合作，但是他们当中没人真正想要将整个草原置于自己控制之下。

这些统治者中最值得一提的是俺答汗（1507—1582 年），他是达延汗的孙子，在位超过四十年，依靠资历与才干成为联盟名义上的领袖。[1] 他继承了山西北部的土默特蒙古部落，进而控制了边疆中

---

[1] 傅路德、房兆楹：《明代名人录》(Goodrich and Fang, *Dictionary of Ming Biography*, pp. 17 – 20)。

部地带。俺答汗的兄弟吉囊获得了陕西北部的领地。在吉囊死后，俺答汗成为草原上最有影响力的首领，也正是他最后说服明朝转变了政策，为游牧力量提供奉供并开放边市。具有讽刺意味的是，明朝这种让步来得太晚，以至于草原上无法形成一个集权化的游牧国家，对俺答汗来说，因为他从未试图垄断朝贡的收益，这些资源反而造成了草原上的混乱局面。

俺答汗延续了达延汗推行的通过劫掠方式对明廷施压的政策。在他的领导之下，东蒙古人年年都侵入中原地区，四十年间未有宁日。俺答汗通过劫掠要达到两个目的：直接为蒙古参与者提供回报，迫使中原恢复朝贡体制并开放马市，为蒙古领导层提供奢侈品。明朝拒绝开放边市是导致蒙古袭击的一个主要因素。例如在1541年，蒙古人要求以边地和平换取边贸的倡议被明廷拒绝，蒙古人遂在第二年发动了一次深入山西的大规模袭击。

在朝廷拒绝和平倡议之后，蒙古人发动的破坏性劫掠持续了数十年。这些劫掠在1550年达到顶峰，当时俺答汗兵锋曾进抵北京城下。汉人拒绝弃城，俺答汗自己退兵了。这次袭击迫使汉人对此加以重新考虑。一些官员认为拒绝蒙古互市要求进而遭受年复一年的袭击是很愚蠢的，于是明朝同意组织马市，并向俺答汗馈送大量金钱礼物。这些市场在蒙古人要求交换谷物与衣物时就几乎立即取消了，明朝朝臣认为，这是蒙古人的计谋，他们得到谷物以供养那些漠南的被俘汉人。蒙古人的反应很迅速，他们于1552年对中原发动了八次大的袭击，而在之后的五年中又有着类似频率的劫掠。到1557年，这些劫掠非常厉害，以致明廷一度考虑放弃北京，另寻一个更少受到攻击的地方定都，这种建议在一个世纪之前也先俘虏明朝皇帝之后也曾提出过，但最终没有执行。

这种连绵不绝的边疆入侵在明廷决定维持贸易与奉供之后迅速结束了。1570年，王崇古这名经验老到的明朝边帅接受了俺答汗宠爱的一个孙子的投降，他用这次事件促成了明朝对蒙古政策的转变。在与蒙古人协商而得的一项和约中，明廷保证通过授封、奉供以及边市换取边疆的和平。这正是蒙古人七十多年来孜孜以求的结果。在一代人的战争之后，这一协定为边疆带来了和平，当然，这在明廷中是经过激烈争论才实现的。①

然而，蒙古的和平并未能建立起一个游牧国家。俺答汗只是众多相关却彼此独立的蒙古首领之一。因此，对俺答汗采取的措施并不会自动地将鄂尔多斯的众多部落包括在内，这些部落必须被区别对待。这里也不包括东部那些劫掠辽东的察哈尔蒙古人。他们在土蛮（图们）大汗的领导之下，土蛮（图们）是黄金家族的大王子，在谱系上要高于俺答汗。土蛮（图们）拒绝参加这一体系，这是因为：

> 俺答汗是土蛮大汗的属下，但是现在他接受了王衔以及大金印，这就像他成为丈夫，而土蛮大汗被降为妻子那样。②

土蛮（图们）及其继承者继续劫掠辽东地区。

明朝的新政策给蒙古人带来了很多好处。较之劫掠，奉供和边市在事实上更为有利可图。它们带来的好处也以不可思议的比率上升。在宣府、大同以及山西这三个军事地区的马市和奉供在 1571 年共计白银 6 万两，在第二年达到 7 万两，而到了 1577 年则上升到 27 万两，而其中的奉供占大约 10%。到 1587 年，奉供这一项就高达白银 4.7 万两，尽管总额可能有点夸大。对 1612 年三处边疆马市与奉供的年度开支（以银两计）的分析表明了土默特部是如何通过这一体系获利的。③

---

① 司律思：《朝贡制度与外交使团（1400—1600）》(Serruys, *The Tribute System and the Diplomatic Missions*, 1400 - 1600, pp. 64 - 93)。

② 司律思：《朝贡制度与外交使团（1400—1600）》(Serruys, *Tribute System*, p. 104)。

③ 司律思：《朝贡制度与外交使团（1400—1600）》(Serruys, *Tribute System*, pp. 308 - 313)。

地区	马市	奉供	总计
宣府	185 000	52 000	237 000
大同	100 000	22 000	122 000
山西	40 000	14 000	54 000
总计	325 000	88 000	413 000

此外，土默特汗王还额外获得了 2 万两的个人奉供。

　　这一和约为参加朝贡体系的所有蒙古贵族提供了头衔以及按照等级授予礼物的机会，而且还包括贸易权。这一体系中的蒙古人数量与日俱增，这是因为死去的人从未从名册中剔除出去，而族长们时常要求将他们的下属人员增添进去。大体上，这一政策不成文地保护着 1570 年条约签订时草原既存的四分五裂的政治结构。一个集权的游牧国家只有通过确保对与中原关系的垄断才能用中原物资养活自己。在这种体系之中，一旦地方首领试图获取中原物资，就必须通过帝国体系行事，他自己是不能直接与中原谈判的。俺答汗从没试图建立起这种垄断。在俺答汗的支持之下，每一位游牧首领都保持着与中原的私人关系，参与这一体系的权利也确保了地方首领的权威，他们在从中原获取财富时无须放弃其独立性。

　　中原的边疆官员对这种分裂局面牢骚满腹。较之需要一个个协商的鄂尔多斯部落首领，明朝从俺答汗那样的统治者那里更容易获得成效。蒙古统治者中的一些人只是在名义上控制着当地的部落。一些首领总是发现打破和平局面是有利可图的。负责监视鄂尔多斯地区的一名边疆总督（徐三畏——译者注）向朝廷上了一封奏报以说明为什么他的辖区一直碰到这种问题：

　　　　河套之部与河东之部不同。东部事统于一，约誓定，历三十年不变。套部分四十二枝，各相雄长，卜失兔徒建空名于上。西则火落赤最狡，要挟最无厌；中则摆言太以父明安之死，无岁不犯;东则沙计争为监市,与炒花朋逞。西陲抢攘非一日矣。然众虽号十万,分为四十二枝,多者不过二三千骑,少者一二千骑耳。宜分其势,纳其款,俾先顺者获赏,后至者拒剿。仍须主战以张国威。[1]

尽管遇到重重困难,和约还是给边疆带来了一段相对和平的时期,节省了巨额的军事开支。宣府、大同和山西军镇 1577 年的军队开销据称只是和约之前的 20%—30%。市场与奉供的开销使与土默特部的和平关系变得可能,而这些花费只是 16 世纪 80 年代在边疆维持驻军开销的 10%,尽管随着游牧民索求日增,节省额度越来越少。[2] 对于汉人来说,这一和约甚至有助于降低草原实现统一的可能性,而当初永乐帝所关注的就是通过维持众多小首领的力量以对抗任何集权。这一政策无疑是成功的,问题仍然在于为什么明朝要拖延如此长的时间才采取这个早被自己官员反复提倡的建议。

明朝的政策总是将游牧力量的朝贡关系问题区别对待。与之前的本土王朝一样,朝贡使团是为边疆民众提供奉供与贸易活动的一条许可渠道,使臣们献上"贡物"(经常只是象征性的)并获得了多得多的馈礼,他们受到慷慨款待并准许入市贸易以获利。中原通过以属臣之礼对待那些蒙古使臣而获得心理上的满足。朝廷因此为这些人提供巨额奉供,并经常满足他们的勒索,而从未真正意识到这到底起不起作用。中国中心观的世界秩序凸现出来,而统御万邦的皇权也因此得以绵延不辍,权力政治的真实性被灵活对待。这一政策背后的理性计算在于,这种朝贡关系和市场较战争更为廉价,且破坏性更小。很少认识到的一种好处在于,一个虚弱的王朝能够

---

[1]《明史》327:30a-b;璞科第:《明代东蒙古史》(Pokotilov, *History of the Eastern Mongols*, pp. 144-145)。

[2] 司律思:《朝贡制度和外交使团(1400—1600)》(Serruys, *Tribute System*, p. 68 n. 11)。

经常从游牧力量那里获得军事支援以镇压反叛或抵御入侵，因为游牧力量想要维持一种有利可图的地位。那些对朝贡关系的反对之声集中在开支方面，反对者还认为对蛮夷的馈礼和贸易只会增强中原敌人的力量。这些官员要么支持进攻性的军事政策，要么主张防御性的自我孤立。

对两种政策的争论有着历史先例。在汉朝和唐朝，中原政策的基本框架在立朝之初处理与游牧力量的关系时是不合时宜的。汉唐两朝都依靠朝贡体系与边市所提供的奉供来安抚游牧力量。这两朝对抗游牧力量的军事行动既耗资巨大，也不得人心，并且被证明是无法持久的。各朝衰落之后，才更清楚地认识到与北部草原部落保持和平关系的条约的价值所在。唐朝尤其仰赖回纥的保护以维持政权。

没有哪个王朝会试图采取明朝在永乐帝死后所执行的不相往来的消极政策，这种政策拒绝给游牧力量提供贸易和奉供，而中原军队则限于抵抗入侵，真实情况则是：明朝较任何其他中原王朝在更长时期中经受了更多的攻击。但明朝就算在边疆态势恶化之际，仍然拒绝与草原和解。更令人惊讶的是，明朝的这种拒绝，较之汉朝和唐朝，带来了更严重的经济问题和军事困难。明朝既未直接控制东北，也没有掌控西北边疆地区，而且在永乐帝之后，没有在草原上进行过军事行动。考虑到这些问题、军事困境以及严峻的经济形势，为什么明朝不像其他中原王朝那样去处理草原的问题呢？

答案在于，中原对游牧力量所造成的危险类型的看法发生了根本转变。蒙古人对中原的征服，其苦痛之感令人难以忘怀，因为它带来的是汉唐未曾有过的恐惧感。明朝最为恐惧的是那些想征服中原的草原游牧力量。汉唐曾经经历过游牧入侵，但是从未想过草原民众会成为中原的潜在征服者，这种看法无疑是对的；其他王朝的边疆战略要求游牧力量避免占领中原地域，而只有在当地的中央控制崩溃之后,才能在中原建立王朝。与此相反,明朝取代蒙元王朝这一征服中原的直接草原力量则是绝无仅有的。随着元朝力量退出中原,卫拉特人和东蒙古人重新采取了匈奴人、突厥人以及回纥人的传统战略,但明朝不再将游牧力量视作简单的勒索者,对明朝来说,游牧力量的袭击是草原对中原新征服的前兆。这种猜疑由于其都城位于问题重重的边疆最核心地带而大为夸大了,就连一般的劫掠也经常使京城风声鹤唳,因此明朝就无法解决游牧力量袭击城市这一边疆问题。明朝在土木堡的大败大大强化了这种态度,因为这是仅有的一个在与游牧部落作战时其在位皇帝被俘的王朝。

明朝的其他恐惧在于,其所处的方位使之更像是弱小的宋朝而非强大的汉朝或唐朝。明廷担心奉供与贸易会被用来增强敌人的力量,而最终这些敌人会强大到足以摧毁整个王朝。宋朝曾经向契丹人、女真人以及后来的蒙古人偿付巨额款项,最初只失去了北部地区,之后又被元朝吞并。明朝深刻意识到,它与宋朝一样,是一个在南方起家的王朝,并在早期控制了北部的大部分地区,之后却无法对边疆进行有效防御。因此,与将对游牧力量的奉供与贸易作为外交的实用手段所不同的是,明朝将其视为导致宋朝崩溃过程的第一步。一些官员确实也要求执行一种更为现实的政策。驻守边疆的军人尤其愿意接受游牧力量互市与提供奉供的要求,但他们遭到了那些担心蒙古人是否"真心实意"的明朝官员的反对。在1542年就边疆政策的一场争论中,当俺答汗蹂躏京畿地区时,杨守成就抨击了这种质疑,认为与宋朝相比,这种朝贡关系已经成为在边地阻止战争的一种有效方式。①

朝贡使团当然也是明代在永乐朝所执行政策的一部分。永乐帝为兀良哈开放了马市,并在西部进行茶叶贸易,希望通过这些方

---

① 司律思:《朝贡制度和外交使团(1400—1600)》(Serruys, *Tribute System*, pp. 59 - 61)。

式使双方实现联合。永乐帝死后以及在也先领导下草原实现统一后，明朝的态度发生了根本性转变。在也先派出越来越多的使臣时，汉人却失去了对这种体系的控制。一旦明朝反对这种体系，也先就发动战争，试图重组这种朝贡体系以增加向草原的货物输送量，从而换取与明朝的和平。正如我们所见的，也先俘虏明朝皇帝所带来的未曾预料到的问题导致了卫拉特的覆灭。这给了中原喘息之机，因为随着草原政治组织崩溃，来自游牧力量的朝贡使团减少并逐渐消失了。在 1530 年游牧力量要求重启这一体系并将之拓展至贸易活动时，明朝一口回绝，因为明朝害怕这会让自己走向毁灭。这些恐惧随着明朝自身防御能力的下降而日渐加深。

明朝的封疆大吏们对这一保守政策日渐不满。他们认为，尽管给游牧力量的奉供花费巨大，但是较之增加军队或建造长城，仍然要便宜得多。他们还认为，朝廷想要游牧力量"真心诚意"地对待中原，并将之作为衡量政策成败的标准，这是对朝贡体系的误解，让明朝与蒙古各得其利会使这种政策取得成效，但这种建议被拒绝了。在七十年的时间里，明朝边疆地区遭受了中国历史上最沉重的打击。

1570 年出现的政策转变消弭了战火，明朝转而以奉供和贸易换取边地的和平局面。这一转变为何发生在这时候尚不可知，因为答案显然在于对明朝政策而非边疆事务的探析之中。确实，军事开支的增长超出了政府的财政能力，而军队也越来越不中用，边地常年被敌人占领。每年的军费从 1480—1520 年的 43 万两白银增长到1567—1572 年的 230 万两。[1] 这之后的增长由于满洲人以及内乱问题变得更多。要是没有与蒙古人的协定，明朝可能在它真正覆灭前的半个世纪前就已经分崩离析了。明朝与俺答汗的交往，也正因

---

[1] 陈纶绪：《明朝兴衰史》(Chan, *The Glory and Fall of the Ming Dynasty*, p. 197)。

为他是一个没有多大野心的老人而变得越来越有价值。然而，这一决定看起来也与明朝对外关系的大调整有关，明朝需要减缓日本人和欧洲人在南方沿海地区所造成的压力。不管是在北疆还是南疆，明廷都放松了对贸易的限制，而且对外国人采取宽容态度。不管基于何种目的，和平政策在不久之后成功地与草原部落建立起一种更为和平的关系。对那些渴望得到头衔与礼物的蒙古首领来说，劫掠就变得不那么重要了。

然而，明朝下定决心解决这种边疆问题还是太迟了。对明朝统治的真正威胁从不来自草原，而来自内部叛乱以及东北地区的部落，而这两方面的问题正日益凸显。在一千八百年漫长历史的第三个阶段，中原内部秩序的瓦解以及草原的混乱使满洲人如虎兕出柙，建立起一个所有外族王朝中最成功、最长久的新王朝。

满洲人的崛起

在明朝的大部分时间里，边疆问题也就是游牧民族问题。中原与游牧力量之间的长期冲突在 1571 年协定签署之后随着朝贡体系建立而大为减弱了。在这一时期，大部分蒙古部落首领都得到了奉供，获得了贸易权并取得了明廷授予的头衔。和平协定还有助于巩固并维持这一时期蒙古地区碎化的政治结构。由于每一位小头领都能独立接受资助，所以他们都反对在单个首领领导下所作的统一努力。

尽管明朝与蒙古人的边疆问题在 16 世纪末 17 世纪初得到缓解，但东北边疆所发生的一系列显著变化对于明朝利益来说是非常危险的。利用明朝朝贡体系及其军事弱势，分裂的女真部落开始了统一过程并形成了一个边疆国家。最初曾干预这一国家事务的蒙古力量由于东蒙古部落之间的争斗而变得无足轻重了。

女真人是那些曾经建立金朝的民众的后裔，金朝后来被蒙古人所灭。在明代，女真人居住在通过血缘集团组织起来的零星小村落中，从事着农业、畜牧业以及狩猎活动。出于政治目的，汉人将东北的女真人划分为三个集团：建州女真，占据着东北部直至鸭绿江以西地区；海西女真或称扈伦四部（哈达、叶赫、辉发以及乌拉的联盟），位于西部至沈阳北部地区；其他则是更为偏远的"野人"女真，生活于更北部的丛林之中。前面两个集团与中原有着直接的关系，而"野人"女真则没有。

在明代大部分时间里，那些与中原关系友好的女真部落被组织为大约二百个小的卫所，这是旧元制度的延续。从理论上来说，这些卫所是明朝军事辅助机构的一部分，实际上它们只不过是汉人设置的一种结构简单的权宜政治组织，明朝通过这些组织保持在这一地区的影响力，并使其不受朝鲜人的控制。与本土的汉唐王朝或者蒙元王朝不同的是，明朝并未直接统治辽东以外地区以及辽西的部分地区。大量的卫所削弱了女真部落联盟的权力，而这对于一些当地部落首领来说，却有利可图。明朝认可并授权他们在边境进行贸易活动并亲自参加获益颇丰的朝贡使团造访中原城市。在明朝对抗那些居住在草原西部的野心勃勃的蒙古部落时，这些盟友还构成了缓冲地带。①

在众多边疆冲突中，满洲人崛起了，这中间充斥着谋杀与复仇的纷繁故事。努尔哈赤（1559—1626 年）是满洲国家的创建者，他是建州女真族长的儿子，这位族长死于女真部落之间的一次战斗之中。1585 年，努尔哈赤发誓要杀死尼堪外兰这位汉人支持的敌对汗

---

① 梅谷在其《满洲人在华统治的起源》（Michael, *Origin of Manchu Rule in China*）中强调了满洲组织的明朝先例，但是其沿用的是之前外族王朝建置的证据更多。此外，明朝所采取的卫所组织取自元朝，参见法夸尔：《满洲人蒙古政策的起源》（Farquhar, "The origins of the Manchus' Mongolian Policy"）。

王,以报杀父之仇。努尔哈赤最初试图从汉人那里得到补偿,但是他们拒绝给予帮助,因为尼堪外兰是他们的盟友。努尔哈赤随后发现他自己亲戚中的一些人试图拥立一位有这种强大背景的人,因此就带着一小队支持者(他们以十三副兵甲起兵)开始了自己的军事行动。出人意料的是,他成功地击败了所有周边部落并将建州置于统治之下,并且在同一年杀死尼堪外兰。他的胜利使女真政治陷入一片混乱之中。①

这些是努尔哈赤跟敌对的十部所进行的小战争。按照朝鲜的记载,"大酋"努尔哈赤到 1596 年为止只领有一百五十兵丁,并与他的弟弟"小酋"舒尔哈齐共同掌权,舒尔哈齐率领四十兵丁。② 可以合理地猜测,努尔哈赤可能已经通过与其他部落首领结盟而间接地建立起一支大军,而这么少的兵力对中原那些自以为是的匪帮来说完全不足为虑。努尔哈赤早期胜利的重要性并不在于牵涉到的人数,而在于使他有机会在一个更为集中化的政府下重组女真部落。军事胜利改变了女真政治结构的特征,使其成功地从一个小的部落联盟转变为复杂的边疆国家。努尔哈赤还在社会经济发展过程中保存了军事实力,而经济的发展将会为他提供充裕粮食,使其有能力自己制造武器。

努尔哈赤时期的早期满洲史可以分为两个阶段:部落阶段持续至 1619 年,而边疆征服阶段则直到他去世的 1626 年。在第一个也

---

① 汉文史料将这一时期努尔哈赤掌权以及皇太极创立清朝记载得看似非常顺利,原始的满文档案告诉我们的却是一个充满艰辛及内部争斗的更真实的故事。陆西华在其《满洲国家的崛起:1636 年满文资料中所见图景》(Li, *The Rise of the Manchu State: A Portrait Drawn from Manchu Sources to 1636*)中提供了从这些叙述中得到的资料。此书应该受到更多关注,但是书中的一些结论可在陆西华《1618—1636 年的满汉关系》("The Manchu-Chinese relationship, 1618 - 1636")以及《满洲的兴起》("The rise of the Manchus",与傅礼初合著,收录于《剑桥中国史》(*Cambridge History of China*, vol. 9, part 1))中找到。

② 陆西华:《满洲国家的崛起》(Li, *Rise of the Manchu State*, p. 15)。

是长得多的阶段，他设法控制并统一了女真部落。努尔哈赤采用了传统的战争策略，进行联姻并从汉人的朝贡体系中获利。在这一阶段，他与亲属分享权力。在统一了大多数部落之后，努尔哈赤开始逐步集权并在 1615 年自立为汗，但直到 1619 年他才开始吞并中原领土。在第二阶段中，努尔哈赤设法创建了一个真正意义上的国家雏形，但是他受到了自身有限的政治视野的限制。创建一个真正国家并建立起真正的王朝传统的重担落到了努尔哈赤儿子的身上。

在尼堪外兰死后，努尔哈赤在东北的影响力与日俱增。他在 1588 年结了两次婚，一次与哈达部长的女儿，而另一次则是与刚刚去世的叶赫部长的女儿。这些联姻是很重要的，因为这使努尔哈赤与扈伦女真建立了联系。1590 年，努尔哈赤率团向明朝纳贡，并获得一个低级职衔。这一朝贡之旅对于努尔哈赤意义重大。他窃取了五百件明朝朝贡特许品馈送给那些挑夫，而他的随从也获利丰厚。在汉人的影响力对于其他部落举足轻重的地方，这一低级职衔对于提升努尔哈赤在这一地区的威望大有帮助。

年轻的努尔哈赤崛起不久，就引起了其他部落首领的反对。叶赫部族长，努尔哈赤如今的姐夫，要求将一些土地割让给叶赫部。在努尔哈赤拒绝之后，叶赫、哈达和辉发部发动进攻，焚毁了他的一些村庄。1593 年，这些部落发动了一次更为长久的攻击，努尔哈赤成功地击败了他们，实力大为增强。

努尔哈赤的权力基础并不仅仅是军事意愿。他的领地，都城佛阿拉，控制了包括珍珠、毛皮、人参以及白银在内的珍贵资源。此外，他还在周邻地域抢夺战利品和俘虏，这些俘虏被带到更适合农业的地区进行生产。在这时期，努尔哈赤还引入了汉地的炼铁方法。这种经济发展以及努尔哈赤对明朝朝贡体系的日益垄断使得其他更为老资格的部落首领起来反对他。努尔哈赤日益增长的影响力引起了明廷的注意，明廷于 1595 年授予他高级头衔。在几年时间里,努尔哈赤感到有足够实力将主要女真部落置于他统治之下,他相继征服了哈达(1599—1601年)、辉发(1607年)以及乌拉部(1613年),只有叶赫部暂时不受他控制。

这种扩张表现为都城的变化,1603年他将都城迁到赫图阿拉,并重组了新建立的王国。铁匠加班加点制造武器,并建立了一座粮仓,使努尔哈赤获得更大的经济独立性。他继续执行掠取汉族人户的战略以扩大农业生产。为了提供资金,努尔哈赤并没有直接征税,而是沿用了旧的部落传统,每个村庄都支援十户家庭为政府进行生产活动。部落集团,不管是被征服的还是投降的,都依据血缘关系被纳入国家结构之中,他们被组织为"牛录",依当地的人口划分而定。早期的记载表明在努尔哈赤时期这些牛录平均只有150户,有的少至100户。因此,在地方层面上的变化是很小的,也很容易纳入既存的部落与军事单位之中。1614年有400个牛录,其中308个是女真-蒙古人的,76个是蒙古人的,16个是汉人的。①

努尔哈赤的主要创新是在上层组织机构方面,他创设了被组织为"旗"的跨部落军队。为了创设旗,牛录被合并为大约五十个集团以组成甲喇,五个甲喇组成一旗。八旗单位事实上成为女真政治军事组织的核心。牛录可能依旧在当地首领的领导之下,却从属于更大的帝国结构。八旗体系一旦兼并了部落集团,就取代了旧有的分类,并废除以前组织机构的家族性。从上述牛录的人数组成上看,最初的女真各旗是由有着众多族类构成的牛录所组成的,从未被女真所独占。这种独占性的缺乏有助于解释为何努尔哈赤可以轻易地增加新的盟友,而学者们所面临的困难是试图确定不同族群之间的特征,正是这些人在他的继承者领导之下形

---

① 陆西华:《满洲国家的崛起》(Li, *Rise of the Manchu State*, p. 29)。

塑了"满洲"国家。

在一开始，努尔哈赤和弟弟舒尔哈齐及长子褚英分享权力。在他们统治少数几个村庄时，这种共同掌权的形式没什么问题，但是在旧的女真部落被摧毁之后，努尔哈赤对他的高位变得更加警惕。舒尔哈齐在抱怨长兄专权之后于1611年被处死。两年之后，在与乌拉及叶赫部的战斗中，努尔哈赤将政事托付给褚英，但在他返回时听到褚英试图夺权的风声。努尔哈赤逮捕了褚英并在1615年将其处死。

努尔哈赤一直将直系亲属视为权力对手，这种对皇位争夺的恐惧鲜明地体现在1615年对满洲国家的首次重大重组中。这以努尔哈赤取得汗的头衔并自称为新的金朝的唯一统治者为开端。这使他成为国家的领袖，对于他之前所自认的部落首领来说是一次重大突破。与此同时，他将旗的数量翻了一番，达到了八个。

1601年，在他开始征服行动之初，努尔哈赤建立了四个旗（黄、红、白、蓝），并任命他的儿子代善、莽古尔泰、皇太极以及侄子阿敏统领。1615年，努尔哈赤创建四个新的"镶"旗，并任命他的其他四子统领，从而削弱了正四旗旗主的权力。那些最初的旗主因此被称作大贝勒，而镶旗的旗主则是小贝勒。这一扩张在政府上层造成了紧张局面，因为旗主将军队视为自己的财产。因此，为了剥夺贝勒作为一个集团的权力，努尔哈赤选取没有血缘关系的五名早期支持者作为他最贴身的谋士。他们属于"昂邦"（amban，大臣）这一层级，并在之后通过联姻与努尔哈赤建立关系。这些超家族集团掌握着大权，权势甚至超过了身为旗主的努尔哈赤诸子。这些昂邦控制了接近努尔哈赤的机会，甚至可以将大贝勒挡在外边。这些人在各旗中也扮演着努尔哈赤代理人的角色。

从中原的视角来看，建立后金是努尔哈赤最重要的举动。在传统的中原意识当中，这是从明朝统治中独立出去的宣言，而且在

1615 年后，努尔哈赤对明朝而言变得强大很多，这是因为明朝无法再轻易地在女真内部找到盟友来反对他。然而，努尔哈赤选择蒙古汗王的举动表明他仍然坚定地植根于部落政治的世界中，并不将自己看成与明朝皇帝平起平坐的政权首领。

从女真的视角来看，这些关键事件是与其说是观念性的，不如说是结构性的。努尔哈赤摆脱了共同领导的传统，并迫使他的亲属们自甘于从属地位。他所采取的步骤虽小但意义重大。努尔哈赤及其继承者们在王朝的早期历史中面临着同样的问题：国家的领导者只有将那些更偏好维持部落独立性的弱小的联盟家族成员排除在外，方能将权力集中起来。

努尔哈赤的扩张带来经济方面的问题。他最初的权力基础仰赖丰富的自然资源，他通过与中原的贸易扩大了这一基础。获取战利品与人口的劫掠也增加了他的财富。这种获得资金的方式有两大局限性。首先，女真人所控制的赫图阿拉周边的农田以及其他村庄不久就得到了充分的开发。在所有的可利用土地都用于生产之后，再占有更多的人口就显得没多少价值了。其次，女真军事结构的主要部分是不具有生产能力的士兵与军官，他们所需要的是战争，而要维持和平却代价高昂。早在 1615 年，当贝勒们试图与蒙古人交战时，努尔哈赤推迟了这一行动，并声称："我们的粮食还无法自给自足。如果我们征服他们，我们拿什么给他们吃？"[1]

尽管在军事上咄咄逼人，女真有限的经济基础经常迫使他们发动攻势，目的仅仅是养活自己。叶赫部在 1618 年被最终征服，但并非其战略上有利可图，而是因为女真人迫切需要获得他们的食物。努尔哈赤不得不警告他的蒙古同盟者不准抢占任何食物作为战利品，因为这些对于努尔哈赤自己人安然过冬是必不可少的。他随后

---

[1] 陆西华：《满洲国家的崛起》(Li, *Rise of the Manchu State*, p. 34)。

要求蒙古人在今后的军事行动中自备粮食。年初的一次对明朝边境据点的攻击，也是由明朝政府的决定所导致的经济问题造成的，在 1618 年，明朝政府为回应女真的劫掠，切断了与女真的贸易活动。明朝拖欠了努尔哈赤的人参大笔金钱，使女真人陷入资金短缺之中。在明朝尚拒绝承认偷去的物资明显养肥了努尔哈赤的追随者之前，他不得不首次征服辽东地区抚顺城的周边地区并驻守中原地域，以弥补他的损失。

如今，这两次征服已经被看作满洲人扩张伟业的开端。事实上，这两次都是绝望之下的举动。有证据表明这是一种后来出现的军事行动中的类型，军事上强大的女真人之所以发动攻击，并非因为具有军事优势，而是因为他们严峻的经济需求。在大部分时期，满洲人的扩张在很大程度上是经济不稳定性的结果，而非严格的军事计划。

尽管边疆沿线的劫掠已经司空见惯了，但是女真对抚顺的进攻则是努尔哈赤与明朝之间的首次大冲突。明朝作为回应，在 1619 年派遣了一支八万至九万人的远征军攻击女真人。努尔哈赤在萨尔浒击溃了这支军队，这一失败也迫使辽东各城望风而降，因此到了 1621 年，在辽河以东的半岛所有地区都被女真人控制了。努尔哈赤首次控制了明朝的一个省份，不得不接受一项管理它的生疏任务。正是在这样的环境中，女真发展出了一种二元统治机构，这不是按计划来的，而是在试错的过程中产生的。最终的结构仿效了慕容鲜卑或契丹的机构模式，因为早期的东北王朝面对过相似的问题，他们在进入辽东地区时找到了相似的解决之道。

对辽东的征服并未在女真贵族中得到普遍赞同。在 1619 年之前，辽东是一个通过劫掠获取奴隶与战利品的边疆地带。而自从各旗被授权占有所获的所有战利品起，他们就希望找到一块方便的劫掠之地。尽管吞并辽东地区增加了女真国家的面积，但这块领地已无法再劫掠,税收也交给帝国政府而非各旗。第二种抱怨则指向努尔哈赤在辽东所采取的非部落化政府组织。在传统上,被征服的人户在各旗间分配,作为额外的牛录,为各旗增加人力并给每位贝勒一支更强大的军队。努尔哈赤破除了这一传统,他声称,由于辽东全都是汉人,这里的居民应该被视作国家的臣民,他们与部落八旗并没有关联,而汉人官员也将继续处理这些不同的管理事务。这对于贝勒们是一种双重打击。他们被剥夺了占有战利品以及获得人户的权力,而这是主要的财富来源。此外,汉人人户与领土都在努尔哈赤的控制之下。通过这些方式,女真国家创建了一种双重化的组织机构,在这种情况下,非女真人户要效忠于女真国家,而不是其部落基础的那一部分。

对新政策的公开反对在努尔哈赤将都城南迁,离开部落地域而进入汉人的辽河平原时变得表面化了。都城首先迁到萨尔浒,之后转到辽阳,努尔哈赤要求各旗重新驻扎。他的侄子阿敏,这位舒尔哈齐的儿子以及最爱惹是生非的贝勒,一开始就拒绝接受他被指派的地域,公开与努尔哈赤对抗。努尔哈赤的一些儿子与支持他们的昂邦(大臣)们图谋篡夺汗位并回归旧制。努尔哈赤发觉了蛛丝马迹,立即采取行动巩固他的权威。他处死了一些原来的谋士,削弱了贝勒的权力,并从他们那里夺回了之前指派给他们的一些汉人家户。八旗的经济独立性在1622年进一步被削弱,在那一年,努尔哈赤宣布,所有在劫掠中获得的战利品必须在全部八旗中平均分配,防止任何一旗获得过多的权力。为了确保落实,昂邦(大臣)受命监视个人物品的分配并造册登记。

努尔哈赤对待汉族人户的政策最初是对待女真人的做法。尽管汉人并不是八旗体制的一部分,但努尔哈赤需要他们的劳力以促进农业生产。他设法诱使农民从明朝统治的辽西地区进入女真地域,并向他们保证会有更好的生活:"假如你们回中原的话,你们的皇帝会对你们毫不理睬。假如你们去广宁的话，蒙古人就会将你们俘去。他们有粮食和衣物吗？假如你们向东到辽东来，我将给你们土地并善待你们。来辽东吧。"[1]这种简单的宣传战并未奏效，这既是因为辽东的条件并不怎么好，还因为中原的内乱并没有达到令这些汉人农民不得不走的程度。之前大规模逃归"野蛮"地域的统治者的情况只有当中原政府的权威完全崩溃时才会发生。在那段时间里，外族的边疆国家较那些飘忽不定的各路军阀提供了更为安全的环境并使其免于饥荒。明朝的国家状况还没有落到这样的危机局面。

努尔哈赤在最初辽东的统治时，曾期望辽东的汉人能被并入女真国家之中，就像女真人、蒙古人以及边疆的汉人在之前被吸纳进来一样。确实，在他与贝勒们的矛盾爆发之后，汉人对于努尔哈赤来说就成了一种平衡部落影响的有效手段。但是在矛盾爆发时，努尔哈赤命令边界附近的女真与汉人在同村中共处，这是汉人提出的一项计划，目的是避免被驱逐出去。当女真人和汉人受命一起在田地劳作时，女真人更多地将汉人视为农奴而非协同劳作者。辽东汉人马上被这种态度所激怒，在 1623 年粮食歉收之际，他们发动了反叛。尽管这次反叛迅速被镇压，但还是沉重打击了女真人，因为汉人采取了秘密毒杀他们女真邻居的策略。这些毒杀使努尔哈赤坚信他的同化政策是不起作用的。他因此采取了一种隔离政策，将女真人和汉人加以划分，建立起了分隔的女真村庄，并在城市中划出了女真区域。他在给八旗首领的一封信中勾勒出了新的政策，这一政策揭示了努尔哈赤的原初面貌，这种原初面貌被后来的晚清历史学家在汉文记载中重加修饰，试图不再将他看成清朝的创建者。

　　我国诸贝勒大臣，皆图个人畅快悠闲，我殊为尔等忧虑，当

---

[1] 陆西华：《满洲国家的崛起》(Li, *Rise of the Manchu State*, pp. 38–39)。

唾尔等之面耳。尔等不明审断之法也,何故将旁立授首之汉人,与我诸申等同看待? 倘我诸申犯罪,当问其功、论其劳,稍有口实,即可宽宥之。汉人乃生还之人,若不忠言效力,复为盗贼,怎可不灭其族,而杖释也? 至于由费阿拉与我等同来之汉人,亦一体审断之。尔等之审断,无从迂回,竟似牛骡一般矣。著诸贝勒召集尔等各该旗之贝勒大臣等,密阅此谕,勿使他人闻之,耀州之人扬言,待我兵去后,欲杀我之子女,各处之人鸩杀我诸申,尔等犹不知耶? [①]

管理女真人和汉人的满洲二元体系,起源于他们管理辽东地区时的经验。这一政策是在旧的部落模式的失败过程中逐渐成形的,用以管理汉人省份中的汉族人户。努尔哈赤已经成功地将边疆汉人像女真和蒙古小部落一样同化进他的王国之中,但是辽东的大量汉人以及反叛的威胁使他敏锐地意识到需要采取一种新政策。将女真人和汉人相互区分并不是出于种族上的动机,正如上面信件中所说的,在征服辽东之前,努尔哈赤就已经将边地的汉人家庭与女真人一视同仁了。但值得注意的是,它是一种少数民族征服者所制定的政治战略,所关注的是维持其对人数多得多的汉人的统治。

在新的统治之下,汉人与蒙古人禁止携带兵器,而女真人则必须携带。在城镇中为女真人专门设立分隔地域。那些认为理应统治汉人的汉官被降职了。最后的这项措施激怒了那些已经投降女真人的汉官,因为他们曾认为可以保持旧有的等级与职务。他们在当地汉人农户于 1623 年所发动的叛乱中仍然保持效忠,但是这些新规定使那些汉族官员在 1625 年也发动了反叛。这一反叛就像第一次一样被女真迅速镇压,随后从官府中开除了一些汉官。然而,这种清洗是温和的,因为女真人需要汉人在管理上的经验以及农业

---

① 陆西华:《1618—1636 年的满汉关系》(Li, "The Manchu-Chinese relationship," p. 19)。

与战争中的汉人劳力。当大量汉人参加 1625 年的反叛时，努尔哈赤警告他的将领们不准进行大规模屠杀。"若辽东民人叛逃，此乃犯罪也。何以杀之？应使其为兵，以汉制汉。此方于女真有益矣。"[1]女真人正在学习统治的艺术，但过程很缓慢。

早期的大清国

在一次对辽西的进攻失败之后，努尔哈赤于 1626 年去世了，在这次战斗中，明军使用火炮抗击女真人。努尔哈赤身后的这个边地小国在很大程度上依然混乱无序，困难重重。努尔哈赤自己已经是部落政治中的一个天才操盘手，他创建了八旗体系并在之后机智地集中权力以维护他的统治权。然而，他的世界观与其说是帝国性的，不如说是地方性的。甚至在自立为汗之后，努尔哈赤还是无法将女真部落的利益与女真国家的利益区别开来，除非是在他的个人权力受到威胁的时候。因此，他在组织被征服的汉人及维持八旗秩序方面收效甚微。尽管努尔哈赤在与对手过招时已经大权在握，但他还是深深植根于部落共同统治的观念之中，就他的意愿来说，他希望通过轮流领导的议事会确立一个协作化的联盟。具有讽刺意味的是，这种建议表现出努尔哈赤对曾经强烈反对过的东北部落统治方式的依恋。这就使他的继承者皇太极不得不找寻一种更有可能性的形式，并将其父的女真部落汗国转变为可以与中原相对抗的"满洲"国家。

努尔哈赤的去世开启了权力斗争的序幕，女真政治组织中的矛盾赤裸裸地展现了出来。努尔哈赤一生从未失去部落信仰。他试

---

[1] 陆西华：《满洲国家的崛起》(Li, *Rise of the Manchu State*, pp. 111-112)。

图拆解旧的部落单位并将之重组，进而控制女真部落。按照努尔哈赤的想法，他打算让政府在控制各旗的八贝勒会议的指导下运作。这些贝勒聚在一起共同议事并达成一致意见，每位贝勒轮流担任议政会领导。这种议政会自从1621年起就存在了，但由于努尔哈赤牢牢地掌握着权力，议政会也就显得不怎么重要了。将权力转移到部落议政会很受一些贝勒欢迎，因为这将使政府运作回归到旧的部落方式上去，并给每位贝勒更多的权力与独立性。这些人可能很乐意摆脱那些女真法规的限制，尽管这些法规是对他们地位的整体性保障，就像他们五年前在反对努尔哈赤占领辽东时曾经做过的那样。这种情况最直接的后果则是分割汗国领土，这样的话，每位旗主就能成为独立的统治者。

皇太极，这位大贝勒中最年幼者，反对这种权力的转移，而且他充分利用了贝勒之间的分歧，迅速获得了最高权力。按照皇太极的意愿，孝烈皇太后的三个儿子多尔衮、多铎以及阿济格，每人都获得一旗。大贝勒们担心一旦这些兄弟与他们的皇太后母亲联手，就会控制政局。这种恐惧在努尔哈赤指定多尔衮为继承人的谣传中被强化了。作为回应，大贝勒们迫使孝烈皇太后自杀，并只将旗分给了多尔衮和多铎。皇太极亲自统领了这一多出来的旗，因此他就控制了正黄和镶黄两旗。他随后争取（或者胁迫）了最年长的大贝勒，当时也是正红旗旗主的代善以及统领镶红旗的代善之子岳托的支持，推举他为汗。孝烈皇太后最年长的儿子阿济格因为没有获得一旗而被排除在领导权竞争之外，多铎和代善则因为太年轻而无法有效利用他们的旗。这就使皇太极的堂兄阿敏陷于孤立，他希望只有以自己统领的镶蓝旗的独立来换取接受皇太极为统治者。与父亲努尔哈赤不同的是，皇太极有着帝国统治的视野，他在拒绝阿敏脱离计划的一封信中明确地指出："若令其出居外藩，则两红、两白、正蓝等旗，亦宜出居于外，朕统率何人？何以为主乎？若从此言，是自弱其国也。"①皇太极被选为汗只是他创建真正帝国的第一步,在这种帝国中,部落完全处于从属地位。他的集权举动采用了三种政策:移除其他大贝勒,增加汉人官僚机构的数量与权威,降低各旗的独立性。

一旦大贝勒联手行动的话,他们就能将皇太极从皇位上赶下来。为了防止这种情况的发生,皇太极在1629年轮流化的议政会决策一结束,就迅速将大贝勒从他们旗中清除出去。第一个牺牲品是舒尔哈齐的儿子阿敏。阿敏甚至在努尔哈赤时期也经常是最不服管教的贝勒,作为贝勒,他在努尔哈赤儿子们中间很少得到支持。在1630年袭击中原的一次惨败之后,皇太极控制了阿敏所在的旗,从而成为满洲八旗中三旗的领袖。第二年,他转而对付同父异母弟莽古尔泰,将其逮捕并降职,两年后,莽古尔泰死于狱中。莽古尔泰死后被控谋反,他的家庭成员被逮捕并处决。最后一位大贝勒代善认为将来应该使皇太极高于众贝勒,因而得以独善其身。然而,就算是代善台吉也无法逃脱皇太极的清洗。他被指控不服从上级,但被赦免了。1636年皇太极正式称帝的时候,在部落贵族之中再也没有对他统治构成威胁的人了。

然而,皇太极除了清除对手,还改革了政府结构,以一劳永逸地削弱部落首领的政治影响力。为了实现这一点,他转而依靠一支效忠于新的满洲国家及其领袖的汉人官僚集团,而不是贝勒。这些汉人官僚集团只有为具有较少部落传统、更为集中化的官僚机构服务时才能大展鸿图,他们较其部落敌手能够更好地成为国家机器的一部分,更偏好帝国领袖大权独揽的统治模式。皇太极意识到汉人在对抗部落八旗官员时不但是一种重要的抗衡力量,还增强了政府与军事力量。第一个汉军八旗创建于1630年,第二个在1637年创建,

---

① 陆西华:《满洲国家的崛起》(Li, *Rise of the Manchu State*, p. 120)。

到 1639 年有四个，到 1642 年则达到八个。随着满洲人征服内蒙古，蒙古八旗也被组织起来。这对依旧属于各个贝勒的最初的满洲八旗的重要性有着巨大的影响。新的八旗直属于帝国政府，其领袖也缺少满洲八旗官员那样的独立性。因此，这些新建的八旗成为用来规制女真贝勒的工具。

1636 年建立清朝的诏告既表现了皇太极更大的雄心，也标示着政府的组织形式。一年前，皇太极正式宣布禁止使用"诸申"（女真，Jurchen）与"金"（朝）的名称。他觉得这两个名称会让人回想起部落民众与金朝的时代。新命名的"满洲"人的"大清"则有着更高的目标。这种转变的准备工作早在 1629 年随着汉式官僚体系的建立就开始了，在同一年，贝勒轮流主事被终止。新的汉式行政职务在 1631 年六部建立时确立起来。随着新王朝的建立，皇太极还建立了监察六部和贝勒的都察院。内三院也建立起来，用以管理文档、处理私人事务，并成为秘书机构。

所有这些行政上的变化以牺牲贝勒和其他女真首领利益为代价，使权力更直接地掌握在皇帝手中。满洲八旗的地位削弱了，在满洲国家中八旗是关键的支持者，此时却只是其中的一部分，不能再控制整个国家了。将汉人与满洲人区分开来的二元组织机构也被皇帝用来剥夺部落首领独立的财权，使他们依附于朝廷。

皇太极的汉人官僚提议将政治和经济权力集中到皇帝手中，从而削弱八旗的权力。在一项提议中，他们指出消除八旗独立性的核心对策：在边疆军事行动中所获取的战利品将不再在各旗间平分，应直接交给汗，并按其意愿加以分配。具有讽刺性的是，努尔哈赤最初坚持在满洲八旗间平分以防止任何一旗坐大，在一代人之后，皇太极转变了他的政策，让各旗更加依赖皇权，从而降低各旗的独立性。皇太极对汉人官员与汉式机构的仰赖表明这一举措相当有效，但满洲朝廷的很多汉化是否发生在这一时期颇值得怀疑。例如当时的汉文记载不时会涂上专制的色彩，这些记载通常会忽略部落领主的信息，正如一名大臣所说的："如此十羊九牧……臣谓不数年间，必将错乱不一，而不能料理也。"[1]

在很大程度上，皇太极的战争就是对努尔哈赤通过劫掠及俘获人户以支持满洲国家与军事力量的政策的一种回应。明朝在东北，尤其是在山海关这一咽喉地带的防御，是很稳固的。为了劫掠中原，满洲人需要蒙古人的协助，只有从他们那里借道才能成功组织起进攻。因此要想取得成功，对外关系就至关重要。皇太极所面临的问题是，可资利用的资源跟不上满洲军队与政府组织快速发展的需求。这些负担造成经常性的粮食短缺，必须从周邻的蒙古部落得到支持。东北地区在 1627—1628 年以及 1635—1636 年间遭受了饥荒。在努尔哈赤时代储备充足的白银变得越来越少，满洲统治机构成员也收取包衣以取代通常的俸禄。因此，满洲军事战略以及出击时机对于获取新资源来说是至关重要的，征服或吞并新领土的计划倒在其次。满洲国家的粮食短缺使皇太极在第二年发动了一场战役，他期望着明朝在清军进攻之下会土崩瓦解。

皇太极在获得权力之后的首次外交努力是为了获取钱财。1627 年，他准备与明朝达成一项和约，以获取金银回报，而一年前曾击败满洲人的明朝政府拒绝这一提议。明朝失去孤立无援的辽东之后，在东北的防御仍然十分坚固。与之前蒙古人的成功相比，满洲人无法突破明朝的边防线，这表明满洲军队还不是很强。在被中原王朝拒绝之后，皇太极开始入侵朝鲜。朝鲜国王同意为满洲人提供银两及衣物，使皇太极得以在当年年末发动对明朝边境的新进攻，但再次被击退。

---

[1] 陆西华：《1618—1636 年的满汉关系》(Li, "The Manchu-Chinese relationship," pp. 21 - 22)。

由于直接攻击明朝在辽西的防线徒然无功，皇太极于 1629 年得到蒙古盟友的支持，借道蒙古地域作为袭击中原的基地。这是首次经由蒙古地域发动的入侵，提升了蒙古的战略重要性。早在 1619 年，努尔哈赤就与内蒙古的五个喀尔喀部落订立条约，建立了一个反对明朝的联盟。十年之后，皇太极与喀喇沁蒙古人达成了类似的协定。[①] 这些协定之所以能达成，主要有两方面的原因：满洲人需要蒙古土地作为组织对中原劫掠的基地，而蒙古人是其扩张的一个威胁。蒙古人处于满洲人的侧翼，可以直接对其发动袭击，或者通过拒绝为满洲人提供马匹和运输路线而协助汉人。让满洲人感到幸运的是，蒙古人处于分裂之中，而明朝过于保守，从而无法操控部落政治。

当林丹汗（1604—1636 年在位）在 17 世纪 20 年代开始试图将所有蒙古部落统一在他的麾下时，汉蒙联盟确实成为一种现实威胁。林丹汗是察哈尔蒙古部的首领、土蛮大汗的孙子，是蒙古最高级的黄金家族的代表。然而，从俺答汗时代开始，汗王就丧失了权威。林丹汗试图通过武力建立一个新的草原帝国而踵续其祖先的权威。这使他与大部分蒙古部落首领为敌，因为这些人因其政治地位而从明朝朝贡体系中获得了满意的回报。察哈尔部是唯一拒绝参加朝贡体系的蒙古大部落，也没有要维持这种朝贡体系的既得利益。其他草原首领将察哈尔部视作对其地位的威胁，他们积极反抗任何实现蒙古统一的活动，一些部落遂与满洲人联合起来反对林丹汗。

尽管察哈尔部与中原敌对，但明朝意识到，与林丹汗建立友好关系可以使之成为对抗满洲人的对手。辽东于 1618 年陷落之后，

---

① 法夸尔：《满洲人蒙古政策的起源》(Farquhar, "The origins of the Manchus' Mongolian Policy")。

明朝实际上结束了与林丹汗的联合。这种与草原游牧力量的联合曾帮助汉朝和唐朝镇压反叛,并抵御来自边疆的威胁,但是明朝未能真正支援林丹汗。例如,在 1621 年,老臣王象乾建议明朝每年花费一百万两奉供,在山海关外扶持起一个蒙古国家以作缓冲,但这一政策被明朝试图重新征服这一地区的意愿所拒(虽然明朝确实一直给察哈尔部奉供)。林丹汗靠着从中原得来的奉供维持自己的权威,当他与明朝在 1628 年决裂后,察哈尔部停止了在草原上的战争,并重新开始劫掠中原。在一年之内,林丹汗失去了对草原的控制,因此到 1629 年,满洲人就借道蒙古地域,并将这块地区作为在土默特部及喀喇沁部支援下对中原进行大规模劫掠的基地。明朝短视的边疆政策将吸纳满洲人的最后一点能力也抛弃了。

满洲人利用蒙古人之间的分裂组织起反对察哈尔部的同盟。1632 年,他们偶然间发现了察哈尔部,一路追击,迫使林丹汗带着部众西逃。两年后,满洲人再次向察哈尔部发动进攻,将其击败。林丹汗于次年(1635 年)死于天花,在他死后,满洲人在漠南最后的对手也土崩瓦解了。从东北一直到甘肃的边界沿线的所有蒙古人都被并入八旗体制之中。满洲人西侧已经没有反对力量了,而皇太极也登基称帝,满洲人得以将矛头转向明朝,并在边界到处侵袭。

蒙古的统一对满洲人的计划来说总是具有潜在决定性的。一旦某位蒙古首领建立一支有组织的军队的话,满洲人随后就会在西面和南面被包抄,并受到侵袭,甚至会使满洲国家瓦解,因为他们没有地方可以劫掠。因此,皇太极的蒙古政策跟他与明朝的关系同样重要。这可以部分地解释满洲人为何会资源紧张并需要劫掠。满洲人的领地或许可以支持当地民众,但无法满足蒙古同盟者的需要。与此类似,从中原获得的战利品以及从朝鲜得到的白银需要用来支付获得蒙古联合的巨额馈礼。满洲人之所以承受这一负担,一方面是要阻止蒙古在林丹汗领导下统一,另一方面也是防止明朝将消极的朝贡协定转变成一个反对他们的联盟。满洲人甚至不惜牺牲族众,也要支援蒙古人。粮食尽管经常短缺,但还是爽快地被供应给了那些向满洲人提供马匹并有条件地同意停止与中原贸易的蒙古部落盟友。在皇太极与蒙古人结盟后不久签发的一份文件中抱怨道:"今(1633年)满官已将谷粮尽数售出,以购马匹。故一无物可食,众人皆受饥数年之久。"①

蒙古的并入为满洲人提供了更强大的军事力量,并使其获得上佳的战略位置,但仍然无法突破明朝在山海关的重点防御。几乎年年而来的对中原的劫掠变得习以为常,但目的是获取战利品而非征服。1638年朝鲜再次遭到满洲人的入侵,他们被迫提高纳贡的数额并为东北提供粮食。将北部尚未开化的以及没有什么组织的东北森林部落纳入控制之下,这些全都付诸实施了。与其他虎狼之国一样,清朝的战略是确保其自身的强势,并设法利用中原的政治混乱局面。1644年,在皇太极去世一年之后,随着明朝的突然灭亡及其边疆防御的随之崩溃,满洲人的机会到来了。

关键名称表

草原边疆地区的主要部落

东蒙古

漠北与漠南的蒙古部落

黄金家族后裔

察哈尔部和土默特部是其中的主要部落

卫拉特(西蒙古)(明时称瓦剌——译者注)

阿尔泰山和天山地区的蒙古部落

---

① 陆西华:《满洲国家的崛起》(Li, *Rise of the Manchu State*, pp. 171 - 172)。

非黄金家族后裔

兀良哈

中原东北边疆沿线的游牧部落

由朵颜、福余及泰宁三卫组成

女真

东北地区北部的森林部落

17世纪初在努尔哈赤领导下统一

关键性的部落人物

俺答汗

任土默特首领长达四十年（1507—1582年）

达延汗之孙

与明廷建立起朝贡关系

阿鲁台

明朝初期的东蒙古首领

1434年被卫拉特人所杀

达延汗

东蒙古首领（1488—1533年在位）

在蒙古地区重建黄金家族权威

也先

瓦剌（卫拉特）首领（1439—1455年在位）

统一了蒙古地区，俘虏了明朝皇帝

皇太极

努尔哈赤继承者(1626—1643 年在位)

对国家结构加以重组,并建立"大清"王朝

将女真名称改为满洲

林丹汗

察哈尔蒙古部首领(1604—1636 年在位)

蒙古地区黄金家族最近支系

在对抗满洲人的过程中未能统一蒙古

努尔哈赤

女真部落统一者(1559—1626 年)

清朝的初创者

中 原 王 朝

明朝(1368—1644)

关键性的中原人物

洪武皇帝

明朝第一位皇帝(1368—1398 年在位)

将蒙古人驱逐出了中原

永乐皇帝

明朝第二位皇帝(1402—1424 年在位)

赢得了对蒙古草原战役的胜利

将都城迁至北京

第七章 游牧帝国的尾声:清朝统一蒙古与准噶尔

满洲人对中原的征服

除了满洲人和蒙古人在边疆蠢蠢欲动,明朝还遇到了更多的问题。糟糕的官僚体制以及为了支持政府改革而不断增加的税收榨干了内部资源,所导致的最严重后果就是农民起义,这些起义在17世纪20年代的灾荒后于西北接连爆发。明朝为抗击起义军而采取诸多军事行动,这些战事对当地经济造成了与先前自然灾害一样的破坏。西北地区成为起义军行动的源头,在这一地区,官军可以控制局势,但无法根除动乱之源。李自成这位独眼龙成为其中最有力量的起义军首领之一。他于1641年在湖南建立基地之后,队伍迅速壮大起来,并在次年占领古都开封,从而获得巨大的胜利。他的策略虽然血腥,却富有效率:他挖开黄河大堤以水淹城市守军,杀死数十万民众,并使这一地区赤地千里。他率军从此地开始北征,相继降伏或占领了对于京师防御而言至关重要的战略地域。部署在边疆地区的城堡与边防部队没法用来对抗从南而来的起义军。明朝皇帝意识到京师不久之后就将沦陷,见明朝大势已去,他被迫自杀。李自成进入北京城,成为新成立的大顺王朝的统治者。①

李自成的统治是很短暂的。大顺王朝的管理机构很少由李自成的谋士以及军官之外的人组成,这些人中没人曾负责过快速军事行动中的后勤管理问题。起义军漫无军纪,在数周安宁之后开始抢劫并杀害城市平民。李自成还面对吴三桂领导下的山海关明朝边防守军的威胁。在京师陷落之前,吴三桂无法派军及时驰援,但他的军队依然完整。李自成试图通过大笔贿赂并在随后威胁吴三桂全家人身安全的方式使其速降。但这些办法都没有奏效,大顺军于是就准备突袭吴三桂的军队。吴三桂随后迅速与清军接触,投降了他们,并换取了清朝王爵。满洲军队迅速入关并在吴三桂与李自成军鏖战之时及时增援。大顺军被击溃,李自成被迫放弃北京城。满洲人于 1644 年六月一日进入北京城,并再行登基大典。纪律严明的清军恢复了城市的秩序。一些汉人军队被重新组织起来,并在八旗军的协助下以新王朝的名义去征服中国的剩余部分地域。尽管明朝的一些皇族在南方称君立国,清军还是进展神速,到 1652 年,除了中国最南部的地区,几乎全都在清朝的控制之下了。到 1660 年,中国的所有地域都被他们控制,明朝反抗者所控制的只有台湾岛,但南方很大一部分地区控制在像吴三桂那样的汉人叛臣手中,处于割据状态。

满洲人对中国的征服代表了一种敲诈战略,并表明其实力更多地体现在组织能力方面,而不是在军事上。在皇太极统治时期,满洲人进出中原如入无人之境,但他们没办法占领辽东之外的城市或者摧毁守卫京师的明军。与此相反,李自成征服了所有的内地省份,占据关键的城市与城堡,并在战场上轻易击败明军。正是他而

---

① 魏斐德:《1644 年的大顺政权》(Wakeman,"The Shun Interregnum of 1644")。

不是满洲人推翻了明朝。然而，就像位于中原的中央政府崩溃时乘势崛起的一些军阀一样，李自成只关注军事事务。当明朝覆亡之时，新建立的大顺政权的统治者无法恢复社会秩序，而这本应是政府最基本的任务。满洲人没有犯这一过错。努尔哈赤所发动的战争以及皇太极所实行的更为专门化的官僚结构将部落军事组织的利益纳入帝国中的方式，使满洲人形成了一种更为平衡化的组织结构。他们有纪律严明的军事组织，并建立起规模虽小但发展完备的官僚组织以接管汉地。在李自成以实际行动完成摧毁明朝这一艰巨任务之后，满洲人之所以能够取而代之，并不是因为他们有着更强的战斗能力，而是因为更有组织能力。与吴三桂的联合为他们提供了一支训练有素的汉人军队，如果没有这支军队，满洲人就无法占领京城。在首次大败之后，大顺军队及其领导层开始分崩离析。大顺军可以轻易地在大捷中乘胜前进，但在这次战败后一蹶不振。①

　　满洲人对北京的征服处于皇位继承问题产生之前不久，皇太极于 1643 年去世，他却没有指定继承人。满洲人没有自动继承的惯例，因此他们就陷入一种各自推举候选人的冲突之中。满洲的传统是推举最有能力的皇室成员继承帝位。按照这种传统，努尔哈赤已经规划了在他死后可以运作的一种内部组织机构。这并不是一个公开的辩论场所，而是各派推举其候选人时权力争斗的中心。

　　多尔衮（1612—1650 年）是最强有力的竞争者。他是努尔哈赤的十四子，性格强悍，也是一名强有力的军事首领。在之前的继位之争中，他和他的兄弟们（皇后乌拉纳喇氏之子）已经是皇太极巩固权力的牺牲品了，皇太极在位时期，多尔衮已经成为满洲国家中的主角之一。皇太极的长子豪格是另一名主要的竞争者。豪格声称他的父亲已经是统治者，而作为长子，皇位理应传给他。这里又出

---

① 参见希：《1644 年的吴三桂：重新评价》(Hsi, "Wu San-kuei in 1644: a reappraisal")。

现了之前很多东北和草原王朝曾出现过的问题——横向继承与直系继承的对立同样困扰着满洲贵族。不管是鲜卑、女真还是契丹人，都与突厥人一样，有着强烈的横向继承传统，也就是说，权力依次从长兄传到幼弟，直到一整代人都离世为止。努尔哈赤成年儿子的数量很多，使横向继承变得很有吸引力。当然，这一意图遭到了豪格支持者的反对，他们声称，按照惯例，继承权应属于最后那位统治者的儿子。这种想法受到汉族大臣的支持，因为他们意识到只有直系继承才是适当的。接受这一理由也就表明一种排他性的皇权，这种权力将会使皇太极及其后代较努尔哈赤其他儿子及其后代更具有优先权。因此，皇太极的去世，最关键的政治重要性在于，满洲人要为一个王朝确立统治秩序，在此之前他们还未曾建立过稳固的传统。

继位之争主要发生在满洲八旗之中。尽管皇太极将八旗组织纳入帝国政府统治之下，皇位的选举仍然是一种部落事务。在这种皇权更迭的空白期内，各旗变得非常重要，因为各旗都效忠于各自的首领。所有的皇位竞争者与其他重要的政治人物一样都控制着八旗。在极端情况下，支持某个竞争者的旗的数量决定了其夺取统治权的军事潜力。因此，选择皇太极继承者的会议在暗地里一度成为满洲人走向内战的一个前奏，而这时候，满洲人最需要的是团结。

这次会议从一开始就陷入僵局，因为多尔衮和豪格控制着大致相同的八旗数量。其他旗的首领们提出一个折中方案，即让皇太极五岁的儿子福临称帝，多尔衮任摄政王，济尔哈朗任辅政王。为了进一步安抚多尔衮，他分得了原先属于皇太极的第二旗。而在事实上，多尔衮也是满洲国家实际上的统帅。他个人控制着两旗，而皇帝也控制着两旗。豪格的集团也赢得了限制皇太极的子孙继承权的争斗的胜利，但是妥协方案使豪格没能获得皇位。满洲贵族们试图达成妥协，以避免内战，并利用中原的混乱局面开疆拓土、稳定政权。随着这些争端的暂时解决,多尔衮占领北京并将福临推上皇位,是为顺治皇帝。

随着对中国其他地方的征服战争的开始,多尔衮承袭了皇太极在满洲国家中所采取的集权化政策,即通过取悦部落首领并拓展汉地官僚体系的方式,清除剩余的同级统治者。多尔衮首先将矛头指向最弱小的八旗首领、辅政王济尔哈朗。与他的兄弟阿敏一样,济尔哈朗的血统跟其他贝勒相比是最疏远的,到 1644 年末,多尔衮将其降为辅政大臣并在之后的 1647 年将其免职。随着多尔衮的兄弟多铎的去世——多铎是他之前任命来取代济尔哈朗的,多尔衮成为唯一的摄政王,并直接控制第三旗。多尔衮于 1648 年逮捕豪格,就像与满洲皇帝对抗的大多数被圈禁的对手一样,豪格在一年之后不明不白地死了。虽然名义上不是皇帝,但多尔衮是实际上的统治者,他的权力也通过对北京附近征服土地的分配而明显地体现出来。他将最好的土地分给了自己的正白旗,这就意味着他忽略了皇帝亲自统领的两黄旗具有优先权的传统秩序。

与皇太极一样,多尔衮强化朝廷中的权力集中,不仅表现在对中原的统治方面,也体现在对各旗力量的平衡上。他沿用大部分明朝的组织机构,并在清朝官员的控制下任用一批旧朝的政府官员,其中大部分是汉军旗人,他们不仅在朝廷任职,也在各省任职。颇具讽刺意味的是,这一政策受到来自汉族官员和满洲旗人的攻击。汉人抗议满洲人垄断了真正的权力,而满洲旗人则抱怨多尔衮取悦汉人。

满洲旗人与清朝的利益从一开始就是对立的。满洲部落首领们需要的是短期收益,他们还反对所有那些削弱其自治权的政策,就算这些政策已经被证明对于帝国的发展是必需的。他们反对努尔哈赤对辽东的征服以及将都城南迁的举动,也抵制皇太极所创设的汉式官僚体制以及将非满洲八旗纳入清军之中的做法。包括努尔哈赤在内的每一位统治者都试图将帝国政府从部落压力中分隔出来，多尔衮对明朝机构与官员的采纳就是这些思路的进一步发展。部落贵族们将清政府看作拓展其在中国统治地域的工具。帝国的领导层没有采纳这一观念，并试图将满洲旗人转变成清朝的工具。这种区别意味着清朝政府将汉军旗人视作对其至关重要的忠诚官员。确实，对于在人口上占尽优势的汉人来说，这些汉军旗人实际上是旗人，只是名义上那么称呼而已。对于部落满洲人来说，这些汉军旗人从"真正"的部落满洲人手中抢夺了胜利果实。这正是清政府有意安排的。

清朝脱胎于满洲，着手破除由旗人把持权柄而使帝国权力受限的问题。他们所采取的措施就是增加汉族官员的数量以与满人的力量抗衡。攻陷北京之后对很多汉地组织机构的沿用也在某种程度上被视作清朝快速汉化的表现。朝廷中的很多争论集中在政府能够在多大程度上实现汉化，而不至于威胁满洲人的利益，这种争论中的坚定支持者考虑得更多的是权力而非外在形式。部落习惯受到那些老满洲贵族们的支持，而在新的统治格局中将会维护其重要性。汉地机构被用来维护帝国的独裁统治，这个方面是没法分享权力的，也使朝廷从部落满洲人的控制中解脱出来。朝廷的领导层始终要摆脱原有的部落传统，并想方设法成为一个专制王朝，既要统治中原地域，也要统治东北地区。

一旦清朝贵族们被迫去寻求各旗的支持的话，自治权与集权化的对立就在继承危机中鲜明地体现出来。然而，某位领袖一旦被拥立之后，就不可避免地会消除其前任已经停止实施的措施，每次都会削弱了各旗的权力。随着多尔衮于1650年突然去世，集权化的趋势已经是非常明显了。

多尔衮的去世开启了新一轮的权力争斗，因为他并没有指定继承人，他的集团也无法在失去他之后继续掌权。济尔哈朗一开始被任命为摄政王,但在 1653 年,他因为组织朋党支持顺治帝亲政而去职。顺治帝的亲政在清朝政治方面是一个重大的结构性转折。之前的满洲首领都是些饱经世事的人,不管是在部落事务还是在战事方面,可以合法地宣称他们是一步步打出来的。他们拥有他们的地位,出身与天分同样重要,这也符合满洲传统的要求,即每一代中最有天分的首领才能被选为统治者。顺治是第一位权力完全源于机制性继承的满洲统治者。作为在皇太极去世后以妥协候选人而被选出的统治者,顺治还只是个孩子,并没有表现出经验或者被证明有能力,而多尔衮则在皇位背后掌握着真正的权力。顺治帝开始亲政时,清朝抛弃了部落传统,而代以一种更为复杂的管理体制,在这种管理体制中,皇帝的独裁权力超越于几乎所有官员之上。征服者精英们所面对的是一位通过操纵其官僚和政府机构而掌握和维持权力的满洲皇帝。

在征服者精英的眼中,顺治的政策是彻底亲汉的。他礼遇汉人谋臣,欣赏其组织机构,并且使用宦官。这些行为表明他被汉化了,已经失去了其满洲之根。确实,顺治帝对于满洲过去诸如狩猎、骑射之类的习俗不感兴趣,他更偏爱宗教和安逸的宫廷生活。但是他追随其前任的足迹,试图迫使满洲征服者精英们取消其自治权,并使他们屈服于皇权。采用明朝行政体系与汉臣是实现这一结果的最简便方式。由于他利用皇权的长处进行统治,所以明朝政府的集权机构依旧存在。

顺治帝在政府中使用宫廷宦官就是一个例证。在占领北京之后,清朝继承了一大批曾服务于前朝的宦官。在明朝末年,这些宦官中的一些人通过为皇帝充当密探并提供私人服务而攫取了很大的权力和财富。满洲人(以及一些汉人)将明朝覆亡的原因部分归结于其暴虐无度。多尔衮在他掌权期间曾严格限制宫中宦官的遣用。顺治帝 1653 年亲政之后取消这一政策,创立一个称为十三衙门的私人机构，由大量宦官组成。这一机构在当初设计时，是为了使皇帝得以从八旗与常规的官僚机构中解脱出来，而顺治帝在死后因引入这套腐朽的明朝机构而饱受指责。尽管如此，这一机构清理了宫中的宦官，也成为清朝统治中的一个里程碑，因为它对于一位生长于深宫之中的统治者而言是非常有用的结构性策略。

顺治帝并没有忘记，要想运作一种二元化的组织机构，就不能单纯依靠汉人的支持。甚至当在朝廷中添设更多的汉式组织机构以集中权力的时候，他还是捍卫了满洲人的权利。当汉臣们于1656年抱怨严厉的逃人法被用来确保归还那些逃跑的家奴，并要求放松这些法律时，这位"亲汉"的皇帝严斥了他们。他声称汉人根本不懂满洲人的问题，给满洲人分派家奴也不是他们战时的责任。

> 因此我们除确立峻法之外别无选择。这对汉人来说造成了困难，但如果我们不严加处置的话，隐藏者将会更为放肆无礼，而逃亡者也会更多。到时谁会是我们的仆人？我们还怎么活？考虑过满洲人的难处了吗？前朝皇帝大都只统治汉人，而我既统治满人，也统治汉人，并必须使各方都适得其所。①

"堕落的汉法"(decadent Chinese ways)是那些部落满洲人的众口说辞，他们攻击任何剥夺他们自治权的集权化政策；在顺治帝于1661年去世之后，顺治朝的亲汉态度也被他的对手所夸大了。在鳌拜摄政的时期(1661—1669年)这种情况变得非常明显，八旗贵族们采取了铤而走险的行动去保护和强化他们在清政府中的角色，而这

———————————

① 凯思乐：《康熙及清统治的巩固：1611—1684》(Kessler, *K'ang-hsi and the Consolidation of Ch'ing Rule, 1661-1684*, p. 17)。

些是在回归传统满洲习俗的外表之下进行的。

顺治帝死后,皇太后及其满洲八旗支持者们公布了一份伪造的罪己诏,在其中,皇帝深刻检讨自己的政策对满洲利益造成了巨大的危害。他的一个七岁的儿子(当时的主要优势在于已经得过天花)被拥立为帝,即康熙皇帝。朝廷权力掌握在皇太后和四位满洲辅政大臣手中。在这些人中,鳌拜表现得最具野心与能力。他马上成为辅政大臣中的首要角色,并在不久之后成为实际上的独裁者,拥有类似于上代人中多尔衮所具有的地位。辅政大臣们代表了新一辈的满洲领导层。他们全都在征服中原的战斗中作为年轻指挥官崭露头角,但是他们并没有成为主要人物。尽管深涉八旗政治,但这些辅政大臣都不是皇室成员,正是满洲的这个阶层直接受到多尔衮和顺治的集权化政策的影响。在回归满洲旧制的伪装之下,鳌拜试图重建统治秩序,目的是为满洲八旗贵族提供一种统治中原时的永久性与垄断性的角色。①

辅政大臣所做的第一个改变是取消十三衙门,这是出于满洲体制中没有宦官地位的缘故。然而,辅政大臣们被迫承认皇帝确实需要一种私人机构,因此他们又重新回归到旧有的满洲行为方式之中,即利用包衣来打理皇家商贸活动。包衣当初是为贵族从事农业和家务活动的,但早在1638年,包衣的团体就已经发展壮大,并成为皇帝的助手,他们成了内务府的成员。辅政大臣们让这些人扮演皇帝私人机构的角色,因此也就取代了宦官,目的是希望包衣们能够在朝廷中保持一种满洲部落传统。

辅政大臣随后又对明朝官僚机构的功用大肆攻击。他们取消了汉人控制的机构,诸如内阁以及翰林院,而科举制度则成为一种

① 安熙龙《马背上之统治:鳌拜摄政时期的满洲政治统治(1661—1669)》(Oxnam, *Ruling from Horseback*)一书细致地研究了鳌拜辅政问题。

补充;重新设置了最初由皇太极创设的内三院,机构中满官充斥。(当然,在皇太极在位时期,他所创立的内三院被视作一种弱化八旗权力的方式,但是在一代人之后,皇太极的这一创新就被看成一种传统的满洲制度。)

辅政大臣还将相当多的权力转移到议政王大臣会议之中。此前,这一机构是满洲贵族们的会议,很早就衰落了,部分是因为中间充斥着效忠皇帝的非满洲人。在鳌拜的领导之下,这一机构清除了非满洲人,并重新获得掌控军务的关键角色,以保护满洲人在军事方面的垄断地位。与在内务府中使用包衣一样,议政王大臣会议也被设计成一个满洲贵族的永久性权力基地。为了增强蒙古同盟者的重要性,辅政大臣还重新引入理藩院,以强化其曾经在顺治朝失去的地位。

所有这些实践活动的目的是实现满洲价值的回归,将清朝从慢慢汉化的衰颓中拯救出来。实际上,它试图重新将满洲人的共治传统引入清朝政府之中。这一尝试失败了,这不仅是因为要想恢复久已死亡的传统已经太晚,还因为鳌拜为了还其他八旗首领的旧人情而滥用职权,进而使自己的形象毁于一旦。

二十多年前,在攻占北京之后,多尔衮对鳌拜所在的镶黄旗有所轻视,鳌拜一心想进行报复。在多尔衮将京师附近的土地分给满洲旗人时,他并没有一碗水端平,而是使自己的正白旗获得了较皇帝亲领的镶黄旗更好的地块。一旦获得了权力,鳌拜就要求交换土地,而不顾大臣认为这样会造成大麻烦的警告。土地的转换工作在 1667 年初进行,涉及大约六万名旗人以及为他们服务的更多数量的汉人。整个事情都排除了其他有势力的八旗首领,于是他们就暗中支持要求取消辅政大臣的反鳌拜集团。这种对权力的斤斤计较实际上削弱了满洲旗人在帝国中的权力。在满洲八旗贵族们支持政府的部族共治的理想时,实际上他们之间往往势同水火。因此，康熙帝就利用八旗之间的分裂而扫除了鳌拜所做的所有机构变动。

康熙帝在 1667 年八月激烈的土地交换的低潮中获得了个人统治权。尽管从辅政大臣的官方结束日期来看，鳌拜还继续拥有实权，能够任命其同盟者，以掌握政府中的职位。然而，在这个时期，皇帝获得了越来越多的权力，并在 1669 年公开逮捕鳌拜，他之后死于圈禁。鳌拜的同党被从官府中清除出去，一些人还丢了性命。康熙帝从政府要职中清除了大批满洲贵族，这些人在之后的继位之争中再也没有重新获得自治权，然而，八旗旗主的顽固使皇帝很难在部落政治中实现完全垄断，他们仍然是皇子们的家奴，而这些人在随之而来的 1723 年继位之争中起到了重要作用。只有到乾隆帝时期才最终切断了这种部落纽带，使所有旗人在人身上都依附于皇帝。

康熙帝继续进行集权化的努力，并开启了皇帝牢牢掌权的新阶段。他摧毁了八旗旗主的势力，尽管仍然保留着鳌拜为他们设置的一些机构。例如，内务府作为在皇帝掌控之下的附属机构仍然发挥着作用，但不再是朝廷中部族满洲势力的中心了，而成为使满人和汉人皆在皇帝控制之下的主要皇家机构。最关键的问题并不在于宦官或包衣等人员，而是其功能。包衣就像明朝时的太监一样与皇帝联系密切，但从未成为部落利益的代表者。康熙帝还恢复了被多尔衮所取消的内阁和其他明朝机构，这些都为皇帝的个人利益服务。鳌拜用来保障部落贵族在政府中权力的议政王大臣会议也将他的支持者清除了出去，变得只能处理少量无关紧要的事务。

康熙帝赢得了中央政府与八旗贵族之间长期争斗的胜利，这一胜利为清朝埋下另一种隐患。这就是华南强大汉人藩王的存在。这些人及其汉人军队对于清朝征服南方是至关重要的，使中国历史上第一次由一个来自东北的王朝控制了整个国家。作为回报，这些军阀被授予清朝高爵，并得以统治他们所在的南方省份。只要他们在名义上服从清朝皇帝的权威，就有权统率他们自己的军队、征税并处理当地政务。他们还可以从清朝国库中获取大量的奉供，甚至还经常与他们地域内的朝廷命官唱反调。①

最强大的汉人藩王是吴三桂，他以前是山海关总兵，曾协助满洲人占领北京。在 1659 年征服云南之后，吴三桂稳固了在那里的地位，并统治几乎整个西南地区。康熙帝试图通过拒绝这些人将其职位传给他们的继承者并将其移至并不关键地区的方式，解决这些藩王的问题。吴三桂拒绝交出权力，并于 1674 年反叛。他的行动也得到其他地方军阀的响应，史称三藩之乱。这一叛乱席卷了几乎整个华南地区，范围从东南沿海至四川，最北到达山西。满洲人自身的腐败威胁到清朝的稳定，这使他们在面对来自南方的反叛时更加手足无措。都城北京陷入一片恐慌之中。一些满洲人甚至建议放弃中原而退回到东北更安全的地方。从历史观念来看，这一情况与北宋在 11 世纪时的进攻非常类似，而当时东北的可汗只获得了中原的一个小小立足点，或者也可以与明朝在 14 世纪驱逐蒙元王朝相比。自从唐朝末年以来，南方就一直是中国人口与生产活动的中心，此时却落入反叛者手中。

康熙帝采取果断措施，稳定了京师的局势并组织起防御，稳固侧翼及其他关键地区，以防止叛军进入北方。最初他任用皇室成员领导下的满洲将领与八旗军队，但他们一败涂地，满洲无敌的神话被打破了，这使皇帝意识到他无法再仅仅依靠这些人维系王朝。康熙帝随后就转而依靠那些忠实于皇帝的汉人所组织和领导的绿营军。他们逐渐取得对叛军的优势并扭转战局。到 1677 年，叛军被

---

① 凯思乐：《康熙及清统治的巩固：1611—1684》(Kessler, *K'ang-hsi*, pp. 74 - 136)。

围困于群山绵延的西南地区,直到 1681 年吴三桂死后,清朝的平叛战争才取得最后的胜利。

八年之久战争的结束,最终使清朝在没有内部对手的情况下直接控制了整个中国地区。满洲军事领导层的失败以及绿营军的有效使用,也标志着清朝统治的稳固。不管是八旗首领还是汉人同盟者都无法脱离康熙帝的权威。在一败涂地之后,满洲旗人无法再宣称他们是帝国的军事支柱了。从此以后,满洲人只能通过支持王朝以获取皇室的青睐而保持职位。康熙帝也随心所欲地任用汉人担任军政职务,随后他将传统的汉人官僚制度融入满洲统治生活之中。这场战争也使康熙帝得到了一支身经百战的军队以及一部运作良好的战争机器。自从攻陷北京开始,清朝第一次将注意力转向内陆亚洲。

清朝的边疆政策

与其他外族王朝一样,满洲人在边疆政策方面也富有经验。清朝清楚草原部落秩序的弱点,对如何利用这种弱点很有一套。传统的东北战略是让蒙古地区的游牧力量保持一种政治混乱状态,从而使他们无法组织起来,无法对华北构成威胁。满洲人通过既让游牧力量处于分裂状态又使他们置于中原直接统治之下的方式,将这一政策发挥得淋漓尽致。这一成就在满洲人对付草原部落的能力之中是有其根基的,也在明朝之后草原不同寻常的政治结构中表露出来。

1571 年俺答汗与明朝之间签订的协议,通过向参加朝贡体系的王公提供资助的方式为草原带来了秩序。这些首领是黄金家族的后裔、达延汗的继承人,每人都统治着漠南的一小块区域。之前的中原王朝资助某位草原统治者,这些人垄断了这些资助的再分配。

在这种情况下，那些小部落首领就被迫在一个大的草原政治体系中扮演属下的角色。俺答汗并没有试图造成这种垄断，因此每一位王公都各自与明朝朝廷建立起联系，这有效地减弱了政治联合的可能性。每一位地方首领都努力捍卫其独立权，他们并不期望断绝与中原的直接联系，并反对在统一的草原帝国中处于从属地位。明朝在执行这一体系时采取的是积极策略，并拒绝与那些制造麻烦的蒙古人建立朝贡关系。

清朝对蒙古人的政策更为精明。他们通过提供与明朝相同的奉供以及购买蒙古马匹的方式，使部落贵族脱离明朝。满洲人还通过联姻维系了蒙古与满洲贵族之间的关系，而这些情况明朝都未曾考虑过。最后，满洲人还是那些反对林丹汗扩张计划的蒙古王公们的保护者，而当初林丹汗曾想消灭这些王公。通过与满洲人结盟，黄金家族成员们保持了其地位，并且阻止了沿着中原边界形成一个统一游牧国家。这些政策的顶峰是漠南蒙古部落于 1634 年并入满洲国家。

清政府通过将漠南蒙古部落纳入八旗体制中的方式重组这些部落。盟旗按照传统的部落世系加以组织，大体上使旧有的部落变成新的盟旗。原来的蒙古首领们获得了清廷的封爵以继续领导其民众，他们也被限定在专门的地域范围之内。部落民众以五十户为单位被分摊至这些地区。这一政策重申了对黄金家族成员特权的保护，他们在满洲统治下继续享有权力。与此同时，它通过将蒙古人分化为众多细小单位并禁止这些成员另寻新的领导者的方式，对原有体制进行重组，还规定了巨额罚金，以惩罚那些允许其属民脱离或接受这些人的任何首领。1662 年，这些规定被进一步严格化，将离开旗地狩猎都定为犯罪。到 1670 年，在内蒙古共有四十九旗，每个都由大致二十三个牛录构成。盟旗与牛录的首领都完全依附于清朝以维生。清廷可以罚没、替换甚至惩处部分蒙古八旗官员，进一步削弱了当地部落民众与其首领之间的联系。贵族通过与清廷联姻或者其他联合的方式与清廷建立起关系,这也使蒙古首领们乐意将自己视为更广义的清朝贵族的一部分。通过强化对那些保守且没有野心的贵族的统治,满洲人遏制了这一敌对政治力量的发展。除了一位喀尔喀首领,漠南蒙古在三藩之乱期间坚定地效忠于清朝。①

盟旗体系使清朝稍加干预就控制了漠南蒙古,然而,他们意识到这种过分的分散化使其难以利用蒙古人的军事力量。因此,当华南于1674年陷于反叛时,清朝将蒙古四十九旗重组为六个盟。这些盟使得军事行动更容易组织起来,因为每一盟都有义务使军队处于战备状态。由于清朝稳固地控制着盟的首领,他们就无法成为独立的政治力量。清朝从这种体系中获取了最大程度的利益,因为八旗的分散化削弱了漠南蒙古的力量,与此同时,清朝又通过盟的组织为王朝提供军事保护。

满洲人在占领北京之前曾花了整整十年时间统一漠南蒙古,而漠北蒙古仍然在清朝控制范围之外。众多喀尔喀汗王彼此内斗,这样就不会对清朝造成威胁,漠北蒙古也由于其弱势而不被关注。清朝将这一区域视为至关重要的北部防御地区,而王朝的边疆政策也围绕着保护清朝影响范围之内的喀尔喀人的安全而建立起来。

18世纪断断续续进行的一系列战争对清朝统治造成了四大威胁,也使清朝为了边疆安全而控制了内陆亚洲的大片地域。

　　1. 喀尔喀内部持续不断的争斗使他们容易遭受内部冲突与外来颠覆。

　　2. 俄国向西伯利亚和中国东北地区的扩张给蒙古边界施

① 法夸尔:《清代对蒙古的治理》(Farquhar,"The Ch'ing administration of Mongolia")。

加了新的压力。

3. 藏传佛教通过遍布蒙古地区的寺院与僧侣提供了一种可供选择的政治结构以及其他忠诚的蒙古人的反抗场所。

4. 与蒙古地区接壤的准噶尔部落是对喀尔喀人的直接军事威胁。他们有力量也正打算将漠北蒙古并入一个新的草原帝国，这将会威胁到清朝对漠南蒙古的控制，并使中原的边疆处于危险境地。

这四种威胁都跟清朝与准噶尔在内陆亚洲争夺统治权的长期争斗有关，这场争斗一直到 1755 年方才结束。由于中国与俄国成为在亚洲核心地带的两个排他性力量，众多的关注点都被投注到两者最初的冲突与协议之中，准噶尔人留给人的印象就只是在大关系之下的一个小小刺激因素而已。然而，从内陆亚洲边疆的角度来看，准噶尔是清朝的一个主要对手。清朝在内陆亚洲的扩张以及对俄国的政策很大程度上取决于对抗准噶尔威胁的必要性。只是在击败这个最后的草原帝国之后，内陆亚洲的政治才转变为纯粹的中俄事务。

准噶尔——最后的草原帝国

随着也先在 15 世纪中期死去，卫拉特人在中国边疆史中消失了很长一段时间，在这段时间里，东蒙古人成为漠南蒙古的统治力量。然而，也先的失败并未导致这一地区之外的厄鲁特联盟的迅速瓦解。卫拉特人继续占据着漠北，也先的儿子通过攻击在西部的哈萨克人将战略上至关重要的伊犁河谷控制在卫拉特手中，从而部分弥补了联盟的损失。卫拉特人正是从这里控制了西域地区的绿洲城市以及这一地区的贸易活动。这个更为偏远却相当稳固的帝国维系了大致一个世纪，一直统治着漠北直到在东蒙古人那里遭到一连串失败为止,他们在 1552 年将哈拉和林拱手让给俺答汗,迫使一部分卫拉特人撤退至他们先前的故土塔城地区。部落的撤退行动导致了联盟的解体及其重组。

阿尔泰山西部的草原一直以来就是次要的游牧帝国的中心。它曾经是在匈奴时期的月氏以及乌孙的故土,也是西突厥可汗的根据地,而在之后则是喀喇契丹的家园。在蒙古时期,这里是反抗元朝在草原上的统治的反叛力量的中心。阿尔泰山以西的游牧国家从西域地区的驼队贸易中获益不少,还利用了南部绿洲小城的资源。尽管很少会像沿中原边界的游牧民所建立的国家那样富有和强大,这些游牧国家还是设法获得资源以保持稳定。一旦向西扩展,这些游牧国家就算获得了巨大的军事胜利,也很少会将其统治扩展到中原边界。这里有两方面的困难。首先,漠南和漠北的游牧民要求与其西部的同族人统一起来,并且经常寻求中原的支援以反对这些游牧国家。其次,来自西部的一位首领离他的故土过于遥远,以致反叛者可以在他离开时组织起来反抗他。这些问题阻碍了西突厥人以及卫拉特人控制中原边疆地区的尝试。然而,与中原的距离也是一种防护:即使是以蒙古地区为基地的非常强大的游牧国家,也无法轻而易举地取消阿尔泰以西地区的自治或独立,因为统一的代价要远高于收益。

也先死后,四个主要部落绰罗斯、杜尔伯特、和硕特、土尔扈特组成了四卫拉特联盟。到了 16 世纪末,他们受到了来自周邻的强大压力。在西部,他们被夹在哈萨克部落和在影响力如日中天的谢巴尼·汗领导下的乌兹别克人之间。在东边,四卫拉特联盟与在俺答汗统治下的东蒙古人为邻,而俺答汗曾将他们从哈拉和林向西赶到科布多。喀尔喀人随后在 1619—1621 年间完全将他们从漠北驱赶了出去,科布多也成为俺答汗或金帐汗王的据点。结果就使杜尔伯特和土尔扈特从东北撤退到额尔齐斯河上游地区。这些行动引发了 1625 年卫拉特部落之间的战争并使其实力受到严重削弱。在将领地丢失给喀尔喀人的绰罗斯人的压力之下，土尔扈特于 1627—1628 年开始大迁徙，他们穿过哈萨克地区直到约 1632 年到达伏尔加河下游，在那里他们被称为卡尔梅克人。和硕特重新在东面安顿下来，控制青海和西藏东部地区。绰罗斯人控制塔城地区，并将杜尔伯特及其附属国都统一进新的准噶尔联盟中。换句话说，准噶尔是重新建立起来的西蒙古国家，绰罗斯、杜尔伯特和和硕特首领都是也先的后裔。①

直到巴图尔珲台吉在位时，准噶尔才成为内陆亚洲的一支主要力量。巴图尔的父亲哈喇忽剌已经在内战之后于 1625 年重组联盟。1634 年哈喇忽剌死后，巴图尔获得了权力，并开始扩张准噶尔的土地。他加强了与俄国人的联系，这些人是哈萨克人及其北部邻居的共同敌人。这一协定一达成，准噶尔就发动了攻击，并在 1635 年击败了喀尔喀，俘虏了包括哈萨克汗王之子杨吉尔在内的众多人员。1638 年，巴图尔援助和硕特部顾实汗进入西藏，在 1642 年结束了藏王的统治，并将达赖喇嘛推上政教首脑的位置。除了军事行动，巴图尔还通过联姻与工艺品交换获得了一些蒙古部落的协助，这在他们于叶密立河建立起一座名叫和布克赛尔（Kubakserai）的都城之后变得更加重要了。这种多方出击的努力得到了莫斯科在外交与商贸方面的支援。

早在 1616 年，准噶尔就开始与俄国人互派使节，在 1618 年，

① 以下关于准噶尔的部分参考古恒：《17 世纪和 18 世纪的中亚：卡尔梅克帝国抑或满洲帝国？》(Courant, *L'Asie centrale aux XVⅡe et XVⅢe siècles：Empire kalmouk ou empire mantchou？*)。本书大体基于汉文记载，新近的苏联研究成果中最完整的要数兹拉特金(Zlatkin)的《准噶尔汗国史》(*Istoriia Dzhungarskogo khanstva (1635 -1758)*)。卫拉特/准噶尔联盟的早期活动及部落构成的具体问题仍值得探讨，参见兹拉特金：《准噶尔汗国史》(Zlatkin, *Istoriia*, pp. 31 - 34，147 - 148)。

准噶尔与西北的一些部落签订了一项协议。准噶尔想要在与哈萨克以及喀尔喀的战斗中得到支持,而俄国人则希望在挺进西伯利亚时准噶尔能保护他们的两翼。等到准噶尔恢复他们的实力,这种关系就变得更为重要了。1635 年的条约是两者之间的第一个正式协定,为准噶尔带来了金匠和其他商人,以及给巴图尔的礼物。在准噶尔和俄国人之间仅有的大难题是他们都宣称拥有的某些边疆部落的地位问题。这些争端有时候还导致了武装冲突(准噶尔于 1649 年攻击了俄国领土),但是他们通常通过谈判加以解决。①

尽管西伯利亚对准噶尔来说价值不大,但从历史上来看,他们在那里建立起了强有力的商贸关系。直到 16 世纪,西伯利亚一直都被蒙古汗王所统治,他们以皮毛和其他森林物产的形式纳贡,而其中的很大一部分通过准噶尔的领地出口到南部。俄国人在西伯利亚的迅速扩张中废黜了这些汗王,并完全占有了收集到的毛皮贡物。尽管俄国人在征服西伯利亚的过程中遭到了少量抵抗,但他们在这一地域难以抵御来自游牧敌人的协同一致而持续性的攻击,因此与准噶尔签订一份协定以保持友好关系就显得尤为必要,这在 17 世纪俄国人已经表明无法征服附近的哈萨克或希瓦汗国之后尤其如此。在认识到准噶尔的利益之后,俄国人的扩张就有意避开适合游牧生活方式的高海拔草原地区。准噶尔对此并无多大异议,因为不管在西藏、东部绿洲,还是在中原边疆附近以及哈萨克草原之上,到处都有准噶尔的政治利益。

到 17 世纪 30 年代,地区力量的平衡开始倒向准噶尔一方,这是因为其周邻处于无序状态之中。明朝正处于崩溃的边缘并陷于内

---

① 巴德利:《俄国·蒙古·中国》(Baddeley, *Russia, Mongolia, and China*)。

部反叛之中。在漠南的大部分东蒙古人已经被满洲人兼并，喀尔喀
处于孤立状态，而准噶尔在西部的攻击使喀尔喀处于守势。准噶尔
与西藏的政治关系也通过维系蒙古世界的佛教僧侣网络而影响
各地。

1640 年在准噶尔举行的一次大会上创建了泛蒙古联盟，巴图尔
的帝国野心由此达到顶点。除了那些在清朝控制之下的蒙古人，所
有的部落都参加了，其中包括之前敌对的喀尔喀和远居他处的卡尔
梅克人。在这次会议上他们同意建立一个联合的蒙古联盟，这样就
能反抗外部力量的攻击并和平处理内部分歧。藏传佛教被定为蒙
古人的官方宗教，萨满信仰则被废止。尽管这一联合时间短暂，但
表明准噶尔已经成为内陆亚洲最关键的游牧力量。在远离中原边
界的情况下，准噶尔将会在为控制蒙古核心地域的战斗中与中原的
满洲新统治者一决高下。①

在 1653 年巴图尔死后，准噶尔进入一段政治纷争的时期。巴
图尔之子僧格继承汗位，但遭到两个同父异母兄弟车臣台吉和卓特
巴巴特尔的反对。他们与心怀不满的和硕特首领联合起来并在
1657 年爆发内战。在 1661 年反对他的和硕特集团被击败之后，僧
格暂时占据了上风。表面上看，僧格的主要问题是与西伯利亚的俄
国人以及科布多的阿勒坦汗王在从森林部落征收毛皮税方面发生
的争执。准噶尔通过于 1667 年征服阿勒坦汗王解决了这一问题，
并收复他们在半个世纪之前在漠北丧失的土地。僧格也在同一年
袭击了在克拉斯诺亚尔斯克定居的俄国人，夺回了先前俄国所宣称
拥有的对部落的收税权。

---

① 梁赞诺夫斯基：《蒙古法的基本原理》（Riazanovskii, *Fundamental Principles of Mongol Law*, pp. 46 - 52）。

图表8.1　准噶尔统治者世系表

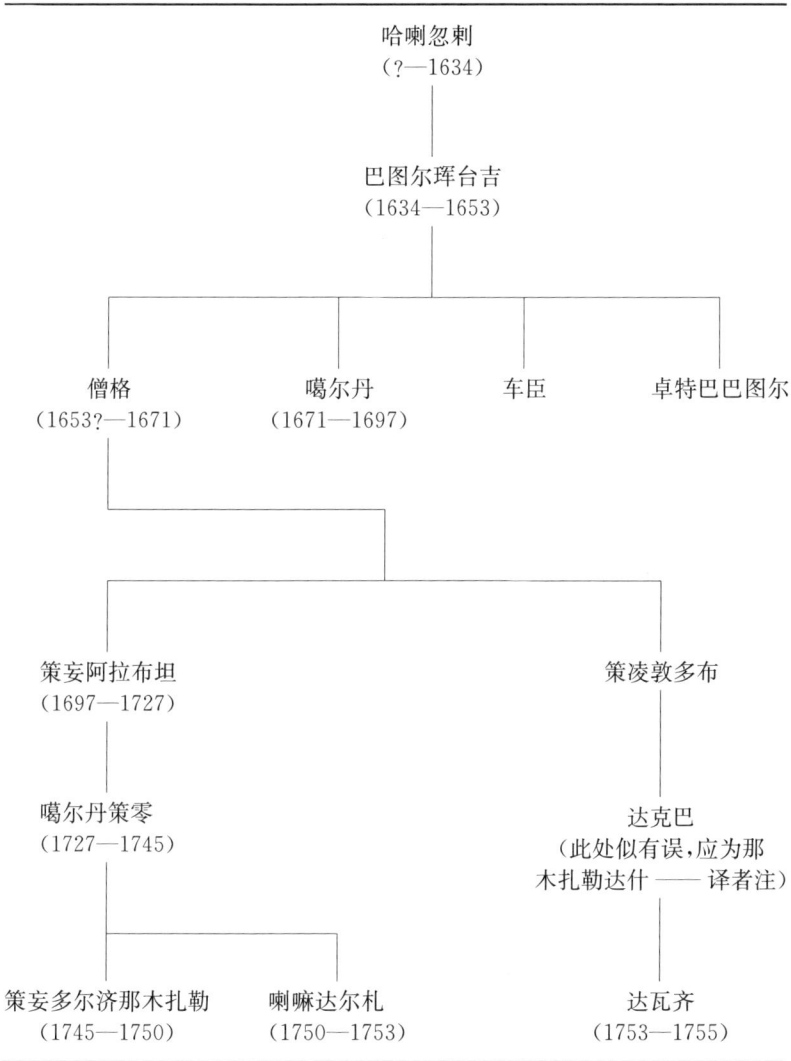

哈喇忽剌
（?—1634）

巴图尔珲台吉
（1634—1653）

僧格　　　　　噶尔丹　　　　车臣　　　卓特巴巴图尔
（1653?—1671）　（1671—1697）

策妄阿拉布坦　　　　　　　　　策凌敦多布
（1697—1727）

噶尔丹策零　　　　　　　　　　达克巴
（1727—1745）　　　　　　　（此处似有误,应为那
　　　　　　　　　　　　　　　木扎勒达什 ——译者注）

策妄多尔济那木扎勒　喇嘛达尔札　　　　达瓦齐
（1745—1750）　　（1750—1753）　　（1753—1755）

　　车臣台吉和卓特巴巴特尔在1671年暗杀僧格而试图获取权力,但是僧格的幼弟噶尔丹杀死了他们并自立为汗。噶尔丹之前曾被派往西藏为僧,在与两个同父异母兄弟的争斗中,他得到了达赖喇嘛的支持,同时也获得了和硕特军队的支持。局势稳定下来之

后,噶尔丹就转而对付他之前的和硕特盟友,并在 1676 年杀死他们的汗王,将和硕特在青海的领地直接置于他的控制之下。结果一些和硕特人逃到甘肃,而在当地,他们给清政府造成了无尽的麻烦,但这一时期的清朝已经深陷华南三藩之乱的泥潭而不能自拔。在击败和硕特后不久,噶尔丹就转而南下并吞并了穆斯林的绿洲城国。除了在伏尔加流域的土尔扈特部,他已经重塑了昔日的卫拉特联盟。

准噶尔对穆斯林绿洲城国的征服利用了这一地区的内部纷争。这一地区的各城邦处于察合台汗国后裔的统治之下,最有势力的政治人物是玛哈图木阿杂木(Makhdumzada)家族的两个敌对分支的首领,他们是纳加什邦迪(Nakhshbandi)苏菲的一支,被称作和卓(khojas),分别以喀什和叶尔羌为基地。1677 年,察合台汗王司马依(伊思玛业勒)转而反对他们,迫使喀什的阿帕克和卓逃亡外地。阿帕克和卓向噶尔丹求援,噶尔丹遂于 1679 年占领了附近的哈密和吐鲁番绿洲城国,并于 1680 年占据喀什。司马依被囚禁起来,这也是黄金家族在西域最后残余统治的终结,噶尔丹任命阿帕克和卓为驻喀什的受准噶尔保护的统治者,不久之后又将统治权拓展到叶尔羌。①

准噶尔对绿洲国家的间接统治的政策由来已久。从汉朝起,游牧力量就通过操控当地统治者以获取西域地区的资源。在某些情况下,这种控制是以游牧力量对孤立的绿洲国家的压倒性优势为基础的,这也有积极的一面。与中原的跨境贸易传统上使来自西域的商人们需要为他们的驼队商路提供保护,而一位强有力的最高领主的保护也是为了有效地与中原打交道。在噶尔丹将和卓当作工具

---

① 阿基穆什金:《西域与卫拉特》(Akimushkin, "Le Turkestan oriental et les Oirats");阿基穆什金:《楚拉斯史》(Akimushkin, *Shah-Mahmud ibn Mirza Fadil Churas*: *Khronika*, pp. 323 - 324)。

时，准噶尔继承了这一传统。他获得了征服的好处——税收、供给以及贸易，但不需要担负管理的责任。任命穆斯林为中介的方式也形成了在西域的穆斯林居民和北部草原信仰佛教的蒙古人之间的一个缓冲地带。

噶尔丹领导之下的准噶尔帝国的扩张并没有受到来自中原的反对，因为当时清朝正深陷于三藩之乱，处在与吴三桂的你死我活的争夺之中。然而，尽管喀什处于中原通常的利益范围之外，但准噶尔对哈密的征服活动还是威胁到甘肃的西部门户，而此地在之前曾是逃归噶尔丹的和硕特人的入侵之地。中原侧翼的一股新的草原力量的迅速崛起对于清朝来说是一个明显的威胁。这在历史记忆中会让满洲人回想起中原的金朝败亡于成吉思汗统一之下的蒙古部落手中的情景，当时金朝正忙于与宋朝的南部战争。

尽管噶尔丹的征服规模宏大，但他还是缺乏对蒙古核心地带的控制力，清政府在这一地区安全得多。由于清朝的军队和注意力几乎完全集中在南方，满洲人就无法对蒙古地区进行更严密的管理，也缺乏阻止反叛的军事力量。在察哈尔王子布尔尼于 1675 年反叛并向盛京进军时，满洲人被迫组织一支由伙夫和奴仆组成的军队进行抵抗。万幸的是，清朝的这支杂牌军击败了察哈尔叛军。[1]

六年之后（1681 年），噶尔丹提议与科尔沁（满洲人最早的同盟者）结盟，试图在东蒙古中间制造纷争。在给科尔沁部的一封信中，噶尔丹问道："我们要成为那些曾被我们发号施令的人的奴隶吗？帝国是我们祖先的遗产。"[2] 尽管科尔沁将这一消息告知康熙帝，但对清朝利益的威胁是显而易见的。噶尔丹通过操控他与拉萨的西藏宗教领袖的联系，也威胁到满洲人对蒙古地区的控制，原因在于

---

[1] 恒慕义：《清代名人传略》(Hummel, *Eminent Chinese of the Ch'ing Period*，I：305，II：784)。

[2] 古恒：《17 世纪和 18 世纪的中亚》(Courant, *L'Asie centrale*, p. 50)。

他对在清朝控制下信仰佛教的蒙古人施加了影响。通过军事或宗教、政治方式，准噶尔在东蒙古，尤其是北部的喀尔喀蒙古内部造成了混乱。

在噶尔丹时期，漠北被分为三个独立汗王的喀尔喀部所统治，分别是札萨克图汗、车臣汗以及土谢图汗（第四位是科布多的阿勒坦汗，他已被准噶尔重新征服）。除了这些部落地区，还有漠北最重要的宗教人物哲布尊丹巴呼图克图影响之下的佛教首领们。从1639年开始，这一职位就被一支公认的转世活佛所占据，他们得到了相当多的财富与人力。这些财富和权力形塑了一种与任何一位汗王相当的力量，只是他缺少一块专门的领地。

准噶尔、清朝以及俄罗斯帝国的扩张，使得喀尔喀汗王不得不投靠那些虎视眈眈的周邻。由于战略位置十分重要，喀尔喀遂成为控制内陆亚洲的争斗的中心，而清朝则试图消灭所有敌对力量。对满洲人来说，蒙古地区成了抵抗入侵的堡垒，为保卫华北边疆提供保护。准噶尔对这一地区的统治威胁了清朝的利益，因为准噶尔可以从那里入侵华北，并使漠南部落从清朝控制之下脱离出来。俄国人对这一地区的控制对于清朝来说也是不可接受的，尤其是在满洲人发现他们已经深入黑龙江流域之后。一个独立的漠北对于中原来说是可以接受的，但是那些汗王处于四分五裂的境地，以至于他们不大有能力抵御入侵。

札萨克图汗与土谢图汗之间的争端爆发之后，噶尔丹在蒙古问题上与清朝就针锋相对了。康熙帝试图通过在1686年组织一次部落内部的会议来解决这一争端，设想中的与会者包括噶尔丹和达赖喇嘛的代表。喀尔喀同意弥合彼此间的分歧，但是噶尔丹利用哲布尊丹巴呼图克图（土谢图汗的兄弟）没有遵守既有礼仪而冒犯了达赖喇嘛的代表这件事，说服处于弱势的札萨克图汗重启争端。1688年，噶尔丹派遣其兄弟以及少量准噶尔人援助札萨克图汗。作为回应,土谢图汗对札萨克图汗发动袭击,杀死了札萨克图汗以及噶尔丹的兄弟。这使准噶尔大为震怒,遂以三万军队入侵蒙古,迅速追击土谢图汗,土谢图汗只好带着哲布尊丹巴呼图克图逃归中原。准噶尔随后进击至克鲁伦河,俘获了大量的牲畜与其他物资,并迫使数以万计的喀尔喀人涌向满洲人统治的漠南地区,在这里,康熙帝为喀尔喀人提供了食物与资金。准噶尔此时在争夺控制蒙古的战斗中就直接与满洲人对抗了。

准噶尔进入蒙古地区除了给清朝造成军事威胁,也带来了外交问题。清朝害怕噶尔丹会让准噶尔和俄国结成军事同盟以对抗中原。满洲人在哥萨克人侵入黑龙江地区之际曾与莫斯科当局有过冲突。在 1685—1686 年间,当俄国人于阿尔巴津建立起一处堡垒时,双方爆发了公开战争,清朝两次将其焚毁。尚不清楚俄国人是否想向准噶尔提供军队,但俄国人确实提供了枪支弹药(或者是商人为之)。尽管满洲人已经证明他们在黑龙江地区对于俄国人在军事上占有优势,但清政府还是准备通过谈判签订协议,以预先阻止俄国和准噶尔结盟的可能性。清朝的谈判代表迅速行动以与俄国人取得谅解,双方于 1689 年签订了《尼布楚条约》。作为对中立保证的交换,满洲人允准俄国人有权在黑龙江边界争议地段进行贸易并定居。这一战略取得了成功,对于那时试图在来年组织起一个与沙皇的联盟的噶尔丹来说,他的提议落空了。①

康熙帝的另一个外交任务是取得藏传佛教领袖的支持,或至少使他们保持中立。"伟大的五世"达赖喇嘛在蒙古世界已经具有巨大的影响力,而康熙帝则希望获得他的支持以举行一次和平会议。会谈并没有进行下去,因为五世达赖去世了,而这一事实被他的第

---

① 曼考尔:《俄国和中国:1728 年前的外交关系》(Mancall, *Russia and China*, pp. 146 - 162)。

巴①掩盖了，他冒用其名义进行统治，声称达赖喇嘛正隐居修行。这位第巴不仅拒绝了康熙帝的请求，还成为噶尔丹的支持者，要求清朝皇帝接受准噶尔的要求。在康熙帝挫败噶尔丹与俄国结盟的计划之后，噶尔丹取得了（至少是在名义上）信仰佛教的蒙古世界中最重要的宗教人物的支持。

康熙帝最后的外交重点是将喀尔喀置于清朝的直接控制之中。喀尔喀直到噶尔丹入侵时仍然保持在自己的领导之下。哲布尊丹巴呼图克图最初试图寻求俄国人的支持以对抗准噶尔，但在最后，他还是追随其他喀尔喀首领们进入了清朝领地。由于准噶尔与喀尔喀之间的频繁战争以及噶尔丹入侵所造成的损失，未来建立准噶尔-喀尔喀联盟的机会已经不复存在了。然而，假如准噶尔巩固了他们对漠北的控制，并将之拓展至喀尔喀，这种态度也许会发生变化。考虑到喀尔喀各部的惨状，康熙帝决定接收他们为难民，并在1691年将其并入蒙古八旗体系之中。喀尔喀首领之所以同意这样做，很大程度上是因为他们惧怕噶尔丹。康熙帝亲赴多伦并正式接受他们的归附。喀尔喀按照现有人口并依据传统的部落划分习惯，被分为三十二旗。与内蒙古盟旗不同的是，喀尔喀中每旗只有一到两个牛录。喀尔喀部贵族，不管是大是小，都在清朝新的管理体制下受命领导旗和牛录，权位得以保全。②

这种外交重心表明了17世纪草原政治日渐增长的复杂性。在这之前，东北王朝所满足的只是使草原部落陷于混乱之中。西伯利亚的草原地域以及黑龙江在这种内部互动中从未起过关键作用，而西藏对蒙古也未有过如此大的影响。清朝的边疆政策已经超越了部落化的蒙古边界。为了处理西伯利亚问题，满洲人不得不面对一

---

① 指桑结嘉措。——译者注
② 法夸尔：《清代对蒙古的治理》（Farquhar, "The Ch'ing administration of Mongolia," pp. 71, 90）。

个完全超出其文化影响范围的遥远国度,而这个国家又拒绝接受中国传统的外交规则。清朝与俄国所达成的妥协是以被准噶尔侧翼包抄的威胁所迫的。与此类似,清朝卷入西藏政治一开始也是因为藏传佛教在蒙古地区扮演了重要的角色。佛教信仰所建立的是一种替代性的政治组织,它将各个部落与整个地域维系起来。宗教领袖可以通过与噶尔丹那样的部落首领联合而引起位于清朝边疆的宗教人士的共鸣,或者成为清朝严酷统治之下的蒙古人反叛行动的核心人物。与之前相比,清朝的边疆政策更加深入亚洲内陆之中,较元朝时期有过之而无不及。

清朝在蒙古地区的防御获得了来自准噶尔方面的最大支援,因为当时噶尔丹正面对他的侄子、僧格之子策妄阿拉布坦所领导的反叛。这次内战爆发于准噶尔实力如日中天之际,这正是其他一些游牧国家在继承权问题方面所出现的典型问题。噶尔丹已经部分地按照既定原则处理继承问题,即进行横向继承,从长兄到幼弟依次相袭。然而,准噶尔通常也采取父子间的直系继承,因此僧格的儿子们就受到了威胁。噶尔丹在 1688 年杀死僧格的长子,但死者的幼弟策妄阿拉布坦带着他的一小队人马逃走了。当噶尔丹在蒙古作战之际,策妄阿拉布坦在准噶尔地区取得了支持,并公开反抗他的叔叔。噶尔丹暂时停止了对漠北的入侵。他于 1689 年返回故乡对付他的侄子,但无法将策妄阿拉布坦铲除。对于这位伟大的蒙古征服者来说,这本来只是小事一桩,但噶尔丹没有去做,他在次年重新开始了他的战争。

噶尔丹在 1690 年的战斗中只遇到轻微的抵抗,他在克鲁伦河流域驻扎了一个夏天。他随后进抵漠南,并进一步逼至离北京八十里格①的地方,在那里,他与康熙帝的一个兄弟所统领的清军在乌兰

---

① 长度单位,1 里格约合 3 英里或 4.83 公里。——译者注

布通对峙。满洲人拥有火炮，胜算在握，但噶尔丹选取了一个有利的防御位置，并将军队隐蔽在毛毡驼阵之后，这就使满洲人的火炮不管用了（虽然不知道有多少骆驼逃过一劫）。清军统帅期望通过谈判实现停战，噶尔丹毫发无损地带着他的战利品安然撤退。康熙帝对他的军队踟蹰不前大为震怒，进而免去一大批官员的职务。

尽管在蒙古地区取得了胜利，噶尔丹发现自己在战略上还是陷入了困境。策妄阿拉布坦在准噶尔地区日益活跃，使噶尔丹陷入孤立状态，并失去一个稳固的根据地。从历史上看，与中原交战的游牧力量一旦出现这种内部无序状态，就将是致命的。与此同时，康熙帝成功地将喀尔喀纳入清帝国版图之中，阻止了噶尔丹所计划的与俄国人的联盟，康熙帝还亲率清军抗击准噶尔。噶尔丹向西撤退以便重建在准噶尔地区的力量。直到1694年，噶尔丹才再次进入蒙古地区，但这次进攻是不必要的，据称是因为他的领地遭受了饥荒。他再次提议与科尔沁部结盟，这样就可以从两侧夹击喀尔喀。科尔沁部将这一情况告诉康熙帝，康熙帝让科尔沁部同意准噶尔的提议，从而设了个骗局引噶尔丹来钻。

在弄清楚噶尔丹的计划之后，康熙帝组织了一支清朝远征军与准噶尔人交战。康熙帝对北部草原的态度反映出他的满洲特征。他随后批评汉人将领，称他们完全忽略了蒙古地区的状况，从而导致一些军队的失败。

> 只有亲身旅行穿越北部地区，你才能理解它的状况。当你开始行动，你必须仔细考虑交通和供给等细节。你不能马马虎虎地进行估计，像明朝的一些人所做的那样——甚至是现在，汉族官员还不甚明了这些。博霁和孙思克提督认为，1696年征讨噶尔丹的战争要是他们负责军队事务并为其他人提供给养的话，将会有更大的战果。第二年我从白塔向北

巡查时,看到了在行军途中饿死的士兵的遗体,我命令把他们埋在道旁。[1]

中原王朝的汉族军事指挥官很少会有对蒙古地区环境的亲身体验,因为边疆经验及游牧民族知识对文化而言是没有价值的。那些学识渊博的边疆官员所上报的关于游牧力量的深富眼光的奏章在朝廷中经常是被忽视的,这些官员也很少能够晋升到决策层。一旦大规模的战事组织起来,军队经常由那些在朝廷中八面玲珑的人物所统领,而不去管他们在领军时会不会问题百出。除了少数的几位皇帝,如唐太宗和永乐帝,汉人的统治者们将北部边境以外的地区看作蛮荒之地(*terra incognita*),这是东亚仅有的一块被汉族世界秩序观念一直排斥的地区。

外族的皇帝对于北部边疆民众了解得更多,部分原因是他们实在喜欢巡游这一地区。康熙帝非常喜欢草原行旅,并将之视作一种宫廷生活和京师礼仪的有意思的变换。

> 那时还在长城以外,空气和泥土的气息沁人心脾。群山树木葱茏,"浓郁茂密"。北行愈远,视野愈阔,人们可以一目千里,狭隘之情怀,顿觉豁然开朗。[2]

1696年春,康熙帝率清军迅速北上,与噶尔丹决战,清军可能还受到位于东边的策妄阿拉布坦的支援。噶尔丹对这次攻击毫无防备,情急之下,他率军逃脱一支清军的追击,但在昭莫多被另一支军队截获,噶尔丹的军队在此处被击溃,而幸存者中的一些人则投奔了策妄阿拉布坦。噶尔丹带着一小股追随者在阿尔泰地区四处游荡,逡巡无所。第二年,康熙帝又在那里四处追捕他。这次远征与

---

[1] 史景迁:《康熙:重构一位中国皇帝的内心世界》(Spence, *Emperor of China*, p. 13)。

[2] 史景迁:《康熙:重构一位中国皇帝的内心世界》(Spence, *Emperor of China*, p. 8)。

其说是一次战争，不如说是一次狩猎，最后噶尔丹自杀了。康熙帝利用他在这一地区的威仪，占领并控制了哈密。

噶尔丹的失败经常被视为准噶尔帝国的终结，实际上并非如此。康熙帝的成功尽管很大程度上归功于他的得力统率，如果没有孤立噶尔丹并将他的准噶尔军队夺取过来的策妄阿拉布坦的援助，清朝是无法取得决定性胜利的。在昭莫多之战后，策妄阿拉布坦的主导地位也使噶尔丹无法卷土重来。从准噶尔一方来说，策妄阿拉布坦操纵满洲人支援他与叔叔的内斗。准噶尔帝国仍然完整无缺，康熙帝并没有打算征服它。

在噶尔丹死后，策妄阿拉布坦成为准噶尔无可争议的领袖。在与满洲人齐心协力将其叔叔击败的过程中，策妄阿拉布坦采取一种类似于"内部边界战略"的政策，在草原内战中的弱势一方经常凭借这一策略寻找一个汉地同盟者以摧毁对手。总的说来，这些联盟只有当弱势一方靠近中原边境，而且正式归附中原以获取奉供、贸易和军事援助时才会形成。这种与中原的合作并不一定要真正归附，而且游牧力量也经常在内战结束之后终止这种联系。策妄阿拉布坦从未与中原正式结盟，而是像以前的游牧首领一样，使用中原的军队进行草原上的内战。他为获取胜利而付出的代价是将阿尔泰山以东的漠北地区拱手让给了清朝。

就算在康熙帝取得胜利之后，准噶尔对漠北的威胁仍然是令清朝始终不敢放松的问题，因为满洲人将这一领地视为自身防御的关键所在。满洲人令喀尔喀部在关键的边境卡伦上巡守，确保军队处于战备状态，并保持驿递系统的完备，以使边报可以迅速传至北京。采取这种防备措施并不是没有根据的，因为策妄阿拉布坦的目的跟噶尔丹很相似：创造出使喀尔喀部从清帝国分离出来的必要的战略条件，从而重新夺取漠北地区。

准噶尔与清朝在漠北地区的冲突还连带着对各自地位的争斗。

准噶尔试图获得一种非常强大的战略地位,以使蒙古地区不可避免地纳入其势力范围。入侵、战斗与政治都着眼于控制蒙古地区,但在蒙古地区很少有实质性的战事。发生在西藏、西域以及西伯利亚的事件在蒙古地区也有着相同的影响。清朝试图通过越过蒙古边界去阻止准噶尔获取这一地位的方式来应对这种威胁。策妄阿拉布坦和康熙帝就像两位棋界大师一样,更关注的是事件的潜在影响而非直接结果。

策妄阿拉布坦是将东西部前线一并加以考虑的。他在那里的对手是哈萨克部,这是一个在从贝加尔湖到里海以北的乌拉尔河之间广阔草原地带的游牧力量所建立的大联盟。在 16 世纪后期,哈萨克部就已经南下,并从更为定居化的乌兹别克人那里夺取塔什干和西域地区的城市。西域成为三大自治集团共同首领的哈萨克汗王的都城所在地。准噶尔与哈萨克部的冲突,长期以来集中于策妄阿拉布坦所希冀的对伊犁河谷的控制之上,而哈萨克部的都城就坐落在河谷。这种领土争端由于信仰佛教的准噶尔和信仰伊斯兰教的哈萨克之间的宗教差异而进一步加剧。

清朝击败噶尔丹对于哈萨克部来说无疑是好消息,哈萨克人用谋杀准噶尔使节并占领贸易商队的方式,表达对准噶尔的蔑视。在策妄阿拉布坦获得权力一年之后的 1698 年,作为报复,他大败哈萨克部。尽管准噶尔持续不断地在西部打击信仰伊斯兰教的哈萨克部,就像他们的卫拉特祖先在也先时期的所作所为一样,但准噶尔对在那个方向的扩张没什么兴趣。对于一个对中原虎视眈眈的游牧帝国而言,西域西部的扩张只是次要的目标。这个地方在征服后,总是分裂为独立单位,就像在突厥第一帝国或者成吉思汗死后的情况那样。从传统上看,汉人所主导的帝国很少拓展至天山或帕米尔山脉以西。只有当哈萨克部激怒他们时,或者当中原边界处于僵持状态时,准噶尔才在西部发起战事。

随着与哈萨克战事的推进,策妄阿拉布坦与周邻仍然维持着大体上的和平局面。他并未用军队强力介入蒙古内斗之中,而将目标转向增强准噶尔的政治与经济力量之上。按照中原方面的报告,策妄阿拉布坦统治着超过二十万落,或者大约六十万的民众。[①] 准噶尔所处的中心地理位置使其可以从与印度、中原、西藏以及俄国的商队贸易中获益。使用这些路线的大多数贸易商人并不是准噶尔人,而是被俄国人通常称为"布哈拉人"的来自绿洲城市的穆斯林突厥人,尽管他们并不完全来自布哈拉那座城市。准噶尔的权威对于这些商人来说是有利的。这一权威可以保护这些商人免受其他力量的欺凌,并使他们在与西伯利亚的贸易活动中降低税收,这些贸易活动包括皮毛、农奴以及食盐交易。受准噶尔保护的商人被征收5%的税,与之相比,俄国政府从他们自己的商人那里征收10%的税,而以准噶尔汗名义进行的贸易活动是免税的。准噶尔商人还将中原物资提供给俄国和其他国家。和平关系有力地促进了这类贸易活动的发展。通过对这种活动的控制,策妄阿拉布坦不必通过战争获取战利品的方式就可以增加财富。[②]

策妄阿拉布坦通过从南方绿洲那边移居人口的方式,增加了草原上的农业与工匠人口,此外还对在准噶尔控制之下的城邦征税。依附于准噶尔移民的工匠既生产服装,也制造铁器,而伊犁河谷的草原则用于农业生产。俄国使者对所见的成片麦田、黍地、稻田以及大片的各色水果印象深刻。此类发展所遇到的障碍更多的是政治性的而非生态学上的。在农业方面的投入对于游牧劫掠来说并不可靠,因为一旦被破坏,就不容易恢复过来。然而,一旦某个强大的中央权威控制了这一地区,农业就会繁盛起来。准噶尔人还增强

① 古恒:《17世纪和18世纪的中亚》(Courant, *L'Asie centrale*)。
② 曼考尔:《俄国和中国》(Mancall, *Russia and China*, p. 210)。

了他们生产铁器和服装的能力。

策妄阿拉布坦的反清战争是基于这样的前提之上的,即一位准噶尔的蒙古征服者只有在与当地蒙古部落联合或者至少使蒙古部落保持中立的情况下才能维持与满洲人的对峙局面。这是因为满洲人很大程度上依赖蒙古军队保卫其内陆亚洲边界,蒙古人为清朝提供了在广袤而空旷的草原有效作战所需的骑兵队伍。清廷意识到这种威胁,通过八旗体系对蒙古事务进行专门管理。对策妄阿拉布坦来说,他要想达到目的,就必须既在军事上有所作为,又采取一种政治上的攻势以获取在清朝统治之下各部落的支持,最可行的办法是通过渗透到蒙古世界的藏传佛教进行控制,从而获取他们的支持。

佛教作为西藏与蒙古世界之间纽带的政治重要性早在元朝时就显现出来了,但直到明朝末年这一宗教才开始在草原大面积铺开。从政治上看,这一过程中最突出的事件是 1578 年俺答汗的皈依。他是达赖喇嘛以及格鲁派(也称为黄教)教义的忠诚支持者,并帮助他们在与西藏其他佛教教派的争斗中一举胜出。格鲁派对他的支持加以报答,并且与蒙古人更紧密地维系起来,他们于 1601 年将俺答汗的曾孙认定为第四世达赖喇嘛。"伟大的五世"达赖喇嘛(1617—1682 年)在顾实汗领导和硕特部废黜了末代藏王之后于 1642 年成为最高政教首领,在他的领导之下,格鲁派的影响力达到了顶峰。世俗权力大多由一位手握大权的驻在拉萨的第巴行使。蒙古的财富源源不断地输入西藏,用于建造寺庙并资助教徒。佛教成为整个蒙古世界的垄断性信仰。藏文经卷被译成蒙文,各处都建立起了寺院,形成纵贯各部落的新的权力中心。西藏宗教领袖在蒙古政治中起到了关键性作用,就像蒙古的财富和军事力量在西藏所扮演的至关重要角色一样。

在噶尔丹统治时期,准噶尔人和满洲人都力图通过游说而取得达赖喇嘛的支持。噶尔丹最初赢得了这场竞争，因为他在拉萨有着与宗教当局更紧密的联系，但是在他死后，康熙帝转而将西藏置于一位亲中原的统治者领导之下。康熙帝支持和硕特部的拉藏汗（顾实汗的孙子）发动政变，拉藏汗于1705年掌握权力并废黜了第巴，使西藏在名义上建立起与清廷的联盟。拉藏汗在罢黜了六世达赖喇嘛并用一个据传是他儿子的人取而代之后，也卷入宗教政治纷争之中。由于达赖喇嘛被认为是其前世的转世，拉藏汗所安排的这种继承就被大多数西藏人视为非法。清廷命令将废黜的达赖喇嘛流放到中原，但是他在路上去世了。不久之后反叛就在西藏东部爆发，在那里，一名幼童被声称是圆寂的六世达赖喇嘛的真正转世与继承人。拉藏汗遂陷于两难之中，因为这个孩子最强有力的支持者就是青海的和硕特部。青海和硕特部公开反对他的统治，并于1714年将这个孩子转移至他们领地，以保护这位新认定的达赖喇嘛。满洲人介入进来，要求将这个孩子送到北京，但和硕特部拒绝这么做。由于担心反叛以及和硕特部入侵西藏的可能，康熙帝派军进入这一地区，但并没有发生战事，作为妥协，这个孩子被安置于满洲人保护下的塔尔寺中。①

　　这一系列复杂的事情使策妄阿拉布坦有机会扰乱清朝的边疆政策。通过利用拉藏汗所引起的西藏与蒙古人之间的分裂局面，他盘算着征服西藏并将年幼的七世达赖喇嘛推上拉萨的宝座，这将会使准噶尔得到来自青海和硕特部以及西藏僧徒的支持。一旦在西藏站稳脚跟之后，准噶尔就可以随心所欲地在两条战线上反抗清朝，一面向漠北大举进攻，一面操控佛寺对清朝施加影响。

　　在和硕特部内部的动荡越来越明显之际，策妄阿拉布坦开始了

---

① 伯戴克的《18世纪初的中原与西藏》(Petech, *China and Tibet in the Early 18th Century*)一书大体上涵盖了整个时期，参照了汉文与藏文资料。

他的密谋活动。1715年准噶尔对哈密的攻击就展现出这种态势。但准噶尔未能夺取城市,这是因为康熙帝顾忌和硕特反叛而将军队派到那边,使准噶尔无法得到支援。这次袭击的另一个目的也是估量满洲人在其最前哨的防御能力,并将清朝注意力从西藏转移过来,而在西藏,准噶尔正计划全力反击。1717年,在西藏主要首领一致支持准噶尔反对拉藏汗之后,准噶尔派兵六千在策凌敦多布率领下从和田突袭拉萨。准噶尔之所以选择这条穿越西藏西北的艰难路线,是为了能够出奇制胜。准噶尔还派了三百骑兵到塔尔寺,目的是护卫七世达赖喇嘛并使其在拉萨重登大位。

准噶尔军队主力迅速进抵拉萨,但是对于塔尔寺的出击失败了。尽管遇到挫败,但策凌敦多布决定继续前进。他赢得了一系列战斗的胜利,最终攻入拉萨,并杀死了拉藏汗。这一胜利被藏人的不满情绪所冲淡,他们发现准噶尔人并没有按照原先的保证将达赖喇嘛送回来。策凌敦多布不久之后被迫以军队维持他的统治。他的军队驻扎在拉萨和大量寺庙中,不少人被杀。

满洲人因他们在西藏的代理人的败亡而深感震惊。作为回应,清军于1717年袭击准噶尔,但并未取得大捷。第二年,康熙帝派遣一支七千人的军队进攻西藏的准噶尔人。策凌敦多布击溃了这支军队,但自身也损失惨重。准噶尔人在1720年开始遭到来自清朝的第二次进攻,当时康熙帝命令两支军队,一支从四川出发,而另一支则来自青海,分别从西面与北面进军。从四川出发的军队未遇抵抗而直接占领了拉萨,准噶尔军则南撤以对付来自青海的清军。当地的清军大多由和硕特人以及其他蒙古人和一些满洲军队组成。康熙帝已同意将七世达赖喇嘛送归拉萨大位,从而获得西藏僧俗各界的支持。颇具讽刺意味的是,这就给了清廷当初准噶尔想要获得的政治优势。为了防止准噶尔增援策凌敦多布,清朝另外两支军队受命攻击策妄阿拉布坦。在与南部军队的一轮战斗之后,策凌敦多布下令撤退，随后又将准噶尔残军撤回本土。满洲人带着七世达赖喇嘛进入拉萨并建立起对西藏的宗主权。

准噶尔从西藏撤退使内陆亚洲进入一个彼此虎视眈眈的敌对时期，策妄阿拉布坦重整旗鼓，试图重新对清朝发动进攻。他与俄国人在边境地带的冲突则使情况变得微妙起来。彼得大帝从他的使节那里听说叶尔羌有金矿，因此在1715年派遣一支武装探险队去寻找并发掘这一财富。不幸的是，这支探险队闯入了准噶尔地区，策妄阿拉布坦恰在那里训练军队以便向清朝发起攻击，这样一来，俄国人就被准噶尔驱逐出去了。1719年，俄国一支新的探险队进入亚梅什湖腹地，策妄阿拉布坦的儿子噶尔丹策零在那里痛击了俄国人，尽管俄国军队在火器方面占据优势。

策妄阿拉布坦并不反对与沙皇达成合适的协议。俄国在金矿方面的巨大利益将为双方在对抗中原方面相互协作提供基础，这也将帮助准噶尔重新获得他们在西藏战败之后所失去的权力。在初步的谈判之后，一名准噶尔使节在1721年带着一份正式提案前往沙皇那里。他提出以同意金矿勘探者自由过境，作为对建立联盟的回报。彼得大帝在原则上同意这份提案，决定出兵协助，以换取准噶尔的归附以及在他们领地上开采金矿的权利。策妄阿拉布坦需要这种联盟以阻止清朝在西域地区的推进，因为1722年清朝控制了乌鲁木齐。尽管有这种威胁，但一些准噶尔人还是反对与俄国结盟，因为沙皇所要求的归附对准噶尔来说是不可接受的。然而，尚不清楚这种决定是不是正式做出的，但策妄阿拉布坦也并没有表明他准备放弃独立地位。从历史上来看，不管是中原还是俄国，都有着一种要求游牧力量正式归附的传统，就像是建立外交关系的一种前提一样，尽管事实上并不存在这样的条件。蒙古人以及更早的草原民众在对他们有利时都是接受表面形式而反对实质内容的大师。

在康熙帝的死讯达到准噶尔时，准噶尔内部的争论仍悬而未决。[1]

1722 年十二月这位长寿的满洲皇帝的去世，改变了内陆亚洲政治的发展方向。预期的继承者允禵当时正遇上准噶尔的战事，这里距京师遥远，他也就将皇位错失给了后来被称为雍正帝的长兄。作为一位篡位者，雍正帝不想让他的弟弟继续成为一位有能征善战的军队撑腰的杰出军事统帅，因此设法让允禵的属下去分化清朝的边疆军队。他随后召回了允禵，并从这一地区撤回了清军。和硕特部乘机发动反叛。清军返回加以无情镇压，而青海也正式纳入清帝国版图之中。

策妄阿拉布坦无法再控制青海的蒙古人，不仅是因为那里的叛乱没有统一组织，以致被清朝各个击破，也因为准噶尔此时正忙于在西部与哈萨克部交战。通过这次战争，准噶尔证明他们依旧是一支重要的内陆亚洲力量。他们成功地攻击了塔什干地区的城市以及西域地区，并将哈萨克部分裂为三个集团。准噶尔的统治拓展到西域西部以及远至巴里坤湖的草原地区。大批拥有大帐和中帐的哈萨克族长与一些吉尔吉斯人一样，都接受了准噶尔的统治。而此时清廷正陷于内部纷争中，遂于 1724 年跟准噶尔达成了休战协定。通过这一行动，中原在不经意间预先阻止了俄国-准噶尔联盟。在击败哈萨克部并与中原停战之后，准噶尔在与俄国人交往方面的利益就更少了。1725 年彼得大帝去世之后，俄国方面的利益也消失了。

策妄阿拉布坦于 1727 年去世，他的儿子噶尔丹策零继承汗位。清朝将他的死讯视作重开敌对的契机，而如今他们自己的继承问题也已经顺利解决了。在与准噶尔交战之前，雍正帝需要让俄国人保持中立，而俄国人对于既存的协定还有些牢骚。（商贸价值已经减

---

[1] 曼考尔：《俄国和中国》(Mancall, *Russia and China*, pp. 211 - 215)。

弱了,而与中国打交道的难处也促使彼得大帝考虑与满洲人断绝关系以取悦准噶尔人。)通过 1728 年签订的范围广泛的《恰克图条约》,清朝解决了这些长期存在的争端,并为之后一个世纪的中俄关系勾勒了基本框架。这些条约划定蒙古边界,在两个帝国之间确立起外交关系并建立起例行贸易活动。与《尼布楚条约》一样,清朝方面的新目的是孤立准噶尔。①

尽管清廷中有人反对进行耗资更大的边境战争,但朝廷还是派出两支大军出征,并与准噶尔交战。北路军以阿尔泰山地区为基地,南路军则以哈密为基地。突袭行动与外交活动开始于 1730 年,在第二年,北路军在其位于科布多的前方基地被一小股准噶尔人的袭击所引诱,这些准噶尔人采取假装撤退这种最古老的草原计谋,将清军引入包围圈之中,清军将领不曾预料到他们会面对整个准噶尔的力量。准噶尔彻底击溃了北路军,使其丧失了五分之四的军队。由于害怕准噶尔的进一步攻击,清军立即撤离科布多,而吐鲁番南部也被遗弃。②

这一失败破坏了清朝的北部防线,使准噶尔可以直接攻击蒙古地区。他们穿过阿尔泰地区,掠夺喀尔喀部并摧毁了清朝要塞。喀尔喀部由于很久以来就被用来为保卫边疆提供兵员,为驻扎在蒙古地区的军队提供补给,并为清朝的战争提供马匹,因此对清朝的忠心有些动摇。只有赛音诺颜汗策凌的有组织抵抗才阻止了准噶尔完全占领漠北。准噶尔于 1732 年再次入侵蒙古地区,但是在额尔德尼昭的一次惨烈战斗中,策凌阻止了他们的进一步进攻。但是,由于其他清军将领未能采取措施阻止他们,准噶尔人轻而易举就撤退了。然而,满洲人还是重新取得了乌里雅苏台,战争也进入僵持

---

① 曼考尔:《俄国和中国》(Mancall, *Russia and China*, pp. 249 - 255)。

② 参见庄延龄:《满洲与西域之关系》(Parker, "Manchu relations with Turkestan," pp. 105 - 118)。

阶段,使者们交换了和平协定。这次战争的代价以及北部蒙古人日益严重的人口减少,使他们厌倦了战争,同时也给了清朝为其提供定居之所的压力。然而,双方直到 1739 年才签署条约,这已经是乾隆朝之初了。这一条约将阿尔泰山脉和乌布苏诺尔湖划定为准噶尔和喀尔喀之间的边界,为双方的边疆带来了二十年的和平。

噶尔丹策零死于 1745 年。尽管他的外部冒险活动失败了,还是留下了一个生机勃勃的准噶尔国家,这个国家依然强大、繁荣,而且能够抵挡住俄国和清朝的进攻。然而,对准噶尔的最大威胁则是削弱他们力量的内部斗争。

噶尔丹策零的继承者是他的二儿子策妄多尔济那木札勒。他被证明是一个腐败无能的统治者,使准噶尔贵族迅速离心离德。策妄多尔济那木札勒于 1750 年被废黜,之后被弄瞎并流放到阿克苏。广受拥戴但最初未能登位的噶尔丹策零长子达尔札被拥立为汗王。这些事件导致了关于旁系继承人权利的激烈争论。策凌敦多布的孙子达瓦齐于 1751 年宣称他的祖父是策妄阿拉布坦的兄弟,从而要求获得汗位。达尔札轻松击败达瓦奇,迫使他流亡到哈萨克部。在达瓦齐的追随者中有一位辉特部族长阿睦尔撒纳,他从战败中逃出来并在随后组织起千人的部落民众,并在他们的帮助之下进抵至伊犁河谷。在一次奇袭中他杀死了达尔札,使达瓦齐得以重返准噶尔为王。

这些政变、内战、谋杀以及政治阴谋在准噶尔统一体中爆发出来。与其他草原帝国一样,准噶尔是一个中央王廷掌管对外关系、贸易、战争以及内部安全的帝制联盟。在地方层面上,土生土长的部落首领统治他们的属民,而这些部落首领则被纳入帝国统治之中。在通常情况下,帝国政府有效地控制着这些首领,而一旦帝国层面上不稳定,地方首领经常会独自行事,自作主张,除非帝国秩序能够恢复过来。在准噶尔中央权威于 1750 年崩溃之后,地方首领通过抗命不遵或者叛逃至清朝控制地域的方式维护他们的利益。封疆大吏报告了准噶尔重要首领及其部落追随者归来的情况。甚至在阿睦尔撒纳1754年与达瓦齐交战失败后叛变时，也还带着二万名和硕特人。

准噶尔内部的这些叛逃和无序状态为乾隆帝提供了一个完成祖父康熙帝征服计划的机会。1755年，他准备进行一场新的平定准噶尔战役，在这中间，像阿睦尔撒纳这样的叛逃者是关键角色。为了获得长远的政治支持，乾隆帝保证四大主要部落中的每一个都将在他们自己首领的率领之下回迁到他们原来的领地。跟之前的清军战役不同的是，这次军队在进入准噶尔地域时并没有遇到激烈的军事抵抗，因为大多数准噶尔人宁愿投降，也不愿为达瓦齐而战。达瓦齐被捕获并解送至北京，在那里被待以王子之礼。这次平准战争的顺利进行表明，准噶尔不再成为清朝在内陆亚洲利益的严重威胁。乾隆帝迅速将他的大部分远征军从准噶尔撤回中原。

达瓦齐的失败与其说是由于清朝的进攻，毋宁说是源于准噶尔的内战。阿睦尔撒纳以及其他叛逃者并不想放弃帝国。通过采取内部边界战略，阿睦尔撒纳利用中原的财富和军事力量赢得了内战，就像策妄阿拉布坦曾经摧毁噶尔丹那样。等清军主力一撤退，阿睦尔撒纳就要求他自己成为准噶尔的最高统治者。在清廷拒绝之后，阿睦尔撒纳发动反叛，并建立了与辉特部和绰罗斯部的联盟。乾隆帝于1756年派兵回击，重申部落首领可以保持他们的权位。他派出大军重新征服了伊犁地区，迫使阿睦尔撒纳逃往哈萨克部。在清朝的统治恢复之后，乾隆帝再次撤回他的军队，只留下一小支军队对伊犁加以监控。准噶尔人在乾隆帝任命的一些部落首领率领之下于同一年年末发动反叛，阿睦尔撒纳回来后将这些人也掌控起来。

曾经的偶然性征服此时成为中原政权一个棘手的边疆问题。清军的撤退使准噶尔再次复兴，而在那里维持一支大军也会引起蒙古地区的反叛，这是因为内陆亚洲战役的代价高昂，清军也仰赖喀尔喀的军队与补给。为了开始他的平准战争,乾隆帝已经以远低于实际价的价格征用了喀尔喀的牲畜,而喀尔喀部必须参与边疆防御,并提供军队。这种情况在平准战争后期造成了危机。1756—1757 年,在伊犁问题最严峻时,青衮扎布这位喀尔喀首领主导了一次反抗清朝军事与政治压制的叛乱。这次反叛并未与阿睦尔撒纳联手,也没有波及蒙古地区,在当地就被剿平了。然而,清军在实现军事安全之前从准噶尔领地迅速撤离的政策所导致的不满,以及他们试图通过心怀不满的准噶尔首领间接统治的意图,全都是为了在给蒙古地区造成更大麻烦之前能够尽快结束战争。[1]

对准噶尔的最后一战爆发于 1757 年。这次清军既利用了准噶尔内部的混乱状态,更重要的是,一场据称造成了半数准噶尔人死亡的天花疫情更是帮助了清军。阿睦尔撒纳再次逃到哈萨克部,之后又到了俄国地界,他在那里也死于天花。在兆惠的监督之下,清军执行了清剿政策。兆惠捕获并杀死了大部分能找到的准噶尔人,一小部分则被发配至东北地区。其他准噶尔人在严格监视下实际上仍然留在伊犁牧区。为了巩固胜局,乾隆帝正式宣布禁止使用准噶尔这个名称。

对准噶尔的征服终结了草原帝国的历史。在这之后,内陆亚洲的冲突将出现在两个依旧存在的定居力量——俄国与中国之间。持续两千年之久的争斗就此告终。这并不仅仅是清朝军事力量造成的。曾经保护新的游牧国家并维系他们生存的体系瓦解了。不断变化的世界经济、更便捷的运输与交通条件以及中国旧有的帝国结构的衰落,使旧类型与旧关系迅速走向终结。草原的游牧世界已经不再空旷无伴。

---

[1] 鲍登:《1756—1757 年的蒙古反叛》(Bawden, "The Mongol rebellion of 1756 - 57," pp. 1 - 31)。

关键名称表

边疆地区的主要部落

察哈尔

漠南蒙古部落

从 16 世纪到 20 世纪是黄金家族世系的主要代表

在满洲统治初期进行了反抗

哈萨克

穆斯林化的突厥游牧部落

从 16 世纪至 20 世纪遍布于欧亚大草原西部

经常遭到准噶尔的袭击

喀尔喀

清朝时期漠北蒙古部落

位于清朝与准噶尔之间

满洲人

女真森林部落的别称

清朝统治贵族的核心

土默特

16—20 世纪的漠南蒙古部落

俺答汗的后裔

准噶尔

阿尔泰和伊犁地区的西蒙古人

也先的后裔（四卫拉特联盟）

包括绰罗斯、杜尔伯特、和硕特、土尔扈特部落

清朝主要的游牧对手

在 18 世纪中期被荡平

关键性的部落与外族首领及宗教人物

达赖喇嘛

西藏活佛

领导格鲁派及西藏地方政府

"伟大的五世达赖"(1617—1682 年)是内陆亚洲政治中的关键人物

噶尔丹博硕克图

1670 年起成为噶尔丹首领

占据了漠北地区

在一系列草原战事中被康熙帝击败

噶尔丹策零

准噶尔统治者(1727—1745 年)

在他死后帝国开始瓦解

哲布尊丹巴呼图克图

清代漠北地区最高佛教首领

策凌敦多布

1717 年侵入西藏地区的准噶尔将领

策妄阿拉布坦的兄弟

策妄阿拉布坦

准噶尔统治者(1697—1727 年)

从叔父噶尔丹那里获得领导权

为控制内陆亚洲而与清朝开战

中 原 王 朝

清朝(1644—1912 年)

中原的关键人物

乾隆帝

中国的满洲皇帝(1726—1796 年在位)

摧毁了准噶尔国家及民众

将西域东部及伊犁河谷统一到中国

多尔衮

满洲皇室首领(1612—1650 年)

征服中原的强人

康熙帝

中国的满洲皇帝(1661—1722 年在位)

统一了漠北

与噶尔丹交战

镇压了中原的反叛

吴三桂

明朝边地将领,于 1644 年投降满洲人

作为满洲人的藩臣控制了华南大部地区

1674 年发动的最终失败的反叛几乎摧毁了清朝

结语　蒙古人的衰落

从传统上看,内陆亚洲游牧民族的历史被描述为一种单线发展的情况。最初的一千五百年被看成游牧帝国前后相继、力量逐步增长的时期,在蒙古人的毁灭性征服以及他们所建立的一个有着压倒性力量与领土的游牧国家中达到顶峰。随着蒙古帝国的崩溃,草原进入了一个持续性的衰退或衰落时期,延续五百年之久。[1] 就像早期游牧英雄史诗中的悲剧结尾一样,这一衰退时期被大多数历史学家一笔带过,其中的看法就是,经历一千五百年小心翼翼发展起来的游牧组织与力量在五百年的衰退生活中被刚愎自用的后代所挥霍殆尽。

对草原史的这种看法是很不准确的。将蒙古人看作游牧民族一千五百年崛起的产物忽略了早期草原帝国的复杂性。匈奴国家发展出了必要的结构,并在公元前 200 年形成一个游牧帝国。这是

---

[1] 这种假设在内陆亚洲的文本研究中是非常明显的。在塞诺(Sinor)的分类(《中央欧亚研究入门》,*Introduction à l'étude de l'Eurasie centrale*)中被标识为"衰落时期"(Period of Decadence),并被吴伟君(Schwarz)在新近的《蒙古学书目》(*Bibliotheca Mongolica*)中沿用。

所有草原帝国中最稳定和长久的。对单线性发展的强调也忽略了匈奴和回纥覆灭之后的长期混乱时期。在蒙古统治时代之前的一半多时间中，草原是脆弱且分裂的。成吉思汗的奋斗史表明从混乱向集权化的转变是相当神速的。在不足一代人的时间里，那个甚至在自己的家园缺乏影响力、强大组织和安全感的游牧民族成为世界最大帝国的主人。尽管新帝国在结构上类似于其前辈，但游牧民族自身并没有意识到这种相似性，因为他们没有这方面的记忆。颇具讽刺性的是，汉族文人的历史记载中所蕴含的鉴古知今的哲学观，反而强调了数世纪之隔的游牧国家之间的延续性。

要获得一个更为准确的历史观念，就有必要对中原、草原、东北之间的复杂互动加以探究，这种互动形成一种规则性的发展周期。中原强大本土王朝的崛起以及游牧帝国所实现的对草原的统一，通过贸易与敲诈政策相互关联起来。在这种两极化的世界中，没有哪个独立的边疆国家能够一直生存到中原或游牧民族失去对两者间边疆的控制力为止。草原和中原的混乱便利了东北王朝的崛起。这些边疆王朝越过辽河流域，征服华北地区，并使草原陷于混乱之中。这些外族王朝的覆亡，对于中原的反叛者而言开启了统一中原与草原之路。与一系列草原帝国发展的逻辑很不相同的是，蒙古帝国是一种独一无二的混杂形式，它抵挡了来自一个更复杂的女真国家常见的致命干预。成吉思汗用一种由女真人发展出来的复杂技术结构，将训练有素的草原游牧民族骑兵组合为一支军队。将游牧流动性、攻击力以及攻城拔寨能力结合起来后，他塑造了一种较以前欧亚其他任何力量都更强大的组合产物。

随着蒙古帝国崩溃，通常认为草原游牧民族进入了一个急剧衰退的时期，这显然有所夸张。当然，之后的草原统治者也想实现成吉思汗的伟业，但他们总是在几次失败之后一蹶不振。而随着蒙文和汉文史料将黄金家族视为唯一合法的草原统治者，并弱化其他集

团的重要性,这种偏见进一步加深。例如,也先率领卫拉特人建立
了一个强有力的草原帝国,轻易突破明朝的防御,歼灭一整支明军
并俘虏了皇帝,但卫拉特帝国通常只被看作一种特例,当时,作为傀
儡的黄金家族领袖默默无闻,无法像众多著名的先祖那样成就一番
伟业。元朝之后,人们预测蒙古的军事实力会受到削弱,这种情况
并未在明代出现。在整个明代,不仅是卫拉特,甚至连达延汗与俺
答汗领导之下的东蒙古都劫掠了中原边界,甚至还袭击了北京。没
有哪个王朝像明朝那样与游牧民族有如此频繁而又绵延不断的边
界战争,这表明蒙古人在其世界帝国消失后的几个世纪中依然是一
支主要的军事威胁力量。明朝灭亡之后,在清朝统治的最初一百年
中,东蒙古是朝廷在内陆亚洲对抗准噶尔扩张的军事堡垒。

　　然而很清楚的是,到19世纪,草原上的军事力量与经济财富都
大为削弱了。清朝的记载以及西方旅行者的记载描绘出一幅蒙古
地区贫穷、受剥削以及政治虚弱的惨状。清朝最后一百五十年中的
这种衰退状态必须与蒙古之前的强盛相比较。对清代蒙古衰落的
传统解释,比如说僧侣秩序的崛起、贵族的衰落以及经济的开发等
等,都是清朝政策执行的后果,这些都使得蒙古人变得更加脆弱,一
旦他们离开了准噶尔人的保护,就既被他们自己的首领所利用,更
受制于汉人。

　　像其他发源于东北的王朝一样,清朝擅长跟部落民打交道。由
于自身的部落背景,满洲人了解草原政治的运作机制:联姻、敌对部
落或家族之间的紧张局面,游牧首领们寻找外来收入的迫切性以及
在强有力首领领导下的游牧力量迅速联合的风险。先前的东北王
朝通过草原上的主动攻击以及支持敌对部落来面对这一威胁。这
些王朝的军事行动和政治干预并不是为了将草原纳入中原版图,而
仅仅是使之保持无序状态,使统治王朝击溃任何重新统一草原的企
图。这一政策在历史上细细看来只有一次没能奏效:当金朝使蒙古

人陷入与塔塔儿人相互争斗的泥潭，而乃蛮部又对抗成吉思汗之际，成吉思汗成功地战胜敌人的进攻，并使之前拓跋魏国、契丹辽国以及金朝时期颇为有效的东北政策完全失效了。

清朝的政策并不完全遵从这种通常的东北战略。作为 1571 年条约的后果，蒙古仍然分裂为诸多小部落集团，每一集团的首领都与明朝朝廷有着个人化的朝贡关系。明朝朝贡体系的结构弱化了其联合一致的愿望，那些弱小的部落首领们担心一旦他们成为一个庞大统一的草原帝国的属下，就将失去其独立性与财富。而在之后，明朝又通过一种控制蒙古人的复杂的职衔与回馈机制进一步鼓励了分裂。然而，在明朝的行政体系中，这种体系是被动消极的。永乐朝之后，明朝统治者并未设法笼络蒙古首领，也没有将游牧力量纳入庞大的帝国结构之中。明朝想要让游牧力量不闹事，只是简单地给所有的部落首领提供援助以维持平衡，似乎忽视了这将会使草原的分裂永久化。明朝与唐朝不同，它没有认真考虑将游牧力量当作盟友：寻求游牧力量的援助以抗击满洲人或内部反叛的建议被朝廷拒绝。

在蒙古的这种分裂态势下，满洲人发挥了更大的潜力。最初，他们仅仅是取代了明朝的奉供，用自己的奉供获取蒙古人的支持，随着林丹汗的败亡，满洲人将八旗体制拓展到了蒙古南部。蒙古欣然接受这种新组织的部分原因在于，它使用了一种类似的部落结构，各旗按照传统的世系组织起来。满洲人之所以成功，也是因为明朝的援助已经使草原碎化为细小的单位，这些首领们很乐意在八旗体系下维护自身利益。这些守旧的黄金家族首领们因此巩固了传统地位，并获得了新的头衔与奉供，还被专门授予确定的领地，在这范围内，他们可以一直掌控领地内的部众，部众不得擅自越界。

清朝的政策变得积极主动起来，它将明朝的方法转变为一种将保守的游牧首领严格限制在某一地区，并使之成为庞大帝国组成部分的积极行动。每位小首领不仅通过朝贡关系,也经由联姻以及在清朝政府为官而与清廷紧密相连。雄心勃勃的游牧首领们可以将精力投入扩展清帝国疆域的行动之中。蒙古贵族将其自身利益与清朝利益视为一体。在认识到无法用一种官僚化的方式统治之后,满洲人解决了统一草原的问题。在中原的统治是官僚化的,而在草原的统治则依靠部落世系进行,两者都被统一到帝国体系之中。与汉人统治者不同,满洲人并不觉得有必要将中原的文化、机制或者行政机构运用到草原之上。

对这一体系的最大威胁来自准噶尔人。他们代表了游牧帝国的旧有秩序,这种帝国联盟具有对庞大边疆发动攻击的能力。准噶尔人也构成了一种政治上的威胁。蒙古地区的八旗体系由于黄金家族的合作而运作顺畅。从这种体系中,这些黄金家族成员获得了最大的利益,而他们自己却既丧失了活动性,也失去了政治上的自由。对漠北蒙古的一次成功征服行动为非黄金家族世系的准噶尔人破坏这种贵族体系提供了机会。一旦这些漠北的蒙古人认为在与准噶尔人打交道时可以获得更好的利益,就会诱使大部分的部落民众摆脱清朝的统治,随着噶尔丹的攻击,喀尔喀首领们感到了威胁。清朝需要这些首领,但是准噶尔人在一个统一的草原帝国中将其放在无足轻重的地位。

蒙古人既是清朝的缓冲,也是他们在内陆亚洲的前锋。清朝依靠蒙古军队和供给与准噶尔人交战,但领导权主要掌握在旗人和重要皇族成员手中。从 17 世纪中叶到 18 世纪中叶,支撑清朝庞大的内陆亚洲征服行动的一直是这种传统的游牧军队而非火器部队。噶尔丹成功地用骆驼阵抵挡住了火炮的攻击,而康熙帝则在之后被迫放弃让行动缓慢的军队去追击撤退的准噶尔人的打算。骑兵在草原战争中仍然是最重要的组成部分。没有城墙或稳固的防御,装填缓慢的枪炮就没有了威力。准噶尔战争是一次传统意义上的战争。

准噶尔人被击败了，他们的领土被纳入清帝国的版图之中，这标志着蒙古人作为草原战士的作用的终结。蒙古力量从此开始急速衰落，而蒙古人的战斗力是之前五十年蒙古力量急速发展的基础。这导致了蒙古军事灵活度的衰退、藏传佛教的兴起以及耗尽了蒙古资源的经济开发。这些都是清朝行政结构运作的自然而然的结果，将蒙古人推到了边缘的位置。

蒙古军队被分别组队以保持其军事灵活性。随着准噶尔的败亡，这一军事重要性下降了。尽管满洲人也许仍然将蒙古人视作军事后备力量，但是他们先前的巡查、年阅制度逐渐废弛，而装备质量也大为下降。1775 年，清廷不再派代表去阅兵，军事检阅每三年才举行一次。与此同时，蒙古地区的僧侣数量大增。清朝严格控制着蒙古贵族的数量，而为了逃避兵役，其他人宁愿去当僧人。僧人数量的增加与清朝对蒙古军队日益减少的需求相伴而生。清朝的领导权也确立起了蒙古地区的和平，让寺院在草原各地安全地建立起来，寺院成为农业、贸易和学习的中心。在 19 世纪蒙古的一些地方，有三分之一到一半的男性人口成为僧人。尽管僧人仍属于游牧经济，有时候甚至住在家里，但他们没有义务交税或服劳役。寺院自身获得了来自贵族的馈礼，而且发展出自己庞大的生计产业。①

正如前文所说，满洲人有意识地鼓励佛教以驯服蒙古人，但实际上他们早在满洲人到达蒙古之前的俺答汗时期就已经接纳了佛教。佛教并非治疗军国主义的良方，无论是东蒙古人还是准噶尔人在接纳这一宗教之后都未能停止争斗。如果有什么的话，那就是满洲人在击败准噶尔之后阻止了蒙古人增加寺院与僧人数量的强烈

---

① 法夸尔：《清代对蒙古的治理》(Farquhar, "The Ch'ing administration of Mongolia," pp. 115 – 121, 148 – 149)；参见米勒：《内蒙古的寺院与文化变迁》(Miller, *Monasteries and Culture Change in Inner Mongolia*)。

愿望。准噶尔战争之后，随着边界的弱化，蒙古人用钱物与支持塑造了新的寺院。在这一新的背景下，寺庙秩序的崛起对清朝的利益来说并不是一种威胁，清朝通过其派驻拉萨的代表对藏传佛教有着相当的影响力。鼓励蒙古人将精力投入宗教中以代替争斗，这是一种自然而然的（如果说不是官方的话）王朝政策，因为清朝在内陆亚洲已经没有军事行动了。

　　清朝对蒙古的管理第一次将草原开放给了汉人的直接经济开发。在这之前，游牧民众曾建立与商人进行交易的制度，商人穿行于这些领地，并与游牧民讨价还价。游牧民众也到边市进行交易。清朝对蒙古的控制给了汉商进入草原的机会，而他们必须解决自身及其财物的安全问题。官方驿传网络和寺院成为商人的固定基地，他们在此可以进行长期的贸易活动。汉族商人进入蒙古遭到清朝官署的反对。朝廷严格限制居留时间和汉族商人在蒙古地区可以订立的合同的种类，但法律上的漏洞和执行的松散使得这些限制成为具文。蒙古的经济在多方面受到了影响。劣质的物品输入给游牧民以交换游牧制品，这些游牧制品又被商人们压价购买。然而，对贸易最具破坏力的方面是信用与协商机制的引入。汉族商人大部分来自山西，他们组建了大型商号以拓展信用资本或货物的流动。高额的回报率不久就创造了利润，并带来远超过货物本身的税收。通过入股的方式，蒙古的财富源源不断注入中原，当地蒙古人负债累累，无法自救，只好用大部分盟旗的资产偿付。这些债务经常通过将整个盟旗的财政用来抵押其首领的债务而获得担保，这些首领很乐意进口昂贵的奢侈品。[1]

　　这些贸易活动和战时勒索部分程度上导致了 1756—1757 年漠

---

[1] 鲍登：《蒙古近代史》(Bawden, *The Modern History of Mongolia*)；萨多里：《满洲人在漠北的殖民统治》(Sandorj, *Manchu Chinese Colonial Rule in Northern Mongolia*)。

北蒙古的反叛。蒙古经济状况在这之后日益恶化,这是因为清朝对边疆军队与驮运牲畜的需求减少之后,就放弃了限制汉族商人在蒙古进行贸易活动的规定。蒙古在 19 世纪的极端贫困化很大程度上是这种掠夺性的贸易结构所致。这种形式之前并未出现过,这是因为蒙古人只有在帝国的保护下才能生存。在蒙古被纳入清朝的盟旗体系之前,游牧首领们一旦发现存在大额贸易活动的话,就会罚没商人的货物。只有当存在一种能加强这种债务偿付能力的政治结构时才能就利益达成妥协。当游牧民独立自主时,他们可以轻易离开这一地区,从而躲避债务。贸易者就将不得不宽免他们无法偿付的债务,想要继续做生意就必须承受这些损失。在通常情况下,商人们并没有将大额信贷放给游牧民,但是当他们被限制在盟旗体制内时,就有可能在纸面上获得巨额利润,并将之收入囊中。

黄金家族成员都从这一体系中受益,这是因为他们从盟旗的资产中获得了很大的信用。在受明朝与清朝数百年的资助之后,他们感到有责任要为他们饱受压榨的游牧民的困境考虑考虑了。准噶尔的败亡消除了他们最后的威胁,当初的这一威胁使得贵族首领可能被那些更年富力强的首领所取代。他们成为帝国边缘压榨、监督底层游牧民的阶层。因此,这些贵族会与一般的蒙古人联合起来,在漠南将他们的部落土地卖给汉族农民以获取个人收益,从而毁坏了游牧经济的根基。清朝的政治统治,通过数量众多的盟旗、严格限制的领地、朝廷任命的谨小慎微的部落首领以及破产了的帝国官僚形塑出一种环境,在这种环境中,商人们能够以很小的风险开发蒙古地区。

资本主义发展也促进了经济的开发。蒙古此时被卷入一个世界性的贸易体系之中。铁路的发明改变了中国沿边与内地的关系。货物可以通过铁路从城市中心便捷地远距离运输,而内地移民也沿着铁路的尽头进入广阔的蒙古地区。俄国人从西面拓展至草原地带,使哈萨克人和吉尔吉斯人如梦初醒,那里再也没有游牧民可以撤退的独立地域了。[1]

清朝统治的崩溃以及之后沙皇统治在俄国的崩溃,标志着旧体制的终结,但这并没有使游牧力量在草原上重新出现。作为一种国际关系的最古老的循环,它之前早已处在衰落之中,现在则完全消亡了。贸易与交往、战争与政治的传统结构以及马上民族的宏图伟业,终于一去不复返了。

---

[1] 拉铁摩尔:《边疆史研究》(Lattimore, *Studies in Frontier History*, pp. 134-159)。

参考书目

Aberle，David(阿伯利)，*The Kinship System of the Kalmuk Mongols*
(《卡尔梅克蒙古人的亲属制度》). Albuquerque：University of New Mexico
Press，1953.

Akimushkin，O. F.(阿基穆什金)，"Le Turkestan oriental et les Oirats,"
(《西域与卫拉特》) *Études Mongols*(《蒙古学研究》)，5 (1974)：157 - 163.

Akimushkin，O. F.(阿基穆什金)(trans.)，*Shah-Mahmud ibn Mirza
Fadil Churas：Khronika*(谢赫·马哈茂德·楚拉斯:《楚拉斯史》,即《拉失德史
续编》). Moscow：Nauka，1976.

Allsen，Thomas(爱尔森)，"The Yüan dynasty and the Uighurs of Turfan
in the 13th century,"(《13 世纪的元朝与吐鲁番的畏兀儿》) in *China among E-
quals*(《中国棋逢对手:10—14 世纪中国与邻国的关系》)，Morris Rossabi（罗
茂锐)(ed.)，Berkeley：University of California Press，1983，pp. 243 - 280.

Allsen，Thomas(爱尔森)，"Guard and government in the reign of the
Grand Qan Möngke，1251 - 59,"(《1251—1259 年蒙哥汗统治时期的护卫军与
政府》) *Harvard Journal of Asiatic Studies*(《哈佛亚洲研究杂志》)，46
(1986)：523 - 550.

Andrews，P. A.(安德鲁斯)，"The white house of Khuransan：the felt
tents of the Iranian Yomut and Goklen,"(《呼罗珊的白房子:伊朗约穆特和戈克
兰的毡房》) *Journal of the British Institute of Iranian Studies*(《英国波斯研
究会杂志》)，11 (1973)：93 - 110.

Bacon，Elizabeth(伊丽莎白·培根)，"Types of pastoral nomadism in Central and Southwest Asia,"(《中亚与西南亚游牧生活诸类型》)*Southwestern Journal of Anthropology*(《西南人类学杂志》), 10 (1954)：44 - 68.

Baddeley, John(巴德利), *Russia, Mongolia, and China*(《俄国·蒙古·中国》). New York：Macmillian, 1919.

Barfield, Thomas(巴菲尔德), "The Hsiung-nu Imperial Confederacy：organization and foreign policy,"(《匈奴帝国联盟：组织和外交政策》)*The Journal of Asian Studies*(《亚洲研究杂志》), 41 (1981)：45 - 61.

Barth, Fredrik(弗雷德里克·巴斯), "The land use patterns of migratory tribes of South Persia,"(《波斯南部迁徙部落的土地使用模式》) *Norsk Geografisk Tidsskrift*(《挪威地理杂志》), 17 (1960)：1 - 11.

Barthold, V. V.(巴托尔德), *Zwölf Vorlesungen über die Geschichte der Türken Mittelasiens*(《中亚突厥史十二讲》). Berlin：Deutsche Gesellschaft für Islamkunde, 1935.

Barthold, V. V.(巴托尔德), *Turkestan down to the Mongol Invasion*(《蒙古入侵时期的突厥斯坦》). London：Gibb Memorial Series, 1968.

Bawden, Charles(鲍登) (trans.), *The Mongol Chronicle Altan Tobci*(《阿勒坦·脱卜赤蒙古编年史》,即《阿勒坦汗(俺答汗)传》). Wiesbaden：Harrassowitz, 1955.

Bawden, Charles(鲍登), *The Modern History of Mongolia*(《蒙古近代史》). New York：Praeger, 1968.

Bawden, Charles(鲍登), "The Mongol rebellion of 1756 - 57,"(《1756—1757 年的蒙古反叛》)*Journal of Asian History*(《亚洲史杂志》), 2 (1968)：1 - 31.

Bielenstein, Hans(毕汉思), "The restoration of the Han dynasty,"(《汉朝的复兴》)*Bulletin of the Museum of Far Eastern Antiquities*(《远东古物博物馆集刊》), 39 (1967)：92ff.

Bielenstein, Hans(毕汉思), "Chinese historical demography A. D. 2 - 1982,"(《公元 2—1982 年中国历史上的人口统计》)*Bulletin of the Museum of Far Eastern Antiquities*(《远东古物博物馆集刊》), 59 (1987).

Bingham, Woodbridge(宾板桥), *The Founding of the T'ang Dynasty*(《唐朝的建立:隋亡唐兴初探》). Baltimore, Md：Waverley Press, 1941.

Boodberg, Peter A.(卜弼德), "Two notes on the history of the Chinese frontier,"(《关于中国边疆史的两条札记》)*Harvard Journal of Asiatic Studies*(《哈佛亚洲研究杂志》), 1 (1936)：283 - 307.

Boyle, John A.(波依勒) (trans.), *The History of the World Conqueror*

（《世界征服者史》），2 vols（Ata Malik Juvaini，志费尼）. Manchester：Manchester University Press，1958.

Boyle，John A.（波依勒）（trans.），*The Successors of Genghis Khan*（translated from the Persian of Rashid al-Din）（《成吉思汗的继承者》，此即《史集》(Jami'at-Tavārikh)第二卷，由拉施特波斯文译出）. New York：Columbia University Press，1971.

Bulliet，Richard（布利特），*The Camel and the Wheel*（《骆驼与车轮》）. Cambridge，Mass.：Harvard University Press，1975.

Burnham，Philip（伯纳姆），"Spatial mobility and political centralization in pastoral societies,"（《游牧社会的空间流动性与政治集权》）in *Pastoral Production and Society*（《游牧生产与社会》），L'Équipe écologie et anthropologie des sociétés pastorales（ed.），Cambridge：Cambridge University Press，1979.

Cambridge History of China：Sui and Tang，589 - 906（《剑桥中国隋唐史》），vol. 3，part 1，Denis Twitchett（杜希德）（ed.）. Cambridge：Cambridge University Press，1979.

Cambridge History of China（《剑桥中国史》），vol. 9，part 1. Cambridge：Cambridge University Press，（forthcoming）.

Cambridge History of Iran：The Saljuq and Mongol Period（《剑桥伊朗史：塞尔柱时期与蒙古时期》），vol. 5，John Boyle（波依勒）（ed.）. Cambridge：Cambridge University Press，1968.

Chan，Albert（陈纶绪），*The Glory and Fall of the Ming Dynasty*（《明朝兴衰史》）. Norman，OK.：University of Oklahoma Press，1982.

Chan，Hok-lam（陈学霖），*Legitimation in Imperial China：Discussions under the Jurchen-Chin Dynasty（1115 - 1234）*（《中华帝国的合法化：对女真-金朝（1115—1234 年）的探讨》）. Seattle：University of Washington Press，1984.

Chang，K. C.（张光直），*Archaeology of Ancient China*（《古代中国考古学》）. New Haven，Conn.：Yale University Press，1977.

Cleaves，Francis（柯立夫）（trans.），*The Secret History of the Mongols*（《蒙古秘史》）. Cambridge，Mass.：Harvard University Press，1982.

Courant，Maurice（古恒），*L'Asie centrale aux XVⅡe et XVⅢe siècles：Empire kalmouk ou empire mantchou?*（《17 世纪和 18 世纪的中亚：卡尔梅克帝国抑或满洲帝国?》）Lyon：1912.

Crespigny，Ralph（张磊夫），*The Last of the Han*（《后汉书》，即《资治通鉴汉末篇译注》）. Canberra：Australian National University，1969.

Dardess，John(窦德士)，*Conquerors and Confucians：Aspects of Political Change in Late Yüan China*(《征服者与儒士：元代后期政治发展面面观》). New York：Columbia University Press，1963.

Dardess，John(窦德士)，"From Mongol empire to Yüan dynasty：changing forms of imperial rule in Mongolia and Central Asia,"(《从蒙古帝国到元朝：蒙古与中亚地区统治方式的转变》) *Monumenta Serica*(《华裔学志》)，30（1972‐1973）：117‐165.

de Rachewiltz，Igor(罗依果)，"Yeh-lü Ch'ü-ts'ai（1189‐1243）：Buddhist idealist and Confucian statesman,"(《耶律楚材(1189—1243)：佛教的理想主义者和儒家的政治家》) in *Confucian Personalities*(《儒家信念》)，A. F. Wright(芮沃寿)and Denis Twitchett(杜希德)(eds)，Stanford，CA：Stanford University Press，1962.

des Rotours，Robert(戴何都)，*Histoire de Ngan Lou-chan*(《安禄山传》). Paris：Presses Universitaires de France，1962.

Downs，James(詹姆斯·唐斯)，"The origin and spread of riding in the Near East and Central Asia,"(《骑术在近东与中亚的兴起与传播》)*American Anthropologist*(《美国人类学家》)，63（1961）：1193‐1203.

Dreyer，Edward(爱德华·德雷尔)，*Early Ming China*(《明朝初年的中国》). Stanford，CA：Stanford University Press，1982.

Dubs，H. H.(德效骞)，*The History of the Former Han Dynasty*(《前汉史》)，3 vols. Baltimore，Md：Johns Hopkins University Press，1938‐1955.

Eberhard，Wolfram(艾伯华)，"Chronologische Übersicht über die Geschichte der Hunnen in der späteren Han-Zeit（25n. Chr. ‐ 220n. Chr.），"(《东汉时期(25—220 年)匈奴编年史》) *Türk Tarih Kurumu Belleten*(《突厥史学会通讯》)，4（1940）：387‐441.

Eberhard，Wolfram(艾伯华)，*Das Toba-Reich Nord Chinas：eine soziologische Untersuchung*(《华北的拓跋王朝：一项社会学的研究》). Leiden：Brill，1949.

Eberhard，Wolfram(艾伯华)，*Conquerors and Rulers*(《征服者与统治者》). Leiden：Brill，1970.

Ecsedy，Hilda(艾克西迪)，"Trade and war relations between the Turks and China in the second half of the 6th century,"(《6 世纪后半叶突厥与中原之间的贸易与战争关系》) *Acta Orientalia Hungaricae*(《(匈牙利)东方学报》)，21（1968）：131‐180.

Ecsedy，Hilda(艾克西迪)，"Tribe and tribal society in the sixth century

Turk empire,"(《6世纪突厥帝国的部落与部落社会》) *Acta Orientalia Hungaricae* (《(匈牙利)东方学报》)(B), 25 (1972)：245 - 262.

Endicott-West, Elizabeth(安迪考特-韦斯特), "Imperial governance in Yüan times,"(《元朝的统治》) *Harvard Journal of Asiatic Studies*(《哈佛亚洲研究杂志》), 46 (1986)：495 - 522.

Fang, Achilles(方志彤), *The Chronicle of the Three Kingdoms (220 - 265)*(《三国志》), 2 vols. Cambridge, Mass.：Harvard University Press, 1965.

Farmer, Edward(范德), *Early Ming Government：The Evolution of Dual Capitals*(《明初两京制度》). Cambridge, Mass.：Harvard University Press, 1976.

Farquhar, David(戴维·法夸尔), "Oirat-Chinese tribute relations, 1408 - 1459,"(《1408—1459年卫拉特与中原的朝贡关系》) in *Studia Altaica：Festschrift für Nikolaus Poppe*(《阿尔泰学论集：尼古拉斯·波普六秩寿诞纪念文集》), Wiesbaden：Otto Harrassowitz, 1957, pp. 60 - 68.

Farquhar, David(戴维·法夸尔), "The Ch'ing administration of Mongolia,"(《清代对蒙古的治理》) Cambridge, Mass.：Harvard University thesis, 1960.

Farquhar, David(戴维·法夸尔), "The origins of the Manchus' Mongolian Policy,"(《满洲人蒙古政策的起源》) in *The Chinese World Order*(《中国的世界秩序》), John Fairbank(费正清) (ed.), Cambridge, Mass.：Harvard University Press, 1968, pp. 198 - 205.

Farquhar, D. M.(戴维·法夸尔), "Structure and function in the Yüan imperial government,"(《元代朝廷的结构与功能》) in *China under Mongol Rule*(《蒙古人统治下的中国》), J. D. Langlois(兰德彰) (ed.), Princeton, NJ：Princeton University Press, 1981, pp. 25 - 55.

Fletcher, Joseph(傅礼初), "The Mongols：ecological and social perspective,"(《蒙古人：生态与社会视角》) *Harvard Journal of Asiatic Studies*(《哈佛亚洲研究杂志》), 46 (1986)：11 - 50.

Franke, Herbert(傅海波), "Chinese texts on the Jürchen. A translation of the Jürchen monograph in the San-ch'ao pei-meng hui-pien,"(《关于女真的汉文文献：对〈三朝北盟会编〉中女真论述的翻译》) *Zentralasiatische Studien*(《中亚研究》), 9 (1975)：119 - 186.

Franke, Wolfgang(傅吾康), "Yung-lo's Mongolei-Feldzüge,"(《永乐帝的蒙古战争》) *Sinologische Arbeiten*(《汉学集刊》), 3 (1945)：1 - 54.

Gardiner, K. H. J. (加德纳), "The Kung-sun warlords of Liao-tung 189 - 238," (《189—238 年辽东的公孙氏军阀》) *Papers on Far Eastern History* (《远东史研究集刊》), 5 (1972): 59 - 107; 6 (1972): 141 - 204.

Goodrich, Carrington (傅路德), and Chaoying Fang (房兆楹), *Dictionary of Ming Biography 1368 - 1644* (《明代名人录》). New York: Columbia University Press, 1976.

Griffith, Samuel (格里菲斯) (trans.), *Sun Tzu: The Art of War* (《孙子兵法》). Oxford: Oxford University Press, 1963.

Gryaznov, Mikhail (格利亚兹诺夫), *The Ancient Civilization of Southern Siberia* (《西伯利亚南部的古代文明》). New York: Cowles, 1969.

Haloun, Gustav (夏伦), "The Liang-chou rebellion, 184 - 221 AD," (《184—221 年的凉州之乱》) *Asia Major* (《泰东》) n. s., 1 (1949): 119 - 138.

Hamilton, James R. (汉密尔顿). *Les Ouïghours à l'époque des Cinq Dynasties d'après les documents chinois* (《五代时期汉文文献中的回纥人》). Paris: Bibliothèque de l'Institut des Hautes Etudes Chinoises, vol. 10, 1955.

Harmatta, J. (哈尔马塔), "The dissolution of the Hun Empire," (《匈奴帝国的瓦解》) *Acta Archaeologica* (《考古学报》), 2 (1952): 277 - 304.

Herodotus (希罗多德) (trans. David Grene, 格雷纳), *The History* (《历史》). Chicago: University of Chicago Press, 1987.

Ho, Ping-ti (何炳棣), "An estimate of the total population of Sung-Chin China," (《中国宋金时期人口的估算》) in *Études Song en Memorium Etienne Balazs* (《纪念白乐日宋史论文集》), Francoise Aubin (ed.), Paris: 1970, pp. 3 - 53.

Holder, Preston (普雷斯顿·荷尔德), *The Hoe and the Horse in the Plains* (《草原上的锄头与马》). Lincoln, NB: University of Nebraska Press, 1970.

Holmgren, Jennifer (霍姆格伦), "The Empress Dowager Ling of the Northern Wei and the T'o-pa sinicization question," (《北魏灵太后与拓跋汉化问题》) *Papers on Far Eastern History* (《远东史研究集刊》), 18 (1978): 123 - 170.

Hsi, Angela (安吉拉·希), "Wu San-kuei in 1644: a reappraisal," (《1644 年的吴三桂: 重新评价》) *Journal of Asian Studies* (《亚洲研究杂志》), 34 (1975): 443 - 453.

Hsiao, Ch'i-ch'ing (萧启庆), *The Military Establishment of the Yüan Dynasty* (《元代军事制度》). Cambridge, Mass.: Harvard East Asian Monograph

Series no. 77，Harvard University Press，1978.

Hsu，Cho-yun(许倬云)，*Ancient China in Transition：An Analysis of Social Mobility，722 -222 B. C.*(《中国古代社会史论：春秋战国时期的社会流动》). Stanford，CA：Stanford University Press，1965.

Hulsewé，A. F. P.(何四维)，*China in Central Asia，The Early Stage：125 B. C.- A. D. 23*(《中国在中亚：公元前 125 年至公元 23 年的早期阶段》). Leiden：Brill，1979.

Hummel，Arthur(恒慕义)，*Eminent Chinese of the Ch'ing Period*(《清代名人传略》). Washington，DC：US Government Printing Office，1942-1943.

Ikeuchi，Hiroshi(池内宏)，"A Study of the Fu-yü，"(《扶余考》) *Memoirs of the Research Department of the Toyo Bunko*(《东洋文库研究所纪要》)，6 (1939)：23-60.

Irons，William(艾恩斯)，"Political stratification among pastoral nomads，" (《草原游牧部落内部的政治分层》) in *Pastoral Production and Society*(《游牧生产与社会》)，L'Équipe écologie et anthropologie des sociétés pastorales (ed.)，Cambridge：Cambridge University Press，1979.

Jackson，Peter(杰克森)，"The dissolution of the Mongol Empire，"(《蒙古帝国的瓦解》) *Central Asiatic Journal*(《中亚杂志》)，22 (1978)：186-244.

Jenner，W. J. F.(詹纳尔)，*Memories of Loyang*(《〈洛阳伽蓝记〉译注》). Oxford：Oxford University Press，1981.

Jettmar，Karl(耶特马尔)，*The Art of the Steppes*(《草原艺术》). New York：Crown，1964.

《柔然资料辑录》. 北京，1965 年(应为 1962 年——译者注)。

Kessler，Lawrence(凯思乐)，*K'ang-hsi and the Consolidation of Ch'ing Rule，1661—1684*(《康熙及清统治的巩固：1661—1684》). Chicago：University of Chicago Press，1976.

Khazanov，Anatoly(哈赞诺夫)，*Nomads and the Outside World*(《游牧民族与外部世界》). Cambridge：Cambridge University Press，1985.

Kierman，Frank(基尔曼)，"Phases and modes of combat in early China，" (《中国早期战争的阶段与模式》)in *Chinese Ways in Warfare*(《中国的兵法》)，Frank Kierman（基尔曼）and John Fairbank（费正清）(eds)，Cambridge，Mass.：Harvard University Press，1974，pp. 27-66.

Kollautz，Arnauf(克劳茨)，and Hisayuki，Miyakawa(宫川尚志)，*Geschichte und Kultur eines völkerwanderungszeitlichen Nomadenvolks：die Jou-jan der Mongolei und die Awaren in Mitteleuropa*(《民族大迁徙时期游牧部族

的历史与文化：蒙古地区的柔然与中欧的阿瓦尔人》），2 vols. Klagenfurt：Rudolf Habelt Verlag，1970.

Kostiner，Joseph（约瑟夫·科斯丁纳）and Khoury，Phillip（菲利普·胡瑞）（eds），*Tribe and State in the Middle East*（《中东的部落与国家》）. Princeton，NJ：Princeton University Press，forthcoming.

Krader，Lawrence（劳伦斯·克拉德），"Ecology of Central Asian pastoralism,"（《中亚的游牧生态》）*Southwestern Journal of Anthropology*（《西南人类学杂志》），11（1955）：301-326.

Krader，Lawrence（劳伦斯·克拉德），*Social Organization of the Mongol-Turkic Pastoral Nomads*（《蒙古-突厥游牧民的社会组织》）. The Hague：Mouton，1963.

Krader，Lawrence（劳伦斯·克拉德），"The origin of the state among nomads,"（《游牧国家的起源》）in *Pastoral Production and Society*（《游牧生产与社会》），L'Équipe écologie et anthropologie des sociétés pastorales（ed.），Cambridge：Cambridge University Press，1975.

Langlois，J. D.（兰德彰），*China Under Mongol Rule*（《蒙古人统治下的中国》）. Princeton，NJ：Princeton University Press，1981.

Lattimore，Owen（拉铁摩尔），*Inner Asian Frontier of China*（《中国的亚洲内陆边疆》）. New York：American Geographical Society，1940.

Lattimore，Owen（拉铁摩尔），*Studies in Frontier History*（《边疆史研究》）. Oxford：Oxford University Press，1962.

Le Strange，Guy（斯特拉吉），*The Lands of the Eastern Caliphate*（《东哈里发诸国》）. London：1905.

Ledyard，Gari（雷德雅），"Yin and Yang in the China-Manchuria-Korea Triangle,"（《中原—满洲—朝鲜三角关系当中的阴阳之道》）in *China among Equals*（《中国棋逢对手》），Morris Rossabi（罗茂锐）（ed.），Berkeley，CA：University of California Press，1983.

Levy，Howard（霍华德·雷力），*Biography of An Lu-shan*（《安禄山传》）. Berkeley，CA：University of California Press，1960.

Li，Gertraude Roth（陆西华），"The Manchu-Chinese relationship，1618-1636,"（《1618—1636 年的满汉关系》）in *From Ming to Ch'ing：Conquest，Region，and Continuity in Seventeenth Century China*（《从明到清：17 世纪中国的征服、地方史与连续性》），Jonathan Spence（史景迁）and John Wills（卫思韩）（eds），New Haven，Conn.：Yale University Press，1979，pp. 1-38.

Li，Gertraude Roth（陆西华），*The Rise of the Manchu State：A Portrait*

Drawn from Manchu Sources to 1636(《满洲国家的崛起：1636 年满文资料中所见图景》). Cambridge, Mass. : Harvard University thesis, 1975.

Liddell-Hart, Basil(利德尔-哈特), *Great Captains Unveiled*(《不知名的名将》). London：1928.

Lindholm, Charles(查尔斯·林德霍姆), "Kinship structure and political authority：the Middle East and Central Asia,"(《亲属结构与政治权威：中东与中亚》) *Journal of Comparative History and Society*(《历史与社会比较研究杂志》), 28 (1986)：334 - 355.

Liu, Mau-tsai(刘茂才), *Die chinesischen Nachrichten zur Geschichte der Ost-Türken*(*T'u-küe*)(《东突厥史的汉文记载》), 2 vols. Wiesbaden：Otto Harrassowitz, 1958.

Loewe, M. A. N.(鲁惟一), *Records of Han Administration*(《汉代行政记录》), 2 vols. Cambridge：Cambridge University Press, 1967.

Loewe, M. A. N.(鲁惟一), "The campaigns of Han Wu-ti,"(《汉武帝的征战》) in *Chinese Ways in Warfare*(《中国的兵法》), Frank Kierman(基尔曼) and John Fairbank(费正清)(eds), Cambridge, Mass. : Harvard University Press, 1974.

Loewe, M. A. N.(鲁惟一), *Crisis and Conflict in Han China*(《汉代中国的危机与冲突》). London：George Allen and Unwin, 1974.

Mackerras, Colin(马克林), "Sino-Uighur diplomatic and trade contacts (744 to 840),"(《中原与回纥的外交与贸易接触(744—840 年)》) *Central Asiatic Journal*(《中亚杂志》), 13 (1969)：215 - 240.

Mackerras, Colin(马克林), *The Uighur Empire* (744 - 840) *According to the T'ang Dynastic Histories*(《唐代历史记载中的回纥帝国(744—840 年)》). Columbia, SC：University of South Carolina Press, 1972.

Mancall, Mark(马克·曼考尔), *Russia and China：Their Diplomatic Relations until 1728* (《俄国和中国：1728 年前的外交关系》). Cambridge, Mass. : Harvard University Press, 1971.

Martin, H. Desmond(德斯蒙得·马丁), *The Rise of Chinggis Khan and his Conquest of North China*(《成吉思汗的崛起及其对华北的征服》). Baltimore, Md：Johns Hopkins University Press, 1950.

Michael, Franz(梅谷), *Origin of Manchu Rule in China*(《满洲人在华统治的起源》). Baltimore, Md：Johns Hopkins University Press, 1942.

Michaud, Paul(保罗·米查德), "The Yellow Turbans,"(《黄巾起义》) *Monumenta Serica*(《华裔学志》), 17 (1958)：47 - 127.

Miller，Robert（罗伯特·米勒），*Monasteries and Culture Change in Inner Mongolia*（《内蒙古的寺院与文化变迁》）. Wiesbaden：Otto Harrassowitz，1959.

Minorski，V.（米诺尔斯基），"Tamim ibn Bahr's journey to the Uyghurs，"（《塔米姆·伊本·巴赫尔回鹘（回纥）游记》）*Bulletin of the School of Oriental and African Studies*（《亚非学院院刊》），12（1948）：275 – 305.

Molè，Gabriella（加布丽尔·莫雷），*The T'u-yü-hun from the Northern Wei to the Time of the Five Dynasties*（《五代至北魏时期的吐谷浑》）. Rome：1970.

Mori，Masao（护雅夫），*Historical Studies of the Ancient Turkic Peoples*（日文原名为《古代トルコ民族史研究》，中文译名为《古代突厥民族史研究》）.（In Japanese）. Tokyo：Yamakawa Shuppansha，1967.

Mori，Masao（护雅夫），"Reconsideration of the Hsiung-nu state – a response to Professor O. Pritsak's criticism，"（《重新思考匈奴国家——对普里察克教授批评意见的回应》）*Acta Asiatica*（《亚洲学报》），24（1973）：20 – 34.

Mostaert，Antoine（田清波），*Sur quelques passages de l'Histoire secrete des Mongols*（《〈蒙古秘史〉中的若干章节研究》）. Cambridge，Mass.：Harvard-Yenching Institute，1953.

Mote，Frederick（牟复礼），"The T'u-mu Incident of 1449，"（《1449 年的土木之变》）in *Chinese Ways in Warfare*（《中国的兵法》），Frank Kierman（基尔曼）and John Fairbank（费正清）（eds），Cambridge，Mass.：Harvard University Press，1974，pp. 243 – 272.

Murzaev，Eduard（穆尔扎耶夫），*Die mongolische Volksrepublik：physisch-geographische Beschreibung*（《蒙古人民共和国自然地理描述》）. Gotha：Geographisch-Kartographische Anstalt，1954.

Okada，Hidehiro（冈田英弘），"The Life of Dayan Qaghan，"（《达延可汗传》）*Acta Asiatica*（《亚洲学报》），11（1966）：46 – 55.

Oxnam，Robert（安熙龙），*Ruling from Horseback：Manchu Politics in the Obos Regency，1661 – 1669*（《马背上之统治：鳌拜摄政时期的满洲政治统治（1661—1669）》）. Chicago：University of Chicago Press，1975.

Parker，Edward H.（庄延龄），"Manchu relations with Turkestan，"（《满洲与西域之关系》）*China Review*（《中国评论》），16（1887 – 1888）：105 – 118.

Parker，Edward（庄延龄），"History of the Wu-wan or Wu-hwan Tunguses of the first century；followed by that of their kinsmen the Sien-pi，"（《公元 1 世纪的乌桓或乌桓通古斯人，及其后来的系属部族——鲜卑》）*China Review*（《中

国评论》)，20（1892－1893）：71－92.

Parker，Edward H.（庄延龄），"The Turko-Scythian Tribes,"（《突厥-斯基泰部落》）China Review（《中国评论》），20（1892－1893）：1－24,109－125.

Parker，Edward H.（庄延龄），"The Turko-Scythian Tribes,"（《突厥-斯基泰部落》）China Review（《中国评论》），21（1894－1895）：100－119，129－137，253－267，291－301.

Parker，Edward H.（庄延龄），"The Early Turks,"（《早期突厥人》）China Review（《中国评论》），24（1899－1900）：120，163，170，227.

Parker，Edward H.（庄延龄），"The Early Turks,"（《早期突厥人》）China Review（《中国评论》），25（1900－1901）：1－270.

Pelliot，Paul(伯希和)，Notes critiques d'histoire kalmouke（《卡尔梅克史评注》）. Paris：Librairie d'Amérique et l'Orient Adrien-Maisonneuve，1960.

Petech，Luciano(伯戴克)，China and Tibet in the Early 18th Century（《18世纪初的中原与西藏》）. Leiden：Brill，1972.

Pinks，Elisabeth(伊丽莎白·皮克斯)，Die Uiguren von Kan-chou in der frühen Sung-Zeit（960－1028）（《宋代初年（960—1028年）的甘州回鹘》）. Wiesbaden：Otto Harrassowitz，1968.

Pokotilov，D.（璞科第），History of the Eastern Mongols During the Ming Dynasty from 1368 to 1634（《明代东蒙古史》）. Philadelphia：Porcupine Press，1976.

Pritsak，Omeljan(普里察克)，"Die 24 Ta-ch'en, Studie zur Geschichte des Verwaltungsaufbaus der Hsiung-nu Reiche,"（《二十四大臣：对匈奴帝国行政结构历史的研究》）Oriens Extremus（《远东学报》），1（1954）：178－202.

Pritsak，Omeljan(普里察克)，The Origins of Rus'（《罗斯国家的起源》），vol. 1：Old Scandinavian Sources other than the Sagas（《英雄传奇之外的古代斯堪的纳维亚原始资料》）. Cambridge，Mass.：Harvard University Press，1981.

Prušek，Jaroslav(普鲁申科)，Chinese Statelets and the Northern Barbarians in the Period 1400－300 BC（《公元前1400年至前300年间的中原诸国与北部蛮夷》）. Amsterdam：Reidel，1971.

Pulleyblank，Edwin G.（蒲立本），The Background of the Rebellion of An Lu-shan（《安禄山叛乱的背景》）. London：London Oriental Series vol. 4，1955.

Pulleyblank，Edwin G.（蒲立本），"Some remarks on the Toquz-oghuz problem,"（《对 Toquz-oghuz（九姓乌古斯）问题的一些看法》）Ural-Altaische

Jahrbücher(《乌拉尔-阿尔泰学年鉴》)，28（1956）：35 - 42.

Radloff，Wilhelm(拉德洛夫)，*Aus Siberien*(《西伯利亚札记》)，2 vols. Leipzig：Weigal Nachfolger，1983.

Riazanovskii，Valentin(梁赞诺夫斯基)，*Fundamental Principles of Mongol Law*(《蒙古法的基本原理》). Bloomington，Ind. ：Ural and Altaic Series vol. 43，1965 [1937].

Rogers，Michael(迈克尔·罗杰斯)，*The Chronicle of Fu Chien*(《苻坚载记》). Berkeley，CA：Chinese Dynastic Histories Translation Series，1968.

Rudenko，S. I. (鲁登科)，*Die Kultur der Hsiung-nu und die Hügelgräber von Noin Ula*(《匈奴文化与诺彦乌拉墓葬》). Bonn：Rudolf Habelt Verlag，1969.

Rudenko，Sergei(鲁登科)，*Frozen Tombs of Siberia：The Pazyryk Burials of Iron Age Horsemen*(《西伯利亚冻土墓：铁器时代游牧者的帕泽雷克墓》). London：Dent and Sons，1970.

Sahlins，Marshall(萨林斯)，"The segmentary lineage：an organization for predatory expansion,"(《裂变宗族：一种掠夺性扩张的组织》) *American Anthropologist*(《美国人类学家》)，63（1960）：322 - 345.

Sahlins，Marshall(萨林斯)，*Islands of History*(《历史之岛》). Chicago：University of Chicago Press，1985.

Sandorj，M. (萨多里)，*Manchu Chinese Colonial Rule in Northern Mongolia*(《满洲人在漠北的殖民统治》). New York：St Martin's Press，1980.

Schimidt，I. J. (施密特)，*Geschichte der Ost-Mongolen und ihres Fürstenhauses verfasst von Ssanang Ssetsen Chungtaidschi der Ordus*(《鄂尔多斯萨囊彻辰洪台吉的东蒙古及其王族史》，即《蒙古源流》). The Hague：Mouton，1961 [1829].

Schreiber，Gerhardt(希莱伯尔)，"Das Volk der Hsien-pi zur Han-Zeit," (《汉时的鲜卑族》) *Monumenta Serica*(《华裔学志》)，12（1947）：145 - 203.

Schreiber，Gerhardt(希莱伯尔)，"The history of the former Yen dynasty,"(《前燕史》) *Monumenta Serica*(《华裔学志》)，14（1949 - 55）：374 - 480 and 15（1956）：1 - 141.

Schurmann，Franz(舒尔曼)，*The Economic Structure of the Yüan Dynasty*(《元朝的经济结构》). Cambridge，Mass. ：Harvard University Press，1956.

Schwarz，Henry(吴伟君)，*Bibliotheca Mongolica*(《蒙古学书目》)，part I：*Works in English，French and German*(《英文、法文以及德文著作》). Bellingham，WA：Western Washington，1978.

Serruys，Henry(司律思)，*Sino-Mongol Relations During the Ming*(《明代汉蒙关系》). 1：*The Mongols in China during the Hung-wu Period*(《洪武年间(1368—1398)中原的蒙古人》). Brussels：Institut Belge des Hautes Études Chinoises，1959.

Serruys，Henry(司律思)，*Sino-Mongol Relations During the Ming*(《明代汉蒙关系》). 2：*The Tribute System and the Diplomatic Missions*(《朝贡制度和外交使团(1400—1600)》). Brussels：Institut Belge des Hautes Études Chinoises，1967.

Serruys，Henry(司律思)，*Sino-Mongol Relations During the Ming*(《明代汉蒙关系》). 3：*Trade Relations-The Horse Fairs*(《互市关系：马市(1400—1600)》). Brussels：Institut Belge des Hautes Études Chinoises，1975.

Shaughnessy，Edward(夏含夷)，"Historical perspectives on the introduction of the chariot in China,"(《车子传入中国的历史回顾》)*Harvard Journal of Asiatic Studies*(《哈佛亚洲研究杂志》)，48 (1988)：189‐238.

Sinor，Denis(丹尼斯・塞诺)，*Introduction à l'étude de l'Eurasie centrale*(《中央欧亚研究入门》). Wiesbaden：Harrassowitz，1963.

Smith，John(约翰・史密斯)，"Mongol and nomadic taxation,"(《蒙古人与游牧税收》)*Harvard Journal of Asiatic Studies*(《哈佛亚洲研究杂志》)，30 (1967)：46‐85.

Spence，Jonathan(史景迁)，*Emperor of China：A Self-portrait of K'ang-his*(《康熙：重构一位中国皇帝的内心世界》). New York：Random House，1974.

Spuler，Bertold(施普勒)，*History of the Mongols：Based on Eastern and Western Accounts of the Thirteenth and Fourteenth Centuries*(《蒙古史：以13世纪、14世纪东西方文献为基础》). Berkeley，CA：University of California Press，1972.

Stenning，Derrick(史泰宁)，*Savannah Nomads*(《草原游牧民族》). Oxford：Oxford University Press，1953.

Tao，Jing-shen(陶晋生)，*The Jurchen in Twelfth Century China*(《12世纪的女真人：汉化研究》). Seattle，WA：University of Washington Press，1976.

Tao，Jing-shen(陶晋生)，"Barbarians or Northerners：Northern Sung images of the Khitans,"(《蛮夷或北邻：北宋视野下的契丹》) in *China among Equals*(《中国棋逢对手：10—14世纪中国与邻国的关系》)，Morris Rossabi(罗茂锐) (ed.)，Berkeley，CA：University of California Press，1983，pp. 66‐88.

Tapper, Richard(理查德·泰伯), "Your tribe or mine? Anthropologists, historians and tribespeople on the concept of tribe in the Middle East," (《你的部落,还是我的部落? 人类学家、历史学家以及部落民众对于中东部落的不同观念》)in *Tribe and State in the Middle East*(《中东的部落与国家》), Joseph Kostiner(约瑟夫·科斯丁纳)and Phillip Khoury(菲利普·胡瑞)(eds), Princeton, NJ: Princeton University Press, forthcoming.

Tekin, Talat(塔·特肯), *A Grammar of Orkhon Turkic*(《鄂尔浑突厥语法》). Bloomington: Indiana University Press, 1968.

Twitchett, Denis(杜希德), "The composition of the T'ang ruling class," (《唐代统治阶层的组合:以敦煌文献中的新证据为中心》) in *Perspectives on the T'ang*(《唐代研究面面观》), Arthur Wright(芮沃寿)and Denis Twitchett (杜希德)(eds), New Haven, Conn.: Yale University Press, pp. 47-86.

《资治通鉴》,司马光撰。古籍出版社。北京,1956 年。

Vainshtein, Sevyan(魏因施泰因), *Nomads of South Siberia: The Pastoral Economies of Tuva*(《南西伯利亚的游牧民族:图瓦的游牧经济》). Cambridge: Cambridge University Press, 1980.

Vladimirtsov, Boris I.(符拉基米尔佐夫), *Le régime social des Mongols: le féodalisme nomade*(《蒙古人的社会制度——蒙古游牧封建制》,中译本名为《蒙古社会制度史》). Paris: Adrien Maisonneuve, 1948.

Vladimirtsov, Boris I.(符拉基米尔佐夫), *The Life of Ghinggis-Khan*(《成吉思汗传》). Boston, Mass.: Houghton Mifflin, 1930.

Wada, Sei(和田清), "A study of Dayan Khan," (《达延汗研究》) *Memoirs of the Research Department of the Toyo Bunko*(《东洋文库研究所纪要》), 19 (1960): 1-42.

Wakeman, Frederic(魏斐德), "The Shun Interregnum of 1644," (《1644 年的大顺政权》)in *From Ming to Ch'ing*(《从明到清:17 世纪中国的征服、地方史与连续性》), Jonathan Spence(史景迁)and John Wills(卫思韩)(eds), New Haven, Conn.: Yale University Press, 1979, pp. 39-88.

Wang, Gungwu(王庚武), *Structure of Power in the Five Dynasties*(作者所引书名有误,正确书名应为 *The Structure of Power in North China during the Five Dynasties*,《五代华北的权力结构》). Stanford, CA: Stanford University Press, 1963.

Watson, Burton(华生), *Records of the Grand Historian of China*(《中国伟大的史学著作》), 2 vols. New York: Columbia University Press, 1961.

Wittfogel, Karl(魏特夫)and Feng, Chia-sheng(冯家昇), *History of Chi-*

nese Society：Liao（907 - 1125）(《中国社会史——辽（907—1125）》). Philadelphia：American Philosophical Society，1949.

Wolf，Eric(沃尔夫)，*Europe and the People Without History*(《欧洲与没有历史的人》). Berkeley，CA：University of California Press，1982.

Wright，Arthur(芮沃寿)，"Fo-t'u-têng：a biography,"(《佛图澄传》)*Harvard Journal of Asiatic Studies*(《哈佛亚洲研究杂志》)，11（1948）：321 - 323.

Wright，Arthur(芮沃寿)，*The Sui Dynasty*(《隋朝》). New York：Knopf，1978.

Wylie，A.（伟烈亚力）（trans.），"History of the Heung-noo in their relations with China,"(《匈奴与汉朝关系史》)*Journal of the Royal Anthropological Institute*(《英国皇家人类学杂志》)，3（1874）：396 - 451 and 5（1875）：41 - 80.

Yang，Lien-sheng(杨联陞)，"Notes on the economic history of the Chin dynasty,"(《晋代经济史释论》)*Harvard Journal of Asiatic Studies*(《哈佛亚洲研究杂志》)，9（1946）：107 - 185.

Yang，Lien-sheng(杨联陞)，"Historical notes on the Chinese world order,"(《从历史看中国的世界秩序》) in *The Chinese World Order*(《中国的世界秩序》)，John Faribank(费正清)（ed.），Cambridge，Mass.：Harvard University Press，1968，pp. 20 - 33.

Yü，Ying-shih(余英时)，*Trade and Expansion in Han China：A Study in the Structure of Sino-Barbarian Economic Relations*(《汉代贸易与扩张：胡汉经济关系结构研究》). Berkeley，CA：University of California Press，1967.

Zlatkin，I. Ia.（兹拉特金），*Istoriia Dzhungarskogo Khanstva（1635 - 1758）*(《准噶尔汗国史》). Moscow：Nauka，1964.

中文资料

下表是按年代顺序罗列的正史。皆为商务印书馆 1937 年版百衲本。

司马迁：《史记》。

班固：《汉书》。

范晔：《后汉书》。

陈寿：《三国志》。

魏收：《魏书》。

房玄龄：《晋书》。

令狐德棻:《周书》。

李延寿:《北史》。

刘昫:《旧唐书》。

欧阳修:《新唐书》。

欧阳玄:《辽史》。(脱脱为都总裁——译者注)

欧阳修:《五代史志》。(又称《新五代史》——译者注)

欧阳玄:《金史》。(脱脱为都总裁——译者注)

宋濂:《元史》。

张廷玉:《明史》。

译 后 记

经过一段时间的努力,这本书的中译工作终于完成了,评判的权力如今交到了读者的面前。我的研究之路才刚刚开始,虽有过一些小文,但仍觉缺乏深入,在自己今后漫长的学术道路中,但愿这段翻译经历能够成为一块指路石,指明前行的方向,给我面向未来的勇气。

自己出生于江南小城,在小城生活的视野中,满眼皆是粉墙黛瓦、青田绿水,边疆仿佛遥不可及,当时自己对边疆的认识也基本得自道听途说以及仅见的一些图像资料。可以说,那时心目中的边疆基本上是铁板一块的,都是诸如长裘大帐、风雪牛羊这类的景象,后来才知道,这不过只是蒙古地区的一些特征,中国边疆如同中国本身一样,充满着极为多元的文化与自然差异,而历史上的边疆问题也并不是一两句能够说清楚的。我对边疆研究的真正兴趣是从硕士研究生时代开始的,当时,同学们纷纷从所在的中文系毕业或进一步深造,我却怀抱着对清代历史的某种激情,选择了转换专业,进入中国人民大学清史研究所,转到对清代边疆问题的研究中来。这种转换本身对我知识结构的影响很大,在看惯了明清诗文之后,要再看许多关于清代边疆的著述,想着有些头皮发麻,但转念一想,自己当初的转行不就是希冀在对文化的浅层阅读外寻找到一些深层的意义么? 于是,一切豁然开朗了,在学习满、藏等少数民族语言的过程中,我对这些边疆文献的研读也开始贯穿自己关于边疆的内在思考,最后终于找到了阅读的兴趣,并将"从游牧社会发现历史"的想法灌注到自己的多篇文章之中。到德国弗莱堡大学之后,我更生发了将自己对边疆的一些想法加以系统性阐发的尝试,试着对清代的边疆现象加以归纳总结,并进一步将之与近现代中国的政治社会状况结合起来进行论述,以期揭示出中国边疆的独特性及主体性。在这过程中,我必须感谢我研究生各个学习阶段的导师:张世明老师、成崇德老师、Sabine Dabringhaus 教授。是他们指导着我努力走过人生的这些重要阶段。

可以说,这本书的中译也是随着自己这种想法的步步推进而完成的。在德国求学之初,我较为系统地阅读了拉铁摩尔的相关著述,但对拉铁摩尔之后西方学者对中国边疆的总体性论述尚不大清楚,在作了一番资料搜集和检索之后,发现了巴菲尔德的这本著作。按照姚大力老师的看法,此书是在中国边疆史研究领域内由"重新发现"拉铁摩尔到新的"边疆范式"形成的过渡时期的代表性作品(姚大力:《西方中国研究的"边疆范式":一篇书目式述评》),因此,自己很希望能将之译成中文,在将想法跟当时正在北大中文系任教的刘东老师说过之后,刘老师很赞同我的想法,并代为联系了版权等事宜,使我能够静下心来将此书细细译出。如今,刘老师正为复兴国学而不辞辛劳,在此,谨向刘老师表示谢意。

在本书翻译的过程中,我得到了北京大学社会学人类学研究所马戎老师、北京大学历史系张帆老师、"中研院"历史语言研究所王明珂老师、中国社会科学院中国边疆史地研究中心厉声老师、复旦大学历史地理研究中心姚大力老师、复旦大学社会科学高等研究院纳日碧力戈老师、中国人民大学清史研究所张永江老师、中国人民大学国学院乌云毕力格老师、中国藏学研究中心张云老师等诸位老师在相关问题与思路上的指点，同时，也要感谢身处世界各地的同学和朋友们，在与他们的交流与通信中，很多问题得到了解决。此外，还要专门感谢江苏人民出版社的府建明和王保顶先生为本书的出版所费的诸多心血，王保顶先生不厌其烦，一次又一次地跟译者商议译文修改事宜。这里，还要特别感谢我最好的读者方笑天，她以其深厚的汉唐史知识弥补了我在这一时段上的知识不足。最后，还要感谢我苏州老家的家人，尤其是我的父母，虽然他们并不了解自己所研究的领域，却始终鼓励着我在学术道路上不断前行，没有他们在背后的默默支持，我是没有这样的动力的。此外，对学术的热情也激励着我做好这一中译工作。学术之事，其中酸甜冷暖，自己都已尝过。在本书交稿前夕，我还有幸申请到了复旦大学社会科学高等研究院由邓正来老师倡设的"中国深度研究"跨学科学术工作坊关键词特别项目（2010—2011 年）——"边疆"关键词研究，这进一步增强了我对边疆的研究兴趣，而我也希望，凭着这种兴趣，自己能够在边疆研究的道路上不断一步步走下去。

当然，我相信，自己的这一中译肯定还有许多这样那样的问题，这些都照例由我负责，我也真诚地希望诸位师友们能够不吝赐教，我的联系方式是：rucyuanjian@hotmail.com。

袁　剑

2011 年 4 月 12 日于北京

新版译后记

前段时间接到江苏人民出版社康海源编辑的来电,告知准备新版此书,欣喜之余,突然发现时间已经过去十多年了,自己也从一个学生成为一名教书育人的老师。从一开始自己在老师指点下读书,到后来变成自己带着学生一起读,在教学相长的过程中,去共同理解和认识关于中国历史及其内部结构的故事,那些其中生活过的人的故事——从这个意义上说,这是我们与书共同成长的十多年。

十多年来,国内对于中国历史与文明中游牧-农耕关系的讨论,有了更多学科的参与,也取得了诸多更为深入而丰富的共识。但有一点依然需要强调,那就是在复杂变幻的历史情境中,作为一个兼容多民族的伟大文明,中华大地上虽然曾经有过游牧与农耕力量之间的纷争与战乱,但自古以来各个群体的共生关系始终是中华文明结构的重要基础,也成为我们理解中国历史连续性的关键要素。这种共生关系不仅贯穿过往的漫长历史,而且维系着当下与未来,成为我们面对百年未有之变局而团结奋进的基础所在。

在综合各方意见的基础上,本书新版修订了之前中译本中的部分讹误,调整了部分细节性的译名,以便后续更好地阅读与理解。

新版的顺利面世，离不开江苏人民出版社一如既往的信任，感谢王保顶社长的关怀以及"海外中国研究丛书"系列主编刘东教授的首肯；本系列主管康海源编辑以及本书责编汤丹磊编辑为新版费力良多，在此一并致谢。还要感谢我所在的中央民族大学郭广生校长、李俊清教授等的大力支持；感谢一如既往鼓励我、帮助我的各位师友，以及始终在身边督促我的方老师。没有你们，我的努力就会缺少很多的意义。

袁　剑

2023 年 3 月 6 日

于北京肖家河协一阁

"海外中国研究丛书"书目

1. 中国的现代化 [美]吉尔伯特·罗兹曼 主编 国家社会科学基金"比较现代化"课题组 译 沈宗美 校
2. 寻求富强:严复与西方 [美]本杰明·史华兹 著 叶凤美 译
3. 中国现代思想中的唯科学主义(1900—1950) [美]郭颖颐 著 雷颐 译
4. 台湾:走向工业化社会 [美]吴元黎 著
5. 中国思想传统的现代诠释 余英时 著
6. 胡适与中国的文艺复兴:中国革命中的自由主义,1917—1937 [美]格里德 著 鲁奇 译
7. 德国思想家论中国 [德]夏瑞春 编 陈爱政 等译
8. 摆脱困境:新儒学与中国政治文化的演进 [美]墨子刻 著 颜世安 高华 黄东兰 译
9. 儒家思想新论:创造性转换的自我 [美]杜维明 著 曹幼华 单丁 译 周文彰 等校
10. 洪业:清朝开国史 [美]魏斐德 著 陈苏镇 薄小莹 包伟民 陈晓燕 牛朴 谭天星 译 阎步克 等校
11. 走向21世纪:中国经济的现状、问题和前景 [美]D. H. 帕金斯 著 陈志标 编译
12. 中国:传统与变革 [美]费正清 赖肖尔 主编 陈仲丹 潘兴明 庞朝阳 译 吴世民 张子清 洪邮生 校
13. 中华帝国的法律 [美]D. 布朗 C. 莫里斯 著 朱勇 译 梁治平 校
14. 梁启超与中国思想的过渡(1890—1907) [美]张灏 著 崔志海 葛夫平 译
15. 儒教与道教 [德]马克斯·韦伯 著 洪天富 译
16. 中国政治 [美]詹姆斯·R. 汤森 布兰特利·沃马克 著 顾速 董方 译
17. 文化、权力与国家:1900—1942年的华北农村 [美]杜赞奇 著 王福明 译
18. 义和团运动的起源 [美]周锡瑞 著 张俊义 王栋 译
19. 在传统与现代性之间:王韬与晚清革命 [美]柯文 著 雷颐 罗检秋 译
20. 最后的儒家:梁漱溟与中国现代化的两难 [美]艾恺 著 王宗昱 冀建中 译
21. 蒙元入侵前夜的中国日常生活 [法]谢和耐 著 刘东 译
22. 东亚之锋 [美]小R. 霍夫亨兹 K. E. 柯德尔 著 黎鸣 译
23. 中国社会史 [法]谢和耐 著 黄建华 黄迅余 译
24. 从理学到朴学:中华帝国晚期思想与社会变化面面观 [美]艾尔曼 著 赵刚 译
25. 孔子哲学思微 [美]郝大维 安乐哲 著 蒋弋为 李志林 译
26. 北美中国古典文学研究名家十年文选 乐黛云 陈珏 编选
27. 东亚文明:五个阶段的对话 [美]狄百瑞 著 何兆武 何冰 译
28. 五四运动:现代中国的思想革命 [美]周策纵 著 周子平 等译
29. 近代中国与新世界:康有为变法与大同思想研究 [美]萧公权 著 汪荣祖 译
30. 功利主义儒家:陈亮对朱熹的挑战 [美]田浩 著 姜长苏 译
31. 莱布尼兹和儒学 [美]孟德卫 著 张学智 译
32. 佛教征服中国:佛教在中国中古早期的传播与适应 [荷兰]许理和 著 李四龙 裴勇 等译
33. 新政革命与日本:中国,1898—1912 [美]任达 著 李仲贤 译
34. 经学、政治和宗族:中华帝国晚期常州今文学派研究 [美]艾尔曼 著 赵刚 译
35. 中国制度史研究 [美]杨联陞 著 彭刚 程钢 译

36. 汉代农业:早期中国农业经济的形成 [美]许倬云 著 程农 张鸣 译 邓正来 校
37. 转变的中国:历史变迁与欧洲经验的局限 [美]王国斌 著 李伯重 连玲玲 译
38. 欧洲中国古典文学研究名家十年文选 乐黛云 陈珏 龚刚 编选
39. 中国农民经济:河北和山东的农民发展,1890—1949 [美]马若孟 著 史建云 译
40. 汉哲学思维的文化探源 [美]郝大维 安乐哲 著 施忠连 译
41. 近代中国之种族观念 [英]冯客 著 杨立华 译
42. 血路:革命中国中的沈定一(玄庐)传奇 [美]萧邦奇 著 周武彪 译
43. 历史三调:作为事件、经历和神话的义和团 [美]柯文 著 杜继东 译
44. 斯文:唐宋思想的转型 [美]包弼德 著 刘宁 译
45. 宋代江南经济史研究 [日]斯波义信 著 方健 何忠礼 译
46. 一个中国村庄:山东台头 杨懋春 著 张雄 沈炜 秦美珠 译
47. 现实主义的限制:革命时代的中国小说 [美]安敏成 著 姜涛 译
48. 上海罢工:中国工人政治研究 [美]裴宜理 著 刘平 译
49. 中国转向内在:两宋之际的文化转向 [美]刘子健 著 赵冬梅 译
50. 孔子:即凡而圣 [美]赫伯特·芬格莱特 著 彭国翔 张华 译
51. 18世纪中国的官僚制度与荒政 [法]魏丕信 著 徐建青 译
52. 他山的石头记:宇文所安自选集 [美]宇文所安 著 田晓菲 编选
53. 危险的愉悦:20世纪上海的娼妓问题与现代性 [美]贺萧 著 韩敏中 盛宁 译
54. 中国食物 [美]尤金·N. 安德森 著 马孆 刘东 译 刘东 审校
55. 大分流:欧洲、中国及现代世界经济的发展 [美]彭慕兰 著 史建云 译
56. 古代中国的思想世界 [美]本杰明·史华兹 著 程钢 译 刘东 校
57. 内闱:宋代的婚姻和妇女生活 [美]伊沛霞 著 胡志宏 译
58. 中国北方村落的社会性别与权力 [加]朱爱岚 著 胡玉坤 译
59. 先贤的民主:杜威、孔子与中国民主之希望 [美]郝大维 安乐哲 著 何刚强 译
60. 向往心灵转化的庄子:内篇分析 [美]爱莲心 著 周炽成 译
61. 中国人的幸福观 [德]鲍吾刚 著 严蓓雯 韩雪临 吴德祖 译
62. 闺塾师:明末清初江南的才女文化 [美]高彦颐 著 李志生 译
63. 缀珍录:十八世纪及其前后的中国妇女 [美]曼素恩 著 定宜庄 颜宜葳 译
64. 革命与历史:中国马克思主义历史学的起源,1919—1937 [美]德里克 著 翁贺凯 译
65. 竞争的话语:明清小说中的正统性、本真性及所生成之意义 [美]艾梅兰 著 罗琳 译
66. 中国妇女与农村发展:云南禄村六十年的变迁 [加]宝森 著 胡玉坤 译
67. 中国近代思维的挫折 [日]岛田虔次 著 甘万萍 译
68. 中国的亚洲内陆边疆 [美]拉铁摩尔 著 唐晓峰 译
69. 为权力祈祷:佛教与晚明中国士绅社会的形成 [加]卜正民 著 张华 译
70. 天潢贵胄:宋代宗室史 [美]贾志扬 著 赵冬梅 译
71. 儒家之道:中国哲学之探讨 [美]倪德卫 著 [美]万白安 编 周炽成 译
72. 都市里的农家女:性别、流动与社会变迁 [澳]杰华 著 吴小英 译
73. 另类的现代性:改革开放时代中国性别化的渴望 [美]罗丽莎 著 黄新 译
74. 近代中国的知识分子与文明 [日]佐藤慎一 著 刘岳兵 译
75. 繁盛之阴:中国医学史中的性(960—1665) [美]费侠莉 著 甄橙 主译 吴朝霞 主校
76. 中国大众宗教 [美]韦思谛 编 陈仲丹 译
77. 中国诗画语言研究 [法]程抱一 著 涂卫群 译
78. 中国的思维世界 [日]沟口雄三 小岛毅 著 孙歌 等译